IT-Grundschutz-Kataloge
Arbeitshandbuch

Bundesamt
für Sicherheit in der
Informationstechnik

IT-Grundschutz-Kataloge
Arbeitshandbuch

DIN ISO/IEC 27001
DIN ISO/IEC 27002

inklusive Zuordnungstabelle
Zertifizierungsschema
BSI-Standards 100-1/2/3

Bibliografische Information der Deutschen Nationalbibliothek

Die Deutsche Nationalbibliothek verzeichnet diese Publikation in der Deutschen Nationalbibliografie; detaillierte bibliografische Daten sind im Internet über http://dnb.d-nb.de abrufbar.

Bundesanzeiger Verlag GmbH
Amsterdamer Straße 192
50735 Köln

Internet: www.bundesanzeiger-verlag.de

Weitere Informationen finden Sie auch in unserem Themenportal unter www.betrifft-unternehmen.de

E-Mail: wirtschaft@bundesanzeiger.de

ISBN (Print): 978-3-8462-0453-5

Es erfolgt ein lizensierter Abdruck von:

DIN ISO/IEC 27001:2013 + Cor. 1:2014 aus März 2015

DIN ISO/IEC FDIS 27002:2013 aus Februar 2014

„Wiedergegeben mit Erlaubnis von DIN Deutsches Institut für Normung e. V. Maßgebend für das Anwenden der DIN-Norm ist deren Fassung mit dem neuesten Ausgabedatum, die bei der Beuth Verlag GmbH, Am DIN Platz, Burggrafenstraße 6, 10787 Berlin, erhältlich ist." .

Der Abdruck des Zertifizierungsschemas für ISO 27001-Zertifizierung auf der Basis von IT-Grundschutz, sowie der BSI-Standards 100-1, 100-2 und 100-3 erfolgt mit freundlicher Abdruckgenehmigung des BSI.

Diese Ausgabe des Arbeitshandbuchs basiert auf der 14. Aktualisierung der IT-Grundschutzkataloge.

Herstellung: Günter Fabritius

Satz: Cicero Computer GmbH, Bonn

Druck und buchbinderische Verarbeitung: Appel & Klinger Druck und Medien GmbH, Schneckenlohe

Printed in Germany

Vorwort

Die IT-Grundschutz-Vorgehensweise stellt zusammen mit den IT-Grundschutz-Katalogen und deren Empfehlungen von Standard-Sicherheitsmaßnahmen in Deutschland inzwischen einen De-Facto-Standard für Informationssicherheit dar. International hat sich der ISO-Standard 27001 als Norm für Informationssicherheitsmanagementsysteme (ISMS) etabliert.

Von vielen Institutionen, die die IT-Grundschutz-Vorgehensweise umsetzen, wurde der Wunsch geäußert, sich dies durch ein Zertifikat vom BSI bestätigen zu lassen. Diesen Wunsch hat das BSI schon 2001 durch ein eigenes Zertifikat aufgegriffen, seit 2006 können ISO 27001-Zertifikate auf der Basis von IT-Grundschutz beim BSI beantragt werden. Die Integration der ISO/IEC 27001 macht diese Zertifizierung auf der Basis von IT-Grundschutz besonders für international tätige Institutionen interessant.

Der IT-Grundschutz bietet dabei seit Jahren mit seiner Detailtiefe und ausführlichen Texten einen Mehrwert gegenüber der ISO/IEC 27001, der in Behörden, aber auch im Unternehmensumfeld auf ein breites Echo stößt. So liefert der IT-Grundschutz mit seinen praxisorientierten Bausteinen, Gefährdungsübersichten und Sicherheitsmaßnahmen weit über die Inhalte der ISO/IEC 27001 und ISO/IEC 27002 hinausgehende Informationen und Hilfestellungen bei der Einführung und Umsetzung eines ISMS.

Das vorliegende Arbeitshandbuch bietet einen Überblick über die beiden Normen ISO/IEC 27001 und ISO/IEC 27002 und integriert zusätzlich die BSI-Standards 100-1 bis 100-3. Zusätzlich ist eine Übersetzungstabelle enthalten, die vom BSI erstellt wurde und die den einzelnen Controls der ISO-Normen die entsprechenden Inhalte des IT-Grundschutzes gegenüber stellt. Diese Tabelle verdeutlicht, wie die ISO 27001 durch den IT-Grundschutz abgedeckt wird und der IT-Grundschutz ergänzend dazu angewendet werden kann. Die Tabelle berücksichtigt dabei die letzten beiden Revisionen der ISO-Standards von 2005 und 2013.

Ebenso wie die ISO-Standards wird auch der IT-Grundschutz permanent erweitert und aktualisiert. Dabei führen die vielfältigen und vor allem schnelllebigen Entwicklungen im Bereich der Informationstechnik dazu, dass insbesondere die IT-Grundschutz-Kataloge regelmäßig durch Ergänzungslieferungen erweitert werden. Das BSI unterzieht aber auch die BSI-Standards und damit die Vorgehensweise des IT-Grundschutzes immer wieder grundlegenden Revisionen. Bei allen Diskussionen zur Modernisierung des IT-Grundschutzes achtet das BSI auch immer darauf, dass auch die nächste Fassung der IT-Grundschutz-Vorgehensweise und der IT-Grundschutz-Kataloge mit den Anforderungen der ISO/IEC 2700x-Reihe kompatibel ist. Auch zukünftig wird eine Zertifizierung nach ISO 27001 auf der Basis von IT-Grundschutz möglich sein. Neue Ansätze beim IT-Grundschutz binden vorhandene Konzepte ein und erleichtern somit Übergänge ebenso wie Neuerungen.

Isabel Münch
Referatsleiterin IT-Grundschutz
Bundesamt für Sicherheit in der Informationstechnik

Inhaltsverzeichnis

Einführung aus der Praxis

von Stefan Karg

Nicht erst durch die Skandale und Ereignisse der jüngsten Zeit ist die Informationssicherheit und der Datenschutz stärker in das öffentliche Bewusstsein gerückt; eine (nachweislich) funktionierende Informationssicherheit ist heute nicht nur gegenüber dem Endkunden als potenziell direkt Betroffenem ein entscheidender Wettbewerbsvorteil — vielfach ist es im B-2-B sogar die Voraussetzung für die Aufnahme einer Geschäftsbeziehung. Mit dem BDSG, dem KontraG oder dem neuen IT-Sicherheitsgesetz gibt es zudem auch gesetzliche oder regulatorische Auflagen, die ein effektives Informationssicherheitsmanagement zur Risikominderung zu einer Notwendigkeit werden lassen.

Informationssicherheit nach ISO 27001

Mit dem BSI-Grundschutz und der internationalen Norm ISO 27001 gibt es dazu zwei verschiedene Ansätze für dasselbe Ziel:

Bei den ISO-Normen liegt der Schwerpunkt auf der Etablierung eines stabilen Informationssicherheits-Managementsystem (ISMS), im Mittelpunkt stehen somit die Prozesse für die Herstellung und kontinuierliche Verbesserung der Informationssicherheit. Durch den Status als internationale Norm sind nach ISO 27001 zertifizierte ISMS auch international bekannt und anerkannt. Zudem wurde bei der Erstellung des Standards darauf geachtet, methodische Synergien zu anderen Managementsystemen wie z.B. Qualitätsmanagement nach ISO 9000 oder IT-Service Management nach ISO 20000 zu schaffen. Es ist daher möglich, mit Teilen der Vorgehensweise und Anforderungen auf bereits bestehende Systeme aufzusetzen oder sogar ein integriertes Managementsystem zu schaffen.

ISO 27001 setzt eine Erfassung der zu schützenden Werte („Assets") und der darauf wirkenden Risiken voraus – die Risikoanalyse ist zentraler Bestandteil des ISMS und Grundlage für die Festlegung der umzusetzenden Schutzmaßnahmen. Hinsichtlich konkreter Maßnahmen ist hier also die Idee, dass für ein funktionierendes und auf einer validen Risikoabschätzung basierendes Managementsystem die Umsetzung notwendiger Sicherheitsmaßnahmen implizite Voraussetzung ist. Der Praxis-Teil der Norm, ISO 27002, enthält somit konsequenterweise auch nur Umsetzungshinweise und Maßnahmenvorschläge zu den einzelnen Maßnahmenzielen.

Der IT-Grundschutz

Der BSI-Grundschutz geht bekanntermaßen einen anderen Weg und verzichtet weitgehend auf eine Risikoanalyse. Er geht von abstrakten Gefährdungen für den betrachteten Scope (Informationsverbund) aus. Anhand der ermittelten Gefährdungen und der Objekte innerhalb des Informationsverbundes werden Maßnahmen vorgegeben, welche die wesentlichen Gefährdungen und Risiken berücksichtigen und ein mittleres, angemessenes Schutzniveau für die IT-Systeme ermöglichen. Für einzelne Teilbereiche mit hohem Schutzbedarf muss eine Risikoanalyse ergänzt werden (der entsprechende Standard BSI 100-3 ist in dieser Zusammenstellung ebenfalls enthalten). Die Maßnahmen enthalten dabei auch typische Kernelemente eines ISMS.

Optimale Informationssicherheit durch die Kombination von IT-Grundschutz und ISO 27001 und ISO 27002

Die Ansätze sind also verschieden, und jeder für sich genommen hat seine Daseinsberechtigung. Die wahre Stärke liegt aber in ihrer Kombination. Egal also, für welchen Standard man sich hinsichtlich der Informationssicherheit entscheidet: ein Blick auf den jeweils anderen Standard lohnt in jedem Fall.

So lässt sich beispielsweise die Planung eines ISMS nach ISO 27001 realisieren; der Grundschutzkatalog wird dann herangezogen für konkrete Hinweise darauf, wie die geforderten Maßnahmenziele in der Praxis erreicht werden können.

Abseits von Zertifizierungsbestrebungen eignet sich die Abbildung der Grundschutzmaßnahmen auf die ISO-Controls dazu, ein Audit vorzubereiten oder bei der Beurteilung von bestehenden Sicherheitsmaßnahmen einen anerkannten Standard als Referenz zu finden. Hier sind die Bausteine und die in den Maßnahmen des Grundschutzes vorgeschlagenen Prüffragen wertvolle Ansatzpunkte.

Auch im Entwurf eines Sicherheitskonzeptes und bei der Ausarbeitung von Sicherheitsrichtlinien ist die Verbindung beider Standards ein hilfreiches Instrument. Dies gilt auch dann, wenn eine Zertifizierung gar nicht angestrebt wird, diese aber möglicherweise zu einem späteren Zeitpunkt in Betracht kommen könnte. Gelegentlich kommt man – als Berater oder Sicherheitsexperte – auch in Erklärungsbedarf, warum diese oder jene vorgeschlagenen Maßnahme denn notwendig oder sinnvoll ist („Machen das andere auch so?"). Der BSI-Grundschutz mit seinem Ansatz eines mittleren aber hinreichenden Sicherheitsniveaus liefert auch hier überzeugende und einfach zugängliche Argumente.

Mit der Zusammenstellung der Standards ISO 27001 und 27002 im Wortlaut des Normtextes, sowie der offiziellen Zuordnungstabelle des BSI zwischen ISO und BSI-Grundschutz möchten wir ihnen an einer Stelle alle Werkzeuge für einen kombinierten Ansatz in die Hand geben.

Hinweis zum Autor

Stefan Karg studierte Informationstechnik an der TU-München und ist heute als Sachverständiger für Systeme und Anwendungen der Informationstechnik tätig. Seit 2003 beschäftigt er sich schwerpunktmäßig mit Fragen des technischen Datenschutzes und der Informationssicherheit. Als freiberuflicher Berater und Auditor im Auftrag mittlerer und großer Unternehmen kennt er die Anwendung der relevanten Standards und auch die praktischen Herausforderungen im Informationssicherheitsmanagment aus erster Hand.

Sie erreichen ihn unter infosec@itk-experts.de.

Hinweis des Verlages

Immer mehr Geschäftsprozesse werden auf die Informationstechnik verlagert oder mit ihr verzahnt. Dadurch gewinnen auch der Informationsschutz und die Absicherung gegen Cyber Crime zunehmend an Bedeutung. Behörden, aber auch Unternehmen sind angehalten, IT-Grundschutz umzusetzen. Sie stehen vor der wichtigen und komplexen Aufgabe, den IT-Grundschutz sicherzustellen und zu dokumentieren. Dabei müssen sie sich absichern und ständig auf dem Laufenden sein. Zur Unterstützung ihrer Arbeit sind sie auf Fachinformationen mit Hilfsmaterialien wie Checklisten, Formulare, Muster und Beispiele angewiesen.

Die IT-Grundschutz-Kataloge empfehlen auf der Basis bekannter Gefahren und Schwachstellen Maßnahmenbündel für typische IT-Konfigurationen, Umfeld- und Organisationsbedingungen.

Sie liefern praxisorientierte Informationen:

- zur schnellen Lösung häufig auftretender Sicherheitsprobleme,

- zur Anhebung des Sicherheitsniveaus von IT-Systemen und

- zur einfachen Erstellung von IT-Sicherheitskonzepten.

Der erste Band der IT-Grundschutz-Kataloge in der gedruckten Fassung enthält eine kurze Einführung in das Thema sowie die Darstellung der Themenbausteine anhand des Schichtenmodells. Die folgenden Materialbände enthalten die umfassenden Gefährdungs- und Maßnahmenkataloge, die die konkrete Umsetzung in die Praxis unterstützen.

Damit bieten Ihnen die IT-Grundschutz-Kataloge folgend Vorteile:

- Die IT-Grundschutzkataloge vereinfachen erheblich den arbeitsintensiven Prozess der Erstellung eines IT-Sicherheitskonzeptes, komplexe Analysen entfallen.

- Sie identifizieren einfacher die Sicherheitsdefizite durch einen Abgleich des Soll- und Ist-Zustandes.

- Sie ermitteln schnell die passenden Sicherheitsmaßnahmen.

- Wir halten Sie mit Ergänzungen und Aktualisierungen nach Vorgabe des BSI auf dem aktuellen Stand.

Weitere Informationen zum Thema Compliance, IT-Sicherheit, Informationssicherheit und Datenschutz finden Sie auch unter www.comply-online.de.

Zuordnungstabelle

ISO 27001 sowie ISO 27002 und IT-Grundschutz

IT-Grundschutz beschreibt mit Hilfe der BSI-Standards 100-1, 100-2 und 100-3 eine Vorgehensweise zum Aufbau und zur Aufrechterhaltung eines Managementsystems für Informationssicherheit (ISMS). Die IT-Grundschutz-Kataloge beschreiben die Umsetzung der damit einhergehenden Maßnahmenziele und Maßnahmen. Das damit aufgebaute ISMS erfüllt die Anforderungen der ISO 27001 und verfügt über ein Äquivalent zu den Handlungsempfehlungen der ISO 27002.

Diese Gegenüberstellung dient der Zuordnung der Inhalte der beiden Revisionen der beiden ISO-Normen von 2013 und 2005 zu den Inhalten von IT-Grundschutz. So wird die Abdeckung der ISO 27001 durch den IT-Grundschutz deutlicher und eine komplementäre Anwendung von IT-Grundschutz zu der Anwendung der ISO Normen wird erleichtert.

Diese Gegenüberstellung basiert auf den folgenden Versionen der betrachteten Werke:

- BSI-Standard 100-1, Version 1.5 vom Mai 2008

- BSI-Standard 100-2, Version 2.0 vom Mai 2008

- BSI-Standard 100-3, Version 2.5 vom Mai 2008

- Ergänzung zum BSI-Standard 100-3, Version 2.5 vom 3. August 2011

- BSI-Standard 100-4, Version 1.0 vom Dezember 2008

- IT-Grundschutz-Kataloge, 14. Ergänzungslieferung

- ISO/IEC 27001:2013 + Cor. 1:2014 und ISO/IEC 27002:2013 + Cor. 1:2014

- ISO/IEC 27001:2005 und ISO/IEC 27002:2005

Für Themen, die in einem der BSI-Standards behandelt werden, wird das Kapitel des entsprechenden BSI-Standards angegeben. Das Kürzel „B" weist auf den entsprechenden Baustein und „M" auf eine Maßnahme in den IT-Grundschutz-Katalogen hin. Wenn ein Thema aus den ISO-Standards 27001 bzw. 27002 in mehreren Bereichen im IT-Grundschutz behandelt wird, wird der primär relevante Bereich **fett** markiert.

Die Abschnitte dieses Dokuments, die sich auf die Maßnahmenziele und Maßnahmen des normativen Anhangs A der ISO 27001 und auf die Empfehlungen der ISO 27002 beziehen, folgen aus Gründen der Übersichtlichkeit der Gliederung und den Bezeichnungen der ISO 27002. Es werden ausschließlich die Teile der ISO 27002 aufgeführt, die einen Bezug zum Anhang A der ISO 27001 haben.

Eine tabellarische Gegenüberstellung der beiden Revisionen 2013 und 2005 der ISO 27001 und der ISO 27002 enthält das frei verfügbare Dokument „JTC 1/SC 27/SD3 – Mapping Old-New Editions of ISO/IEC 27001 and ISO/IEC 27002" der ISO/IEC-Organisation (ISO/IEC JTC 1/SC 27).

ISO 27001:2013 und IT-Grundschutz

		ISO 27001:2013	IT-Grundschutz
1		**Anwendungsbereich**	BSI-Standard 100-2, Kapitel 1 Einleitung
2		**Normative Verweisungen**	BSI-Standard 100-1, Kapitel 1.5 Literaturverzeichnis
3		**Begriffe**	IT-Grundschutz-Kataloge, Glossar
4		**Kontext der Organisation**	
	4.1	Verstehen der Organisation und ihres Kontextes	**BSI-Standard 100-2, Kapitel 3.2.1 Ermittlung von Rahmenbedingungen** M 2.335 Festlegung der Sicherheitsziele und -strategie
	4.2	Verstehen der Erfordernisse und Erwartungen interessierter Parteien	**BSI-Standard 100-2, Kapitel 3.2 Konzeption und Planung des Sicherheitsprozesses**
	4.3	Festlegen des Anwendungsbereichs des Informationssicherheitsmanagementsystems	**BSI-Standard 100-2, Kapitel 3.3.2 und Kapitel 4**
	4.4	Informationssicherheitsmanagementsystem	**BSI-Standard 100-1, Kapitel 3 ISMS-Definition und Prozessbeschreibung** **BSI-Standard 100-2, Kapitel 2 Informationssicherheitsmanagement mit IT-Grundschutz** B 1.0 Sicherheitsmanagement
5		**Führung**	
	5.1	Führung und Verpflichtung	**BSI-Standard 100-2, Kapitel 3.1 Übernahme von Verantwortung durch die Leitungsebene** M 2.336 Übernahme der Gesamtverantwortung für Informationssicherheit durch die Leitungsebene

		ISO 27001:2013	IT-Grundschutz
	5.2	Politik	**BSI-Standard 100-2, Kapitel 2 und 3** M 2.192 Erstellung einer Leitlinie zur Informationssicherheit
	5.3	Rollen, Verantwortlichkeiten und Befugnisse in der Organisation	**BSI-Standard 100-2, Kapitel 3.4 Organisation des Sicherheitsprozesses** M 2.193 Aufbau einer geeigneten Organisationsstruktur für Informationssicherheit
6		**Planung**	
	6.1	Maßnahmen zum Umgang mit Risiken und Chancen	
	6.1.1	Allgemeines	**BSI-Standard 100-2, Kapitel 3, 4 und 5**
	6.1.2	Informationssicherheitsrisikobeurteilung	**BSI-Standard 100-2, Kapitel 3 und 4** BSI-Standard 100-3, Risikoanalyse auf der Basis von IT-Grundschutz Ergänzung zum BSI-Standard 100-3 Gefährdungskataloge der IT-Grundschutz-Kataloge
	6.1.3	Informationssicherheitsrisikobehandlung	**BSI-Standard 100-2, Kapitel 4 und 5** BSI-Standard 100-3, Risikoanalyse auf der Basis von IT-Grundschutz Ergänzung zum BSI-Standard 100-3 Maßnahmenkataloge der IT-Grundschutz-Kataloge
	6.2	Informationssicherheitsziele und Planung zu deren Erreichung	**BSI-Standard 100-2, Kapitel 3 Initiierung des Sicherheitsprozesses**
7		**Unterstützung**	
	7.1	Ressourcen	**BSI-Standard 100-2, Kapitel 3.5 Bereitstellung von Ressourcen für die Informationssicherheit** M 2.339 Wirtschaftlicher Einsatz von Ressourcen für Informationssicherheit

		ISO 27001:2013	IT-Grundschutz
	7.2	Kompetenz	**BSI-Standard 100-2, Kapitel 3.4.3 Aufgaben, Verantwortungen und Kompetenzen in der IS-Organisation**
	7.3	Bewusstsein	**BSI-Standard 100-2, Kapitel 3.6 Einbindung aller Mitarbeiter in den Sicherheitsprozess** B 1.13 Sensibilisierung und Schulung zur Informationssicherheit
	7.4	Kommunikation	**BSI-Standard 100-2, Kapitel 3.6 Einbindung aller Mitarbeiter in den Sicherheitsprozess**
	7.5	Dokumentierte Information	
	7.5.1	Allgemeines	**BSI-Standard 100-2, Kapitel 6.2 Informationsfluss im Informationssicherheitsprozess**
	7.5.2	Erstellen und Aktualisieren	**BSI-Standard 100-2, Kapitel 6.2 Informationsfluss im Informationssicherheitsprozess** M 2.201 Dokumentation des Sicherheitsprozesses
	7.5.3	Lenkung dokumentierter Information	**BSI-Standard 100-1, Kapitel 4.3 Kommunikation und Wissen** **BSI-Standard 100-2, Kapitel 6.2 Informationsfluss im Informationssicherheitsprozess** M 2.201 Dokumentation des Sicherheitsprozesses
8		**Betrieb**	
	8.1	Betriebliche Planung und Steuerung	**BSI-Standard 100-2, Kapitel 5 Umsetzung der Sicherheitskonzeption**
	8.2	Informationssicherheitsrisikobeurteilung	**BSI-Standard 100-2, Kapitel 3 und 4** BSI-Standard 100-3, Risikoanalyse auf der Basis von IT-Grundschutz Ergänzung zum BSI-Standard 100-3 Gefährdungskataloge der IT-Grundschutz-Kataloge

		ISO 27001:2013	IT-Grundschutz
	8.3	Informationssicherheits-risikobehandlung	**BSI-Standard 100-2, Kapitel 4 und 5** BSI-Standard 100-3, Risikoanalyse auf der Basis von IT-Grundschutz Ergänzung zum BSI-Standard 100-3 Maßnahmenkataloge der IT-Grundschutz-Kataloge
9		**Bewertung der Leistung**	
	9.1	Überwachung, Messung, Analyse und Bewertung	**BSI-Standard 100-2, Kapitel 6 Aufrechterhaltung und kontinuierliche Verbesserung der Informationssicherheit** M 2.199 Aufrechterhaltung der Informationssicherheit
	9.2	Internes Audit	**BSI-Standard 100-2, Kapitel 6.1.1 Methoden zur Überprüfung des Informationssicherheits-prozesses** M 2.199 Aufrechterhaltung der Informationssicherheit
	9.3	Managementbewertung	**BSI-Standard 100-2, Kapitel 6.1 Überprüfung des Informationssicherheitsprozesses in allen Ebenen** M 2.199 Aufrechterhaltung der Informationssicherheit
10		**Verbesserung**	
	10.1	Nichtkonformität und Korrekturmaßnahmen	**BSI-Standard 100-2, Kapitel 6.1 Überprüfung des Informationssicherheitsprozesses in allen Ebenen** M 2.199 Aufrechterhaltung der Informationssicherheit
	10.2	Fortlaufende Verbesserung	**BSI-Standard 100-2, Kapitel 6 Aufrechterhaltung und kontinuierliche Verbesserung der Informationssicherheit** M 2.199 Aufrechterhaltung der Informationssicherheit

ISO 27001:2013 Anhang A/ISO 27002:2013 und IT Grundschutz

		ISO 27002:2013	IT-Grundschutz
5		**Sicherheitsleitlinien**	
	5.1	Managementausrichtung zur Informationssicherheit	
	5.1.1	Informationssicherheitsleitlinien	**M 2.192 Erstellung einer Leitlinie zur Informationssicherheit** BSI-Standard 100-2, Kapitel 3 Initiierung des Sicherheitsprozesses B 1.0 Sicherheitsmanagement M 2.335 Festlegung der Sicherheitsziele und -strategie M 2.338 Erstellung von zielgruppengerechten Sicherheitsrichtlinien
	5.1.2	Überprüfung der Informationssicherheitsleitlinien	**BSI-Standard 100-2, Kapitel 3.3.5 Aktualisierung der Sicherheitsleitlinie** B 1.0 Sicherheitsmanagement M 2.199 Aufrechterhaltung der Informationssicherheit
6		**Organisation der Informationssicherheit**	
	6.1	Interne Organisation	
	6.1.1	Aufgaben und Zuständigkeiten im Bereich der Informationssicherheit	**BSI-Standard 100-2, Kapitel 3.4.2 Aufbau der Informationssicherheitsorganisation** **M 2.193 Aufbau einer geeigneten Organisationsstruktur für Informationssicherheit** M 2.1 Festlegung von Verantwortlichkeiten und Regelungen für den IT-Einsatz M 2.225 Zuweisung der Verantwortung für Informationen, Anwendungen und IT-Komponenten M 3.26 Einweisung des Personals in den sicheren Umgang mit IT

		ISO 27002:2013	IT-Grundschutz
	6.1.2	Aufgabentrennung	**M 2.5 Aufgabenverteilung und Funktions-trennung**
	6.1.3	Kontakt zu Behörden	**B 1.3 Notfallmanagement** **B 1.8 Behandlung von Sicherheitsvorfällen** M 6.59 Festlegung von Verantwortlichkeiten bei Sicherheitsvorfällen M 6.61 Eskalationsstrategie für Sicherheitsvorfälle M 6.65 Benachrichtigung betroffener Stellen
	6.1.4	Kontakt mit Interessen-gruppen	**M 2.35 Informationsbeschaffung über Sicher-heitslücken des Systems** M 2.199 Aufrechterhaltung der Informations-sicherheit
	6.1.5	Informationssicherheit im Projektmanagement	**B 1.0 Sicherheitsmanagement** M 2.337 Integration der Informationssicherheit in organisationsweite Abläufe und Prozesse M 2.550 Geeignete Steuerung der Anwendungs-entwicklung
	6.2	Mobilgeräte und Telear-beit	
	6.2.1	Leitlinie zu Mobilgeräten	**M 2.309 Sicherheitsrichtlinien und Regelungen für die mobile IT-Nutzung** B 2.10 Mobiler Arbeitsplatz B 3.203 Laptop B 3.404 Mobiltelefon B 3.405 Smartphones, Tablets und PDAs M 1.33 Geeignete Aufbewahrung tragbarer IT-Systeme bei mobilem Einsatz M 2.218 Regelung der Mitnahme von Datenträ-gern und IT-Komponenten
	6.2.2	Telearbeit	**B 5.8 Telearbeit**

		ISO 27002:2013	IT-Grundschutz
7		**Personalsicherheit**	
	7.1	Vor der Anstellung	
	7.1.1	Überprüfung	**M 3.33 Sicherheitsprüfung von Mitarbeitern** B 1.2 Personal M 3.50 Auswahl von Personal
	7.1.2	Arbeitsvertragsklauseln	**M 2.226 Regelungen für den Einsatz von Fremdpersonal** **M 3.2 Verpflichtung der Mitarbeiter auf Einhaltung einschlägiger Gesetze, Vorschriften und Regelungen** B 1.2 Personal M 3.1 Geregelte Einarbeitung/Einweisung neuer Mitarbeiter
	7.2	Während der Anstellung	
	7.2.1	Verantwortung des Managements	**M 2.336 Übernahme der Gesamtverantwortung für Informationssicherheit durch die Leitungsebene** B 1.13 Sensibilisierung und Schulung zur Informationssicherheit M 2.226 Regelungen für den Einsatz von Fremdpersonal M 3.5 Schulung zu Sicherheitsmaßnahmen M 3.96 Unterstützung des Managements für Sensibilisierung und Schulung
	7.2.2	Sensibilisierung, Aus- und Weiterbildung zur Informationssicherheit	**B 1.13 Sensibilisierung und Schulung zur Informationssicherheit** M 2.312 Konzeption eines Schulungs- und Sensibilisierungsprogramms zur Informationssicherheit M 3.5 Schulung zu Sicherheitsmaßnahmen M 3.96 Unterstützung des Managements für Sensibilisierung und Schulung

		ISO 27002:2013	IT-Grundschutz
	7.2.3	Disziplinarverfahren	**M 2.39 Reaktion auf Verletzungen der Sicherheitsvorgaben** B 1.8 Behandlung von Sicherheitsvorfällen M 2.192 Erstellung einer Leitlinie zur Informationssicherheit M 3.26 Einweisung des Personals in den sicheren Umgang mit IT
	7.3	Beendigung und Wechsel der Anstellung	
	7.3.1	Zuständigkeiten bei Beendigung oder Wechsel der Anstellung	**M 3.6 Geregelte Verfahrensweise beim Ausscheiden von Mitarbeitern** B 1.2 Personal M 2.30 Regelung für die Einrichtung von Benutzern/Benutzergruppen M 2.226 Regelungen für den Einsatz von Fremdpersonal
8		**Management von organisationseigenen Werten**	
	8.1	Verantwortung für organisationseigene Werte	
	8.1.1	Inventar der organisationseigenen Werte	**BSI-Standard 100-2, Kapitel 4.2 Strukturanalyse** B 1.0 Sicherheitsmanagement B 1.1 Organisation M 2.139 Ist-Aufnahme der aktuellen Netzsituation M 2.195 Erstellung eines Sicherheitskonzepts M 2.217 Sorgfältige Einstufung und Umgang mit Informationen, Anwendungen und Systemen
	8.1.2	Eigentum von organisationseigenen Werten	**M 2.225 Zuweisung der Verantwortung für Informationen, Anwendungen und IT-Komponenten**

		ISO 27002:2013	IT-Grundschutz
	8.1.3	Zulässiger Gebrauch von organisationseigenen Werten	**M 2.217 Sorgfältige Einstufung und Umgang mit Informationen, Anwendungen und Systemen** M 1.33 Geeignete Aufbewahrung tragbarer IT-Systeme bei mobilem Einsatz M 1.34 Geeignete Aufbewahrung tragbarer IT-Systeme im stationären Einsatz M 2.217 Sorgfältige Einstufung und Umgang mit Informationen, Anwendungen und Systemen M 2.218 Regelung der Mitnahme von Datenträgern und IT-Komponenten M 2.226 Regelungen für den Einsatz von Fremdpersonal M 2.235 Richtlinien für die Nutzung von Internet-PCs M 2.309 Sicherheitsrichtlinien und Regelungen für die mobile IT-Nutzung M 5.88 Vereinbarung über Datenaustausch mit Dritten
	8.1.4	Rückgabe von organisationseigenen Werten	**M 3.6 Geregelte Verfahrensweise beim Ausscheiden von Mitarbeiter** M 2.226 Regelungen für den Einsatz von Fremdpersonal
	8.2	Klassifizierung von Informationen	
	8.2.1	Klassifizierung von Informationen	**BSI-Standard 100-2, Kapitel 4.3 Schutzbedarfsfeststellung** B 1.0 Sicherheitsmanagement M 2.195 Erstellung eines Sicherheitskonzepts M 2.217 Sorgfältige Einstufung und Umgang mit Informationen, Anwendungen und Systemen
	8.2.2	Kennzeichnung von Informationen	**BSI-Standard 100-2, Kapitel 4.3 Schutzbedarfsfeststellung** B 1.0 Sicherheitsmanagement M 2.217 Sorgfältige Einstufung und Umgang mit

		ISO 27002:2013	IT-Grundschutz
			Informationen, Anwendungen und Systemen
24	8.2.3	Handhabung von organisationseigenen Werten	**M 2.217 Sorgfältige Einstufung und Umgang mit Informationen, Anwendungen und Systemen**
	8.3	Handhabung von Speicher- und Aufzeichnungsmedien	
	8.3.1	Verwaltung von Wechselmedien	**M 2.3 Datenträgerverwaltung** B 5.14 Mobile Datenträger M 2.218 Regelung der Mitnahme von Datenträgern und IT-Komponenten
	8.3.2	Entsorgung von Medien	**B 1.15 Löschen und Vernichten von Daten** M 2.431 Regelung der Vorgehensweise für die Löschung oder Vernichtung von Informationen M 4.234 Geregelte Außerbetriebnahme von IT-Systemen und Datenträgern
	8.3.3	Transport physischer Medien	**M 5.23 Auswahl einer geeigneten Versandart** M 2.3 Datenträgerverwaltung M 2.4 Regelungen für Wartungs- und Reparaturarbeiten M 2.44 Sichere Verpackung der Datenträger M 2.45 Regelung des Datenträgeraustausches M 2.112 Regelung des Akten- und Datenträgertransports zwischen häuslichem Arbeitsplatz und Institution M 2.218 Regelung der Mitnahme von Datenträgern und IT-Komponenten

		ISO 27002:2013	IT-Grundschutz
9		**Zugriffskontrolle**	
	9.1	Geschäftliche Anforderungen in Bezug auf die Zugriffskontrolle	
	9.1.1	Leitlinie zur Zugangskontrolle	**M 2.220 Richtlinien für die Zugriffs- bzw. Zugangskontrolle** B 5.15 Allgemeiner Verzeichnisdienst M 2.5 Aufgabenverteilung und Funktionstrennung M 2.7 Vergabe von Zugangsberechtigungen M 2.8 Vergabe von Zugriffsrechten **M 2.30 Regelung für die Einrichtung von Benutzern/Benutzergruppen**
	9.1.2	Zugang zu Netzwerken und Netzwerkdiensten	**M 2.220 Richtlinien für die Zugriffs- bzw. Zugangskontrolle** B 4.4 VPN B 4.5 LAN-Anbindung eines IT-Systems über ISDN M 2.7 Vergabe von Zugangsberechtigungen M 2.71 Festlegung einer Policy für ein Sicherheitsgateway M 2.169 Entwickeln einer Systemmanagementstrategie M 2.214 Konzeption des IT-Betriebs M 2.457 Konzeption für die sichere Internet-Nutzung

		ISO 27002:2013	IT-Grundschutz
9.2		Benutzerverwaltung	
	9.2.1	An- und Abmeldung von Benutzern	**M 2.30 Regelung für die Einrichtung von Benutzern/Benutzergruppen** M 2.31 Dokumentation der zugelassenen Benutzer und Rechteprofile M 2.220 Richtlinien für die Zugriffs- bzw. Zugangskontrolle M 3.2 Verpflichtung der Mitarbeiter auf Einhaltung einschlägiger Gesetze, Vorschriften und Regelungen M 3.6 Geregelte Verfahrensweise beim Ausscheiden von Mitarbeitern M 4.13 Sorgfältige Vergabe von IDs
	9.2.2	Zugangsbereitstellung für Benutzer	**M 2.220 Richtlinien für die Zugriffs- bzw. Zugangskontrolle** M 2.63 Einrichten der Zugriffsrechte
	9.2.3	Verwaltung von Sonderzugangsrechten	**M 2.220 Richtlinien für die Zugriffs- bzw. Zugangskontrolle** M 2.20 Kontrolle bestehender Verbindungen M 2.38 Aufteilung der Administrationstätigkeiten M 4.312 Überwachung von Verzeichnisdiensten
	9.2.4	Verwaltung geheimer Authentifizierungsdaten von Benutzern	**M 2.11 Regelung des Passwortgebrauchs** M 2.22 Hinterlegen des Passwortes M 2.402 Zurücksetzen von Passwörtern M 4.7 Änderung voreingestellter Passwörter M 4.133 Geeignete Auswahl von Authentikationsmechanismen M 5.34 Einsatz von Einmalpasswörtern
	9.2.5	Überprüfung von Benutzerberechtigungen	**M 2.31 Dokumentation der zugelassenen Benutzer und Rechteprofile** M 2.199 Aufrechterhaltung der Informationssicherheit

		ISO 27002:2013	IT-Grundschutz
	9.2.6	Entziehung oder Anpassung von Zugangsrechten	**M 3.6 Geregelte Verfahrensweise beim Ausscheiden von Mitarbeitern** M 2.30 Regelung für die Einrichtung von Benutzern/Benutzergruppen M 2.220 Richtlinien für die Zugriffs- bzw. Zugangskontrolle M 2.226 Regelungen für den Einsatz von Fremdpersonal
	9.3	Benutzerverantwortung	
	9.3.1	Verwendung geheimer Authentifizierungsdaten von Benutzern	**M 2.11 Regelung des Passwortgebrauchs** M 2.22 Hinterlegen des Passwortes M 3.5 Schulung zu Sicherheitsmaßnahmen M 3.26 Einweisung des Personals in den sicheren Umgang mit IT M 4.7 Änderung voreingestellter Passwörter
	9.4	Kontrolle des Zugangs zu Systemen und Anwendungen	
	9.4.1	Beschränkung des Zugangs zu Informationen	**M 2.8 Vergabe von Zugriffsrechten** M 2.30 Regelung für die Einrichtung von Benutzern/Benutzergruppen M 2.217 Sorgfältige Einstufung und Umgang mit Informationen, Anwendungen und Systemen M 2.220 Richtlinien für die Zugriffs- bzw. Zugangskontrolle M 5.61 Geeignete physikalische Segmentierung M 5.62 Geeignete logische Segmentierung M 5.77 Bildung von Teilnetzen

		ISO 27002:2013	IT-Grundschutz
	9.4.2	Sichere Anmelde-verfahren	**M 4.15 Gesichertes Login**
			M 2.220 Richtlinien für die Zugriffs- bzw. Zugangs-kontrolle
			M 2.321 Planung des Einsatzes von Client-Server-Netzen
			M 2.322 Festlegen einer Sicherheitsrichtlinie für ein Client-Server-Netz
			M 3.18 Verpflichtung der Benutzer zum Abmelden nach Aufgabenerfüllung
			M 4.2 Bildschirmsperre
			M 4.16 Zugangsbeschränkungen für Accounts und/oder Terminals
			M 4.41 Einsatz angemessener Sicherheitsprodukte für IT-Systeme
			M 4.133 Geeignete Auswahl von Authentikationsmechanismen
	9.4.3	Kennwortmanagement-system	**M 2.11 Regelung des Passwortgebrauchs**
			M 4.133 Geeignete Auswahl von Authentikationsmechanismen
	9.4.4	Verwendung von Systemwerkzeugen	**M 4.135 Restriktive Vergabe von Zugriffsrechten auf Systemdateien**
	9.4.5	Kontrolle des Zugriffs auf Software-Quellcode	**M 2.378 System-Entwicklung**
			M 2.9 Nutzungsverbot nicht freigegebener Hard- und Software
			M 2.62 Software-Abnahme- und Freigabe-Verfahren
			M 4.135 Restriktive Vergabe von Zugriffsrechten auf Systemdateien

		ISO 27002:2013	IT-Grundschutz
10		**Kryptographie**	
	10.1	Kryptographische Maßnahmen	
	10.1.1	Leitlinie zur Nutzung von kryptographischen Maßnahmen	**B 1.7 Kryptokonzept** M 2.161 Entwicklung eines Kryptokonzepts
	10.1.2	Verwaltung kryptographischer Schlüssel	**B 1.7 Kryptokonzept** M 2.46 Geeignetes Schlüsselmanagement M 2.164 Auswahl eines geeigneten kryptographischen Verfahrens
11		**Schutz vor physischem Zugang und Umwelteinflüssen**	
	11.1	Sicherheitsbereiche	
	11.1.1	Physische Sicherheitszonen	**M 1.79 Bildung von Sicherheitszonen** B 2.1 Allgemeines Gebäude M 1.17 Pförtnerdienst M 1.53 Videoüberwachung M 1.19 Einbruchsschutz M 1.13 Anordnung schützenswerter Gebäudeteile M 1.55 Perimeterschutz
	11.1.2	Physische Zugangskontrollen	**M 2.17 Zutrittsregelung und -kontrolle** B 2.1 Allgemeines Gebäude M 1.80 Zutrittskontrollsystem und Berechtigungsmanagement M 2.6 Vergabe von Zutrittsberechtigungen M 2.16 Beaufsichtigung oder Begleitung von Fremdpersonen

		ISO 27002:2013	IT-Grundschutz
	11.1.3	Sicherung von Büros, sonstigen Räumen und Einrichtungen	**Bausteine der Schicht 2 Infrastruktur**, z. B. B 2.3 Büroraum/Lokaler Arbeitsplatz M 1.12 Vermeidung von Lagehinweisen auf schützenswerte Gebäudeteile M 1.13 Anordnung schützenswerter Gebäudeteile M 1.78 Sicherheitskonzept für die Gebäudenutzung
	11.1.4	Schutz vor externen und umweltbedingten Bedrohungen	**Bausteine der Schicht 2 Infrastruktur** M 1.1 Einhaltung einschlägiger DIN-Normen/VDE-Vorschriften M 1.6 Einhaltung von Brandschutzvorschriften M 1.13 Anordnung schützenswerter Gebäudeteile M 1.16 Geeignete Standortauswahl M 1.18 Gefahrenmeldeanlage M 1.55 Perimeterschutz M 1.75 Branderkennung in Gebäuden
	11.1.5	Arbeit in Sicherheitsbereichen	**Bausteine der Schicht 2 Infrastruktur** M 1.49 Technische und organisatorische Vorgaben für das Rechenzentrum M 1.58 Technische und organisatorische Vorgaben für Serverräume M 1.78 Sicherheitskonzept für die Gebäudenutzung M 1.79 Bildung von Sicherheitszonen M 2.18 Kontrollgänge
	11.1.6	Anlieferungs- und Ladezonen	**M 2.17 Zutrittsregelung und -kontrolle** M 1.55 Perimeterschutz M 1.79 Bildung von Sicherheitszonen M 2.6 Vergabe von Zutrittsberechtigungen M 2.16 Beaufsichtigung oder Begleitung von Fremdpersonen M 2.90 Überprüfung der Lieferung

Bundesanzeiger Verlag

		ISO 27002:2013	IT-Grundschutz
11.2		Sicherheit von Betriebs-mitteln	
	11.2.1	Platzierung und Schutz von Betriebsmitteln	**B 2.3 Büroraum/Lokaler Arbeitsplatz** B 2.1 Allgemeines Gebäude M 1.29 Geeignete Aufstellung eines IT-Systems M 1.45 Geeignete Aufbewahrung dienstlicher Unterlagen und Datenträger
	11.2.2	Versorgungseinrichtungen	**B 2.2 Elektrotechnische Verkabelung** M 1.28 Lokale unterbrechungsfreie Stromversorgung M 1.56 Sekundär-Energieversorgung
	11.2.3	Sicherheit der Verkabelung	**B 2.2 Elektrotechnische Verkabelung** **B 2.12 IT-Verkabelung** M 1.2 Regelungen für Zutritt zu Verteilern M 1.22 Materielle Sicherung von Leitungen und Verteilern M 5.4 Dokumentation und Kennzeichnung der Verkabelung M 5.5 Schadensmindernde Kabelführung
	11.2.4	Instandhaltung von Betriebsmitteln	**M 2.4 Regelungen für Wartungs- und Reparaturarbeiten**
	11.2.5	Entfernung von Werten	**M 2.218 Regelung der Mitnahme von Datenträgern und IT-Komponenten**
	11.2.6	Sicherheit von Betriebs-mitteln und Werten außerhalb der Betriebsgebäude	**B 2.10 Mobiler Arbeitsplatz** B 3.203 Laptop B 5.8 Telearbeit M 1.33 Geeignete Aufbewahrung tragbarer IT-Systeme bei mobilem Einsatz M 1.61 Geeignete Auswahl und Nutzung eines mobilen Arbeitsplatzes M 2.112 Regelung des Akten- und Datenträgertransports zwischen häuslichem Arbeitsplatz und Institution

		ISO 27002:2013	IT-Grundschutz
			M 2.218 Regelung der Mitnahme von Datenträgern und IT-Komponenten M 2.309 Sicherheitsrichtlinien und Regelungen für die mobile IT-Nutzung M 4.29 Einsatz eines Verschlüsselungsproduktes für tragbare PCs
	11.2.7	Sichere Entsorgung oder Weiterverwendung von Betriebsmitteln	**B 1.15 Löschen und Vernichten von Daten** M 2.431 Regelung der Vorgehensweise für die Löschung oder Vernichtung von Informationen M 4.234 Geregelte Außerbetriebnahme von IT-Systemen und Datenträgern
	11.2.8	Unbeaufsichtigte Endgeräte	**M 4.2 Bildschirmsperre** M 1.45 Geeignete Aufbewahrung dienstlicher Unterlagen und Datenträger M 1.46 Einsatz von Diebstahl-Sicherungen M 2.37 Der aufgeräumte Arbeitsplatz M 3.26 Einweisung des Personals in den sicheren Umgang mit IT
	11.2.9	Der Grundsatz des aufgeräumten Schreibtischs und des leeren Bildschirms	**M 2.37 Der aufgeräumte Arbeitsplatz** B 3.406 Drucker, Kopierer und Multifunktionsgeräte M 4.1 Passwortschutz für IT-Systeme M 4.2 Bildschirmsperre
12		**Betriebssicherheit**	
	12.1	Betriebsverfahren und Zuständigkeiten	
	12.1.1	Dokumentierte Betriebsverfahren	**M 2.219 Kontinuierliche Dokumentation der Informationsverarbeitung** B 1.9 Hard- und Software-Management B 4.2 Netz- und Systemmanagement M 2.1 Festlegung von Verantwortlichkeiten und Regelungen für den IT-Einsatz M 2.201 Dokumentation des Sicherheitsprozesses

		ISO 27002:2013	IT-Grundschutz
	12.1.2	Änderungsmanagement	**B 1.14 Patch- und Änderungsmanagement**
	12.1.3	Kapazitätsmanagement	**M 2.214 Konzeption des IT-Betriebs**
	12.1.4	Trennung von Entwicklungs-, Test- und Betriebsumgebungen	**M 2.62 Software-Abnahme- und Freigabe-Verfahren** M 2.9 Nutzungsverbot nicht freigegebener Software M 2.82 Entwicklung eines Testplans für Standardsoftware M 2.487 Entwicklung und Erweiterung von Anwendungen M 4.95 Minimales Betriebssystem
	12.2	Schutz vor Malware	
	12.2.1	Kontrollmaßnahmen gegen Malware	**B 1.6 Schutz vor Schadprogrammen** B 1.8 Behandlung von Sicherheitsvorfällen M 2.9 Nutzungsverbot nicht freigegebener Hard- und Software M 2.35 Informationsbeschaffung über Sicherheitslücken des Systems M 2.154 Erstellung eines Sicherheitskonzeptes gegen Schadprogramme M 6.23 Verhaltensregeln bei Auftreten von Schadprogrammen
	12.3	Backup	
	12.3.1	Datensicherungen	**B 1.4 Datensicherungskonzept** M 6.20 Geeignete Aufbewahrung der Backup-Datenträger M 6.32 Regelmäßige Datensicherung M 6.41 Übungen zur Datenrekonstruktion

		ISO 27002:2013	IT-Grundschutz
12.4		Protokollierung und Überwachung	
	12.4.1	Ereignisprotokollierung	**B 5.22 Protokollierung** **M 2.500 Protokollierung von IT-Systemen** M 2.64 Kontrolle der Protokolldateien M 2.133 Kontrolle der Protokolldateien eines Datenbanksystems M 4.81 Audit und Protokollierung der Aktivitäten im Netz M 4.430 Analyse von Protokolldaten M 5.9 Protokollierung am Server
	12.4.2	Schutz von Protokollinformationen	**M 2.220 Richtlinien für die Zugriffs- bzw. Zugangskontrolle** B 5.22 Protokollierung M 2.110 Datenschutzaspekte bei der Protokollierung M 2.500 Protokollierung von IT-Systemen M 4.34 Einsatz von Verschlüsselung, Checksummen oder Digitalen Signaturen M 4.93 Regelmäßige Integritätsprüfung M 4.135 Restriktive Vergabe von Zugriffsrechten auf Systemdateien
	12.4.3	Administrator- und Betreiberprotokolle	**M 2.64 Kontrolle der Protokolldateien** B 5.22 Protokollierung M 2.110 Datenschutzaspekte bei der Protokollierung M 2.133 Kontrolle der Protokolldateien eines Datenbanksystems M 2.500 Protokollierung von IT-Systemen M 4.5 Protokollierung der TK-Administrationsarbeiten M 4.25 Einsatz der Protokollierung im Unix-System

		ISO 27002:2013	IT-Grundschutz
	12.4.4	Zeitsynchronisation	**M 4.227 Einsatz eines lokalen NTP-Servers zur Zeitsynchronisation**
	12.5	Kontrolle von Betriebssoftware	
	12.5.1	Installation von Software auf betrieblichen Systemen	**B 1.9 Hard- und Software-Management** B 1.10 Standardsoftware B 5.25 Allgemeine Anwendungen M 2.62 Software-Abnahme- und Freigabe-Verfahren
	12.6	Technisches Schwachstellenmanagement	
	12.6.1	Management technischer Schwachstellen	**M 2.35 Informationsbeschaffung über Sicherheitslücken des Systems** M 2.273 Zeitnahes Einspielen sicherheitsrelevanter Patches und Updates
	12.6.2	Beschränkungen der Software-Installation	**M 2.62 Software-Abnahme- und Freigabe-Verfahren** B 1.14 Patch- und Änderungsmanagement B 5.25 Allgemeine Anwendungen M 2.85 Freigabe von Standardsoftware M 2.216 Genehmigungsverfahren für IT-Komponenten
	12.7	Auswirkungen von Audits auf Informationssysteme	
	12.7.1	Kontrollen für Audits von Informationssystemen	**M 2.64 Kontrolle der Protokolldateien** M 2.199 Aufrechterhaltung der Informationssicherheit M 4.81 Audit und Protokollierung der Aktivitäten im Netz

		ISO 27002:2013	IT-Grundschutz
13		**Sicherheit in der Kommunikation**	
	13.1	Netzwerksicherheitsmanagement	
	13.1.1	Netzwerkkontrollen	**B 4.1 Heterogene Netze**
			B 4.4 VPN
			M 2.38 Aufteilung der Administrationstätigkeiten
			M 2.169 Entwickeln einer Systemmanagementstrategie
			M 2.279 Erstellung einer Sicherheitsrichtlinie für Router und Switches
			M 4.79 Sichere Zugriffsmechanismen bei lokaler Administration
			M 4.80 Sichere Zugriffsmechanismen bei Fernadministration
			M 4.81 Audit und Protokollierung der Aktivitäten im Netz
			M 4.82 Sichere Konfiguration der aktiven Netzkomponenten
			M 4.133 Geeignete Auswahl von Authentikationsmechanismen
			M 5.7 Netzverwaltung
			M 5.9 Protokollierung am Server
			M 5.68 Einsatz von Verschlüsselungsverfahren zur Netzkommunikation
			M 5.71 Intrusion Detection und Intrusion Response Systeme
	13.1.2	Sicherheit von Netzwerkdiensten	**B 4.1 Heterogene Netze**
			B 3.301 Sicherheitsgateway (Firewall)
			B 4.2 Netz- und Systemmanagement
			B 4.4 VPN
			B 4.5 LAN-Anbindung eines IT-Systems über ISDN
			M 4.133 Geeignete Auswahl von Authentikations-Mechanismen

		ISO 27002:2013	IT-Grundschutz
			M 5.68 Einsatz von Verschlüsselungsverfahren zur Netzkommunikation
	13.1.3	Trennung in Netzwerken	**M 5.77 Bildung von Teilnetzen** M 5.61 Geeignete physikalische Segmentierung M 5.62 Geeignete logische Segmentierung
	13.2	Informationsübertragung	
	13.2.1	Leitlinien und Verfahren für die Informationsübertragung	**M 2.393 Regelung des Informationsaustausches** B 3.402 Faxgerät B 3.403 Anrufbeantworter B 3.404 Mobiltelefon B 3.405 Smartphones, Tablets und PDAs B 5.2 Datenträgeraustausch B 5.3 Groupware B 5.14 Mobile Datenträger B 5.19 Internet-Nutzung M 2.217 Sorgfältige Einstufung und Umgang mit Informationen, Anwendungen und Systemen M 2.398 Benutzerrichtlinien für den Umgang mit Druckern, Kopierern und Multifunktionsgeräten M 5.88 Vereinbarung über Datenaustausch mit Dritten
	13.2.2	Vereinbarungen zum Informationstransfer	**M 5.88 Vereinbarung über Datenaustausch mit Dritten** M 2.45 Regelung des Datenträgeraustausches M 2.393 Regelung des Informationsaustausches M 2.455 Festlegung einer Sicherheitsrichtlinie für Groupware

		ISO 27002:2013	IT-Grundschutz
	13.2.3	Elektronische Nachrichtenübermittlung	**B 5.3 Groupware** B 5.19 Internet-Nutzung M 2.217 Sorgfältige Einstufung und Umgang mit Informationen, Anwendungen und Systemen M 5.54 Umgang mit unerwünschten E-Mails M 5.56 Sicherer Betrieb eines Mailservers M 5.108 Kryptographische Absicherung von Groupware bzw. E-Mail
	13.2.4	Vertraulichkeits- oder Geheimhaltungsvereinbarungen	**M 3.55 Vertraulichkeitsvereinbarungen** B 1.2 Personal M 2.226 Regelungen für den Einsatz von Fremdpersonal M 3.2 Verpflichtung der Mitarbeiter auf Einhaltung einschlägiger Gesetze, Vorschriften und Regelungen
14		**Anschaffung, Entwicklung und Instandhaltung von Systemen**	
	14.1	Sicherheitsanforderungen für Informationssysteme	
	14.1.1	Analyse und Spezifikation von Sicherheitsanforderungen	**M 2.80 Erstellung eines Anforderungskataloges für Standardsoftware** **M 2.546 Analyse der Anforderungen an neue Anwendungen** B 1.10 Standardsoftware B 1.9 Hard- und Software-Management B 5.25 Allgemeine Anwendungen M 2.62 Software-Abnahme- und Freigabe-Verfahren M 2.66 Beachtung des Beitrags der Zertifizierung für die Beschaffung M 2.83 Testen von Standardsoftware M 2.487 Entwicklung und Erweiterung von Anwendungen

		ISO 27002:2013	**IT-Grundschutz**
			M 2.556 Planung und Umsetzung von Test und Freigabe von Anwendungen
			M 5.168 Sichere Anbindung von Hintergrundsystemen an Webanwendungen und Web-Services
			M 5.169 Systemarchitektur einer Webanwendung
	14.1.2	Sicherung von Anwendungsdiensten in öffentlichen Netzen	**B 5.4 Webserver**
			M 2.162 Bedarfserhebung für den Einsatz kryptographischer Verfahren und Produkte
			M 2.164 Auswahl eines geeigneten kryptographischen Verfahrens
			M 2.172 Entwicklung eines Konzeptes für die Web-Nutzung
			M 2.217 Sorgfältige Einstufung und Umgang mit Informationen, Anwendungen und Systemen
			M 2.220 Richtlinien für die Zugriffs- bzw. Zugangskontrolle
			M 4.93 Regelmäßige Integritätsprüfung
			M 4.94 Schutz der Webserver-Dateien
			M 4.176 Auswahl einer Authentisierungsmethode für Webangebote
			M 5.87 Vereinbarung über die Anbindung an Netze Dritter
			M 5.88 Vereinbarung über Datenaustausch mit Dritten
			B 5.21 Webanwendungen
			B 5.24 Web-Services
	14.1.3	Schutz von Transaktionen im Zusammenhang mit Anwendungsdiensten	**B 1.7 Kryptokonzept**
			M 2.162 Bedarfserhebung für den Einsatz kryptographischer Verfahren und Produkte
			M 2.164 Auswahl eines geeigneten kryptographischen Verfahrens
			M 4.176 Auswahl einer Authentisierungsmethode für Webangebote
			M 5.88 Vereinbarung über Datenaustausch mit Dritten

	ISO 27002:2013	IT-Grundschutz
14.2	Sicherheit in Entwicklungs- und Unterstützungsprozessen	
14.2.1	Leitlinie für sichere Entwicklung	**M 2.487 Entwicklung und Erweiterung von Anwendungen**
14.2.2	Änderungskontrollverfahren	**B 1.14 Patch- und Änderungsmanagement** M 2.9 Nutzungsverbot nicht freigegebener Hard- und Software M 2.34 Dokumentation der Veränderungen an einem bestehenden System M 2.62 Software-Abnahme- und Freigabe-Verfahren
14.2.3	Technische Prüfung von Anwendungen nach Wechseln der Betriebsplattform	**M 4.78 Sorgfältige Durchführung von Konfigurationsänderungen** B 1.14 Patch- und Änderungsmanagement B 5.25 Allgemeine Anwendungen M 2.62 Software-Abnahme- und Freigabe-Verfahren
14.2.4	Beschränkung von Änderungen an Software-Paketen	**M 2.9 Nutzungsverbot nicht freigegebener Software**
14.2.5	Leitlinien zur sicheren Systementwicklung	**B 5.21 Webanwendungen** **B 5.24 Web-Services**
14.2.6	Sichere Entwicklungsumgebung	**M 2.487 Entwicklung und Erweiterung von Anwendungen**
14.2.7	Ausgelagerte Entwicklung	**B 1.11 Outsourcing** B 5.25 Allgemeine Anwendungen M 2.251 Festlegung der Sicherheitsanforderungen für Outsourcing-Vorhaben M 2.252 Wahl eines geeigneten Outsourcing-Dienstleisters

		ISO 27002:2013	IT-Grundschutz
			M 2.253 Vertragsgestaltung mit dem Outsourcing-Dienstleister
			M 2.254 Erstellung eines Sicherheitskonzepts für das Outsourcing-Vorhaben
			M 2.256 Planung und Aufrechterhaltung der Informationssicherheit im laufenden Outsourcing-Betrieb
	14.2.8	Systemsicherheitsprüfungen	**M 2.487 Entwicklung und Erweiterung von Anwendungen** M 5.150 Durchführung von Penetrationstests
	14.2.9	Systemabnahmeprüfung	**M 2.62 Software-Abnahme- und Freigabe-Verfahren** B 1.14 Patch- und Änderungsmanagement B 5.25 Allgemeine Anwendungen M 2.85 Freigabe von Standardsoftware M 2.216 Genehmigungsverfahren für IT-Komponenten M 4.65 Test neuer Hard- und Software
	14.3	Prüfdaten	
	14.3.1	Schutz von Prüfdaten	**M 2.83 Testen von Standardsoftware**
15		**Lieferanten-beziehungen**	
	15.1	Informationssicherheit bei Lieferanten-beziehungen	
	15.1.1	Informationssicherheits-leitlinie für Lieferanten-beziehungen	**B 1.11 Outsourcing** **B 1.17 Cloud-Nutzung** M 2.4 Regelungen für Wartungs- und Reparatur-arbeiten M 2.250 Festlegung einer Outsourcing-Strategie M 2.251 Festlegung der Sicherheitsanforderungen für Outsourcing-Vorhaben

		ISO 27002:2013	IT-Grundschutz
42			M 2.516 Bereitstellung von Sicherheitsrichtlinien für Cloud-Anwender
	15.1.2	Sicherheitsthemen in Lieferantenverträgen	**B 1.11 Outsourcing**
			B 1.17 Cloud-Nutzung
			M 2.253 Vertragsgestaltung mit dem Outsourcing-Dienstleister
			M 2.254 Erstellung eines Sicherheitskonzepts für das Outsourcing-Vorhaben
			M 2.356 Vertragsgestaltung mit Dienstleistern für Speicherlösungen
			M 2.475 Vertragsgestaltung bei Bestellung eines externen IT-Sicherheitsbeauftragten
			M 2.517 Vertragsgestaltung mit Dritt-Dienstleistern
			M 2.539 Erstellung eines Sicherheitskonzeptes für die Cloud-Nutzung
			M 2.541 Vertragsgestaltung mit dem Cloud-Diensteanbieter
			M 2.554 Geeignete Vertragsgestaltung bei Beschaffung, Entwicklung und Betriebsunterstützung für Anwendungen
			M 3.55 Vertraulichkeitsvereinbarungen
			M 5.87 Vereinbarung über die Anbindung an Netze Dritter
			M 5.88 Vereinbarung über Datenaustausch mit Dritten
	15.1.3	Lieferkette für Informations- und Kommunikationstechnologie	**B 1.11 Outsourcing**
			M 2.4 Regelungen für Wartungs- und Reparaturarbeiten
			M 2.517 Vertragsgestaltung mit Dritt-Dienstleistern
			M 3.55 Vertraulichkeitsvereinbarungen
			M 5.33 Absicherung von Fernwartung

		ISO 27002:2013	IT-Grundschutz
	15.2	Management der Dienstleistungserbringung durch Lieferanten	
	15.2.1	Überwachung und Prüfung von Lieferantendienstleistungen	**M 2.256 Planung und Aufrechterhaltung der Informationssicherheit im laufenden Outsourcing-Betrieb** B 1.11 Outsourcing B 1.17 Cloud-Nutzung
	15.2.2	Management von Änderungen an Lieferantendienstleistungen	**B 1.11 Outsourcing** B 1.14 Patch- und Änderungsmanagement B 1.17 Cloud-Nutzung B 5.23 Cloud Management M 2.221 Änderungsmanagement M 2.34 Dokumentation der Veränderungen an einem bestehenden System
16		**Management von Informationssicherheitsvorfällen**	
	16.1	Management von Informationssicherheitsvorfällen und Verbesserungen	
	16.1.1	Zuständigkeiten und Verfahren	**B 1.8 Behandlung von Sicherheitsvorfällen** M 6.58 Etablierung einer Vorgehensweise zur Behandlung von Sicherheitsvorfällen M 6.59 Festlegung von Verantwortlichkeiten bei Sicherheitsvorfällen M 6.121 Erstellung einer Richtlinie zur Behandlung von Sicherheitsvorfällen
	16.1.2	Meldung von Informationssicherheitsereignissen	**B 1.8 Behandlung von Sicherheitsvorfällen** M 3.6 Geregelte Verfahrensweise beim Ausscheiden von Mitarbeitern M 6.60 Festlegung von Meldewegen für Sicherheitsvorfälle

		ISO 27002:2013	IT-Grundschutz
	16.1.3	Meldung von Informationssicherheitsschwachstellen	**B 1.8 Behandlung von Sicherheitsvorfällen** M 2.35 Informationsbeschaffung über Sicherheitslücken des Systems M 6.60 Festlegung von Meldewegen für Sicherheitsvorfälle
	16.1.4	Bewertung von und Entscheidung über Informationssicherheitsereignisse	**B 1.8 Behandlung von Sicherheitsvorfällen** M 6.122 Definition eines Sicherheitsvorfalls
	16.1.5	Reaktion auf Informationssicherheitsvorfälle	**B 1.8 Behandlung von Sicherheitsvorfällen** M 6.64 Behebung von Sicherheitsvorfällen M 6.65 Benachrichtigung betroffener Stellen bei Sicherheitsvorfällen
	16.1.6	Erkenntnisse aus Informationssicherheitsvorfällen	**B 1.8 Behandlung von Sicherheitsvorfällen** M 6.66 Nachbereitung von Sicherheitsvorfällen M 6.68 Effizienzprüfung des Managementsystems zur Behandlung von Sicherheitsvorfällen
	16.1.7	Sammeln von Beweismaterial	**B 1.8 Behandlung von Sicherheitsvorfällen** M 6.127 Etablierung von Beweissicherungsmaßnahmen bei Sicherheitsvorfällen
17		**Informationssicherheitsaspekte des Betriebskontinuitätsmanagements**	
	17.1	Aufrechterhaltung der Informationssicherheit	
	17.1.1	Planung der Aufrechterhaltung der Informationssicherheit	**B 1.3 Notfallmanagement** BSI-Standard 100-2, Kapitel 3 Initiierung des Sicherheitsprozesses BSI-Standard 100-4, Notfallmanagement B 1.8 Behandlung von Sicherheitsvorfällen

		ISO 27002:2013	IT-Grundschutz
	17.1.2	Implementierung von Verfahren zur Aufrechterhaltung der Informationssicherheit	**B 1.3 Notfallmanagement** BSI-Standard 100-4 Notfallmanagement B 1.8 Behandlung von Sicherheitsvorfällen
	17.1.3	Überprüfung, Überarbeitung und Auswertung von Maßnahmen zur Aufrechterhaltung der Informationssicherheit	**B 1.3 Notfallmanagement** BSI-Standard 100-4 Notfallmanagement
	17.2	Redundanzen	
	17.2.1	Verfügbarkeit von informationsverarbeitenden Einrichtungen	**B 2.4 Serverraum** **B 2.9 Rechenzentrum** M 1.52 Redundanz, Modularität und Skalierbarkeit in der technischen Infrastruktur M 6.18 Redundante Leitungsführung M 6.53 Redundante Auslegung der Netzkomponenten M 6.75 Redundante Kommunikationsverbindungen M 6.103 Redundanzen für die Primärverkabelung M 6.104 Redundanzen für die Gebäudeverkabelung M 6.157 Entwicklung eines Redundanzkonzeptes für Anwendungen
18		**Richtlinienkonformität**	
	18.1	Einhaltung gesetzlicher und vertraglicher Anforderungen	
	18.1.1	Feststellung anwendbarer Gesetze und vertraglicher Anforderungen	**B 1.16 Anforderungsmanagement** M 2.340 Beachtung rechtlicher Rahmenbedingungen M 3.2 Verpflichtung der Mitarbeiter auf Einhaltung einschlägiger Gesetze, Vorschriften und Regelungen

		ISO 27002:2013	IT-Grundschutz
	18.1.2	Rechte an geistigem Eigentum	**B 1.16 Anforderungsmanagement** M 2.217 Sorgfältige Einstufung und Umgang mit Informationen, Anwendungen und Systemen M 2.10 Überprüfung des Software-Bestandes M 4.99 Schutz gegen nachträgliche Veränderungen von Informationen
	18.1.3	Schutz von Aufzeichnungen	**M 2.217 Sorgfältige Einstufung und Umgang mit Informationen, Anwendungen und Systemen**
	18.1.4	Privatsphäre und Schutz von personenbezogenen Informationen	**B 1.16 Anforderungsmanagement** B 1.5 Datenschutz M 3.2 Verpflichtung der Mitarbeiter auf Einhaltung einschlägiger Gesetze, Vorschriften und Regelungen M 2.10 Überprüfung des Software-Bestandes M 2.205 Übertragung und Abruf personenbezogener Daten
	18.1.5	Regulierung kryptographischer Kontrollmaßnahmen	**B 1.16 Anforderungsmanagement** M 2.163 Erhebung der Einflussfaktoren für kryptographische Verfahren und Produkte
	18.2	Informationssicherheitsprüfungen	
	18.2.1	Unabhängige Prüfung der Informationssicherheit	**M 2.199 Aufrechterhaltung der Informationssicherheit** BSI-Standard 100-2, Kapitel 6 Aufrechterhaltung und kontinuierliche Verbesserung der Informationssicherheit B 1.0 Sicherheitsmanagement
	18.2.2	Einhaltung von Sicherheitsleitlinien und -normen	**B 1.16 Anforderungsmanagement** M 2.199 Aufrechterhaltung der Informationssicherheit BSI-Standard 100-2, Kapitel 6.1.1 Methoden zur Überprüfung des Informationssicherheitsprozesses

		ISO 27002:2013	IT-Grundschutz
	18.2.3	Technische Konformi-tätsprüfung	**M 2.199 Aufrechterhaltung der Informations-sicherheit**

ISO 27001:2005 und IT Grundschutz

		ISO 27001:2005	IT-Grundschutz
1		**Anwendungsbereich**	BSI-Standard 100-2, Kapitel 1 Einleitung
2		**Normative Verweisungen**	BSI-Standard 100-1, Kapitel 1.5 Literaturverzeichnis
3		**Begriffe**	IT-Grundschutz-Kataloge, Glossar
4		**Informationssicher-heits-Management-system**	
	4.1	Allgemeine Anforderungen	**BSI-Standard 100-1, Kapitel 3 ISMS-Definition und Prozessbeschreibung** **BSI-Standard 100-2, Kapitel 2 Informations-sicherheitsmanagement mit IT-Grundschutz** B 1.0 Sicherheitsmanagement
	4.2	Festlegung und Verwaltung des ISMS	
	4.2.1	Festlegen des ISMS	**BSI-Standard 100-2, Kapitel 3, 4 und 5** **BSI-Standard 100-3, Risikoanalyse auf der Basis von IT-Grundschutz** **Ergänzung zum BSI-Standard 100-3** B 1.0 Sicherheitsmanagement M 2.192 Erstellung einer Leitlinie zur Informationssicherheit M 2.335 Festlegung der Sicherheitsziele und -strategie
	4.2.2	Umsetzen und Durchführen des ISMS	**BSI-Standard 100-2, Kapitel 5** M 2.195 Erstellung eines Sicherheitskonzepts

		ISO 27001:2005	IT-Grundschutz
	4.2.3	Überwachen und Überprüfen des ISMS	**BSI-Standard 100-2, Kapitel 6 Aufrechterhaltung und kontinuierliche Verbesserung der Informationssicherheit** M 2.199 Aufrechterhaltung der Informationssicherheit M 2.200 Management-Berichte zur Informationssicherheit
	4.2.4	Instandhalten und Verbessern des ISMS	**BSI-Standard 100-2, Kapitel 6 Aufrechterhaltung und kontinuierliche Verbesserung der Informationssicherheit** M 2.199 Aufrechterhaltung der Informationssicherheit M 2.200 Management-Berichte zur Informationssicherheit
	4.3	Dokumentationsanforderungen	
	4.3.1	Allgemeines	**BSI-Standard 100-2, Kapitel 6.2 Informationsfluss im Informationssicherheitsprozess** M 2.201 Dokumentation des Sicherheitsprozesses
	4.3.2	Lenkung von Dokumenten	**BSI-Standard 100-1, Kapitel 4.3 Kommunikation und Wissen** M 2.201 Dokumentation des Sicherheitsprozesses
	4.3.3	Lenkung von Aufzeichnungen	**BSI-Standard 100-2, Kapitel 6.2 Informationsfluss im Informationssicherheitsprozess** M 2.201 Dokumentation des Sicherheitsprozesses M 2.340 Beachtung rechtlicher Rahmenbedingungen
5		**Verantwortung des Managements**	
	5.1	Verpflichtung des Managements	**BSI-Standard 100-2, Kapitel 3.1 Übernahme von Verantwortung durch die Leitungsebene** M 2.336 Übernahme der Gesamtverantwortung für Informationssicherheit durch die Leitungsebene

		ISO 27001:2005	IT-Grundschutz
	5.2	Management von Ressourcen	
	5.2.1	Bereitstelllung von Ressourcen	**BSI-Standard 100-2, Kapitel 3.5 Bereitstellung von Ressourcen für die Informationssicherheit** M 2.339 Wirtschaftlicher Einsatz von Ressourcen für Informationssicherheit
	5.2.2	Schulungen, Bewusstsein und Kompetenz	**B 1.13 Sensibilisierung und Schulung zur Informationssicherheit** M 3.96 Unterstützung des Managements für Sensibilisierung und Schulung
6		**Interne ISMS-Audits**	**BSI-Standard 100-2, Kapitel 6.1.1 Methoden zur Überprüfung des Informationssicherheitsprozesses** M 2.199 Aufrechterhaltung der Informationssicherheit
7		**Managementbewertung des ISMS**	
	7.1	Allgemeines	**BSI-Standard 100-2, Kapitel 6.1 Überprüfung des Informationssicherheitsprozesses in allen Ebenen** M 2.336 Übernahme der Gesamtverantwortung für Informationssicherheit durch die Leitungsebene
	7.2	Eingaben für die Bewertung	**BSI-Standard 100-2, Kapitel 6.1 Überprüfung des Informationssicherheitsprozesses in allen Ebenen**
	7.3	Ergebnisse der Bewertung	**BSI-Standard 100-2, Kapitel 6.1 Überprüfung des Informationssicherheitsprozesses in allen Ebenen**

		ISO 27001:2005	IT-Grundschutz
8		**Verbesserung des ISMS**	
	8.1	Ständige Verbesserung	**BSI-Standard 100-2, Kapitel 6 Aufrechterhaltung und kontinuierliche Verbesserung der Informationssicherheit** M 2.199 Aufrechterhaltung der Informationssicherheit
	8.2	Korrekturmaßnahmen	**BSI-Standard 100-2, Kapitel 6 Aufrechterhaltung und kontinuierliche Verbesserung der Informationssicherheit** M 2.199 Aufrechterhaltung der Informationssicherheit
	8.3	Vorbeugungsmaßnahmen	**BSI-Standard 100-2, Kapitel 6 Aufrechterhaltung und kontinuierliche Verbesserung der Informationssicherheit** M 2.199 Aufrechterhaltung der Informationssicherheit

ISO 27001:2005 Anhang A/ISO 27002:2005 und IT Grundschutz

		ISO 27002:2005	IT-Grundschutz
5		**Sicherheitsleitlinie**	
	5.1	Informationssicherheits-leitlinie	
	5.1.1	Leitlinie zur Informationssicherheit	**M 2.192 Erstellung einer Leitlinie zur Informationssicherheit** BSI-Standard 100-2, Kapitel 3 Initiierung des Sicherheitsprozesses B 1.0 Sicherheitsmanagement M 2.335 Festlegung der Sicherheitsziele und -strategie
	5.1.2	Überprüfung der Informationssicherheitsleitlinie	**BSI-Standard 100-2, Kapitel 3.3.5 Aktualisierung der Sicherheitsleitlinie** B 1.0 Sicherheitsmanagement M 2.193 Aufbau einer geeigneten Organisationsstruktur für Informationssicherheit M 2.199 Aufrechterhaltung der Informationssicherheit M 2.200 Management-Berichte zur Informationssicherheit
6		**Organisation der Informationssicherheit**	
	6.1	Interne Organisation	**B 1.0 Sicherheitsmanagement**
	6.1.1	Engagement des Managements für Informationssicherheit	**BSI-Standard 100-2, Kapitel 3.1 Übernahme von Verantwortung durch die Leitungsebene** **M 2.336 Übernahme der Gesamtverantwortung für Informationssicherheit durch die Leitungsebene** B 1.0 Sicherheitsmanagement M 2.192 Erstellung der Leitlinie zur Informationssicherheit M 2.200 Management-Berichte zur Informationssicherheit

		ISO 27002:2005	IT-Grundschutz
6.1.2		Koordination der Informationssicherheit	**M 2.193 Aufbau einer geeigneten Organisationsstruktur für Informationssicherheit** BSI-Standard 100-2,Kapitel 3 Initiierung des Sicherheitsprozesses B 1.0 Sicherheitsmanagement B 1.13 Sensibilisierung und Schulung zur Informationssicherheit
6.1.3		Zuweisung der Verantwortung für Informationssicherheit	**BSI-Standard 100-2, Kapitel 3.4.2 Aufbau der Informationssicherheitsorganisation** **M 2.193 Aufbau einer geeigneten Organisationsstruktur für Informationssicherheit** M 2.225 Zuweisung der Verantwortung für Informationen, Anwendungen und IT-Komponenten
6.1.4		Genehmigungsverfahren für informationsverarbeitende Einrichtungen	**B 1.9 Hard- und Software-Management** B 1.0 Sicherheitsmanagement M 2.9 Nutzungsverbot nicht freigegebener Hard- und Software M 2.216 Genehmigungsverfahren für IT-Komponenten
6.1.5		Vertraulichkeitsvereinbarungen	**M 3.55 Vertraulichkeitsvereinbarungen** B 1.2 Personal M 2.226 Regelungen für den Einsatz von Fremdpersonal M 3.2 Verpflichtung der Mitarbeiter auf Einhaltung einschlägiger Gesetze, Vorschriften und Regelungen
6.1.6		Kontakt zu Behörden	**B 1.3 Notfallmanagement** **B 1.8 Behandlung von Sicherheitsvorfällen** M 6.59 Festlegung von Verantwortlichkeiten bei Sicherheitsvorfällen M 6.61 Eskalationsstrategie für Sicherheitsvorfälle M 6.65 Benachrichtigung betroffener Stellen

		ISO 27002:2005	IT-Grundschutz
	6.1.7	Kontakt zu speziellen Interessengruppen	**M 2.35 Informationsbeschaffung über Sicherheitslücken des Systems** M 2.199 Aufrechterhaltung der Informationssicherheit
	6.1.8	Unabhängige Überprüfung der Informationssicherheit	**M 2.199 Aufrechterhaltung der Informationssicherheit** BSI-Standard 100-2,Kapitel 6 Aufrechterhaltung und kontinuierliche Verbesserung der Informationssicherheit B 1.0 Sicherheitsmanagement M 2.200 Management-Berichte zur Informationssicherheit
	6.2	Externe	
	6.2.1	Identifizierung von Risiken in Zusammenhang mit externen Mitarbeitern	**B 1.11 Outsourcing** B 1.9 Hard- und Software-Management B 1.17 Cloud-Nutzung B 4.4 VPN M 2.251 Festlegung der Sicherheitsanforderungen für Outsourcing-Vorhaben M 2.539 Erstellung eines Sicherheitskonzeptes für die Cloud-Nutzung
	6.2.2	Adressieren von Sicherheit im Umgang mit Kunden	**M 5.88 Vereinbarung über Datenaustausch mit Dritten** B 5.23 Cloud Management M 2.516 Bereitstellung von Sicherheitsrichtlinien für Cloud-Anwender M 5.87 Vereinbarung über die Anbindung an Netze Dritter
	6.2.3	Adressieren von Sicherheit in Vereinbarungen mit Dritten	**B 1.11 Outsourcing** B 1.17 Cloud-Nutzung M 2.541 Vertragsgestaltung mit dem Cloud-Diensteanbieter

		ISO 27002:2005	IT-Grundschutz
			M 5.87 Vereinbarung über die Anbindung an Netze Dritter
			M 5.88 Vereinbarung über Datenaustausch mit Dritten
7		**Management von organisationseigenen Werten**	
	7.1	Verantwortung für organisationseigene Werte (Assets)	
	7.1.1	Inventar der organisationseigenen Werte (Assets)	**BSI-Standard 100-2, Kapitel 4.2 Strukturanalyse** B 1.0 Sicherheitsmanagement B 1.1 Organisation M 2.139 Ist-Aufnahme der aktuellen Netzsituation M 2.195 Erstellung eines Sicherheitskonzepts M 2.217 Sorgfältige Einstufung und Umgang mit Informationen, Anwendungen und Systemen
	7.1.2	Eigentum von organisationseigenen Werten (Assets)	**M 2.225 Zuweisung der Verantwortung für Informationen, Anwendungen und IT-Komponenten**
	7.1.3	Zulässiger Gebrauch von organisationseigenen Werten (Assets)	**M 2.217 Sorgfältige Einstufung und Umgang mit Informationen, Anwendungen und Systemen** M 1.33 Geeignete Aufbewahrung tragbarer IT-Systeme bei mobilem Einsatz M 1.34 Geeignete Aufbewahrung tragbarer IT-Systeme im stationären Einsatz M 2.455 Festlegung einer Sicherheitsrichtlinie für Groupware M 2.218 Regelung der Mitnahme von Datenträgern und IT-Komponenten M 2.226 Regelungen für den Einsatz von Fremdpersonal

		ISO 27002:2005	IT-Grundschutz
			M 2.235 Richtlinien für die Nutzung von Internet-PCs
			M 2.309 Sicherheitsrichtlinien und Regelungen für die mobile IT-Nutzung
			M 5.88 Vereinbarung über Datenaustausch mit Dritten
	7.2	Klassifizierung von Informationen	
	7.2.1	Regelungen für die Klassifizierung	**BSI-Standard 100-2, Kapitel 4.3 Schutzbedarfsfeststellung** B 1.0 Sicherheitsmanagement M 2.195 Erstellung eines Sicherheitskonzepts M 2.217 Sorgfältige Einstufung und Umgang mit Informationen, Anwendungen und Systemen
	7.2.2	Kennzeichnung von und Umgang mit Informationen	**BSI-Standard 100-2, Kapitel 4.3 Schutzbedarfsfeststellung** B 1.0 Sicherheitsmanagement M 2.217 Sorgfältige Einstufung und Umgang mit Informationen, Anwendungen und Systemen
8		**Personalsicherheit**	
	8.1	Vor der Anstellung	
	8.1.1	Aufgaben und Verantwortung	**M 2.1 Festlegung von Verantwortlichkeiten und Regelungen für den IT-Einsatz** B 1.1 Organisation B 1.2 Personal M 2.5 Aufgabenverteilung und Funktionstrennung M 2.193 Aufbau einer geeigneten Organisationsstruktur für Informationssicherheit M 2.198 Sensibilisierung der Mitarbeiter für Informationssicherheit M 3.1 Geregelte Einarbeitung/Einweisung neuer Mitarbeiter

		ISO 27002:2005	IT-Grundschutz
			M 3.26 Einweisung des Personals in den sicheren Umgang mit IT
	8.1.2	Überprüfung	**M 3.33 Sicherheitsprüfung von Mitarbeitern** B 1.2 Personal M 3.50 Auswahl von Personal
	8.1.3	Arbeitsvertragsklauseln	**M 2.226 Regelungen für den Einsatz von Fremdpersonal** **M 3.2 Verpflichtung der Mitarbeiter auf Einhaltung einschlägiger Gesetze, Vorschriften und Regelungen** B 1.2 Personal M 3.1 Geregelte Einarbeitung/Einweisung neuer Mitarbeiter
	8.2	Während der Anstellung	
	8.2.1	Verantwortung des Managements	**M 2.198 Sensibilisierung der Mitarbeiter für Informationssicherheit** B 1.13 Sensibilisierung und Schulung zur Informationssicherheit M 2.226 Regelungen für den Einsatz von Fremdpersonal M 3.5 Schulung zu Sicherheitsmaßnahmen
	8.2.2	Sensibilisierung, Ausbildung und Schulung für Informationssicherheit	**B 1.13 Sensibilisierung und Schulung zur Informationssicherheit** M 2.312 Konzeption eines Schulungs- und Sensibilisierungsprogramms zur Informationssicherheit M 3.5 Schulung zu Sicherheitsmaßnahmen M 3.96 Unterstützung des Managements für Sensibilisierung und Schulung
	8.2.3	Disziplinarverfahren	**M 2.39 Reaktion auf Verletzungen der Sicherheitsvorgaben** B 1.8 Behandlung von Sicherheitsvorfällen M 2.192 Erstellung einer Leitlinie zur Informationssicherheit

		ISO 27002:2005	IT-Grundschutz
			M 3.26 Einweisung des Personals in den sicheren Umgang mit IT
	8.3	Beendigung oder Änderung der Anstellung	
	8.3.1	Verantwortlichkeiten bei der Beendigung	**M 3.6 Geregelte Verfahrensweise beim Ausscheiden von Mitarbeitern** B 1.2 Personal M 2.226 Regelungen für den Einsatz von Fremdpersonal
	8.3.2	Rückgabe von organisationseigenen Werten	**M 3.6 Geregelte Verfahrensweise beim Ausscheiden von Mitarbeiter** M 2.226 Regelungen für den Einsatz von Fremdpersonal
	8.3.3	Zurücknahme von Zugangsrechten	**M 3.6 Geregelte Verfahrensweise beim Ausscheiden von Mitarbeitern** M 2.30 Regelung für die Einrichtung von Benutzern/Benutzergruppen M 2.226 Regelungen für den Einsatz von Fremdpersonal
9		Physische und umgebungsbezogene Sicherheit	
	9.1	Sicherheitsbereiche	
	9.1.1	Sicherheitszonen	**M 1.79 Bildung von Sicherheitszonen** B 2.1 Allgemeines Gebäude M 1.17 Pförtnerdienst M 1.53 Videoüberwachung M 1.19 Einbruchsschutz M 1.13 Anordnung schützenswerter Gebäudeteile M 1.55 Perimeterschutz

		ISO 27002:2005	IT-Grundschutz
	9.1.2	Zutrittskontrolle	**M 2.17 Zutrittsregelung und -kontrolle** B 2.1 Allgemeines Gebäude M 1.80 Zutrittskontrollsystem und Berechtigungs-management M 2.6 Vergabe von Zutrittsberechtigungen M 2.16 Beaufsichtigung oder Begleitung von Fremdpersonen
	9.1.3	Sicherung von Büros, Räumen und Einrichtungen	**Bausteine der Schicht 2 Infrastruktur**, z. B. B 2.3 Büroraum/Lokaler Arbeitsplatz M 1.12 Vermeidung von Lagehinweisen auf schützenswerte Gebäudeteile M 1.13 Anordnung schützenswerter Gebäudeteile M 1.78 Sicherheitskonzept für die Gebäudenutzung
	9.1.4	Schutz vor Bedrohungen von außen und aus der Umwelt	**Bausteine der Schicht 2 Infrastruktur** M 1.1 Einhaltung einschlägiger DIN-Normen/VDE-Vorschriften M 1.6 Einhaltung von Brandschutzvorschriften M 1.13 Anordnung schützenswerter Gebäudeteile M 1.16 Geeignete Standortauswahl M 1.18 Gefahrenmeldeanlage M 1.55 Perimeterschutz M 1.75 Branderkennung in Gebäuden
	9.1.5	Arbeiten in Sicherheits-zonen	**Bausteine der Schicht 2 Infrastruktur** M 1.49 Technische und organisatorische Vorgaben für das Rechenzentrum M 1.58 Technische und organisatorische Vorgaben für Serverräume M 1.78 Sicherheitskonzept für die Gebäudenutzung M 1.79 Bildung von Sicherheitszonen M 2.18 Kontrollgänge

		ISO 27002:2005	IT-Grundschutz
	9.1.6	Öffentlicher Zugang, Anlieferungs- und Ladezonen	**M 2.17 Zutrittsregelung und -kontrolle** M 1.55 Perimeterschutz M 1.79 Bildung von Sicherheitszonen M 2.6 Vergabe von Zutrittsberechtigungen M 2.16 Beaufsichtigung oder Begleitung von Fremdpersonen M 2.90 Überprüfung der Lieferung
	9.2	Sicherheit von Betriebsmitteln	
	9.2.1	Platzierung und Schutz von Betriebsmitteln	**B 2.3 Büroraum/Lokaler Arbeitsplatz** B 2.1 Allgemeines Gebäude M 1.29 Geeignete Aufstellung eines IT-Systems M 1.45 Geeignete Aufbewahrung dienstlicher Unterlagen und Datenträger
	9.2.2	Unterstützende Versorgungseinrichtungen	**B 2.2 Elektrotechnische Verkabelung** M 1.28 Lokale unterbrechungsfreie Stromversorgung M 1.56 Sekundär-Energieversorgung
	9.2.3	Sicherheit der Verkabelung	**B 2.2 Elektrotechnische Verkabelung** **B 2.12 IT-Verkabelung** M 1.2 Regelungen für Zutritt zu Verteilern M 1.22 Materielle Sicherung von Leitungen und Verteilern M 5.4 Dokumentation und Kennzeichnung der Verkabelung M 5.5 Schadensmindernde Kabelführung
	9.2.4	Instandhaltung von Gerätschaften	**M 2.4 Regelungen für Wartungs- und Reparaturarbeiten**

		ISO 27002:2005	IT-Grundschutz
	9.2.5	Sicherheit von außerhalb des Standorts befindlicher Ausrüstung	**B 2.10 Mobiler Arbeitsplatz** B 3.203 Laptop B 5.8 Telearbeit M 1.33 Geeignete Aufbewahrung tragbarer IT-Systeme bei mobilem Einsatz M 1.61 Geeignete Auswahl und Nutzung eines mobilen Arbeitsplatzes M 2.309 Sicherheitsrichtlinien und Regelungen für die mobile IT-Nutzung M 2.218 Regelung der Mitnahme von Datenträgern und IT-Komponenten M 2.112 Regelung des Akten- und Datenträgertransports zwischen häuslichem Arbeitsplatz und Institution M 4.29 Einsatz eines Verschlüsselungsproduktes für tragbare PCs
	9.2.6	Sichere Entsorgung oder Weiterverwendung von Betriebsmitteln	**B 1.15 Löschen und Vernichten von Daten** M 2.431 Regelung der Vorgehensweise für die Löschung oder Vernichtung von Informationen M 4.234 Geregelte Außerbetriebnahme von IT-Systemen und Datenträgern
	9.2.7	Entfernung von Eigentum	**M 2.218 Regelung der Mitnahme von Datenträgern und IT-Komponenten**
10		**Betriebs- und Kommunikationsmanagement**	
	10.1	Verfahren und Verantwortlichkeiten	
	10.1.1	Dokumentierte Betriebsprozesse	**M 2.219 Kontinuierliche Dokumentation der Informationsverarbeitung** B 1.9 Hard- und Software-Management B 4.2 Netz- und Systemmanagement M 2.1 Festlegung von Verantwortlichkeiten und Regelungen für den IT-Einsatz

		ISO 27002:2005	IT-Grundschutz
			M 2.201 Dokumentation des Sicherheitsprozesses
	10.1.2	Änderungsverwaltung	B 1.14 Patch- und Änderungsmanagement
	10.1.3	Aufteilung von Verantwortlichkeiten/Rechtetrennung (Vieraugenprinzip)	**M 2.5 Aufgabenverteilung und Funktionstrennung**
	10.1.4	Trennung von Entwicklungs-, Test- und Produktiveinrichtungen	**M 2.62 Software-Abnahme- und Freigabe-Verfahren** M 2.9 Nutzungsverbot nicht freigegebener Software M 2.82 Entwicklung eines Testplans für Standardsoftware M 4.95 Minimales Betriebssystem
	10.2	Management der Dienstleistungserbringung von Dritten	
	10.2.1	Erbringung von Dienstleistungen	**B 1.11 Outsourcing** B 1.17 Cloud-Nutzung M 2.251 Festlegung der Sicherheitsanforderungen für Outsourcing-Vorhaben M 2.253 Vertragsgestaltung mit dem Outsourcing-Dienstleister M 2.254 Erstellung eines Sicherheitskonzepts für das Outsourcing-Vorhaben M 2.539 Erstellung eines Sicherheitskonzeptes für die Cloud-Nutzung M 2.541 Vertragsgestaltung mit dem Cloud-Diensteanbieter M 6.83 Notfallvorsorge beim Outsourcing M 6.155 Erstellung eines Notfallkonzeptes für einen Cloud Service

		ISO 27002:2005	IT-Grundschutz
	10.2.2	Überwachung und Überprüfung der Dienstleistungen von Dritten	**M 2.256 Planung und Aufrechterhaltung der Informationssicherheit im laufenden Outsourcing-Betrieb** B 1.11 Outsourcing B 1.17 Cloud-Nutzung M 2.543 Aufrechterhaltung der Informationssicherheit im laufenden Cloud-Nutzungs-Betrieb
	10.2.3	Management von Änderungen an Dienstleistungen von Dritten	**B 1.11 Outsourcing** B 1.14 Patch- und Änderungsmanagement B 1.17 Cloud-Nutzung B 5.23 Cloud Management M 2.221 Änderungsmanagement M 2.34 Dokumentation der Veränderungen an einem bestehenden System
	10.3	Systemplanung und Abnahme	
	10.3.1	Kapazitätsplanung	**M 2.214 Konzeption des IT-Betriebs**
	10.3.2	Systemplanung und Abnahme	**M 2.62 Software-Abnahme- und Freigabe-Verfahren** B 1.14 Patch- und Änderungsmanagement B 5.25 Allgemeine Anwendungen M 2.85 Freigabe von Standardsoftware M 2.216 Genehmigungsverfahren für IT-Komponenten M 4.65 Test neuer Hard- und Software
	10.4	Schutz vor Schadsoftware und mobilem Programmcode	
	10.4.1	Maßnahmen gegen Schadsoftware	**B 1.6 Schutz vor Schadprogrammen** B 1.8 Behandlung von Sicherheitsvorfällen M 2.9 Nutzungsverbot nicht freigegebener Hard- und Software

		ISO 27002:2005	IT-Grundschutz
			M 2.10 Überprüfung des Software-Bestandes
			M 2.35 Informationsbeschaffung über Sicherheitslücken des Systems
			M 2.154 Erstellung eines Sicherheitskonzeptes gegen Schadprogramme
			M 6.23 Verhaltensregeln bei Auftreten von Schadprogrammen
	10.4.2	Schutz vor mobiler Software (mobilen Agenten)	**M 5.69 Schutz vor aktiven Inhalten** B 1.6 Schutz vor Schadprogrammen M 2.9 Nutzungsverbot nicht freigegebener Hard- und Software M 2.198 Sensibilisierung der Mitarbeiter für Informationssicherheit M 4.23 Sicherer Aufruf ausführbarer Dateien M 4.100 Firewalls und aktive Inhalte M 4.199 Vermeidung gefährlicher Dateiformate
	10.5	Backup	
	10.5.1	Backup von Informationen	**B 1.4 Datensicherungskonzept** M 6.20 Geeignete Aufbewahrung der Backup-Datenträger M 6.32 Regelmäßige Datensicherung M 6.41 Übungen zur Datenrekonstruktion
	10.6	Management der Netzsicherheit	
	10.6.1	Maßnahmen für Netze	**B 4.1 Heterogene Netze** B 4.4 VPN M 2.38 Aufteilung der Administrationstätigkeiten M 2.169 Entwickeln einer Systemmanagementstrategie M 2.279 Erstellung einer Sicherheitsrichtlinie für Router und Switches M 4.79 Sichere Zugriffsmechanismen bei lokaler Administration

		ISO 27002:2005	IT-Grundschutz
			M 4.80 Sichere Zugriffsmechanismen bei Fernadministration
			M 4.81 Audit und Protokollierung der Aktivitäten im Netz
			M 4.82 Sichere Konfiguration der aktiven Netzkomponenten
			M 5.7 Netzverwaltung
			M 5.9 Protokollierung am Server
			M 5.68 Einsatz von Verschlüsselungsverfahren zur Netzkommunikation
			M 5.71 Intrusion Detection und Intrusion Response Systeme
	10.6.2	Sicherheit von Netzdiensten	**B 4.1 Heterogene Netze** B 3.301 Sicherheitsgateway (Firewall) B 4.2 Netz- und Systemmanagement B 4.4 VPN B 4.5 LAN-Anbindung eines IT-Systems über ISDN M 4.133 Geeignete Auswahl von Authentikations-Mechanismen M 5.68 Einsatz von Verschlüsselungsverfahren zur Netzkommunikation
	10.7	Handhabung von Speicher- und Aufzeichnungsmedien	
	10.7.1	Verwaltung von Wechselmedien	**M 2.3 Datenträgerverwaltung** B 5.14 Mobile Datenträger M 2.218 Regelung der Mitnahme von Datenträgern und IT-Komponenten
	10.7.2	Entsorgung von Medien	**B 1.15 Löschen und Vernichten von Daten** M 2.431 Regelung der Vorgehensweise für die Löschung oder Vernichtung von Informationen M 4.234 Geregelte Außerbetriebnahme von IT-Systemen und Datenträgern

		ISO 27002:2005	IT-Grundschutz
	10.7.3	Umgang mit Informationen	**M 2.217 Sorgfältige Einstufung und Umgang mit Informationen, Anwendungen und Systemen** B 5.2 Datenträgeraustausch B 5.3 Groupware M 2.7 Vergabe von Zugangsberechtigungen M 2.42 Festlegung der möglichen Kommunikationspartner M 4.34 Einsatz von Verschlüsselung, Checksummen oder Digitalen Signaturen
	10.7.4	Sicherheit der Systemdokumentation	**M 2.25 Dokumentation der Systemkonfiguration** M 2.217 Sorgfältige Einstufung und Umgang mit Informationen, Anwendungen und Systemen
	10.8	Austausch von Informationen	
	10.8.1	Leitlinien und Verfahren zum Austausch von Informationen	**M 2.393 Regelung des Informationsaustausches** B 3.402 Faxgerät B 3.403 Anrufbeantworter B 3.404 Mobiltelefon B 3.405 Smartphones, Tablets und PDAs B 5.2 Datenträgeraustausch B 5.3 Groupware B 5.14 Mobile Datenträger B 5.19 Internet-Nutzung M 2.217 Sorgfältige Einstufung und Umgang mit Informationen, Anwendungen und Systemen M 2.398 Benutzerrichtlinien für den Umgang mit Druckern, Kopierern und Multifunktionsgeräten M 5.88 Vereinbarung über Datenaustausch mit Dritten

		ISO 27002:2005	IT-Grundschutz
	10.8.2	Vereinbarungen zum Austausch von Informationen	**M 5.88 Vereinbarung über Datenaustausch mit Dritten** M 2.45 Regelung des Datenträgeraustausches M 2.455 Festlegung einer Sicherheitsrichtlinie für Groupware M 2.393 Regelung des Informationsaustausches
	10.8.3	Transport physischer Medien	**M 5.23 Auswahl einer geeigneten Versandart** M 2.3 Datenträgerverwaltung M 2.4 Regelungen für Wartungs- und Reparaturarbeiten M 2.44 Sichere Verpackung der Datenträger M 2.45 Regelung des Datenträgeraustausches M 2.112 Regelung des Akten- und Datenträgertransports zwischen häuslichem Arbeitsplatz und Institution M 2.218 Regelung der Mitnahme von Datenträgern und IT-Komponenten
	10.8.4	Elektronische Mitteilungen/Nachrichten (Messaging)	**B 5.3 Groupware** B 5.19 Internet-Nutzung M 2.217 Sorgfältige Einstufung und Umgang mit Informationen, Anwendungen und Systemen M 5.54 Umgang mit unerwünschten E-Mails M 5.56 Sicherer Betrieb eines Mailservers M 5.108 Kryptographische Absicherung von Groupware bzw. E-Mail
	10.8.5	Geschäftsinformationssysteme	**M 2.217 Sorgfältige Einstufung und Umgang mit Informationen, Anwendungen und Systemen** M 2.1 Festlegung von Verantwortlichkeiten und Regelungen für den IT-Einsatz M 2.7 Vergabe von Zugangsberechtigungen M 2.8 Vergabe von Zugriffsrechten M 2.220 Richtlinien für die Zugriffs- bzw. Zugangskontrolle

		ISO 27002:2005	IT-Grundschutz
			M 2.338 Erstellung von zielgruppengerechten Sicherheitsrichtlinien
10.9		E-Commerce-Anwendungen	
10.9.1		E-Commerce	**B 5.4 Webserver** M 2.162 Bedarfserhebung für den Einsatz kryptographischer Verfahren und Produkte M 2.164 Auswahl eines geeigneten kryptographischen Verfahrens M 2.172 Entwicklung eines Konzeptes für die Web-Nutzung M 2.220 Richtlinien für die Zugriffs- bzw. Zugangskontrolle M 4.176 Auswahl einer Authentisierungsmethode für Webangebote M 5.87 Vereinbarung über die Anbindung an Netze Dritter M 5.88 Vereinbarung über Datenaustausch mit Dritten **B 5.21 Webanwendungen** **B 5.24 Web-Services**
10.9.2		Online-Transaktionen	**B 1.7 Kryptokonzept** M 2.162 Bedarfserhebung für den Einsatz kryptographischer Verfahren und Produkte M 2.164 Auswahl eines geeigneten kryptographischen Verfahrens M 4.176 Auswahl einer Authentisierungsmethode für Webangebote M 5.88 Vereinbarung über Datenaustausch mit Dritten
10.9.3		Öffentlich verfügbare Informationen	**B 5.4 Webserver** B 5.19 Internet-Nutzung M 2.217 Sorgfältige Einstufung und Umgang mit Informationen, Anwendungen und Systemen

		ISO 27002:2005	**IT-Grundschutz**
			M 2.272 Einrichtung eines Internet-Redaktionsteams M 4.93 Regelmäßige Integritätsprüfung M 4.94 Schutz der Webserver-Dateien **B 5.21 Webanwendungen** **B 5.24 Web-Services**
	10.10	Überwachung	
	10.10.1	Auditprotokolle	**B 5.22 Protokollierung** **M 2.500 Protokollierung von IT-Systemen** M 2.64 Kontrolle der Protokolldateien M 2.110 Datenschutzaspekte bei der Protokollierung M 4.81 Audit und Protokollierung der Aktivitäten im Netz M 5.9 Protokollierung am Server
	10.10.2	Überwachung der Systemnutzung	**B 5.22 Protokollierung** **M 2.500 Protokollierung von IT-Systemen** M 2.64 Kontrolle der Protokolldateien M 2.133 Kontrolle der Protokolldateien eines Datenbanksystems M 4.81 Audit und Protokollierung der Aktivitäten im Netz M 4.430 Analyse von Protokolldaten M 5.9 Protokollierung am Server
	10.10.3	Schutz von Protokollinformationen	**M 2.220 Richtlinien für die Zugriffs- bzw. Zugangskontrolle** B 5.22 Protokollierung M 2.110 Datenschutzaspekte bei der Protokollierung M 2.500 Protokollierung von IT-Systemen M 4.34 Einsatz von Verschlüsselung, Checksummen oder Digitalen Signaturen

		ISO 27002:2005	IT-Grundschutz
			M 4.93 Regelmäßige Integritätsprüfung
			M 4.135 Restriktive Vergabe von Zugriffsrechten auf Systemdateien
	10.10.4	Administrator- und Be-treiberprotokolle	**M 2.64 Kontrolle der Protokolldateien** B 5.22 Protokollierung M 2.110 Datenschutzaspekte bei der Protokollie-rung M 2.133 Kontrolle der Protokolldateien eines Da-tenbanksystems M 2.500 Protokollierung von IT-Systemen M 4.5 Protokollierung der TK-Administrationsarbeiten M 4.25 Einsatz der Protokollierung im Unix-System
	10.10.5	Fehlerprotokolle	**M 2.215 Fehlerbehandlung** M 4.81 Audit und Protokollierung der Aktivitäten im Netz
	10.10.6	Zeitsynchronisation	**M 4.227 Einsatz eines lokalen NTP-Servers zur Zeitsynchronisation**
11		**Zugangskontrolle**	
	11.1	Geschäftsanforderungen für Zugangskontrolle	
	11.1.1	Leitlinie zur Zugangskon-trolle	**M 2.220 Richtlinien für die Zugriffs- bzw. Zugangskontrolle** B 5.15 Allgemeiner Verzeichnisdienst M 2.5 Aufgabenverteilung und Funktionstrennung M 2.7 Vergabe von Zugangsberechtigungen M 2.8 Vergabe von Zugriffsrechten M 2.30 Regelung für die Einrichtung von Benut-zern/Benutzergruppen

		ISO 27002:2005	IT-Grundschutz
11.2		Benutzerverwaltung	
	11.2.1	Benutzerregistrierung	**M 2.30 Regelung für die Einrichtung von Benutzern/Benutzergruppen** M 2.31 Dokumentation der zugelassenen Benutzer und Rechteprofile M 2.63 Einrichten der Zugriffsrechte M 2.220 Richtlinien für die Zugriffs- bzw. Zugangskontrolle M 3.2 Verpflichtung der Mitarbeiter auf Einhaltung einschlägiger Gesetze, Vorschriften und Regelungen M 3.6 Geregelte Verfahrensweise beim Ausscheiden von Mitarbeitern M 4.13 Sorgfältige Vergabe von IDs M 2.402 Zurücksetzen von Passwörtern
	11.2.2	Verwaltung von Sonderrechten	**M 2.220 Richtlinien für die Zugriffs- bzw. Zugangskontrolle** M 2.20 Kontrolle bestehender Verbindungen M 2.38 Aufteilung der Administrationstätigkeiten M 4.312 Überwachung von Verzeichnisdiensten
	11.2.3	Verwaltung von Benutzerpasswörtern	**M 2.11 Regelung des Passwortgebrauchs** M 2.22 Hinterlegen des Passwortes M 4.7 Änderung voreingestellter Passwörter M 4.133 Geeignete Auswahl von Authentikationsmechanismen M 5.34 Einsatz von Einmalpasswörtern
	11.2.4	Überprüfung von Benutzerberechtigungen	**M 2.31 Dokumentation der zugelassenen Benutzer und Rechteprofile** M 2.199 Aufrechterhaltung der Informationssicherheit

		ISO 27002:2005	IT-Grundschutz
11.3		Benutzerverantwortung	
	11.3.1	Passwortverwendung	**M 2.11 Regelung des Passwortgebrauchs** M 2.22 Hinterlegen des Passwortes M 3.5 Schulung zu Sicherheitsmaßnahmen M 3.26 Einweisung des Personals in den sicheren Umgang mit IT M 4.7 Änderung voreingestellter Passwörter
	11.3.2	Unbeaufsichtigte Benutzerausstattung	**M 4.2 Bildschirmsperre** M 1.45 Geeignete Aufbewahrung dienstlicher Unterlagen und Datenträger M 1.46 Einsatz von Diebstahl-Sicherungen M 2.37 Der aufgeräumte Arbeitsplatz M 3.26 Einweisung des Personals in den sicheren Umgang mit IT
	11.3.3	Der Grundsatz des aufgeräumten Schreibtischs und des leeren Bildschirms	**M 2.37 Der aufgeräumte Arbeitsplatz** B 3.406 Drucker, Kopierer und Multifunktionsgeräte M 4.1 Passwortschutz für IT-Systeme M 4.2 Bildschirmsperre
11.4		Zugangskontrolle für Netze	
	11.4.1	Regelwerk zur Nutzung von Netzdiensten	**M 2.220 Richtlinien für die Zugriffs- bzw. Zugangskontrolle** B 4.4 VPN M 2.71 Festlegung einer Policy für ein Sicherheitsgateway M 2.169 Entwickeln einer Systemmanagementstrategie M 2.457 Konzeption für die sichere Internet-Nutzung M 2.214 Konzeption des IT-Betriebs

		ISO 27002:2005	IT-Grundschutz
	11.4.2	Benutzerauthentisierung für externe Verbindungen	**B 4.4 VPN** B 4.5 LAN-Anbindung eines IT-Systems über ISDN M 2.7 Vergabe von Zugangsberechtigungen M 2.220 Richtlinien für die Zugriffs- bzw. Zugangskontrolle
	11.4.3	Geräteidentifikation in Netzen	**M 4.82 Sichere Konfiguration der aktiven Netzkomponenten** M 4.133 Geeignete Auswahl von Authentikationsmechanismen
	11.4.4	Schutz der Diagnose- und Konfigurationsports	**B 4.4 VPN** M 4.80 Sichere Zugriffsmechanismen bei Fernadministration
	11.4.5	Trennung in Netzen	**M 5.77 Bildung von Teilnetzen** M 5.61 Geeignete physikalische Segmentierung M 5.62 Geeignete logische Segmentierung
	11.4.6	Kontrolle von Netzverbindungen	**B 3.301 Sicherheitsgateway (Firewall)** B 4.4 VPN M 4.238 Einsatz eines lokalen Paketfilters M 5.13 Geeigneter Einsatz von Elementen zur Netzkopplung
	11.4.7	Routingkontrolle für Netze	**B 3.301 Sicherheitsgateway (Firewall)** B 3.302 Router und Switches M 4.82 Sichere Konfiguration der aktiven Netzkomponenten M 5.61 Geeignete physikalische Segmentierung M 5.70 Adressumsetzung – NAT (Network Address Translation)

		ISO 27002:2005	IT-Grundschutz
11.5		Zugriffskontrolle auf Betriebssysteme	
	11.5.1	Verfahren für sichere Anmeldung	**M 4.15 Gesichertes Login** M 2.220 Richtlinien für die Zugriffs- bzw. Zugangskontrolle M 2.321 Planung des Einsatzes von Client-Server-Netzen M 2.322 Festlegen einer Sicherheitsrichtlinie für ein Client-Server-Netz M 4.133 Geeignete Auswahl von Authentikationsmechanismen
	11.5.2	Benutzeridentifikation und Authentisierung	**M 2.30 Regelung für die Einrichtung von Benutzern/Benutzergruppen** M 2.220 Richtlinien für die Zugriffs- bzw. Zugangskontrolle
	11.5.3	Systeme zur Verwaltung von Passwörtern	**M 2.11 Regelung des Passwortgebrauchs** M 4.133 Geeignete Auswahl von Authentikationsmechanismen
	11.5.4	Verwendung von Systemwerkzeugen	**M 4.135 Restriktive Vergabe von Zugriffsrechten auf Systemdateien**
	11.5.5	Session Time-out	**M 3.18 Verpflichtung der Benutzer zum Abmelden nach Aufgabenerfüllung** M 4.2 Bildschirmsperre M 4.41 Einsatz angemessener Sicherheitsprodukte für IT-Systeme
	11.5.6	Begrenzung der Verbindungszeit	**M 4.16 Zugangsbeschränkungen für Accounts und/oder Terminals** M 4.133 Geeignete Auswahl von Authentikationsmechanismen

		ISO 27002:2005	IT-Grundschutz
11.6		Zugangskontrolle zu Anwendungen und Information	
	11.6.1	Einschränkung von Informationszugriffen	**M 2.8 Vergabe von Zugriffsrechten** M 2.30 Regelung für die Einrichtung von Benutzern/Benutzergruppen M 2.217 Sorgfältige Einstufung und Umgang mit Informationen, Anwendungen und Systemen M 2.220 Richtlinien für die Zugriffs- bzw. Zugangskontrolle
	11.6.2	Isolation sensitiver Systeme	**M 5.77 Bildung von Teilnetzen** M 5.61 Geeignete physikalische Segmentierung M 5.62 Geeignete logische Segmentierung
11.7		Mobile Computing und Telearbeit	
	11.7.1	Mobile Computing und Kommunikation	**B 2.10 Mobiler Arbeitsplatz** B 3.203 Laptop B 3.404 Mobiltelefon B 3.405 Smartphones, Tablets und PDAs M 1.33 Geeignete Aufbewahrung tragbarer IT-Systeme bei mobilem Einsatz M 2.309 Sicherheitsrichtlinien und Regelungen für die mobile IT-Nutzung M 2.218 Regelung der Mitnahme von Datenträgern und IT-Komponenten
	11.7.2	Telearbeit	**B 5.8 Telearbeit**

		ISO 27002:2005	IT-Grundschutz
12		**Beschaffung, Entwicklung und Wartung von Informationssystemen**	
	12.1	Sicherheitsanforderungen von Informationssystemen	
	12.1.1	Analyse und Spezifikation von Sicherheitsanforderungen	**M 2.80 Erstellung eines Anforderungskataloges für Standardsoftware** **M 2.546 Analyse der Anforderungen an neue Anwendungen** B 1.10 Standardsoftware B 1.9 Hard- und Software-Management B 5.25 Allgemeine Anwendungen M 2.62 Software-Abnahme- und Freigabe-Verfahren M 2.66 Beachtung des Beitrags der Zertifizierung für die Beschaffung M 2.83 Testen von Standardsoftware M 2.487 Entwicklung und Erweiterung von Anwendungen M 2.556 Planung und Umsetzung von Test und Freigabe von Anwendungen M 5.168 Sichere Anbindung von Hintergrundsystemen an Webanwendungen und Web-Services M 5.169 Systemarchitektur einer Webanwendung
	12.2	Korrekte Verarbeitung in Anwendungen	
	12.2.1	Überprüfung von Eingabedaten	**B 5.21 Webanwendungen** B 5.24 Web-Services M 2.363 Schutz gegen SQL-Injection M 4.393 Umfassende Ein- und Ausgabevalidierung bei Webanwendungen und Web-Services M 2.83 Testen von Standardsoftware

		ISO 27002:2005	IT-Grundschutz
	12.2.2	Kontrolle der internen Verarbeitung	**M 2.378 System-Entwicklung** M 2.82 Entwicklung eines Testplans für Standardsoftware M 2.83 Testen von Standardsoftware M 2.487 Entwicklung und Erweiterung von Anwendungen M 4.404 Sicherer Entwurf der Logik von Webanwendungen
	12.2.3	Integrität von Nachrichten	**M 4.34 Einsatz von Verschlüsselung, Checksummen oder Digitalen Signaturen** B 1.7 Kryptokonzept
	12.2.4	Überprüfung von Ausgabedaten	**B 5.21 Webanwendungen** B 5.24 Web-Services M 4.393 Umfassende Ein- und Ausgabevalidierung bei Webanwendungen und Web-Services M 2.83 Testen von Standardsoftware
	12.3	Kryptographische Maßnahmen	
	12.3.1	Leitlinie zur Anwendung von Kryptographie	**B 1.7 Kryptokonzept** M 2.161 Entwicklung eines Kryptokonzepts
	12.3.2	Verwaltung kryptographischer Schlüssel	**B 1.7 Kryptokonzept** M 2.46 Geeignetes Schlüsselmanagement M 2.164 Auswahl eines geeigneten kryptographischen Verfahrens
	12.4	Sicherheit von Systemdateien	
	12.4.1	Kontrolle von Software im Betrieb	B 1.9 Hard- und Software-Management B 1.10 Standardsoftware M 2.62 Software-Abnahme- und Freigabe-Verfahren M 2.85 Freigabe von Standardsoftware

		ISO 27002:2005	IT-Grundschutz
			M 2.86 Sicherstellen der Integrität von Standard-software
			M 2.87 Installation und Konfiguration von Standardsoftware
			M 2.88 Lizenzverwaltung und Versionskontrolle von Standardsoftware
	12.4.2	Schutz von Test-Daten	**M 2.83 Testen von Standardsoftware**
	12.4.3	Zugangskontrolle zu Quellcode	**M 2.378 System-Entwicklung** M 2.9 Nutzungsverbot nicht freigegebener Hard- und Software M 2.62 Software-Abnahme- und Freigabe-Verfahren M 4.135 Restriktive Vergabe von Zugriffsrechten auf Systemdateien
	12.5	Sicherheit bei Entwicklungs- und Unterstützungsprozessen	
	12.5.1	Änderungskontroll-verfahren	**B 1.14 Patch- und Änderungsmanagement** M 2.9 Nutzungsverbot nicht freigegebener Hard- und Software M 2.34 Dokumentation der Veränderungen an einem bestehenden System M 2.62 Software-Abnahme- und Freigabe-Verfahren
	12.5.2	Technische Kontrolle von Anwendungen nach Änderungen am Betriebssystem	**M 4.78 Sorgfältige Durchführung von Konfigurationsänderungen** B 1.14 Patch- und Änderungsmanagement B 5.25 Allgemeine Anwendungen M 2.62 Software-Abnahme- und Freigabe-Verfahren
	12.5.3	Einschränkung von Änderungen an Software-paketen	**M 2.9 Nutzungsverbot nicht freigegebener Software**

		ISO 27002:2005	IT-Grundschutz
	12.5.4	Ungewollte Preisgabe von Informationen	**M 4.345 Schutz vor unerwünschten Informationsabflüssen**
			M 2.224 Vorbeugung gegen trojanische Pferde
			B 5.25 Allgemeine Anwendungen
			M 2.66 Beachtung des Beitrags der Zertifizierung für die Beschaffung
			M 2.87 Installation und Konfiguration von Standardsoftware
			M 2.214 Konzeption des IT-Betriebs
			M 3.10 Auswahl eines vertrauenswürdigen Administrators und Vertreters
			M 4.35 Verifizieren der zu übertragenden Daten vor Versand
	12.5.5	Ausgelagerte Softwareentwicklung	**B 1.11 Outsourcing**
			B 5.25 Allgemeine Anwendungen
			M 2.251 Festlegung der Sicherheitsanforderungen für Outsourcing-Vorhaben
			M 2.252 Wahl eines geeigneten Outsourcing-Dienstleisters
			M 2.253 Vertragsgestaltung mit dem Outsourcing-Dienstleister
			M 2.254 Erstellung eines Sicherheitskonzepts für das Outsourcing-Vorhaben
			M 2.256 Planung und Aufrechterhaltung der Informationssicherheit im laufenden Outsourcing-Betrieb
	12.6	Umgang mit Schwachstellen	
	12.6.1	Kontrolle technischer Schwachstellen	**M 2.35 Informationsbeschaffung über Sicherheitslücken des Systems**
			M 2.273 Zeitnahes Einspielen sicherheitsrelevanter Patches und Updates

		ISO 27002:2005	IT-Grundschutz
13		**Umgang mit Informationssicherheitsvorfällen**	
	13.1	Melden von Informationssicherheitsereignissen und Schwachstellen	
	13.1.1	Melden von Informationssicherheitsereignissen	**B 1.8 Behandlung von Sicherheitsvorfällen** M 3.6 Geregelte Verfahrensweise beim Ausscheiden von Mitarbeitern M 6.60 Festlegung von Meldewegen für Sicherheitsvorfälle
	13.1.2	Melden von Sicherheitsschwachstellen	**B 1.8 Behandlung von Sicherheitsvorfällen** M 2.35 Informationsbeschaffung über Sicherheitslücken des Systems M 6.60 Festlegung von Meldewegen für Sicherheitsvorfälle
	13.2	Management von Informationssicherheitsvorfällen und Verbesserungen	
	13.2.1	Verantwortlichkeiten und Verfahren	**B 1.8 Behandlung von Sicherheitsvorfällen** M 6.58 Etablierung einer Vorgehensweise zur Behandlung von Sicherheitsvorfällen M 6.59 Festlegung von Verantwortlichkeiten bei Sicherheitsvorfällen M 6.121 Erstellung einer Richtlinie zur Behandlung von Sicherheitsvorfällen
	13.2.2	Lernen aus Informationssicherheitsvorfällen	**B 1.8 Behandlung von Sicherheitsvorfällen** M 6.66 Nachbereitung von Sicherheitsvorfällen M 6.68 Effizienzprüfung des Managementsystems zur Behandlung von Sicherheitsvorfällen
	13.2.3	Sammeln von Beweisen	**B 1.8 Behandlung von Sicherheitsvorfällen** M 6.127 Etablierung von Beweissicherungsmaßnahmen bei Sicherheitsvorfällen

		ISO 27002:2005	IT-Grundschutz
14		**Sicherstellung des Geschäftsbetriebs (Business Continuity Management)**	
	14.1	Informationssicherheitsaspekte bei der Sicherstellung des Geschäftsbetriebs (Business Continuity Management)	
	14.1.1	Einbeziehung der Informationssicherheit in den Prozess zur Sicherstellung des Geschäftsbetriebs	**B 1.3 Notfallmanagement** BSI-Standard 100-2, Kapitel 3 Initiierung des Sicherheitsprozesses BSI-Standard 100-3, Risikoanalyse auf der Basis von IT-Grundschutz BSI-Standard 100-4, Notfallmanagement B 1.8 Behandlung von Sicherheitsvorfällen
	14.1.2	Sicherstellung des Geschäftsbetriebs und Risikoeinschätzung	**B 1.3 Notfallmanagement** BSI-Standard 100-3, Risikoanalyse auf der Basis von IT-Grundschutz Ergänzung zum BSI-Standard 100-3 BSI-Standard 100-4, Notfallmanagement B 1.8 Behandlung von Sicherheitsvorfällen
	14.1.3	Entwickeln und Umsetzen von Plänen zur Sicherstellung des Geschäftsbetriebs, die Informationssicherheit enthalten	**B 1.3 Notfallmanagement** BSI-Standard 100-4, Notfallmanagement B 1.8 Behandlung von Sicherheitsvorfällen
	14.1.4	Rahmenwerk für die Pläne zur Sicherstellung des Geschäftsbetriebs	**B 1.3 Notfallmanagement** BSI-Standard 100-4, Notfallmanagement B 1.8 Behandlung von Sicherheitsvorfällen

		ISO 27002:2005	IT-Grundschutz
	14.1.5	Testen, Instandhaltung und Neubewertung von Plänen zur Sicherstellung des Geschäftsbetriebs	**B 1.3 Notfallmanagement** BSI-Standard 100-4, Notfallmanagement B 1.8 Behandlung von Sicherheitsvorfällen
15		**Einhaltung von Vorgaben (Compliance)**	
	15.1	Einhaltung gesetzlicher Vorgaben	
	15.1.1	Identifikation der anwendbaren Gesetze	**B 1.16 Anforderungsmanagement** M 2.340 Beachtung rechtlicher Rahmenbedingungen M 3.2 Verpflichtung der Mitarbeiter auf Einhaltung einschlägiger Gesetze, Vorschriften und Regelungen
	15.1.2	Rechte an geistigem Eigentum	**B 1.16 Anforderungsmanagement** M 2.217 Sorgfältige Einstufung und Umgang mit Informationen, Anwendungen und Systemen M 2.10 Überprüfung des Software-Bestandes M 4.99 Schutz gegen nachträgliche Veränderungen von Informationen
	15.1.3	Schutz von organisationseigenen Aufzeichnungen	**M 2.217 Sorgfältige Einstufung und Umgang mit Informationen, Anwendungen und Systemen**
	15.1.4	Datenschutz und Vertraulichkeit von personenbezogenen Informationen	**B 1.16 Anforderungsmanagement** B 1.5 Datenschutz M 3.2 Verpflichtung der Mitarbeiter auf Einhaltung einschlägiger Gesetze, Vorschriften und Regelungen M 2.10 Überprüfung des Software-Bestandes M 2.205 Übertragung und Abruf personenbezogener Daten

		ISO 27002:2005	IT-Grundschutz
	15.1.5	Verhinderung des Missbrauchs von informationsverarbeitenden Einrichtungen	**B 1.16 Anforderungsmanagement** M 2.380 Ausnahmegenehmigungen B 1.13 Sensibilisierung und Schulung zur Informationssicherheit M 3.26 Einweisung des Personals in den sicheren Umgang mit IT
	15.1.6	Leitlinien zu kryptographischen Verfahren	**B 1.16 Anforderungsmanagement** M 2.163 Erhebung der Einflussfaktoren für kryptographische Verfahren und Produkte
	15.2	Einhaltung von Sicherheitsleitlinien und -standards, und technischer Vorgaben	
	15.2.1	Einhaltung von Sicherheitsleitlinien und -standards	**B 1.16 Anforderungsmanagement** M 2.199 Aufrechterhaltung der Informationssicherheit BSI-Standard 100-2, Kapitel 3 Initiierung des Sicherheitsprozesses
	15.2.2	Prüfung der Einhaltung technischer Vorgaben	**M 2.199 Aufrechterhaltung der Informationssicherheit**
	15.3	Überlegungen zu Revisionsprüfungen von Informationssystemen	
	15.3.1	Maßnahmen für Audits von Informationssystemen	**B 1.16 Anforderungsmanagement** M 2.199 Aufrechterhaltung der Informationssicherheit M 2.64 Kontrolle der Protokolldateien M 4.81 Audit und Protokollierung der Aktivitäten im Netz
	15.3.2	Schutz von Revisionswerkzeugen für Informationssysteme	**M 2.199 Aufrechterhaltung der Informationssicherheit**

DIN ISO/IEC 27001

ICS 35.040

Ersatz für
DIN ISO/IEC 27001:2008-09

Informationstechnik –
IT-Sicherheitsverfahren –
Informationssicherheits-Managementsysteme – Anforderungen
(ISO/IEC 27001:2013 + Cor. 1:2014)

Information technology –
Security techniques –
Information security management systems – Requirements (ISO/IEC 27001:2013 + Cor. 1:2014)

Technologies de l'information –
Techniques de sécurité –
Systèmes de gestion de sécurité de l'information – Exigences (ISO/CEI 27001:2013 + Cor. 1:2014)

Gesamtumfang 31 Seiten

DIN-Normenausschuss Informationstechnik und Anwendungen (NIA)

Preisgruppe 14
www.din.de
www.beuth.de

2299844

DIN ISO/IEC 27001:2015-03

Inhalt

2

Nationales Vorwort

Dieses Dokument wurde vom DIN-Normenausschuss Informationstechnik und Anwendungen (NIA) in Zusammenarbeit mit dem Austrian Standards Institute (ASI) und der Schweizerischen Normenvereinigung (SNV) erarbeitet.

Die Internationale Norm ISO/IEC 27001:2013 + Cor. 1:2014 wurde in deutscher Sprachfassung unverändert in das Deutsche Normenwerk übernommen. Fachlich zuständig ist für diese Deutsche Norm der Arbeitsausschuss NA 043-01-27 AA „IT-Sicherheitsverfahren" des DIN-Normenausschusses Informationstechnik und Anwendungen (NIA).

Die dieser Norm zugrunde liegende Internationale Norm ISO/IEC 27001 wurde von ISO/IEC JTC 1/SC 27 (International Organization for Standardization/International Electrotechnical Commission – Joint Technical Committee 1 „Information Technology" / Subcommittee 27 „Security techniques") erarbeitet.

DIN ISO/IEC 27001 beinhaltet Anforderungen an ein ISMS, das mittelbar zur Informationssicherheit beiträgt. Da das Dokument sehr generisch gehalten ist, um auf alle Organisationen unabhängig von Typ, Größe und Geschäftsfeld anwendbar zu sein, haben diese Anforderungen einen niedrigen technischen Detaillierungs-grad, wobei die Anforderungen an die Prozesse wohl definiert sind.

Der Beginn und das Ende des vom Corrigendum 1 geänderten Textes werden durch die Markierungen AC〉 〈AC angezeigt.

Für die in diesem Dokument zitierte Internationale Norm wird im Folgenden auf die entsprechende Deutsche Norm hingewiesen:

ISO/IEC 27000   siehe   DIN ISO/IEC 27000

Änderungen

Gegenüber DIN ISO/IEC 27001:2008-09 wurden folgende Änderungen vorgenommen:

a) Anpassung an die neue Struktur für ISO Management System Standards, vorgegeben im Anhang SL der ISO/IEC Direktiven;

b) folgende Abschnitte wurden neu aufgenommen:

4.2(a), 4.3(c), 5.1(b), 6.1.1(a), 6.1.1(b), 6.1.1(c), 6.1.2(a), 6.2, 7.3(a), 7.4(a), 7.4(b), 7.4(c), 7.4(d), 7.4(e), 7.5.1(b), 8.1, 9.1(c), 9.1(d), 9.1(f), 9.3(4), 10.1(a), 10.1(1), 10.1(2), 10.1(e), 10.1(f);

c) folgende Abschnitte wurden gestrichen:

4.2.1, 4.2.1(i), 4.2.3(1), 4.2.3(2), 4.2.3(4), 4.2.3(5), 4.2.3(h), 4.3.1, 4.3.1(c), 4.3.2, 4.3.3, 5.2.1(b), 5.2.1(d), 8.3(d), 8.3(e), 8.3.

Frühere Ausgaben

DIN ISO/IEC 27001:2008-09

3

DIN ISO/IEC 27001:2015-03

Nationaler Anhang NA
(informativ)

Literaturhinweise

DIN ISO/IEC 27000, *Informationstechnik — IT-Sicherheitsverfahren — Informationssicherheits-Managementsysteme — Überblick und Terminologie*

4

Bundesanzeiger Verlag

Informationstechnik — Sicherheitsverfahren — Informationssicherheitsmanagementsysteme — Anforderungen

0   Einleitung

0.1   Allgemeines

Diese Internationale Norm wurde erarbeitet, um Anforderungen für die Einrichtung, Umsetzung, Aufrechterhaltung und fortlaufende Verbesserung eines Informationssicherheitsmanagementsystems (ISMS) festzulegen. Die Einführung eines Informationssicherheitsmanagementsystems stellt für eine Organisation eine strategische Entscheidung dar. Erstellung und Umsetzung eines Informationssicherheitsmanagementsystems innerhalb einer Organisation richten sich nach deren Bedürfnissen und Zielen, den Sicherheitsanforderungen, den organisatorischen Abläufen sowie nach Größe und Struktur der Organisation. Es ist davon auszugehen, dass sich alle diese Einflussgrößen im Laufe der Zeit ändern.

Das Informationssicherheitsmanagementsystem wahrt die Vertraulichkeit, Integrität und Verfügbarkeit von Information unter Anwendung eines Risikomanagementprozesses und verleiht interessierten Parteien das Vertrauen in eine angemessene Steuerung von Risiken.

Es ist wichtig, dass das Informationssicherheitsmanagementsystem als Teil der Abläufe der Organisation in deren übergreifende Steuerungsstruktur integriert ist und die Informationssicherheit bereits bei der Konzeption von Prozessen, Informationssystemen und Maßnahmen berücksichtigt wird. Es wird erwartet, dass die Umsetzung eines Informationssicherheitsmanagementsystems entsprechend den Bedürfnissen der Organisation skaliert wird.

Diese Internationale Norm kann von internen und externen Parteien dazu eingesetzt werden, die Fähigkeit einer Organisation zur Einhaltung ihrer eigenen Informationssicherheitsanforderungen zu beurteilen.

Die Reihenfolge, in der die Anforderungen in dieser Internationalen Norm aufgeführt sind, spiegelt nicht deren Bedeutung wider noch die Abfolge, in der sie umzusetzen sind. Die Einträge sind lediglich zu Referenzierungszwecken nummeriert.

ISO/IEC 27000 liefert einen Überblick und die Begrifflichkeiten von Informationssicherheitsmanagementsystemen und verweist auf die Informationssicherheitsmanagementsystem-Normenfamilie (einschließlich ISO/IEC 27003 [2], ISO/IEC 27004 [3] und ISO/IEC 27005 [4]), einschließlich deren Begriffe.

0.2   Kompatibilität mit anderen Normen für Managementsysteme

Diese Internationale Norm wendet die Grundstrukturen, den einheitlichen Basistext, die gemeinsamen Benennungen und die Basisdefinitionen für den Gebrauch in Managementsystemnormen an, die jeweils im Anhang SL der ISO/IEC-Direktiven, Teil 1, „Consolidated ISO Supplement" festgelegt sind, und stellt so die Übereinstimmung mit anderen Managementsystemnormen her, die ebenfalls den Anhang SL anwenden.

Die in Anhang SL festgelegte allgemeine Herangehensweise nützt jenen Organisationen, die sich für den Betrieb eines einzigen Managementsystems entscheiden, um die Anforderungen von zwei oder mehr Normen für Managementsysteme zu erfüllen.

5

DIN ISO/IEC 27001:2015-03

1 Anwendungsbereich

Diese Internationale Norm legt die Anforderungen für die Einrichtung, Umsetzung, Aufrechterhaltung und fortlaufende Verbesserung eines Informationssicherheitsmanagementsystems im Kontext der Organisation fest. Darüber hinaus beinhaltet diese Internationale Norm Anforderungen für die Beurteilung und Behandlung von Informationssicherheitsrisiken entsprechend den individuellen Bedürfnissen der Organisation. Die in dieser Internationalen Norm festgelegten Anforderungen sind allgemein gehalten und sollen auf alle Organisationen, ungeachtet ihrer Art und Größe, anwendbar sein. Wenn eine Organisation Konformität mit dieser Internationalen Norm für sich beansprucht, darf sie keine der Anforderungen in den Abschnitten 4 bis 10 ausschließen.

2 Normative Verweisungen

Die folgenden Dokumente, die in diesem Dokument teilweise oder als Ganzes zitiert werden, sind für die Anwendung des Dokuments erforderlich. Bei datierten Verweisungen gilt nur die in Bezug genommene Ausgabe. Bei undatierten Verweisungen gilt die letzte Ausgabe des in Bezug genommenen Dokuments (einschließlich aller Änderungen).

ISO/IEC 27000, *Information technology — Security Techniques — Information security management systems — Overview and vocabulary*

3 Begriffe

Für die Anwendung dieses Dokuments gelten die in ISO/IEC 27000 angegebenen Begriffe.

4 Kontext der Organisation

4.1 Verstehen der Organisation und ihres Kontextes

Die Organisation muss externe und interne Themen bestimmen, die für ihren Zweck relevant sind und sich auf ihre Fähigkeit auswirken, die beabsichtigten Ergebnisse ihres Informationssicherheitsmanagementsystems zu erreichen.

ANMERKUNG   Die Bestimmung dieser Themen bezieht sich auf die Festlegung des externen und internen Kontexts des Unternehmens, wie in ISO 31000:2009 [5], 5.3, beschrieben.

4.2 Verstehen der Erfordernisse und Erwartungen interessierter Parteien

Die Organisation muss:

a)   die interessierten Parteien, die für ihr Informationssicherheitsmanagementsystem relevant sind; und

b)   die Anforderungen dieser interessierten Parteien mit Bezug zur Informationssicherheit

bestimmen.

ANMERKUNG   Die Anforderungen interessierter Parteien können gesetzliche und regulatorische Vorgaben sowie vertragliche Verpflichtungen beinhalten.

6

4.3 Festlegen des Anwendungsbereichs des Informationssicherheitsmanagementsystems

Die Organisation muss die Grenzen und die Anwendbarkeit des Informationssicherheitsmanagementsystems bestimmen, um dessen Anwendungsbereich festzulegen.

Bei der Festlegung des Anwendungsbereichs muss die Organisation:

a) die unter 4.1 genannten externen und internen Themen;

b) die unter 4.2 genannten Anforderungen; und

c) Schnittstellen und Abhängigkeiten zwischen Tätigkeiten, die von der Organisation selbst durchgeführt werden, und Tätigkeiten, die von anderen Organisationen durchgeführt werden

berücksichtigen.

Der Anwendungsbereich muss als dokumentierte Information verfügbar sein.

4.4 Informationssicherheitsmanagementsystem

Die Organisation muss entsprechend den Anforderungen dieser Internationalen Norm ein Informationssicherheitsmanagementsystem aufbauen, verwirklichen, aufrechterhalten und fortlaufend verbessern.

5 Führung

5.1 Führung und Verpflichtung

Die oberste Leitung muss in Bezug auf das Informationssicherheitsmanagementsystem Führung und Verpflichtung zeigen, indem sie:

a) sicherstellt, dass die Informationssicherheitspolitik und die Informationssicherheitsziele festgelegt und mit der strategischen Ausrichtung der Organisation vereinbar sind;

b) sicherstellt, dass die Anforderungen des Informationssicherheitsmanagementsystems in die Geschäftsprozesse der Organisation integriert werden;

c) sicherstellt, dass die für das Informationssicherheitsmanagementsystem erforderlichen Ressourcen zur Verfügung stehen;

d) die Bedeutung eines wirksamen Informationssicherheitsmanagements sowie die Wichtigkeit der Erfüllung der Anforderungen des Informationssicherheitsmanagementsystems vermittelt;

e) sicherstellt, dass das Informationssicherheitsmanagementsystem sein beabsichtigtes Ergebnis bzw. seine beabsichtigten Ergebnisse erzielt;

f) Personen anleitet und unterstützt, damit diese zur Wirksamkeit des Informationssicherheitsmanagementsystems beitragen können;

g) fortlaufende Verbesserung fördert; und

h) andere relevante Führungskräfte unterstützt, um deren Führungsrolle in deren jeweiligen Verantwortungsbereichen deutlich zu machen.

7

DIN ISO/IEC 27001:2015-03

5.2 Politik

Die oberste Leitung muss eine Informationssicherheitspolitik festlegen, die:

a) für den Zweck der Organisation angemessen ist;

b) Informationssicherheitsziele (siehe 6.2) beinhaltet oder den Rahmen zum Festlegen von Informationssicherheitszielen bietet;

c) eine Verpflichtung zur Erfüllung zutreffender Anforderungen mit Bezug zur Informationssicherheit enthält; und

d) eine Verpflichtung zur fortlaufenden Verbesserung des Informationssicherheitsmanagementsystems enthält.

Die Informationssicherheitspolitik muss:

e) als dokumentierte Information verfügbar sein;

f) innerhalb der Organisation bekanntgemacht werden; und

g) für interessierte Parteien verfügbar sein, soweit angemessen.

5.3 Rollen, Verantwortlichkeiten und Befugnisse in der Organisation

Die oberste Leitung muss sicherstellen, dass die Verantwortlichkeiten und Befugnisse für Rollen mit Bezug zur Informationssicherheit zugewiesen und bekannt gemacht werden.

Die oberste Leitung muss die Verantwortlichkeit und Befugnis zuweisen für:

a) das Sicherstellen, dass das Informationssicherheitsmanagementsystem die Anforderungen dieser Internationalen Norm erfüllt; und

b) das Berichten an die oberste Leitung über die Leistung des Informationssicherheitsmanagementsystems.

ANMERKUNG   Die oberste Leitung darf auch Verantwortlichkeiten und Befugnisse für das Berichten der Leistung des Informationssicherheitsmanagementsystems innerhalb der Organisation zuweisen.

6 Planung

6.1 Maßnahmen zum Umgang mit Risiken und Chancen

6.1.1 Allgemeines

Bei der Planung für das Informationssicherheitsmanagementsystem muss die Organisation die in 4.1 genannten Themen und die in 4.2 genannten Anforderungen berücksichtigen sowie die Risiken und Chancen bestimmen, die betrachtet werden müssen, um:

a) sicherzustellen, dass das Informationssicherheitsmanagementsystem seine beabsichtigten Ergebnisse erzielen kann;

b) unerwünschte Auswirkungen zu verhindern oder zu verringern; und

c) fortlaufende Verbesserung zu erreichen.

8

Die Organisation muss planen:

d) Maßnahmen zum Umgang mit diesen Risiken und Chancen; und

e) wie

1) die Maßnahmen in die Informationssicherheitsmanagementsystemprozesse der Organisation integriert und dort umgesetzt werden; und

2) die Wirksamkeit dieser Maßnahmen bewertet wird.

6.1.2 Informationssicherheitsrisikobeurteilung

Die Organisation muss einen Prozess zur Informationssicherheitsrisikobeurteilung festlegen und anwenden, der:

a) Informationssicherheitsrisikokriterien festlegt und aufrechterhält, welche:

1) die Kriterien zur Risikoakzeptanz; und

2) Kriterien für die Durchführung von Informationssicherheitsrisikobeurteilungen

beinhalten;

b) sicherstellt, dass wiederholte Informationssicherheitsrisikobeurteilungen zu konsistenten, gültigen und vergleichbaren Ergebnissen führen;

c) die Informationssicherheitsrisiken identifiziert:

1) den Prozess zur Informationssicherheitsrisikobeurteilung anwendet, um Risiken im Zusammenhang mit dem Verlust der Vertraulichkeit, Integrität und Verfügbarkeit von Information innerhalb des Anwendungsbereichs des ISMS zu ermitteln; und

2) die Risikoeigentümer identifiziert;

d) die Informationssicherheitsrisiken analysiert:

1) die möglichen Folgen bei Eintritt der nach 6.1.2 c) 1) identifizierten Risiken abschätzt;

2) die realistischen Eintrittswahrscheinlichkeiten der nach 6.1.2 c) 1) identifizierten Risiken abschätzt; und

3) die Risikoniveaus bestimmt;

e) die Informationssicherheitsrisiken bewertet:

1) die Ergebnisse der Risikoanalyse mit den nach 6.1.2 a) festgelegten Risikokriterien vergleicht; und

2) die analysierten Risiken für die Risikobehandlung priorisiert.

Die Organisation muss dokumentierte Information über den Informationssicherheitsrisikobeurteilungsprozess aufbewahren.

9

DIN ISO/IEC 27001:2015-03

6.1.3 Informationssicherheitsrisikobehandlung

Die Organisation muss einen Prozess für die Informationssicherheitsrisikobehandlung festlegen und anwenden, um:

a) angemessene Optionen für die Informationssicherheitsrisikobehandlung unter Berücksichtigung der Ergebnisse der Risikobeurteilung auszuwählen;

b) alle Maßnahmen, die zur Umsetzung der gewählte(n) Option(en) für die Informationssicherheitsrisikobehandlung erforderlich sind, festzulegen;

ANMERKUNG Organisationen können Maßnahmen nach Bedarf gestalten oder aus einer beliebigen Quelle auswählen.

c) die nach 6.1.3 b) festgelegten Maßnahmen mit den Maßnahmen in Anhang A zu vergleichen und zu überprüfen, dass keine erforderlichen Maßnahmen ausgelassen wurden;

ANMERKUNG 1 Anhang A enthält eine umfassende Liste von Maßnahmenzielen und Maßnahmen. Anwender dieser Internationalen Norm werden auf Anhang A verwiesen, um sicherzustellen, dass keine wichtigen Maßnahmen übersehen wurden.

ANMERKUNG 2 In den ausgewählten Maßnahmen sind implizit Maßnahmenziele enthalten. Die Liste der Maßnahmenziele und Maßnahmen in Anhang A ist nicht erschöpfend und weitere Maßnahmenziele und Maßnahmen könnten erforderlich sein.

d) eine Erklärung zur Anwendbarkeit zu erstellen, welche die erforderlichen Maßnahmen (siehe 6.1.3 b) und c)) und Gründe für deren Einbeziehung, unabhängig davon, ob sie nun umgesetzt sind oder nicht, sowie Gründe für die Nichteinbeziehung von Maßnahmen aus Anhang A enthält;

e) einen Plan für die Informationssicherheitsrisikobehandlung zu formulieren; und

f) bei den Risikoeigentümern eine Genehmigung des Plans für die Informationssicherheitsrisikobehandlung sowie ihre Akzeptanz der Informationssicherheitsrestrisiken einzuholen.

Die Organisation muss dokumentierte Information über den Informationssicherheitsrisikobehandlungsprozess aufbewahren.

ANMERKUNG Der in dieser Internationalen Norm genannte Prozess für die Informationssicherheitsrisikobeurteilung und -behandlung steht im Einklang mit den Grundsätzen und allgemeinen Leitlinien in ISO 31000 [5].

6.2 Informationssicherheitsziele und Planung zu deren Erreichung

Die Organisation muss Informationssicherheitsziele für relevante Funktionen und Ebenen festlegen.

Die Informationssicherheitsziele müssen:

a) im Einklang mit der Informationssicherheitspolitik stehen;

b) messbar sein (sofern machbar);

c) anwendbare Informationssicherheitsanforderungen sowie die Ergebnisse, der Risikobeurteilung und Risikobehandlung berücksichtigen;

d) vermittelt werden; und

e) soweit erforderlich, aktualisiert werden.

Die Organisation muss dokumentierte Information zu den Informationssicherheitszielen aufbewahren.

10

Bei der Planung, zum Erreichen der Informationssicherheitsziele, muss die Organisation bestimmen:

f) was getan wird;

g) welche Ressourcen erforderlich sind;

h) wer verantwortlich ist;

i) wann es abgeschlossen wird; und

j) wie die Ergebnisse bewertet werden.

7 Unterstützung

7.1 Ressourcen

Die Organisation muss die erforderlichen Ressourcen für den Aufbau, die Verwirklichung, die Aufrechterhaltung und die fortlaufende Verbesserung des Informationssicherheitsmanagementsystems bestimmen und bereitstellen.

7.2 Kompetenz

Die Organisation muss:

a) für Personen, die unter ihrer Aufsicht Tätigkeiten verrichten, welche die Informationssicherheitsleistung der Organisation beeinflussen, die erforderliche Kompetenz bestimmen;

b) sicherstellen, dass diese Personen auf Grundlage angemessener Ausbildung, Schulung oder Erfahrung kompetent sind;

c) wenn erforderlich, Maßnahmen einleiten, um die benötigte Kompetenz zu erwerben, und die Wirksamkeit der getroffenen Maßnahmen zu bewerten; und

d) angemessene dokumentierte Information als Nachweis der Kompetenz aufbewahren.

ANMERKUNG   Geeignete Maßnahmen können zum Beispiel sein: Schulung, Mentoring oder Versetzung von gegenwärtig angestellten Personen, oder Anstellung oder Beauftragung kompetenter Personen.

7.3 Bewusstsein

Personen, die unter Aufsicht der Organisation Tätigkeiten verrichten, müssen sich:

a) der Informationssicherheitspolitik;

b) ihres Beitrags zur Wirksamkeit des Informationssicherheitsmanagementsystems, einschließlich der Vorteile einer verbesserten Informationssicherheitsleistung; und

c) der Folgen einer Nichterfüllung der Anforderungen des Informationssicherheitsmanagementsystems

bewusst sein.

7.4 Kommunikation

Die Organisation muss die interne und externe Kommunikation in Bezug auf das Informationssicherheitsmanagementsystem bestimmen, einschließlich

a) worüber kommuniziert wird;

11

DIN ISO/IEC 27001:2015-03

b) wann kommuniziert wird;

c) mit wem kommuniziert wird;

d) wer kommuniziert; und

e) der Prozesse, mit welchen die Kommunikation bewerkstelligt wird.

7.5 Dokumentierte Information

7.5.1 Allgemeines

Das Informationssicherheitsmanagementsystem der Organisation muss beinhalten:

a) die von dieser Internationalen Norm geforderte dokumentierte Information; und

b) dokumentierte Information, welche die Organisation als notwendig für die Wirksamkeit des Managementsystems bestimmt hat.

ANMERKUNG   Der Umfang dokumentierter Information für ein Informationssicherheitsmanagementsystem kann sich von Organisation zu Organisation unterscheiden, und zwar aufgrund:

1) der Größe der Organisation und der Art ihrer Tätigkeiten, Prozesse, Produkte und Dienstleistungen;

2) der Komplexität der Prozesse und deren Wechselwirkungen; und

3) der Kompetenz der Personen.

7.5.2 Erstellen und Aktualisieren

Beim Erstellen und Aktualisieren dokumentierter Information muss die Organisation:

a) angemessene Kennzeichnung und Beschreibung (z. B. Titel, Datum, Autor oder Referenznummer);

b) angemessenes Format (z. B. Sprache, Softwareversion, Graphiken) und Medium (z. B. Papier, elektronisches Medium); und

c) angemessene Überprüfung und Genehmigung im Hinblick auf Eignung und Angemessenheit

 sicherstellen.

7.5.3 Lenkung dokumentierter Information

Die für das Informationssicherheitsmanagementsystem erforderliche und von dieser Internationalen Norm geforderte dokumentierte Information muss gelenkt werden, um sicherzustellen, dass sie

a) verfügbar und für die Verwendung geeignet ist, wo und wann sie benötigt wird; und

b) angemessen geschützt wird (z. B. vor Verlust der Vertraulichkeit, unsachgemäßem Gebrauch oder Verlust der Integrität).

Zur Lenkung dokumentierter Information muss die Organisation, falls zutreffend, folgende Tätigkeiten berücksichtigen:

c) Verteilung, Zugriff, Auffindung und Verwendung;

d) Ablage/Speicherung und Erhaltung, einschließlich Erhaltung der Lesbarkeit;

12

e) Überwachung von Änderungen (z. B. Versionskontrolle); und

f) Aufbewahrung und Verfügung über den weiteren Verbleib.

Dokumentierte Information externer Herkunft, die von der Organisation als notwendig für Planung und Betrieb des Informationssicherheitsmanagementsystems bestimmt wurde, muss angemessen gekennzeichnet und gelenkt werden.

ANMERKUNG   Zugriff kann eine Entscheidung voraussetzen, mit der die Erlaubnis erteilt wird, dokumentierte Information lediglich zu lesen, oder die Erlaubnis und Befugnis zum Lesen und Ändern dokumentierter Information usw.

8   Betrieb

8.1   Betriebliche Planung und Steuerung

Die Organisation muss die Prozesse zur Erfüllung der Informationssicherheitsanforderungen und zur Durchführung der unter 6.1 bestimmten Maßnahmen planen, verwirklichen und steuern. Die Organisation muss darüber hinaus Pläne verwirklichen, um die in 6.2 bestimmten Informationssicherheitsziele zu erreichen.

Die Organisation muss dokumentierte Information im notwendigen Umfang aufbewahren, so dass darauf vertraut werden kann, dass die Prozesse wie geplant umgesetzt wurden.

Die Organisation muss geplante Änderungen überwachen sowie die Folgen unbeabsichtigter Änderungen beurteilen und, falls notwendig, Maßnahmen ergreifen, um jegliche negativen Auswirkungen zu vermindern.

Die Organisation muss sicherstellen, dass ausgegliederte Prozesse bestimmt und gesteuert werden.

8.2   Informationssicherheitsrisikobeurteilung

Die Organisation muss in geplanten Abständen Informationssicherheitsrisikobeurteilungen vornehmen oder immer dann, wenn erhebliche Änderungen vorgeschlagen werden oder auftreten. Dabei sind die in 6.1.2 a) festgelegten Kriterien zu berücksichtigen.

Die Organisation muss dokumentierte Information über die Ergebnisse der Informationssicherheitsrisikobeurteilungen aufbewahren.

8.3   Informationssicherheitsrisikobehandlung

Die Organisation muss den Plan für die Informationssicherheitsrisikobehandlung umsetzen.

Die Organisation muss dokumentierte Information über die Ergebnisse der Informationssicherheitsrisikobehandlung aufbewahren.

9   Bewertung der Leistung

9.1   Überwachung, Messung, Analyse und Bewertung

Die Organisation muss die Informationssicherheitsleistung und die Wirksamkeit des Informationssicherheitsmanagementsystems bewerten.

Die Organisation muss bestimmen:

a) was überwacht und gemessen werden muss, einschließlich der Informationssicherheitsprozesse und Maßnahmen;

b) die Methoden zur Überwachung, Messung, Analyse und Bewertung, sofern zutreffend, um gültige Ergebnisse sicherzustellen;

13

DIN ISO/IEC 27001:2015-03

ANMERKUNG   Die ausgewählten Methoden sollten zu vergleichbaren und reproduzierbaren Ergebnissen führen, damit sie als gültig zu betrachten sind.

c)   wann die Überwachung und Messung durchzuführen ist;

d)   wer überwachen und messen muss;

e)   wann die Ergebnisse der Überwachung und Messung zu analysieren und zu bewerten sind; und

f)   wer diese Ergebnisse analysieren und bewerten muss.

Die Organisation muss geeignete dokumentierte Information als Nachweis der Ergebnisse aufbewahren.

9.2   Internes Audit

Die Organisation muss in geplanten Abständen interne Audits durchführen, um Informationen darüber zu erhalten, ob das Informationssicherheitsmanagementsystem:

a)   die Anforderungen

1)   der Organisation an ihr Informationssicherheitsmanagementsystem; und

2)   dieser Internationalen Norm

erfüllt;

b)   wirksam verwirklicht und aufrechterhalten wird.

Die Organisation muss:

c)   ein oder mehrere Auditprogramme planen, aufbauen, verwirklichen und aufrechterhalten einschließlich der Häufigkeit von Audits, Methoden, Verantwortlichkeiten, Anforderungen an die Planung sowie Berichterstattung. Die Auditprogramme müssen die Bedeutung der betroffenen Prozesse und die Ergebnisse vorheriger Audits berücksichtigen;

d)   für jedes Audit die Auditkriterien sowie den Umfang festlegen;

e)   Auditoren so auswählen und Audits so durchführen, dass die Objektivität und Unparteilichkeit des Auditprozesses sichergestellt ist;

f)   sicherstellen, dass die Ergebnisse der Audits gegenüber der zuständigen Leitung berichtet werden; und

g)   dokumentierte Information als Nachweis des/der Auditprogramms(e) und der Ergebnisse der Audits aufbewahren.

9.3   Managementbewertung

Die oberste Leitung muss das Informationssicherheitsmanagementsystem der Organisation in geplanten Abständen bewerten, um dessen fortdauernde Eignung, Angemessenheit und Wirksamkeit sicherzustellen.

Die Managementbewertung muss folgende Aspekte behandeln:

a)   den Status von Maßnahmen vorheriger Managementbewertungen;

b)   Veränderungen bei externen und internen Themen, die das Informationssicherheitsmanagementsystem betreffen;

14

c) Rückmeldung über die Informationssicherheitsleistung, einschließlich Entwicklungen bei:

   1) Nichtkonformitäten und Korrekturmaßnahmen;

   2) Ergebnissen von Überwachungen und Messungen;

   3) Auditergebnissen; und

   4) Erreichung von Informationssicherheitszielen;

d) Rückmeldung von interessierten Parteien;

e) Ergebnisse der Risikobeurteilung und Status des Plans für die Risikobehandlung; und

f) Möglichkeiten zur fortlaufenden Verbesserung.

Die Ergebnisse der Managementbewertung müssen Entscheidungen zu Möglichkeiten der fortlaufenden Verbesserung sowie zu jeglichem Änderungsbedarf am Informationssicherheitsmanagementsystem enthalten.

Die Organisation muss dokumentierte Information als Nachweis der Ergebnisse der Managementbewertung aufbewahren.

10 Verbesserung

10.1 Nichtkonformität und Korrekturmaßnahmen

Wenn eine Nichtkonformität auftritt, muss die Organisation:

a) darauf reagieren und falls zutreffend:

   1) Maßnahmen zur Überwachung und zur Korrektur ergreifen; und

   2) mit den Folgen umgehen;

b) die Notwendigkeit von Maßnahmen zur Beseitigung der Ursache von Nichtkonformitäten bewerten, damit diese nicht erneut oder an anderer Stelle auftreten, und zwar durch:

   1) Überprüfen der Nichtkonformität;

   2) Bestimmen der Ursachen der Nichtkonformität; und

   3) Bestimmen, ob vergleichbare Nichtkonformitäten bestehen, oder möglicherweise auftreten könnten;

c) jegliche erforderliche Maßnahme einleiten;

d) die Wirksamkeit jeglicher ergriffener Korrekturmaßnahme überprüfen; und

e) sofern erforderlich, das Informationssicherheitsmanagementsystem ändern.

Korrekturmaßnahmen müssen den Auswirkungen der aufgetretenen Nichtkonformitäten angemessen sein.

Die Organisation muss dokumentierte Information aufbewahren, als Nachweis:

f) der Art der Nichtkonformität sowie jeder daraufhin getroffenen Maßnahme; und

g) der Ergebnisse jeder Korrekturmaßnahme.

10.2 Fortlaufende Verbesserung

Die Organisation muss die Eignung, Angemessenheit und Wirksamkeit ihres Informationssicherheitsmanagementsystems fortlaufend verbessern.

15

DIN ISO/IEC 27001:2015-03

Anhang A
(normativ)

Referenzmaßnahmenziele und -maßnahmen

Die in Tabelle A.1 aufgeführten Maßnahmenziele und Maßnahmen sind aus denjenigen, die in ISO/IEC 27002, Abschnitte 5 bis 18, genannt sind, direkt abgeleitet, daran ausgerichtet und müssen im Kontext mit Abschnitt 6.1.3 angewendet werden.

Tabelle A.1 – Maßnahmenziele und Maßnahmen

A.5 Informationssicherheitsrichtlinien	
A.5.1 Vorgaben der Leitung für Informationssicherheit	
Ziel: Vorgaben und Unterstützung für die Informationssicherheit sind seitens der Leitung in Übereinstimmung mit geschäftlichen Anforderungen und den relevanten Gesetzen und Vorschriften bereitgestellt.	
A.5.1.1 Informationssicherheitsrichtlinien	*Maßnahme* Ein Satz Informationssicherheitsrichtlinien ist festgelegt, von der Leitung genehmigt, herausgegeben und den Beschäftigten sowie relevanten externen Parteien bekanntgemacht.
A.5.1.2 Überprüfung der Informations-sicherheitsrichtlinien	*Maßnahme* Die Informationssicherheitsrichtlinien werden in geplanten Abständen oder jeweils nach erheblichen Änderungen überprüft, um sicherzustellen, dass sie nach wie vor geeignet, angemessen und wirksam sind.
A.6 Organisation der Informationssicherheit	
A.6.1 Interne Organisation	
Ziel: Ein Rahmenwerk für die Leitung, mit dem die Umsetzung der Informationssicherheit in der Organisation eingeleitet und gesteuert werden kann, ist eingerichtet.	
A.6.1.1 Informationssicherheitsrollen und -verantwortlichkeiten	*Maßnahme* Alle Informationssicherheitsverantwortlichkeiten sind festgelegt und zugeordnet.
A.6.1.2 Aufgabentrennung	*Maßnahme* Miteinander in Konflikt stehende Aufgaben und Verantwortlichkeitsbereiche sind getrennt, um die Möglichkeiten zu unbefugter oder unbeabsichtigter Änderung oder zum Missbrauch der Werte der Organisation zu reduzieren.
A.6.1.3 Kontakt mit Behörden	*Maßnahme* Angemessene Kontakte mit relevanten Behörden werden gepflegt.
A.6.1.4 Kontakt mit speziellen Interessensgruppen	*Maßnahme* Angemessene Kontakte mit speziellen Interessensgruppen oder sonstigen sicherheits-orientierten Expertenforen und Fachverbänden werden gepflegt.

16

A.6.1.5	Informationssicherheit im Projekt-management	*Maßnahme* Informationssicherheit wird im Projektmanagement berücksichtigt, ungeachtet der Art des Projekts.

A.6.2   MobilgeräteN1) und Telearbeit

Ziel: Die Informationssicherheit bei Telearbeit und der Nutzung von Mobilgeräten ist sichergestellt.

A.6.2.1	Richtlinie zu Mobilgeräten	*Maßnahme* Eine Richtlinie und unterstützende Sicherheitsmaßnahmen sind umgesetzt, um die Risiken, welche durch die Nutzung von Mobilgeräten bedingt sind, zu handhaben.
A.6.2.2	Telearbeit	*Maßnahme* Eine Richtlinie und unterstützende Sicherheits-maßnahmen zum Schutz von Information, auf die von Telearbeitsplätzen aus zugegriffen wird oder die dort verarbeitet oder gespeichert werden, sind umgesetzt.

A.7 Personalsicherheit

A.7.1   Vor der Beschäftigung

Ziel: Es ist sichergestellt, dass Beschäftigte und Auftragnehmer ihre Verantwortlichkeiten verstehen und für die für sie vorgesehenen Rollen geeignet sind.

A.7.1.1	Sicherheitsüberprüfung	*Maßnahme* Alle Personen, die sich um eine Beschäftigung bewerben, werden einer Sicherheitsüberprüfung unterzogen, die im Einklang mit den relevanten Gesetzen, Vorschriften und ethischen Grundsätzen sowie in einem angemessenen Verhältnis zu den geschäftlichen Anforderungen, der Einstufung der einzuholenden Information und den wahrgenommenen Risiken ist.
A.7.1.2	Beschäftigungs- und Vertragsbedingungen	*Maßnahme* In den vertraglichen Vereinbarungen mit Beschäftigten und Auftragnehmern sind deren Verantwortlichkeiten und diejenigen der Organisation festgelegt.

A.7.2   Während der Beschäftigung

Ziel: Es ist sichergestellt, dass Beschäftigte und Auftragnehmer sich ihrer Verantwortlichkeiten bezüglich der Informationssicherheit bewusst sind und diesen nachkommen.

A.7.2.1	Verantwortlichkeiten der Leitung	*Maßnahme* Die Leitung verlangt von allen Beschäftigten und Auftragnehmern, dass sie die Informationssicherheit im Einklang mit den eingeführten Richtlinien und Verfahren der Organisation umsetzen.
A.7.2.2	Informationssicherheitsbewusstsein, -ausbildung und -schulung	*Maßnahme* Alle Beschäftigten der Organisation und, wenn relevant, Auftragnehmer, bekommen ein angemessenes Bewusstsein durch Ausbildung und Schulung sowie regelmäßige Aktualisierungen zu den Richtlinien und Verfahren der Organisation, die für ihr berufliches Arbeitsgebiet relevant sind.

N1) Mobilgeräte umfassen mobile Endgeräte jeder Art (Smartphones, Tablets, Laptops, Netbooks, etc.)

17

DIN ISO/IEC 27001:2015-03

A.7.2.3	Maßregelungsprozess	*Maßnahme*
		Ein formal festgelegter und bekanntgegebener Maßregelungsprozess ist eingerichtet, um Maßnahmen gegen Beschäftigte zu ergreifen, die einen Informationssicherheitsverstoß begangen haben.

A.7.3 Beendigung und Änderung der Beschäftigung

Ziel: Der Schutz der Interessen der Organisation ist Teil des Prozesses der Änderung oder Beendigung einer Beschäftigung.

A.7.3.1	Verantwortlichkeiten bei Beendigung oder Änderung der Beschäftigung	*Maßnahme*
		Verantwortlichkeiten und Pflichten im Bereich der Informationssicherheit, die auch nach Beendigung oder Änderung der Beschäftigung bestehen bleiben, sind festgelegt, dem Beschäftigten oder Auftragnehmer mitgeteilt und durchgesetzt.

A.8 Verwaltung der Werte

A.8.1 Verantwortlichkeit für Werte

Ziel: Die Werte der Organisation sind identifiziert und angemessene Verantwortlichkeiten zu ihrem Schutz sind festgelegt.

A.8.1.1	Inventarisierung der Werte	*Maßnahme*
		ⒶⒸ Information und andere ⒶⒸ Werte, die mit Information und informationsverarbeitenden Einrichtungen in Zusammenhang stehen, sind erfasst und ein Inventar dieser Werte ist erstellt und wird gepflegt.
A.8.1.2	Zuständigkeit für Werte	*Maßnahme*
		Für alle Werte, die im Inventar geführt werden, gibt es Zuständige.
A.8.1.3	Zulässiger Gebrauch von Werten	*Maßnahme*
		Regeln für den zulässigen Gebrauch von Information und Werten, die mit Information und informationsverarbeitenden Einrichtungen in Zusammenhang stehen, sind aufgestellt, dokumentiert und werden angewendet.
A.8.1.4	Rückgabe von Werten	Alle Beschäftigten und sonstige Benutzer, die zu externen Parteien gehören, geben bei Beendigung des Beschäftigungsverhältnisses, des Vertrages oder der Vereinbarung sämtliche in ihrem Besitz befindlichen Werte, die der Organisation gehören, zurück.

A.8.2 Informationsklassifizierung

Ziel: Es ist sichergestellt, dass Information ein angemessenes Schutzniveau entsprechend ihrer Bedeutung für die Organisation erhält.

A.8.2.1	Klassifizierung von Information	*Maßnahme*
		Information ist anhand der gesetzlichen Anforderungen, ihres Wertes, ihrer Kritikalität und ihrer Empfindlichkeit gegenüber unbefugter Offenlegung oder Veränderung klassifiziert.

18

A.8.2.2	Kennzeichnung von Information	*Maßnahme*
		Ein angemessener Satz von Verfahren zur Kennzeichnung von Information ist entsprechend dem von der Organisation eingesetzten Informationsklassifizierungsschema entwickelt und umgesetzt.
A.8.2.3	Handhabung von Werten	*Maßnahme*
		Verfahren für die Handhabung von Werten sind entsprechend dem von der Organisation eingesetzten Informationsklassifizierungsschema entwickelt und umgesetzt.

A.8.3   Handhabung von Datenträgern

Ziel: Die unerlaubte Offenlegung, Veränderung, Entfernung oder Zerstörung von Information, die auf Datenträgern gespeichert ist, wird unterbunden.

A.8.3.1	Handhabung von Wechseldatenträgern	*Maßnahme*
		Verfahren für die Handhabung von Wechseldatenträgern sind entsprechend dem von der Organisation eingesetzten Informationsklassifizierungsschema umgesetzt.
A.8.3.2	Entsorgung von Datenträgern	*Maßnahme*
		Nicht mehr benötigte Datenträger werden sicher und unter Anwendung formaler Verfahren entsorgt.
A.8.3.3	Transport von Datenträgern	*Maßnahme*
		Datenträger, die Information enthalten, sind während des Transports vor unbefugtem Zugriff, Missbrauch oder Verfälschung geschützt.

A.9 Zugangssteuerung[N2)]

A.9.1   Geschäftsanforderungen an die Zugangssteuerung

Ziel: Der Zugang zu Information und informationsverarbeitenden Einrichtungen ist eingeschränkt.

A.9.1.1	Zugangssteuerungsrichtlinie	*Maßnahme*
		Eine Zugangssteuerungsrichtlinie ist auf Grundlage der geschäftlichen und sicherheitsrelevanten Anforderungen erstellt, dokumentiert und überprüft.
A.9.1.2	Zugang zu Netzwerken und Netzwerkdiensten	*Maßnahme*
		Benutzer haben ausschließlich Zugang zu denjenigen Netzwerken und Netzwerkdiensten, zu deren Nutzung sie ausdrücklich befugt sind.

A.9.2   Benutzerzugangssverwaltung

Ziel: Es ist sichergestellt, dass befugte Benutzer Zugang zu Systemen und Diensten haben und unbefugter Zugang unterbunden wird.

A.9.2.1	Registrierung und Deregistrierung von Benutzern	*Maßnahme*
		Ein formaler Prozess für die Registrierung und Deregistrierung von Benutzern ist umgesetzt, um die Zuordnung von Zugangsrechten zu ermöglichen.

[N2)] Der Zugang kann sowohl physisch als auch logisch erfolgen.

19

DIN ISO/IEC 27001:2015-03

A.9.2.2	Zuteilung von Benutzerzugängen	*Maßnahme* Ein formaler Prozess zur Zuteilung von Benutzerzugängen ist umgesetzt, um die Zugangsrechte für alle Benutzerarten zu allen Systemen und Diensten zuzuweisen oder zu entziehen.
A.9.2.3	Verwaltung privilegierter Zugangsrechte	*Maßnahme* Zuteilung und Gebrauch von privilegierten Zugangsrechten ist eingeschränkt und wird gesteuert.
A.9.2.4	Verwaltung geheimer Authentisierungsinformation von Benutzern	*Maßnahme* Die Zuordnung von geheimer Authentisierungsinformation wird über einen formalen Verwaltungsprozess gesteuert.
A.9.2.5	Überprüfung von Benutzerzugangsrechten	*Maßnahme* Die für Werte Zuständigen überprüfen in regelmäßigen Abständen die Benutzerzugangsrechte.
A.9.2.6	Entzug oder Anpassung von Zugangsrechten	*Maßnahme* Die Zugangsrechte aller Beschäftigten und Benutzer, die zu externen Parteien gehören, auf Information und informationsverarbeitende Einrichtungen werden bei Beendigung des Beschäftigungsverhältnisses, des Vertrages oder der Vereinbarung entzogen oder bei einer Änderung angepasst.

A.9.3   Benutzerverantwortlichkeiten
Ziel: Benutzer sind für den Schutz ihrer Authentisierungsinformation verantwortlich gemacht.

A.9.3.1	Gebrauch geheimer Authentisierungsinformation	*Maßnahme* Benutzer sind verpflichtet, die Regeln der Organisation zur Verwendung geheimer Authentisierungsinformation zu befolgen.

A.9.4   Zugangssteuerung für Systeme und Anwendungen
Ziel: Unbefugter Zugang zu Systemen und Anwendungen ist unterbunden.

A.9.4.1	Informationszugangsbeschränkung	*Maßnahme* Zugang zu Information und Anwendungssystemfunktionen ist entsprechend der Zugangssteuerungsrichtlinie eingeschränkt.
A.9.4.2	Sichere Anmeldeverfahren	*Maßnahme* Soweit es die Zugangssteuerungsrichtlinie erfordert, wird der Zugang zu Systemen und Anwendungen durch ein sicheres Anmeldeverfahren gesteuert.
A.9.4.3	System zur Verwaltung von Kennwörtern	*Maßnahme* Systeme zur Verwaltung von Kennwörtern sind interaktiv und stellen starke Kennwörter sicher.
A.9.4.4	Gebrauch von Hilfsprogrammen mit privilegierten Rechten	*Maßnahme* Der Gebrauch von Hilfsprogrammen, die fähig sein könnten, System- und Anwendungsschutzmaßnahmen zu umgehen, ist eingeschränkt und streng überwacht.
A.9.4.5	Zugangssteuerung für Quellcode von Programmen	*Maßnahme* Zugang zu Quellcode von Programmen ist eingeschränkt.

20

A.10	Kryptographie	
A.10.1	**Kryptographische Maßnahmen**	
Ziel: Der angemessene und wirksame Gebrauch von Kryptographie zum Schutz der Vertraulichkeit, Authentizität oder Integrität von Information ist sichergestellt.		
A.10.1.1	Richtlinie zum Gebrauch von kryptographischen Maßnahmen	*Maßnahme* Eine Richtlinie für den Gebrauch von kryptographischen Maßnahmen zum Schutz von Information ist entwickelt und umgesetzt.
A.10.1.2	Schlüsselverwaltung	*Maßnahme* Eine Richtlinie zum Gebrauch, zum Schutz und zur Lebensdauer von kryptographischen Schlüsseln ist entwickelt und wird über deren gesamten Lebenszyklus umgesetzt.
A.11	**Physische und umgebungsbezogene Sicherheit**	
A.11.1	**Sicherheitsbereiche**	
Ziel: Unbefugter Zutritt, die Beschädigung und die Beeinträchtigung von Information und informationsverarbeitenden Einrichtungen der Organisation sind verhindert.		
A.11.1.1	Physischer Sicherheitsperimeter	*Maßnahme* Zum Schutz von Bereichen, in denen sich entweder sensible oder kritische Information oder informationsverarbeitende Einrichtungen befinden, sind Sicherheitsperimeter festgelegt und werden verwendet.
A.11.1.2	Physische Zutrittssteuerung	*Maßnahme* Sicherheitsbereiche sind durch eine angemessene Zutrittssteuerung geschützt, um sicherzustellen, dass nur berechtigtes Personal Zugang hat.
A.11.1.3	Sichern von Büros, Räumen und Einrichtungen	*Maßnahme* Die physische Sicherheit für Büros, Räume und Einrichtungen ist konzipiert und wird angewendet.
A.11.1.4	Schutz vor externen und umweltbedingten Bedrohungen	*Maßnahme* Physischer Schutz vor Naturkatastrophen, bösartigen Angriffen oder Unfällen ist konzipiert und wird angewendet.
A.11.1.5	Arbeiten in Sicherheitsbereichen	*Maßnahme* Verfahren für das Arbeiten in Sicherheitsbereichen sind konzipiert und werden angewendet.
A.11.1.6	Anlieferungs- und Ladebereiche	*Maßnahme* Zutrittsstellen wie Anlieferungs- und Ladebereiche sowie andere Stellen, über die unbefugte Personen die Räumlichkeiten betreten könnten, werden überwacht und sind, falls möglich, von informationsverarbeitenden Einrichtungen getrennt, um unbefugten Zutritt zu verhindern.

21

DIN ISO/IEC 27001:2015-03

A.11.2	Geräte und Betriebsmittel	
Ziel: Verlust, Beschädigung, Diebstahl oder Gefährdung von Werten und die Unterbrechung von Organisationstätigkeiten sind unterbunden.		
A.11.2.1	Platzierung und Schutz von Geräten und Betriebsmitteln	*Maßnahme* Geräte und Betriebsmittel sind so platziert und geschützt, dass Risiken durch umweltbedingte Bedrohungen und Gefahren sowie Möglichkeiten des unbefugten Zugangs verringert sind.
A.11.2.2	Versorgungseinrichtungen[N3)]	*Maßnahme* Geräte und Betriebsmittel sind vor Stromausfällen und anderen Störungen, die durch Ausfälle von Versorgungseinrichtungen verursacht werden, geschützt.
A.11.2.3	Sicherheit der Verkabelung	*Maßnahme* Telekommunikationsverkabelung, welche Daten trägt oder Informationsdienste unterstützt, und die Stromverkabelung sind vor Unterbrechung, Störung oder Beschädigung geschützt.
A.11.2.4	Instandhalten von Geräten und Betriebsmitteln	*Maßnahme* Geräte und Betriebsmittel werden Instand gehalten, um ihre fortgesetzte Verfügbarkeit und Integrität sicherzustellen.
A.11.2.5	Entfernen von Werten	*Maßnahme* Geräte, Betriebsmittel, Information oder Software werden nicht ohne vorherige Genehmigung vom Betriebsgelände entfernt.
A.11.2.6	Sicherheit von Geräten, Betriebsmitteln und Werten außerhalb der Räumlichkeiten	*Maßnahme* Werte außerhalb des Standorts werden gesichert, um die verschiedenen Risiken beim Betrieb außerhalb der Räumlichkeiten der Organisation zu berücksichtigen.
A.11.2.7	Sichere Entsorgung oder Wiederverwendung von Geräten und Betriebsmitteln	*Maßnahme* Alle Arten von Geräten und Betriebsmitteln, die Speichermedien enthalten, werden überprüft, um sicherzustellen, dass jegliche sensiblen Daten und lizenzierte Software vor ihrer Entsorgung oder Wiederverwendung entfernt oder sicher überschrieben worden sind.
A.11.2.8	Unbeaufsichtigte Benutzergeräte	*Maßnahme* Benutzer stellen sicher, dass unbeaufsichtigte Geräte und Betriebsmittel angemessen geschützt sind.
A.11.2.9	Richtlinie für eine aufgeräumte Arbeitsumgebung und Bildschirmsperren	*Maßnahme* Richtlinien für eine aufgeräumte Arbeitsumgebung hinsichtlich Unterlagen und Wechseldatenträgern und für Bildschirmsperren für informationsverarbeitende Einrichtungen werden angewendet.

[N3)] Unter Versorgungseinrichtungen werden auch Entsorgungseinrichtungen verstanden.

22

A.12	**Betriebssicherheit**	
A.12.1	**Betriebsabläufe und -verantwortlichkeiten**	
	Ziel: Der ordnungsgemäße und sichere Betrieb von informationsverarbeitenden Einrichtungen ist sichergestellt.	
A.12.1.1	Dokumentierte Bedienabläufe	*Maßnahme* Die Bedienabläufe sind dokumentiert und allen Benutzern, die sie benötigen, zugänglich.
A.12.1.2	Änderungssteuerung	*Maßnahme* Änderungen der Organisation, der Geschäftsprozesse, an den informationsverarbeitenden Einrichtungen und an den Systemen werden gesteuert.
A.12.1.3	Kapazitätssteuerung	*Maßnahme* Die Ressourcennutzung/Benutzung von Ressourcen wird überwacht und abgestimmt, und es werden Prognosen zu zukünftigen Kapazitätsanforderungen erstellt, um die erforderliche Systemleistung sicherzustellen.
A.12.1.4	Trennung von Entwicklungs-, Test- und Betriebsumgebungen	*Maßnahme* Entwicklungs-, Test- und Betriebsumgebungen sind voneinander getrennt, um das Risiko unbefugter Zugriffe auf oder Änderungen an der Betriebsumgebung zu verringern.
A.12.2	**Schutz vor Schadsoftware**	
	Ziel: Information und informationsverarbeitende Einrichtungen sind vor Schadsoftware geschützt.	
A.12.2.1	Maßnahmen gegen Schadsoftware	*Maßnahme* Erkennungs-, Vorbeugungs- und Wiederherstellungsmaßnahmen zum Schutz vor Schadsoftware in Verbindung mit einer angemessenen Sensibilisierung der Benutzer sind umgesetzt.
A.12.3	**Datensicherung**	
	Ziel: Daten sind vor Verlust geschützt.	
A.12.3.1	Sicherung von Information	*Maßnahme* Sicherheitskopien von Information, Software und Systemabbildern werden entsprechend einer vereinbarten Sicherungsrichtlinie angefertigt und regelmäßig getestet.
A.12.4	**Protokollierung und Überwachung**	
	Ziel: Ereignisse sind aufgezeichnet und Nachweise sind erzeugt.	
A.12.4.1	Ereignisprotokollierung	*Maßnahme* Ereignisprotokolle, die Benutzertätigkeiten, Ausnahmen, Störungen und Informationssicherheitsvorfälle aufzeichnen, werden erzeugt, aufbewahrt und regelmäßig überprüft.
A.12.4.2	Schutz der Protokollinformation	*Maßnahme* Protokollierungseinrichtungen und Protokollinformation sind vor Manipulation und unbefugtem Zugriff geschützt.

23

DIN ISO/IEC 27001:2015-03

A.12.4.3	Administratoren- und Bedienerprotokolle	*Maßnahme* Tätigkeiten von Systemadministratoren und Systembedienern werden aufgezeichnet und die Protokolle sind geschützt und werden regelmäßig überprüft.
A.12.4.4	Uhrensynchronisation	*Maßnahme* Die Uhren aller relevanten informationsverarbeitenden Systeme innerhalb einer Organisation oder einem Sicherheitsbereich werden mit einer einzigen Referenzzeitquelle synchronisiert.

A.12.5   Steuerung von Software im Betrieb

Ziel: Die Integrität von Systemen im Betrieb ist sichergestellt.

A.12.5.1	Installation von Software auf Systemen im Betrieb	*Maßnahme* Verfahren zur Steuerung der Installation von Software auf Systemen im Betrieb sind umgesetzt.

A.12.6   Handhabung technischer Schwachstellen

Ziel: Die Ausnutzung technischer Schwachstellen ist verhindert.

A.12.6.1	Handhabung von technischen Schwachstellen	*Maßnahme* Information über technische Schwachstellen verwendeter Informationssysteme wird rechtzeitig eingeholt, die Gefährdung der Organisation durch derartige Schwachstellen wird bewertet und angemessene Maßnahmen werden ergriffen, um das dazugehörige Risiko zu behandeln.
A.12.6.2	Einschränkung von Softwareinstallation	*Maßnahme* Regeln für die Softwareinstallation durch Benutzer sind festgelegt und umgesetzt.

A.12.7   Audit von Informationssystemen

Ziel: Die Auswirkung von Audittätigkeiten auf Systeme im Betrieb ist minimiert.

A.12.7.1	Maßnahmen für Audits von Informationssystemen	*Maßnahme* Auditanforderungen und -tätigkeiten, welche eine Überprüfung betrieblicher Systeme beinhalten, werden sorgfältig geplant und vereinbart, um Störungen der Geschäftsprozesse zu minimieren.

A.13   Kommunikationssicherheit

A.13.1   Netzwerksicherheitsmanagement

Ziel: Der Schutz von Information in Netzwerken und den unterstützenden informationsverarbeitenden Einrichtungen ist sichergestellt.

A.13.1.1	Netzwerksteuerungsmaßnahmen	*Maßnahme* Netzwerke werden verwaltet und gesteuert, um Information in Systemen und Anwendungen zu schützen.
A.13.1.2	Sicherheit von Netzwerkdiensten	*Maßnahme* Sicherheitsmechanismen, Dienstgüte und Anforderungen an die Verwaltung aller Netzwerkdienste sind bestimmt und werden sowohl für interne als auch für ausgegliederte Netzwerkdienste in Vereinbarungen aufgenommen.

24

A.13.1.3	Trennung in Netzwerken	*Maßnahme*
		Informationsdienste, Benutzer und Informationssysteme werden in Netzwerken gruppenweise voneinander getrennt gehalten.

A.13.2 Informationsübertragung

Ziel: Die Sicherheit von übertragener Information, sowohl innerhalb einer Organisation als auch mit jeglicher externen Stelle, ist aufrechterhalten.

A.13.2.1	Richtlinien und Verfahren zur Informationsübertragung	*Maßnahme*
		Formale Übertragungsrichtlinien, -verfahren und -maßnahmen sind vorhanden, um die Übertragung von Information für alle Arten von Kommunikationseinrichtungen zu schützen.
A.13.2.2	Vereinbarungen zur Informationsübertragung	*Maßnahme*
		Vereinbarungen behandeln die sichere Übertragung von Geschäftsinformation zwischen der Organisation und externen Parteien.
A.13.2.3	Elektronische Nachrichtenübermittlung	*Maßnahme*
		Information in der elektronischen Nachrichtenübermittlung ist angemessen geschützt.
A.13.2.4	Vertraulichkeits- oder Geheimhaltungsvereinbarungen	*Maßnahme*
		Anforderungen an Vertraulichkeits- oder Geheimhaltungsvereinbarungen, welche die Erfordernisse der Organisation an den Schutz von Information widerspiegeln, werden identifiziert, regelmäßig überprüft und sind dokumentiert.

A.14 Anschaffung, Entwicklung und Instandhalten von Systemen

A.14.1 Sicherheitsanforderungen an Informationssysteme

Ziel: Es ist sichergestellt, dass Informationssicherheit ein fester Bestandteil über den gesamten Lebenszyklus von Informationssystemen ist. Dies beinhaltet auch die Anforderungen an Informationssysteme, die Dienste über öffentliche Netze bereitstellen.

A.14.1.1	Analyse und Spezifikation von Informationssicherheitsanforderungen	*Maßnahme*
		Die Anforderungen, die sich auf Informationssicherheit beziehen, sind in die Anforderungen an neue Informationssysteme oder die Verbesserungen bestehender Informationssysteme aufgenommen.
A.14.1.2	Sicherung von Anwendungsdiensten in öffentlichen Netzwerken	*Maßnahme*
		Information, die durch Anwendungsdiensten über öffentliche Netzwerke übertragen wird, ist vor betrügerischer Tätigkeit, Vertragsstreitigkeiten und unbefugter Offenlegung sowie Veränderung geschützt.
A.14.1.3	Schutz der Transaktionen bei Anwendungsdiensten	*Maßnahme*
		Information, die an Transaktionen bei Anwendungsdiensten beteiligt ist, ist so geschützt, dass unvollständige Übertragung, Fehlleitung, unbefugte Offenlegung, unbefugte Vervielfältigung oder unbefugte Wiederholung von Nachrichten verhindert ist.

25

DIN ISO/IEC 27001:2015-03

A.14.2	Sicherheit in Entwicklungs- und Unterstützungsprozessen	
Ziel: Es ist sichergestellt, dass Informationssicherheit im Entwicklungszyklus von Informationssystemen geplant und umgesetzt ist.		
A.14.2.1	Richtlinie für sichere Entwicklung	**Maßnahme** Regeln für die Entwicklung von Software und Systemen sind festgelegt und werden bei Entwicklungen innerhalb der Organisation angewendet.
A.14.2.2	Verfahren zur Verwaltung von Systemänderungen	**Maßnahme** Änderungen an Systemen innerhalb des Entwicklungszyklus werden durch formale Verfahren zur Verwaltung von Änderungen gesteuert.
A.14.2.3	Technische Überprüfung von Anwendungen nach Änderungen an der Betriebsplattform	**Maßnahme** Bei Änderungen an Betriebsplattformen, werden geschäftskritische Anwendungen überprüft und getestet, um sicherzustellen, dass es keine negativen Auswirkungen auf die Organisationstätigkeiten oder Organisationssicherheit gibt.
A.14.2.4	Beschränkung von Änderungen an Softwarepaketen	**Maßnahme** Änderungen an Softwarepaketen werden nicht gefördert, sind auf das Erforderliche beschränkt und alle Änderungen unterliegen einer strikten Steuerung.
A.14.2.5	Grundsätze für die Analyse, Entwicklung und Pflege sicherer Systeme	**Maßnahme** Grundsätze für die Analyse, Entwicklung und Pflege sicherer Systeme sind festgelegt, dokumentiert, werden aktuell gehalten und bei jedem Umsetzungsvorhaben eines Informationssystems angewendet.
A.14.2.6	Sichere Entwicklungsumgebung	**Maßnahme** Organisationen schaffen sichere Entwicklungsumgebungen für Systementwicklungs- und Systemintegrationsvorhaben über den gesamten Entwicklungszyklus und schützen diese angemessen.
A.14.2.7	Ausgegliederte Entwicklung	**Maßnahme** Die Organisation beaufsichtigt und überwacht die Tätigkeit ausgegliederter Systementwicklung.
A.14.2.8	Testen der Systemsicherheit	**Maßnahme** Die Sicherheitsfunktionalität wird während der Entwicklung getestet.
A.14.2.9	Systemabnahmetest	**Maßnahme** Für neue Informationssysteme, Aktualisierungen und neue Versionen sind Abnahmetestprogramme und dazugehörige Kriterien festgelegt.
A.14.3	**Testdaten**	
Ziel: Der Schutz von Daten, die für das Testen verwendet werden, ist sichergestellt.		
A.14.3.1	Schutz von Testdaten	**Maßnahme** Testdaten werden sorgfältig ausgewählt, geschützt und gesteuert.

26

A.15	Lieferantenbeziehungen[N4]	
A.15.1	**Informationssicherheit in Lieferantenbeziehungen**	
Ziel: Für Lieferanten zugängliche Werte des Unternehmens sind geschützt.		
A.15.1.1	Informationssicherheitsrichtlinie für Lieferantenbeziehungen	*Maßnahme* Die Informationssicherheitsanforderungen zur Verringerung von Risiken im Zusammenhang mit dem Zugriff von Lieferanten auf Werte der Organisation werden mit dem Zulieferer vereinbart und sind dokumentiert.
A.15.1.2	Behandlung von Sicherheit in Lieferantenvereinbarungen	*Maßnahme* Alle relevanten Informationssicherheitsanforderungen werden mit jedem Lieferanten festgelegt, der Zugang zu Information der Organisation haben könnte, diese verarbeiten, speichern, weitergeben könnte oder IT-Infrastrukturkomponenten dafür bereitstellt und sind vereinbart.
A.15.1.3	Lieferkette für Informations- und Kommunikationstechnologie	*Maßnahme* Anforderungen für den Umgang mit Informationssicherheitsrisiken, die mit Informations- und Kommunikationsdienstleistungen und der Produkt-lieferkette verbunden sind, werden in Vereinbarungen mit Lieferanten aufgenommen.
A.15.2	**Steuerung der Dienstleistungserbringung von Lieferanten**	
Ziel: Ein vereinbartes Niveau der Informationssicherheit und der Dienstleistungserbringung ist im Einklang mit Lieferantenverträgen aufrechterhalten.		
A.15.2.1	Überwachung und Überprüfung von Lieferantendienstleistungen	*Maßnahme* Organisationen überwachen, überprüfen und auditieren die Dienstleistungserbringung durch Lieferanten regelmäßig.
A.15.2.2	Handhabung der Änderungen von Lieferantendienstleistungen	*Maßnahme* Änderungen bei der Bereitstellung von Dienstleistungen durch Lieferanten werden gesteuert. Solche Änderungen umfassen auch die Pflege und Verbesserung bestehender Informationssicherheitsrichtlinien, -verfahren und -maßnahmen. Dabei werden die Kritikalität der betroffenen Geschäftsinformation, -systeme und -prozesse und eine erneute Risikobeurteilung beachtet.
A.16	**Handhabung von Informationssicherheitsvorfällen**	
A.16.1	**Handhabung von Informationssicherheitsvorfällen und Verbesserungen**	
Ziel: Eine konsistente und wirksame Herangehensweise für die Handhabung von Informationssicherheitsvorfällen einschließlich der Benachrichtigung über Sicherheitsereignisse und Schwächen ist sichergestellt.		
A.16.1.1	Verantwortlichkeiten und Verfahren	*Maßnahme* Handhabungsverantwortlichkeiten und -verfahren sind festgelegt, um eine schnelle, effektive und geordnete Reaktion auf Informationssicherheitsvorfälle sicherzustellen.

[N4] Dienstleister werden hier ebenfalls als Lieferanten betrachtet.

27

DIN ISO/IEC 27001:2015-03

A.16.1.2	Meldung von Informationssicherheitsereignissen	*Maßnahme* Informationssicherheitsereignisse werden so schnell wie möglich über geeignete Kanäle zu deren Handhabung gemeldet.
A.16.1.3	Meldung von Schwächen in der Informationssicherheit	*Maßnahme* Beschäftigte und Auftragnehmer, welche die Informationssysteme und -dienste der Organisation nutzen, werden angehalten, jegliche beobachteten oder vermuteten Schwächen in der Informationssicherheit in Systemen oder Diensten festzuhalten und zu melden.
A.16.1.4	Beurteilung von und Entscheidung über Informationssicherheitsereignisse	*Maßnahme* Informationssicherheitsereignisse werden beurteilt, und es wird darüber entschieden, ob sie als Informationssicherheitsvorfälle einzustufen sind.
A.16.1.5	Reaktion auf Informationssicherheitsvorfälle	*Maßnahme* Auf Informationssicherheitsvorfälle wird entsprechend den dokumentierten Verfahren reagiert.
A.16.1.6	Erkenntnisse aus Informations-sicherheitsvorfällen	*Maßnahme* Aus der Analyse und Lösung von Informationssicherheitsvorfällen gewonnene Erkenntnisse werden dazu genutzt, die Eintrittswahrscheinlichkeit oder die Auswirkungen zukünftiger Vorfälle zu verringern.
A.16.1.7	Sammeln von Beweismaterial	*Maßnahme* Die Organisation legt Verfahren für die Ermittlung, Sammlung, Erfassung und Aufbewahrung von Information, die als Beweismaterial dienen kann, fest und wendet diese an.
A.17	**Informationssicherheitsaspekte beim Business Continuity Management**	
A.17.1	**Aufrechterhalten der Informationssicherheit**	
Ziel: Die Aufrechterhaltung der Informationssicherheit ist in das Business Continuity Managementsystem der Organisation eingebettet.		
A.17.1.1	Planung zur Aufrechterhaltung der Informationssicherheit	*Maßnahme* Die Organisation bestimmt ihre Anforderungen an die Informationssicherheit und zur Aufrechterhaltung des Informationssicherheitsmanagements bei widrigen Situationen, z. B. Krise oder Katastrophe.
A.17.1.2	Umsetzen der Aufrechterhaltung der Informationssicherheit	*Maßnahme* Die Organisation legt Prozesse, Verfahren und Maßnahmen fest, dokumentiert, setzt sie um und erhält diese aufrecht, um das erforderliche Niveau an Informationssicherheit in einer widrigen Situation aufrechterhalten zu können.
A.17.1.3	Überprüfen und Bewerten der Aufrechterhaltung der Informationssicherheit	*Maßnahme* Die Organisation überprüft in regelmäßigen Abständen die festgelegten und umgesetzten Maßnahmen zur Aufrechterhaltung der Informationssicherheit, um sicherzustellen dass diese gültig und in widrigen Situationen wirksam sind.

28

A.17.2	Redundanzen	
Ziel: Die Verfügbarkeit von informationsverarbeitenden Einrichtungen ist sichergestellt.		
A.17.2.1	Verfügbarkeit von informationsverarbeitenden Einrichtungen	*Maßnahme* Informationsverarbeitende Einrichtungen werden mit ausreichender Redundanz zur Einhaltung der Verfügbarkeitsanforderungen realisiert.

A.18	Compliance	
A.18.1	**Einhaltung gesetzlicher und vertraglicher Anforderungen**	
Ziel: Verstöße gegen gesetzliche, regulatorische, selbstauferlegte oder vertragliche Verpflichtungen mit Bezug auf Informationssicherheit und gegen jegliche Sicherheitsanforderungen sind vermieden.		
A.18.1.1	Bestimmung der anwendbaren Gesetzgebung und der vertraglichen Anforderungen	*Maßnahme* Alle relevanten gesetzlichen, regulatorischen, selbstauferlegten oder vertraglichen Anforderungen sowie das Vorgehen der Organisation zur Einhaltung dieser Anforderungen sind für jedes Informationssystem und die Organisation ausdrücklich bestimmt und dokumentiert und werden auf dem neuesten Stand gehalten.
A.18.1.2	Geistige Eigentumsrechte	*Maßnahme* Es sind angemessene Verfahren umgesetzt, mit denen die Einhaltung gesetzlicher, regulatorischer und vertraglicher Anforderungen mit Bezug auf geistige Eigentumsrechte und der Verwendung von urheberrechtlich geschützten Softwareprodukten sichergestellt ist.
A.18.1.3	Schutz von Aufzeichnungen	*Maßnahme* Aufzeichnungen sind gemäß gesetzlichen, regulatorischen, vertraglichen und geschäftlichen Anforderungen vor Verlust, Zerstörung, Fälschung, unbefugtem Zugriff und unbefugter Veröffentlichung geschützt.
A.18.1.4	Privatsphäre und Schutz von personenbezogener Information	*Maßnahme* Die Privatsphäre und der Schutz von personenbezogener Information sind, soweit anwendbar, entsprechend den Anforderungen der relevanten Gesetze und Vorschriften sichergestellt.
A.18.1.5	Regelungen bezüglich kryptographischer Maßnahmen	*Maßnahme* Kryptographische Maßnahmen werden unter Einhaltung aller relevanten Vereinbarungen, Gesetze und Vorschriften angewandt.
A.18.2	**Überprüfungen der Informationssicherheit**	
Ziel: Informationssicherheit ist in Übereinstimmung mit den Richtlinien und Verfahren der Organisation umgesetzt und wird entsprechend angewendet.		
A.18.2.1	Unabhängige Überprüfung der Informationssicherheit	*Maßnahme* Die Vorgehensweise der Organisation für die Handhabung der Informationssicherheit und deren Umsetzung (d. h. Maßnahmenziele, Maßnahmen, Richtlinien, Prozesse und Verfahren zur Informationssicherheit) werden auf unabhängige Weise in planmäßigen Abständen oder jeweils bei erheblichen Änderungen überprüft.

29

DIN ISO/IEC 27001:2015-03

A.18.2.2	Einhaltung von Sicherheitsrichtlinien und -standards	*Maßnahme* Leitende Angestellte überprüfen regelmäßig die Einhaltung der jeweils anzuwendenden Sicherheitsrichtlinien, Standards und jeglicher sonstiger Sicherheitsanforderungen bei der Informationsverarbeitung und den Verfahren in ihrem Verantwortungsbereich.
A.18.2.3	Überprüfung der Einhaltung von technischen Vorgaben	*Maßnahme* Informationssysteme werden regelmäßig auf Einhaltung der Informationssicherheitsrichtlinien und -standards der Organisation überprüft.

30

Literaturhinweise

[1]   ISO/IEC 27002:2013, *Information technology — Security Techniques — Code of practice for information security management*

[2]   ISO/IEC 27003, *Information technology — Security Techniques — Information security management system implementation guidance*

[3]   ISO/IEC 27004, *Information technology — Security Techniques — Information security management — Measurement*

[4]   ISO/IEC 27005, *Information technology — Security Techniques — Information security risk management*

[5]   ISO 31000:2009, *Risk Management — Principles and guidelines*

[6]   ISO/IEC Directives, *Part 1 Consolidated ISO Supplement — Procedures specific to ISO:2012*

31

DEUTSCHE NORM *Entwurf* **Februar 2014**

DIN ISO/IEC 27002

ICS 35.040

Einsprüche bis 2014-03-10
Vorgesehen als Ersatz für
DIN ISO/IEC 27002:2008-09

Entwurf

Informationstechnik –
IT-Sicherheitsverfahren –
Leitfaden für das Informationssicherheits-Management
(ISO/IEC FDIS 27002:2013)

Information technology –
Security techniques –
Code of practice for information security management (ISO/IEC FDIS 27002:2013)

Technologies de l'information –
Techniques de sécurité –
Code de bonne pratique pour le management de la sécurité de l'information
(ISO/CEI FDIS 27002:2013)

Anwendungswarnvermerk

Dieser Norm-Entwurf mit Erscheinungsdatum 2014-01-10 wird der Öffentlichkeit zur Prüfung und Stellungnahme vorgelegt.

Weil die beabsichtigte Norm von der vorliegenden Fassung abweichen kann, ist die Anwendung dieses Entwurfes besonders zu vereinbaren.

Stellungnahmen werden erbeten

– vorzugsweise online im Norm-Entwurfs-Portal des DIN unter www.entwuerfe.din.de bzw. für Norm-Entwürfe der DKE auch im Norm-Entwurfs-Portal der DKE unter www.entwuerfe.normenbibliothek.de, sofern dort wiedergegeben;

– oder als Datei per E-Mail an nia@din.de möglichst in Form einer Tabelle. Die Vorlage dieser Tabelle kann im Internet unter www.din.de/stellungnahme oder für Stellungnahmen zu Norm-Entwürfen der DKE unter www.dke.de/stellungnahme abgerufen werden;

– oder in Papierform an den Normenausschuss Informationstechnik und Anwendungen (NIA) im DIN, 10772 Berlin (Hausanschrift: Burggrafenstr. 6, 10787 Berlin).

Die Empfänger dieses Norm-Entwurfs werden gebeten, mit ihren Kommentaren jegliche relevanten Patentrechte, die sie kennen, mitzuteilen und unterstützende Dokumentationen zur Verfügung zu stellen.

Gesamtumfang 103 Seiten

Normenausschuss Informationstechnik und Anwendungen (NIA) im DIN

Preisgruppe 31
www.din.de
www.beuth.de

2073178

E DIN ISO/IEC 27002:2014-02 — *Entwurf* —

Inhalt

2

— *Entwurf* —   E DIN ISO/IEC 27002:2014-02

3

E DIN ISO/IEC 27002:2014-02   — *Entwurf* —

Nationales Vorwort

Die Internationale Norm ISO/IEC FDIS 27002:2013-05 wurde in deutscher Sprachfassung unverändert in das Deutsche Normenwerk übernommen. Fachlich zuständig ist für diese Deutsche Norm der Arbeitsausschuss NA 043-01-27 AA „IT-Sicherheitsverfahren" des Normenausschusses Informationstechnik und Anwendungen (NIA) im DIN.

Die dieser Norm zugrunde liegende Internationale Norm ISO/IEC 27002 wurde von ISO/IEC JTC 1/SC 27 (International Organization for Standardization/International Electrotechnical Commission – Joint Technical Committee 1 „Information Technology"/Subcommittee 27 „Security techniques") erarbeitet.

Änderungen

Gegenüber DIN ISO/IEC 27002:2008-09 wurden folgende Änderungen vorgenommen:

a) Anpassung an die neue Struktur für ISO Management System Standards, vorgegeben im Annex SL der ISO/IEC Direktiven.

b) Die Norm wurde redaktionell überarbeitet.

Für die in diesem Dokument zitierte internationale Norm wird im folgenden auf die entsprechende deutsche Norm hingewiesen:

ISO/IEC 27000   siehe   DIN ISO/IEC 27000

4

— Entwurf —　　　　　**E DIN ISO/IEC 27002:2014-02**

5

Nationaler Anhang NA
(informativ)

Literaturhinweise

DIN ISO/IEC 27000, *Informationstechnik — IT-Sicherheitsverfahren — Informationssicherheits-Mangamentsysteme — Überblick und Terminolgie*

E DIN ISO/IEC 27002:2014-02   *— Entwurf —*

Informationstechnologie — Sicherheitsverfahren — Leitfaden für Maßnahmen zur Informationssicherheit

0 Einleitung

0.1 Hintergrund und Zusammenhänge

Diese Internationale Norm wurde erarbeitet, um Organisationen als Referenz zur Auswahl von Maßnahmen bei der Einführung eines Informationssicherheits-Managementsystems (ISMS) nach ISO/IEC 27001 zu dienen oder als Leitfaden für Organisationen, die gemeinhin akzeptierte Maßnahmen für die Informationssicherheit einführen möchten. Dieser Standard ist ebenfalls bestimmt für die Entwicklung von branchen- und organisationsspezifischen Leitfäden zum Management von Informationssicherheit. Dabei wird das Umfeld der spezifischen Informationssicherheitsrisiken berücksichtigt.

Organisationen aller Arten und Größen (einschließlich öffentlicher und privater, kommerzieller und gemeinnütziger) erheben, verarbeiten, speichern und übertragen Informationen in vielen Formen, darunter elektronisch, physisch und verbal (z. B. Gespräche und Präsentationen).

Der Informationswert besteht nicht nur aus geschriebenen Wörtern, Zahlen und Bildern: Wissen, Konzepte, Ideen und Marken sind Beispiele für immaterielle Informationsformen. Informationen und damit verbundene Prozesse, Systeme, Netzwerke und Personal zu deren Verarbeitung, Handhabung und Schutz stellen in einer vernetzten Welt organisationseigene Werte dar, die genauso wie andere wichtige Unternehmensressourcen für die Geschäftsziele einer Organisation wichtig sind, und damit einen Schutz gegen unterschiedliche Gefährdungen verdienen oder erfordern.

Organisationseigene Werte unterliegen sowohl vorsätzlichen als auch versehentlichen Bedrohungen, während damit verbundene Prozesse, Systeme, Netzwerke und Menschen ihre innewohnenden Schwächen zeigen. Änderungen von Geschäftsprozessen und Unternehmenssystemen oder andere externe Veränderungen (z. B. neue Gesetze und Verordnungen) können zu neuen Risiken in der Informationssicherheit führen. Angesichts der vielfältigen, potenziellen Bedrohungen, die Schwachstellen zum Schaden der Organisation ausnutzen, bestehen daher immer Risiken in der Informationssicherheit. Eine wirkungsvolle Informationssicherheit verringert diese Risiken durch Schutz der Organisation vor Bedrohungen und Schwachstellen und vermindert dadurch die Auswirkungen auf organisationseigene Werte.

Die Einführung einer Reihe geeigneter Sicherheitsmaßnahmen, darunter Richtlinien, Prozesse, Verfahren, Organisationsstrukturen sowie Software- und Hardwarefunktionen, sorgt für Informationssicherheit. Zur Erfüllung spezifischer Sicherheits- und Geschäftsziele der Organisation müssen diese Sicherheitsmaßnahmen eingeführt, verwirklicht, überwacht, überprüft und gegebenenfalls verbessert werden. Ein Informationssicherheits-Managementsystem (ISMS), wie in ISO/IEC 27001 näher beschrieben, verfolgt eine ganzheitliche, koordinierte Betrachtung der Risiken in der Informationssicherheit eines Unternehmens, um eine umfassende Suite von Maßnahmen zur Informationssicherheit im Rahmen eines einheitlichen Managementsystems einführen zu können.

Viele Informationssysteme sind nicht so konzipiert, dass sie im Sinne von ISO/IEC 27001 und dieser Norm als sicher betrachtet werden können. Die Sicherheit mithilfe technischer Mittel ist begrenzt und sollte mit geeigneten Verwaltungsmitteln und Verfahren unterstützt werden. Die Feststellung der benötigten Sicherheitsmaßnahmen erfordert sorgfältige Planung und Detailtreue. Ein erfolgreiches Informationssicherheits-Managementsystem erfordert die Mitarbeit aller Mitarbeiter einer Organisation. Die Organisation benötigt unter Umständen auch die Mitwirkung von Gesellschaftern, Lieferanten und anderen externen Stellen. Fachliche Beratung durch externe Stellen könnte ebenfalls benötigt werden.

Eine wirkungsvolle Informationssicherheit gibt im Allgemeinen auch dem Management und anderen Beteiligten die Gewissheit, dass organisationseigene Werte einigermaßen sicher und gegen Schaden geschützt sind: Informationssicherheit wird so zum Geschäftserfordernis.

6

— Entwurf —   **E DIN ISO/IEC 27002:2014-02**

0.2 Anforderungen an Informationssicherheit

Es ist wichtig, dass eine Organisation ihre Sicherheitsanforderungen ermittelt. Die drei hauptsächlichen Beweggründe für Sicherheitsanforderungen:

a) Bewertung der Risiken für die Organisation unter Berücksichtigung der Unternehmensstrategie und des Geschäftszwecks. Mithilfe einer Risikobewertung können Bedrohungen der organisationseigenen Werte ermittelt, Anfälligkeit und Eintrittswahrscheinlichkeit bewertet und mögliche Auswirkungen geschätzt werden;

b) rechtliche, gesetzliche, regulatorische und vertragliche Anforderungen, die eine Organisation, seine Handelspartner, Auftragnehmer und Dienstleister erfüllen müssen sowie deren soziokulturelles Umfeld;

c) eine Reihe von Grundsätzen, Zielsetzungen und Geschäftserfordernissen, die eine Organisation für den Umgang mit Information sowie deren Verarbeitung, Speicherung, Kommunikation und Archivierung in Unterstützung ihrer Geschäftstätigkeit entwickelt hat.

Ressourcen zur Einführung von Sicherheitsmaßnahmen müssen gegen den Unternehmensschaden abgewogen werden, der wahrscheinlich bei Fehlen dieser Maßnahmen durch Sicherheitsprobleme verursacht wird. Die Ergebnisse einer Risikobewertung werden dabei helfen, geeignete betriebliche Maßnahmen und Prioritäten zur Bewältigung von Risiken der Informationssicherheit festzusetzen und zu betreuen und ausgewählte Sicherheitsmaßnahmen zum Schutz gegen diese Risiken einzuführen.

ISO/IEC 27005 bietet eine Anleitung zum Management von Informationssicherheitsrisiken, einschließlich Empfehlungen zu Bewertung, Behandlung, Akzeptanz, Kommunikation, Überwachung und Prüfung von Risiken.

0.3 Auswahl von Sicherheitsmaßnahmen

Sicherheitsmaßnahmen können entweder dieser Norm oder einer anderen Reihe entnommen werden. Auch neue Sicherheitsmaßnahmen können entwickelt werden, um gegebenenfalls spezifische Anforderungen zu erfüllen.

Die Auswahl der Sicherheitsmaßnahmen ist abhängig von organisatorischen Entscheidungen, denen die Kriterien für Risikoakzeptanz, Risikobehandlungsmöglichkeiten und die allgemeine Haltung der Organisation bezüglich des Risikomanagements zugrunde liegen. Die Auswahl sollte ebenfalls alle relevanten nationalen und internationalen Gesetze und Vorschriften berücksichtigen. Die Auswahl der Sicherheitsmaßnahmen hängt ebenfalls von der Art und Weise ab, wie Sicherheitsmaßnahmen interagieren, um gestaffelte Sicherheitsebenen bereitstellen zu können.

Einige der Sicherheitsmaßnahmen in dieser Norm können als Leitsätze zum Management für Informationssicherheit betrachtet werden und sind in den meisten Organisationen anwendbar. Die Sicherheitsmaßnahmen werden im Folgenden zusammen mit Umsetzungshinweisen näher erläutert. Weitere Informationen zur Auswahl von Sicherheitsmaßnahmen und anderen Risikobehandlungsmöglichkeiten sind in ISO/IEC 27005 verfügbar.

0.4 Entwicklung eigener Richtlinien

Diese Internationale Norm kann als Ausgangspunkt für die Entwicklung organisationsspezifischer Leitlinien angesehen werden. Möglicherweise sind nicht alle der in diesem Leitfaden angegeben Sicherheitsmaßnahmen und Orientierungshilfen anwendbar. Darüber hinaus könnten zusätzliche, nicht hier aufgeführte Sicherheitsmaßnahmen und Richtlinien erforderlich sein. Bei der Verfassung von Dokumenten mit zusätzlichen Richtlinien oder Sicherheitsmaßnahmen kann es sinnvoll sein, gegebenenfalls Querverweise auf Abschnitte in dieser Norm anzugeben, um Konformitätsprüfungen durch Wirtschaftsprüfer und Geschäftspartner zu erleichtern.

7

E DIN ISO/IEC 27002:2014-02   *— Entwurf —*

0.5 Berücksichtigung von Lebenszyklen

Informationen heben einen natürlichen Lebenszyklus, von Erstellung und Entstehung über Speicherung, Verarbeitung, Verwendung und Weitergabe bis letztlich zu Zerstörung oder Verfall. Im Laufe ihres Lebenszyklus können organisationseigene Werte und damit verbundenen Risiken variieren (z. B. unberechtigte Weitergabe oder Diebstahl des Geschäftsberichts eines Unternehmens ist weit weniger bedeutsam, nachdem die Daten veröffentlicht wurden). In gewissem Maß ist Informationssicherheit jedoch in allen Phasen von Wichtigkeit.

Informationssysteme unterliegen Lebenszyklen, in denen sie konzipiert, festgelegt, entworfen, entwickelt, getestet, implementiert, genutzt, gepflegt und schließlich ausgemustert und vernichtet werden. Informationssicherheit sollte in jeder Phase berücksichtigt werden. Neue Systementwicklungen und Änderungen bestehender Systeme bieten Organisationen die Möglichkeit, ihre Sicherheitsmaßnahmen unter Berücksichtigung aktueller Vorfälle und projizierter Informationssicherheitsrisiken zu aktualisieren und zu verbessern.

0.6 Zugehörige Normen

Während dieser Standard als Orientierungshilfe für ein breites Spektrum an Maßnahmen für Informationssicherheit anzusehen ist, die üblicherweise in vielen Organisationen angewendet werden, bieten die übrigen Teile der ISO/IEC 27000 Normenfamilie ergänzende Empfehlungen oder zeigen Anforderungen bezüglich anderer Aspekte des Gesamtprozesses zum Management von Informationssicherheit.

ISO/IEC 27000 gibt eine allgemeine Einführung zu Informationssicherheitsmanagementsystemen und der Normenfamilie. ISO/IEC 27000 enthält ein Glossar für offizielle Definitionen der meisten Begriffe, die in der ISO/IEC 27000 Normenfamilie verwendet werden, und beschreibt Umfang und Zielsetzungen einzelnen Normen.

8

— Entwurf — **E DIN ISO/IEC 27002:2014-02**

1 Anwendungsbereich

Diese Internationale Norm enthält Richtlinien für organisatorische Normen und Managementpraktiken bezüglich Informationssicherheit, einschließlich Auswahl, Implementierung und Management von Sicherheitsmaßnahmen unter Berücksichtigung des Umfelds der Informationssicherheitsrisiken in einer Organisation.

Diese Internationale Norm wurde für Organisationen entwickelt, die beabsichtigen:

a) Maßnahmen für den Umsetzungsprozess eines Managementsystems für Informationssicherheit auf der Basis von ISO/IEC 27001 zu ergreifen,

b) allgemein akzeptierte Maßnahmen für Informationssicherheit zu ergreifen,

c) ihre eigenen Richtlinien eines Managements für Informationssicherheit zu entwickeln.

2 Normative Verweisungen

Das folgende zitierte Dokument ist für die Anwendung dieses Dokuments unverzichtbar. Bei datierten Verweisen gilt nur die in Bezug genommene Ausgabe. Bei undatierten Verweisungen gilt die letzte Ausgabe des in Bezug genommenen Dokuments (einschließlich aller Änderungen).

ISO/IEC 27000, *Information technology — Security Techniques — Information security management systems — Overview and vocabulary*

3 Begriffe

Für die Anwendung dieses Dokuments gelten die in ISO/IEC 27000 angegebenen Begriffe.

4 Aufbau dieser Norm

Diese Norm enthält 14 Abschnitte über Sicherheitsmaßnahmen mit 35 Hauptkategorien der Sicherheit und 113 Sicherheitsmaßnahmen.

4.1 Abschnitte

Jeder Abschnitt, der Sicherheitsmaßnahmen definiert, enthält mindestens eine primäre Sicherheitskategorie.

Die Reihenfolge der Abschnitte lässt keinen Rückschluss auf ihre Bedeutung zu. Je nach Umstand können Sicherheitsmaßnahmen aus einer oder mehreren Kategorien wichtig sein. Daher sollte jede Organisation, die diese Norm anwenden möchte, für sie zutreffende Sicherheitsmaßnahmen identifizieren und feststellen, wie wichtig sie sind und inwieweit sie auf einzelne Geschäftsprozesse anwendbar sind. Darüber hinaus sind Listen in dieser Norm nicht Reihenfolge ihrer Priorität geordnet.

9

E DIN ISO/IEC 27002:2014-02   **— Entwurf —**

4.2 Kategorien von Sicherheitsmaßnahmen

Jede Hauptkategorie von Sicherheitsmaßnahmen enthält:

a) Zielsetzung einer Sicherheitsmaßnahme und was erreicht werden soll;

b) eine oder mehrere Sicherheitsmaßnahme(n), die zur Erreichung der Zielsetzung angewendet werden können.

Die Beschreibungen der Sicherheitsmaßnahmen sind wie folgt strukturiert:

<u>Maßnahme</u>

Definition der spezifischen Sicherheitsmaßnahme und Erklärung, wie das Ziel der Maßnahme erreicht wird.

<u>Umsetzungshinweise</u>

Bietet detaillierte Information zur Umsetzung von Sicherheitsmaßnahmen und um ihre Ziele zu erreichen. Die Hinweise sind vielleicht nicht in allen Situationen ausreichend oder könnten nur eingeschränkt anwendbar sein und erfüllen möglicherweise nicht die spezifische Sicherheitsanforderung einer Organisation.

<u>Weitere Informationen</u>

Enthält weitere zu berücksichtigende Informationen, wie rechtliche Aspekte und Verweise auf andere Normen. Falls keine weiteren Informationen zur Verfügung stehen, entfällt dieser Punkt.

5   Sicherheitsleitlinien

5.1   Managementausrichtung zur Informationssicherheit

> Zielsetzung: Bereitstellung von Vorgaben und Unterstützung in Informationssicherheit seitens des Managements nach geschäftlichen Anforderungen und den geltenden Gesetzen und Vorschriften.

5.1.1   Informationssicherheitsleitlinien

<u>Maßnahme</u>

Eine Reihe von Leitlinien zur Informationssicherheit sollte definiert, vom Management genehmigt, bekannt gegeben und Mitarbeitern sowie relevanten externen Stellen mitgeteilt werden.

<u>Umsetzungshinweise</u>

Organisationen sollten auf höchster Ebene eine Leitlinie zur Informationssicherheit definieren, die vom Management genehmigt ist und einen Ansatz zur Bewältigung der Informationssicherheitsziele festlegt.

Leitlinien zur Informationssicherheit sollten Anforderungen ansprechen, die entstehen durch:

a) eine Unternehmensstrategie;

b) Vorschriften, Gesetze und Verträge;

c) das aktuelle und voraussichtliche Umfeld von Bedrohungen der Informationssicherheit.

10

— Entwurf —   **E DIN ISO/IEC 27002:2014-02**

Die Leitlinie zur Informationssicherheit sollte Aussagen enthalten über:

a) Die Definition von Informationssicherheit, Zielen und Grundsätzen, um alle Maßnahmen in Bezug auf Informationssicherheit lenken zu können;

b) Zuordnung allgemeiner und spezifischer Verantwortlichkeiten für das Management von Informationssicherheit auf definierte Funktionen;

c) Prozesse für den Umgang mit Abweichungen und Ausnahmen.

Auf niedrigeren Ebenen sollten die Leitlinien zur Informationssicherheit durch themenspezifische Richtlinien unterstützt werden, die zusätzlich eine Umsetzung von Maßnahmen zur Informationssicherheit erfordern. Diese Maßnahmen sind in der Regel so aufgebaut, dass die Bedürfnisse gewisser Zielgruppen einer Organisation angesprochen oder bestimmte Themen abgedeckt werden.

Beispiele für solche themenspezifische Richtlinien sind unter anderen:

a) Zugangskontrolle (siehe 9);

b) Klassifizierung von Information (und deren Behandlung) (siehe 8.2);

c) Physische und umgebungsbezogene Sicherheit (siehe 11);

d) an den Endanwender gerichtete Themen wie:

   1) zulässiger Gebrauch von organisationseigenen Werten (siehe 8.1.3);

   2) Der Grundsatz des aufgeräumten Schreibtischs und des leeren Bildschirms (siehe 11.2.9);

   3) Austausch von Informationen (siehe 13.2.1);

   4) Mobilgeräte und Telearbeit (siehe 6.2);

   5) Einschränkungen für Softwareinstallation und -verwendung (siehe 12.6.2);

e) Backup (siehe 12.3);

f) Austausch von Informationen (siehe 13.2);

g) Schutz vor Schadsoftware (siehe 12.2);

h) Management technischer Schwachstellen (siehe 12.6.1);

i) Kryptographische Maßnahmen (siehe 10);

j) Sicherheit in der Kommunikation (siehe 13);

k) Datenschutz und Vertraulichkeit von personenbezogenen Informationen (siehe 18.1.4);

l) Lieferantenbeziehungen (siehe 15).

Diese Leitlinien sollten Mitarbeitern und allen maßgeblichen externen Stellen in einer Form mitgeteilt werden, die für die Zielgruppe relevant, zugänglich und verständlich ist, z. B. im Rahmen eines „Schulungsprogramms zur Sensibilisierung für Informationssicherheit" (siehe 7.2.2).

11

E DIN ISO/IEC 27002:2014-02   — *Entwurf* —

<u>Weitere Informationen</u>

Der Bedarf an internen Leitlinien zur Informationssicherheit variiert je nach Organisation. Interne Leitlinien sind besonders nützlich in größeren, komplexeren Organisationen, in denen die Stellen, die zu erwartende Maßnahmenstufen festlegen und genehmigen, von den Stellen getrennt sind, die diese Maßnahmen einführen, oder wo eine Leitlinie für viele Mitarbeiter oder Funktionen einer Organisation gilt. Leitlinien zur Informationssicherheit können in einem einzelnen Dokument "Leitlinie zur Informationssicherheit" oder in mehreren einzelnen, aber zusammengehörigen Dokumenten verfasst werden.

Falls Leitlinien zur Informationssicherheit außerhalb der Organisation verbreitet werden, sollte darauf geachtet werden, dass keine vertraulichen Informationen mitgeteilt werden.

Einige Organisation verwenden Ausdrücke wie „Normen", „Richtlinien" oder „Regeln" für diese Leitlinien.

5.1.2 Überprüfung der Informationssicherheitsleitlinien

<u>Maßnahme</u>

Die Informationssicherheitsleitlinien sollten in planmäßigen Abständen oder nach erheblichen Änderungen geprüft werden, um sicherzustellen, dass sie nach wie vor geeignet, angemessen und wirksam sind.

<u>Umsetzungshinweise</u>

Jede Leitlinie sollte einen Hauptverantwortlichen haben, der von Management autorisiert ist, Leitlinien zu entwickeln, zu überprüfen und zu bewerten. Die Überprüfung sollte eine Bewertung des Verbesserungspotenzials für Leitlinien und Methoden des Managements von Informationssicherheit in einer Organisation umfassen, als Antwort auf Änderungen im organisatorischen Umfeld, der geschäftlichen und gesetzlichen Rahmenbedingungen und der technischen Umgebung.

Die Überprüfung der Leitlinien zur Informationssicherheit sollte die Ergebnisse der Prüfungen durch Management enthalten.

Eine überarbeitete Leitlinie sollte durch das Management genehmigt werden.

6 Organisation der Informationssicherheit

6.1 Interne Organisation

> Zielsetzung: Einführung eines Steuerungsrahmens, um Umsetzung und Einsatz von Informationssicherheit innerhalb einer Organisation anzubahnen und zu steuern.

6.1.1 Aufgaben und Zuständigkeiten im Bereich der Informationssicherheit

<u>Maßnahme</u>

Alle Zuständigkeiten im Bereich der Informationssicherheit sollten festgelegt und zugeordnet werden.

<u>Umsetzungshinweise</u>

Verantwortlichkeiten für Informationssicherheit sollten in Übereinstimmung mit den Leitlinien zur Informationssicherheit zugeordnet werden (siehe 5.1.1). Verantwortungen zum Schutz individueller organisationseigener Werte und zur Anwendung spezifischer Prozesse der Informationssicherheit sollten ermittelt werden. Verantwortlichkeiten für Risikomanagement der Informationssicherheit und insbesondere für die Akzeptanz von Restrisiken sollten definiert werden. Diese Verantwortlichkeiten sollten gegebenenfalls um detaillierte Anleitungen für bestimmte Standorte und Einrichtungen der Informationsverarbeitung erweitert werden. Lokale Verantwortungen für den Schutz organisationseigener Werte und für die Anwendung spezifischer Sicherheitsprozesse sollten definiert werden.

12

Personen mit Verantwortung für Informationssicherheit dürfen Sicherheitsaufgaben an andere delegieren. Dennoch bleiben sie verantwortlich und sollten feststellen, ob alle übertragenen Aufgaben ordnungsnach durchgeführt wurden.

Die Verantwortungsbereiche von Personen sollten angegeben werden. Insbesondere sollte Folgendes durchgeführt werden:

a) organisationseigene Werte und Prozesse der Informationssicherheit sollten ermittelt und definiert werden;

b) die Gesamtverantwortung für jeden organisationseigenen Wert oder Prozess der Informationssicherheit sollte zugeteilt und die Details dieser Verantwortung sollten dokumentiert werden (siehe 8.1.2);

c) Berechtigungsebenen sollten definiert und dokumentiert werden;

d) um Verantwortungen im Bereich Informationssicherheit gerecht zu werden, sollten ernannte Personen in diesem Bereich fachkundig sein und die Möglichkeit erhalten, mit Entwicklungen Schritt halten zu können;

e) Koordination und Kontrolle der Informationssicherheitsaspekte in Lieferantenbeziehungen sollten ermittelt und dokumentiert werden.

Weitere Informationen

Viele Organisationen ernennen einen Manager für Informationssicherheit, der die Gesamtverantwortung für Entwicklung und Umsetzung der Informationssicherheit übernimmt und bei der Identifizierung von Sicherheitsmaßnahmen behilflich ist.

Allerdings verbleibt die Verantwortung für Ermittlung und Implementierung von Sicherheitsmaßnahmen oft bei den einzelnen Managern. Eine gängige Praxis ist es, einen Hauptverantwortlichen für jeden organisationseigenen Wert ernennt, der dann für den laufenden Schutz der Werte verantwortlich ist.

6.1.2 Aufgabentrennung

Maßnahme

Widersprüchliche Aufgaben und Verantwortungsbereiche sollten getrennt werden, um das Risiko unautorisierter oder versehentlicher Änderungen oder Missbrauch organisationseigener Werte zu verringern.

Umsetzungshinweise

Es sollte darauf geachtet werden, dass keine einzelne Person Zugriff auf organisationseigene Werte hat, und sie ohne Genehmigung oder Nachweis modifiziert oder verwendet. Die Einleitung eines Ereignisses sollte von seiner Autorisierung getrennt werden. Die Möglichkeit von Absprachen sollten bei der Gestaltung Sicherheitsmaßnahmen berücksichtigt werden.

Für kleine Organisationen könnte Aufgabentrennung nur mit Schwierigkeiten zu erreichen sein, sollte aber so weit wie möglich oder praktikabel verfolgt werden. Falls Aufgabetrennung nur schwer durchführbar ist, sollten andere Maßnahmen wie Überwachung von Tätigkeiten, Prüfpfade und Leitungsaufsicht in Betracht gezogen werden.

Weitere Informationen

Aufgabentrennung ist eine Methode, um das Risiko versehentlichen oder bewussten Missbrauchs organisationseigener Werte zu verringern.

13

E DIN ISO/IEC 27002:2014-02 *— Entwurf —*

6.1.3 Kontakt zu Behörden

Maßnahme

Entsprechende Kontakte mit den zuständigen Behörden sollten beibehalten werden.

Umsetzungshinweise

Organisationen sollten über Verfahren verfügen, die festlegen, wann und von wem Behörden (z. B. Strafverfolgungs- und Aufsichtsbehörden) benachrichtigt werden und wie erkannte Informationssicherheitsvorfälle rechtzeitig gemeldet werden (z. B. wenn der Verdacht einer Straftat besteht).

Weitere Informationen

Organisationen, die aus dem Internet angegriffen werden, sind möglicherweise auf Behörden angewiesen, die Schritte gegen die Angriffsquelle einleiten.

Die Pflege solcher Kontakte könnte eine Voraussetzung für die Handhabung von Informationssicherheitsvorfällen (siehe 16) oder für Geschäftskontinuität und Notfallplanung (siehe 17) sein. Kontakte mit Aufsichtsbehörden helfen auch bei der Vorwegnahme und Vorbereitung anstehender Änderungen von Gesetzen und Verordnungen, die von der Organisation umgesetzt werden müssen. Weitere Behörden sind unter anderen, Energieversorgungsbetriebe, Notdienste, Stromversorger, Rettungsdienste z. B. Feuerwehr (Schutz der Geschäftskontinuität), Telekommunikationsanbieter (Kabelschutz und Verfügbarkeit) und Wasserversorger (Kühleinrichtungen für Betriebsmittel).

6.1.4 Kontakt mit Interessengruppen

Maßnahme

Angemessene Kontakte zu Interessenvertretungen oder anderen spezialisierten Sicherheitsforen und Fachverbänden sollten gepflegt werden.

Umsetzungshinweise

Mitgliedschaft in Interessengruppen oder Foren sollte in Betracht gezogen werden, um:

a) die Kenntnis über beste Praktiken zu verbessern und über einschlägige Sicherheitsinformationen auf dem Laufenden zu bleiben;

b) sicherzustellen, dass das Verständnis des Informationssicherheitsumfelds aktuell und vollständig ist;

c) um rechtzeitig Warnungen, Hinweise und Korrekturen zum Schutz vor Angriffen und Schwachstellen zu erhalten;

d) um Zugang zu Fachberatung über Informationssicherheit zu erhalten;

e) um Information über neue Technologien, Produkte, Bedrohungen oder Schwachstellen auszutauschen;

f) um geeignete Verbindungsstellen beim Umgang mit Informationssicherheitsvorfällen zu bieten (siehe 16).

Weitere Informationen

Vereinbarungen über die gemeinsame Nutzung von Information können eingegangen werden, um die Kooperation bei und die Koordination von Sicherheitsfragen zu verbessern. Solche Vereinbarungen sollten Anforderungen für den Schutz vertraulicher Informationen ermitteln.

14

— Entwurf —   **E DIN ISO/IEC 27002:2014-02**

6.1.5 Informationssicherheit im Projektmanagement

Maßnahme

Die Informationssicherheit soll ungeachtet der Art des Projekts auch im Projektmanagement berücksichtigt werden.

Umsetzungshinweise

Informationssicherheit sollte in die Projektmanagementmethode(n) einer Organisation integriert werden, damit Risiken in der Informationssicherheit im Rahmen des Projekts identifiziert und behandelt werden können. Dies gilt in der Regel für jede Projektart, z. B. Projekte für Kerngeschäftsprozesse, IT, Gebäudemanagement und andere unterstützende Prozesse. Verwendete Projektmanagementmethoden sollten verlangen dass:

a) Ziele der Informationssicherheit in den Projektzielen enthalten sind;

b) eine Risikobewertung der Informationssicherheit in einem frühen Stadium des Projektes durchgeführt wird, um notwendige Sicherheitsmaßnahmen zu identifizieren;

c) Informationssicherheit Bestandteil aller Phasen der Projektmethodik ist.

Auswirkungen der Informationssicherheit sollten regelmäßig für alle Projekte angesprochen und überprüft werden. Verantwortlichkeiten für Informationssicherheit sollten im Rahmen der Projektmanagementmethoden definiert und spezifischen Funktionen zugewiesen werden.

6.2 Mobilgeräte und Telearbeit

> Zielsetzung: Gewährleistung der Sicherheit von Mobilgeräten und Telearbeit.

6.2.1 Leitlinie zu Mobilgeräten

Maßnahme

Eine Leitlinie sollte erstellt und unterstützende Sicherheitsmaßnahmen sollten ergriffen werden, um die Risiken des Einsatzes von Mobilgeräten zu steuern.

Umsetzungshinweise

Bei der Verwendung von Mobilgeräten sollte besonders darauf geachtet werden, dass Unternehmensinformation nicht gefährdet wird. Die Leitlinie für Mobilgeräte sollte die Risiken im Umgang mit Mobilgeräten in einer ungeschützten Umgebung berücksichtigen.

Die Leitlinie für Mobilgeräte sollte berücksichtigen:

a) Anmeldung von Mobilgeräten;

b) Anforderungen für den physischen Schutz;

c) Einschränkung von Software-Installation;

d) Anforderungen an Software-Versionen der Mobilgeräte und Anwendung von Software-Korrekturen;

e) Verbindungseinschränkungen zu Informationsdiensten;

f) Zugangskontrollen;

g) Verschlüsselungsverfahren;

15

E DIN ISO/IEC 27002:2014-02 — *Entwurf* —

h)   Schutz vor Schadsoftware;

i)   Remote-Deaktivierung, Löschung oder Sperrung;

j)   Backups;

k)   Nutzung von Internet-Diensten und Internet-Anwendungen.

Bei der Verwendung von Mobilgeräten in öffentlichen Plätzen, Tagungsräumen und anderen ungeschützten Bereichen sollte mit Vorsicht vorgegangen werden. Es sollte ein Schutz vorhanden sein, um unbefugten Zugriff auf Information, die auf diesen Geräten gespeichert und von ihnen verarbeitet werden, und damit ihre Offenlegung zu verhindern, z. B. durch Verwendung von Verschlüsselungsverfahren (siehe 10) und zwingende Anwendung geheimer Authentifizierungsdaten (siehe 9.2.3).

Mobilgeräte sollten auch physisch gegen Diebstahl geschützt sein, insbesondere wenn sie z. B. in Kraftfahrzeugen und anderen Verkehrsmitteln, in Hotels, Konferenzzentren und an Treffpunkten verwendet werden. Für den Fall des Diebstahls oder Verlusts von Mobilgeräten sollte ein spezielles Verfahren unter Berücksichtigung rechtlicher und versicherungstechnischer sowie anderer Sicherheitsanforderungen entwickelt werden. Geräte mit sensiblen oder geschäftskritischen Informationen sollten nicht unbeaufsichtigt gelassen und wenn möglich unter Verschluss gehalten oder mit Spezialschlössern gesichert werden.

Für das Personal sollten Schulungen arrangiert werden, um das Bewusstsein für zusätzliche Risiken bei der Arbeit mit diesen Geräten und einzusetzenden Sicherheitsmaßnahmen zu schärfen.

Falls die Leitlinie für Mobilgeräte die Nutzung von privaten Mobilgeräten erlaubt, müssen Leitlinie und zugehörige Sicherheitsmaßnahmen auch folgendes berücksichtigen:

a)   Trennung von privater und geschäftlicher Nutzung der Geräte, einschließlich Software in Unterstützung dieser Trennung und zum Schutz von geschäftlichen Daten auf privaten Geräten;

b)   Zugriff auf geschäftliche Daten erst, nachdem Benutzer einen Endnutzervertrag unterzeichnet haben, in dem sie ihre Pflichten anerkennen (physischer Schutz, Software-Aktualisierung), ihren Verzicht auf das Eigentum von Geschäftsdaten erklären, damit die Organisation im Fall des Diebstahls oder Verlusts des Gerätes oder des Entzugs der Nutzungsberechtigung diese Daten per Fernzugriff löschen darf. Diese Leitlinie muss das Datenschutzrecht berücksichtigen.

Weitere Informationen

Drahtlose Verbindungen mit Mobilgeräten sind anderen Arten von Netzwerkverbindungen ähnlich, zeigen allerdings wesentliche Unterschiede, die bei der Ermittlung von Sicherheitsmaßnahmen berücksichtigt werden sollten. Typische Unterschiede sind:

a)   einige Sicherheitsprotokolle für drahtlose Verbindungen sind nicht ausgereift und haben bekannte Schwächen;

b)   auf Mobilgeräten gespeicherte Information kann aufgrund begrenzter Netzwerkbandbreite nicht gesichert werden oder Mobilgeräte sind zum Zeitpunkt der geplanten Sicherung nicht angeschlossen.

Mobilgeräte verfügen in der Regel über die gleichen Funktionen wie ortsfeste Geräte, z. B. Vernetzung, Internet, E-Mail und Dateioperationen. Sicherheitsmaßnahmen für Informationssicherheit von Mobilgeräten bestehen in der Regel aus Maßnahmen für ortsfeste Geräte und solchen, die Bedrohungen durch die Verwendung außerhalb des Geländes der Organisation abwenden.

16

— Entwurf —   **E DIN ISO/IEC 27002:2014-02**

6.2.2 Telearbeit

<u>Maßnahme</u>

Es sollten eine Leitlinie und unterstützende Sicherheitsmaßnahmen zum Schutz von Informationen festgelegt werden, auf die von Telearbeitsplätzen aus zugegriffen wird oder die dort verarbeitet oder gespeichert werden.

<u>Umsetzungshinweise</u>

Organisationen, die Telearbeit erlauben, sollten eine Leitlinie zur Definition von Bedingungen und Einschränkungen der Telearbeit erlassen. Soweit erforderlich und gesetzlich zulässig, sollten folgende Fragen berücksichtigt werden:

a) die bestehende physische Sicherheit des Telearbeitsstandortes unter Berücksichtigung der physischen Sicherheit des Gebäudes und der lokalen Umgebung;

b) die vorgeschlagene physikalische Telearbeitsumgebung;

c) die Sicherheitsanforderungen für die Kommunikation, unter Berücksichtigung des notwendigen Fernzugriffs auf interne organisationseigene Systeme, die Sensibilität der abgerufenen Information und deren Weitergabe über Telekommunikationsverbindungen sowie die Empfindlichkeit der internen Systeme;

d) die Bereitstellung von virtuellem Desktop-Zugriff, der Verarbeitung und Speicherung von Information auf privaten Geräten unterbindet;

e) die Gefahr des unbefugten Zugriffs auf Informationen durch andere, mit dem Benutzer lebende Personen, z. B. Familie und Freunde;

f) die Verwendung von Heimnetzwerken und Anforderungen und Beschränkungen der Konfiguration von drahtlosen Netzwerkdiensten;

g) Richtlinien und Verfahren, um Streitigkeiten über Rechte an geistigem Eigentum zu verhindern, das auf privaten Geräten erarbeitet wurde;

h) Zugang zu privaten Geräten (um die Sicherheit des Rechners oder während einer Untersuchung zu überprüfen), der vom Gesetzgeber verhindert werden könnte;

i) Software-Lizenzvereinbarungen, die so festgelegt sind, dass Organisationen für die Lizenzierung von Client-Software auf privaten Rechnern von Mitarbeitern oder externen Benutzern verantwortlich sein könnten;

j) Anforderungen an Virenschutz und Firewall.

Die zu berücksichtigen Richtlinien und Regelungen sollten enthalten:

a) die Bereitstellung geeigneter Betriebsmittel und Lagerungseinrichtungen für Telearbeit, wobei der Einsatz von privaten, nicht unter der Kontrolle der Organisation stehenden Geräten untersagt ist;

b) die Festlegung gestatteter Arbeit, die Arbeitszeit, die Klassifizierung aufbewahrter Informationen und interne Systeme und Dienste, auf die der Telearbeiter berechtigterweise Zugriff hat;

c) die Bereitstellung geeigneter Telekommunikationseinrichtungen, einschließlich Methoden zur Sicherung des Fernzugriffs;

d) physische Sicherheit;

e) Regeln und Leitlinien für den Zugang von Familie und Besuchern zu Betriebsmitteln und Informationen;

17

E DIN ISO/IEC 27002:2014-02 *— Entwurf —*

f) die Bereitstellung von Betreuung und Wartung für Hard-und Software;

g) Bereitstellung von Versicherung;

h) Verfahren für Backups und Geschäftskontinuität;

i) Prüfung und Überwachung der Sicherheit;

j) Widerruf von Berechtigungen und Zugriffsrechten sowie die Rückgabe von Betriebsmitteln nach Beendigung der Telearbeitsvereinbarung.

Weitere Informationen

Telearbeit bezieht sich auf alle Formen der Arbeit außerhalb des Büros, einschließlich neuartiger Arbeitsumgebungen wie „Heimarbeit", „flexibler Arbeitsplatz", „Remote-Arbeit" und „virtuelle Arbeit".

7 Personalsicherheit

7.1 Vor der Anstellung

Zielsetzung: Sicherstellung, dass Mitarbeiter und Auftragnehmer ihre Verantwortlichkeiten verstehen und für die für sie vorgesehenen Positionen geeignet sind.

7.1.1 Überprüfung

Maßnahme

Der Hintergrund von allen Bewerbern sollte im Einvernehmen mit einschlägigen Gesetzen, Verordnungen und ethischen Grundsätzen geprüft werden. Prüfungen sollten in einem angemessenen Verhältnis zu Geschäftsanforderungen, der Klassifikation der aufzurufenden Informationen und zum vermeintlichen Risiko stehen.

Umsetzungshinweise

Überprüfungen sollten alle Rechtsvorschriften über Datenschutz, Schutz der Privatsphäre und Arbeitsschutz berücksichtigen und, sofern erlaubt, Folgendes einschließen:

a) Vorhandensein zufriedenstellender Leumundszeugnisse, z. B. ein geschäftsbezogenes und ein privates Zeugnis;

b) ein auf Vollständigkeit und Richtigkeit geprüfter Lebenslauf des Bewerbers und;

c) Bestätigung angegebener akademischer und beruflicher Qualifikationen;

d) unabhängige Identitätsüberprüfung (Reisepass oder ähnliches Dokument);

e) detailliertere Nachweise, wie Bonitätsprüfung oder Überprüfung des Strafregisters.

Wenn eine Person für eine bestimmte Funktion der Informationssicherheit angestellt wird, sollten Organisationen sicherstellen, dass der Bewerber:

a) über die notwendige Kompetenz für die Sicherheitsaufgabe verfügt;

b) über die erforderliche Vertrauenswürdigkeit verfügt, insbesondere wenn die Funktion von entscheidender Bedeutung für die Organisation ist.

18

Falls eine ersteingestellte oder beförderte Person Zugang zu informationsverarbeitenden Einrichtungen hat, die insbesondere vertrauliche Informationen verarbeiten, wie finanzielle oder streng vertrauliche Daten, sollte die Organisation weitere, eingehendere Prüfungen in Betracht ziehen.

Verfahren sollten Kriterien und Einschränkungen zur Überprüfung von Nachweisen definieren, z. B. wer ist berechtigt, Bewerber zu überprüfen und wie, wann und warum Nachweise überprüft werden.

Auftragnehmer sollten auch überprüft werden. In diesen Fällen sollte die Verantwortung für Überprüfungen zwischen Organisation und Auftragnehmer vereinbart und Meldeverfahren festlegt werden, die bei noch nicht abgeschlossener Überprüfung oder bei zu Zweifel oder Bedenken Anlass gebenden Ergebnissen befolgt werden müssen.

Informationen über alle für Positionen in der Organisation infrage kommenden Bewerber sollten im Einvernehmen mit entsprechenden Gesetzen in der jeweiligen Rechtsordnung gesammelt und verarbeitet werden. Je nach geltender Rechtsvorschrift sollten die Bewerber im voraus über Prüfungsverfahren informiert werden.

7.1.2 Arbeitsvertragsklauseln

<u>Maßnahme</u>

Die Vereinbarungen zwischen Organisation und Mitarbeitern sollten die Verantwortlichkeiten für Informationssicherheit beider Parteien angeben.

<u>Umsetzungshinweise</u>

Die vertraglichen Verpflichtungen der Mitarbeiter oder Auftragnehmer sollte die Leitlinie für Informationssicherheit der Organisation widerspiegeln und außerdem Folgendes klären und angeben:

a) dass alle Mitarbeiter und Auftragnehmer, Zugang zu vertraulichen Informationen erhalten, eine Vertraulichkeitserklärung oder Geheimhaltungsvereinbarung unterzeichnen, bevor sie Zugang zu Einrichtungen zur Informationsverarbeitung erhalten (siehe 13.2.4);

b) gesetzliche Pflichten und Rechte der Mitarbeiter oder Auftragnehmer, z. B. bezüglich Urheberrechtsgesetzen oder Datenschutzgesetzgebung (siehe 18.1.4);

c) Verantwortungen für die Klassifizierung von Informationen und die Verwaltung organisationseigener Werte, die mit Informationen, Einrichtungen zur Informationsverarbeitung und Informationsdiensten assoziiert sind, die von Mitarbeiten und Auftragnehmern verarbeitet werden (siehe 8);

d) Zuständigkeiten der Mitarbeiter oder Auftragnehmer für den Umgang mit Informationen, die von anderen Unternehmen oder externen Parteien zur Verfügung gestellt wurden;

e) Maßnahmen, die ergriffen werden müssen, falls die Mitarbeiter oder Auftragnehmer die Sicherheitsanforderungen der Organisation ignorieren (siehe 7.2.3).

Rollen und Verantwortlichkeiten der Informationssicherheit sollten Bewerbern im Laufe des Einstellungsverfahrens mitgeteilt werden.

Die Organisation sollte sicherstellen, dass Mitarbeiter und Auftragnehmer den Bedingungen und Konditionen für Informationssicherheit zustimmen. Bedingungen und Konditionen sollten Art und Umfang des Zugangs zu organisationseigenen Werten im Zusammenhang mit Informationssystemen und -diensten berücksichtigen.

Gegebenenfalls sollten Verantwortlichkeiten, die in den Beschäftigungsbedingungen angegeben sind, über die Beschäftigungsdauer hinaus für einen bestimmten Zeitraum gelten (siehe 7.3).

19

E DIN ISO/IEC 27002:2014-02   *— Entwurf —*

Weitere Informationen

Ein Verhaltenskodex kann verwendet werden, um die Zuständigkeiten für Informationssicherheit der Mitarbeiter und Auftragnehmer in Bezug auf Geheimhaltung, Datenschutz, ethische Grundsätze, angemessene Nutzung von Betriebsmitteln und Einrichtungen sowie von der Organisation erwartete, seriöse Praktiken anzugeben. Von der externen Partei, mit der ein Auftragnehmer assoziiert ist, kann verlangt werden, eine Vereinbarung im Namen der verpflichteten Person einzugehen.

7.2 Während der Anstellung

Zielsetzung: Sicherstellung, dass Mitarbeiter und Auftragnehmer sich ihrer Verantwortung für Informationssicherheit bewusst sind und ihr nachkommen.

7.2.1 Verantwortung des Managements

Maßnahme

Das Management sollte alle Mitarbeiter und Auftragnehmer dazu anhalten, Sicherheitsmaßnahmen entsprechend den festgelegten Leitlinien und Verfahren der Organisation anzuwenden.

Umsetzungshinweise

Führungsverantwortung sollte unter anderen beinhalten, dass Mitarbeiter und Auftragnehmer:

a) vor Zugangsgewährung zu vertraulicher Information und Informationssystemen genau über ihre Funktionen und Zuständigkeiten in der Informationssicherheit informiert werden;

b) Leitlinien erhalten, die die Erwartungen an ihre Rolle in der Informationssicherheit innerhalb der Organisation darlegen;

c) motiviert sind, den Leitlinien für Informationssicherheit der Organisation gerecht zu werden;

d) eine Bewusstseinsebene für Informationssicherheit erreichen, die ihren Funktionen und Zuständigkeiten in der Organisation entspricht (siehe 7.2.2);

e) den Beschäftigungsbedingungen entsprechen, einschließlich der Leitlinie zur Informationssicherheit der Organisation und geeigneten Arbeitsmethoden;

f) auch in Zukunft angemessene Fähigkeiten und Qualifikationen besitzen und regelmäßig weitergebildet werden;

g) anonym über Verletzungen von Leitlinien und Verfahren zur Informationssicherheit Bericht erstatten können („whistle blowing").

Management sollte Leitlinien, Verfahren und Kontrollen zur Informationssicherheit unterstützen und Vorbild sein.

Weitere Informationen

Falls sich Mitarbeiter und Auftragnehmer nicht der Zuständigkeiten für Informationssicherheit bewusst sind, kann dies zu erheblichem Schaden für die Organisation führen. Motivierte Mitarbeiter sind voraussichtlich zuverlässiger und verursachen weniger Informationssicherheitsvorfälle.

Schlechtes Management kann dazu führen, dass sich das Personal unterbewertet fühlt, mit negativen Folgen für die Informationssicherheit der Organisation. Zum Beispiel kann schlechtes Management zu einer Vernachlässigung der Informationssicherheit oder zu einem potenziellen Missbrauch der organisationseigenen Werte führen.

20

7.2.2 Sensibilisierung, Aus- und Weiterbildung zur Informationssicherheit

Maßnahme

Alle Mitarbeiter der Organisation sowie gegebenenfalls Auftragnehmer sollten in geeigneter Weise aufgeklärt und geschult werden und regelmäßige Ergänzungen zu organisatorischen Leitlinien und Verfahren erhalten, die für ihre berufliche Funktion maßgebend sind.

Umsetzungshinweise

Ein Sensibilisierungsprogramm für Informationssicherheit sollte darauf abzielen, dass sich Mitarbeiter und gegebenenfalls Auftragnehmer ihrer Verantwortung für Informationssicherheit bewusst werden und auf welche Weise diesen Verantwortungen entsprochen wird.

Ein Sensibilisierungsprogramm für Informationssicherheit sollte in Einklang mit Leitlinien und relevanten Verfahren der Organisation, unter Berücksichtigung der zu schützenden Information der Organisation und der schon bestehenden Sicherheitsmaßnahmen zum Schutz der Information festgelegt werden. Das Sensibilisierungsprogramm sollte eine Reihe von Sensibilisierungsmaßnahmen enthalten, wie Kampagnen (z. B. Tag der Informationssicherheit) und das Herausgeben von Broschüren und Rundschreiben.

Das Sensibilisierungsprogramm sollte unter Berücksichtigung von Mitarbeiterfunktionen in der Organisation und gegebenenfalls unter Berücksichtigung der organisationseigenen Erwartungen an die Sensibilisierung von Auftragnehmern geplant werden. Maßnahmen des Sensibilisierungsprogramms sollten vorher genau und regelmäßig eingeplant werden, damit Maßnahmen wiederholt und dadurch auch neuen Mitarbeitern und Auftragnehmern angeboten werden können. Das Sensibilisierungsprogramm sollte regelmäßig aktualisiert werden, um in Einklang mit Leitlinien und Verfahren der Organisation zu bleiben und sollte außerdem auf gewonnenen Erkenntnissen aus Informationssicherheitsvorfällen basieren.

Sensibilisierungsschulung sollte nach dem Sensibilisierungsprogramm für Informationssicherheit der Organisation durchgeführt werden. Sensibilisierungsschulung kann auf unterschiedliche Wege durchgeführt werden, darunter Klassenunterricht, Fernunterricht, internetbasiert, Selbststudium und andere.

Aus- und Weiterbildung in Informationssicherheit sollte generelle Aspekte enthalten wie:

a) Darlegung der Verpflichtung des Managements zu Informationssicherheit in der gesamten Organisation;

b) die Notwendigkeit, mit geltenden Regeln und Verpflichtungen der Informationssicherheit vertraut zu werden und sie zu beachten, wie in Richtlinien, Normen, Gesetzen, Verordnungen, Verträgen und Vereinbarungen festgelegt;

c) persönliche Verantwortung für eigene Handlungen und Unterlassungen sowie allgemeine Aufgaben zur Sicherung oder zum Schutz von Informationen, die der Organisation und externen Parteien gehören;

d) grundsätzliche Verfahren zur Informationssicherheit (Berichterstattung über Informationssicherheitsvorfälle) und grundlegende Sicherheitsmaßnahmen (Kennwortsicherheit, Maßnahmen bei Schadsoftware und aufgeräumter Schreibtisch);

e) Anlaufstellen und Ressourcen für zusätzliche Informationen und Empfehlungen zu Fragen der Informationssicherheit, einschließlich weiterer Aus- und Weiterbildungsunterlagen zur Informationssicherheit.

Aus- und Weiterbildung zur Informationssicherheit sollte regelmäßig stattfinden. Eine anfängliche Aus- und Weiterbildung gilt nicht nur für Neuanfänger, sondern auch für Mitarbeiter, die in anderen Positionen oder Funktionen mit deutlich unterschiedlichen Anforderungen an Informationssicherheit versetzt wurden, und sollte vor der Versetzung stattfinden.

Für eine wirkungsvolle Aus-und Weiterbildung sollte ein Programm entwickelt werden. Das Programm sollte in Einklang sein mit Leitlinien und relevanten Verfahren der Organisation, unter Berücksichtigung der zu schützenden Information der Organisation und der schon bestehenden Sicherheitsmaßnahmen zum Schutz

21

E DIN ISO/IEC 27002:2014-02   — *Entwurf* —

der Information. Das Programm sollte unterschiedliche Formen der Aus- und Weiterbildung in Betracht ziehen, z. B. Vorträge oder Selbststudium.

Weitere Informationen

Bei der Ausarbeitung eines Aus- und Weiterbildungsprogramms ist wichtig, nicht nur das „Was" und „Wie", sondern auch das „Warum" anzusprechen. Es ist wichtig, dass Mitarbeiter das Ziel der Informationssicherheit und der möglichen positiven und negativen Auswirkungen auf die Organisation verstehen.

Sensibilisierung, Aus- und Weiterbildung können im Rahmen anderer Ausbildungsmaßnahmen durchgeführt werden, z. B. des allgemeinen IT- oder Sicherheitstrainings. Sensibilisierung, Aus- und Weiterbildung sollten für die Aufgaben, Verantwortlichkeiten und Fähigkeiten der Person angemessen und relevant sein (siehe 7.2.2).

Eine Beurteilung des Verständnisses der Mitarbeiter könnte mit einem Wissenstest am Ende des Sensibilisierungs-, Aus- und Weiterbildungskurses durchgeführt werden.

7.2.3 Disziplinarverfahren

Maßnahme

Ein offizielles, festgelegtes Verfahren sollte vorhanden sein, um disziplinarische Maßnahmen gegen Mitarbeiter einzuleiten, die gegen die Informationssicherheit verstoßen haben.

Umsetzungshinweise

Ein Disziplinarverfahren sollte nicht ohne vorherige Prüfung eingeleitet werden, dass eine Informationssicherheitsverletzung aufgetreten ist (siehe 16.1.7).

Ein formelles Disziplinarverfahren sollte eine korrekte und faire Behandlung der Mitarbeiter sicherstellen, die verdächtigt werden, eine Verletzung der Informationssicherheit begangen zu haben. Ein formelles Disziplinarverfahren sollte eine abgestufte Reaktion erlauben, unter Berücksichtigung der Art und Schwere der Verletzung und ihrer Auswirkung auf das Unternehmen, unabhängig davon, ob es der erste Verstoß oder eine Rückfälligkeit ist, oder ob die beschuldigte Person entsprechend geschult war. Außerdem sollten die einschlägige Gesetzgebung, Geschäftsverträge und gegebenenfalls andere Faktoren in Betracht gezogen werden.

Ein Disziplinarverfahren sollte ebenfalls eine abschreckende Wirkung haben, um Mitarbeiter davon abzuhalten, Leitlinien und Verfahren zur Informationssicherheit der Organisation zu verletzen, oder gegen andere Maßnahmen zur Informationssicherheit zu verstoßen. Vorsätzliche Verstöße erfordern möglicherweise unverzügliche Maßnahmen.

Weitere Informationen

Ein Disziplinarverfahren kann auch eine Motivation oder Ansporn werden, wenn positive Maßnahmen für bemerkenswertes Verhalten in Bezug auf Informationssicherheit definiert sind.

7.3 Beendigung und Wechsel der Anstellung

Zielsetzung: Schutz der Interessen der Organisation bei einem Wechsel oder der Beendigung der Anstellung.

7.3.1 Zuständigkeiten bei Beendigung oder Wechsel der Anstellung

Maßnahme

Zuständigkeiten und Pflichten zur Informationssicherheit, die nach Beendigung oder Veränderung des Arbeitsverhältnisses in Kraft bleiben sollen, sollten festgelegt, dem Mitarbeiter oder Auftragnehmer mitgeteilt und umgesetzt werden.

22

— Entwurf — **E DIN ISO/IEC 27002:2014-02**

Umsetzungshinweise

Die Mitteilung von Verantwortlichkeiten im Zusammenhang mit der Beendigung des Arbeitsverhältnisses sollte bereits geltende Sicherheitsanforderungen und rechtliche Verpflichtungen als auch ggf. Verpflichtungen aufgrund einer Vertraulichkeitsverpflichtung (siehe 13.2.4) und der Beschäftigungsbedingungen (siehe 7.1.2) beinhalten, die für einen festgelegten Zeitraum nach Ende des Anstellungs- bzw. Auftragnehmerverhältnisses fortgelten.

Die nach Beendigung des Arbeitsverhältnisses weitergeltenden Verantwortlichkeiten und Pflichten sollten in den Beschäftigungsbedingungen des Mitarbeiters bzw. Auftragnehmers beschrieben werden (siehe 7.1.2).

Änderungen des Verantwortungsbereichs oder des Beschäftigungsverhältnisses sollten geregelt und die Entbindung vom aktuellen Verantwortungsbereich bzw. Beschäftigungsverhältnis sollte kombiniert werden mit der Betrauung mit einem neuen Verantwortungsbereich bzw. dem Beginn eines neuen Beschäftigungsverhältnisses.

Weitere Informationen

Die Personalabteilung ist im Allgemeinen zuständig für den gesamten Beendigungsprozess und arbeitet mit dem Vorgesetzten der ausscheidenden Person zusammen, um Aspekte der Informationssicherheit im Zusammenhang mit den entsprechenden Verfahren zu regeln. Falls ein Auftragnehmer von einer externen Partei beauftragt wurde, wird dieser Beendigungsprozess von der externen Partei entsprechend dem Vertrag zwischen der Organisation und der externen Partei betrieben.

Unter Umständen ist es erforderlich, Mitarbeiter, Kunden oder Auftragnehmer über Veränderungen im Personal- und betrieblichen Bereich zu informieren.

8 Management von organisationseigenen Werten

8.1 Verantwortung für organisationseigene Werte

> Zielsetzung: Feststellung unternehmenseigener Werte und Festlegung entsprechender Verantwortlichkeiten zu deren Schutz.

8.1.1 Inventar der organisationseigenen Werte

Maßnahme

Werte, die mit Informationen und Einrichtungen zur Verarbeitung von Informationen in Zusammenhang stehen, müssen ermittelt werden, und von diesen Anlagen ist ein Inventar zu erstellen und zu pflegen.

Umsetzungshinweise

Eine Organisation sollte Werte ermitteln, die relevant für den Informationslebenszyklus sind und ihre Wichtigkeit dokumentieren. Der Lebenszyklus von Informationen sollte Erstellung, Verarbeitung, Speicherung, Übermittlung, Löschung und Zerstörung umfassen. Die Dokumentation sollte in eigenen oder ggf. bestehenden Inventaren aufbewahrt werden.

Das Inventar der Werte sollte genau, aktuell und konsistent sowie mit anderen Inventaren abgestimmt sein.

Bei jedem der festgestellten Werte müssen der Eigentümer benannt (siehe 8.1.2), und die Klassifizierung festgestellt werden (siehe 8.2).

23

E DIN ISO/IEC 27002:2014-02   — *Entwurf* —

Weitere Informationen

Die Inventaraufzeichnungen der Werte tragen dazu bei sicherzustellen, dass ein wirksamer Schutz existiert und können außerdem für weitere Zwecke wie Gesundheits- und Arbeitsschutz sowie Versicherungs- oder Finanzfragen (Wertemanagement) erforderlich sein.

ISO/IEC 27005 bietet Beispiele von Werten, die von der Organisation bei der Ermittlung von Werten möglicherweise in Betracht gezogen werden müssen. Der Vorgang der Zusammenstellung eines Inventars unternehmenseigener Wert ist eine wichtige Voraussetzung für das Risikomanagement (siehe auch ISO/IEC 27000 und ISO/IEC 27005).

8.1.2 Eigentum von organisationseigenen Werten

Maßnahme

Für im Inventar geführte Werte muss es Eigentümer geben.

Umsetzungshinweise

Natürliche als auch juristische Personen mit bestätigter Management-Verantwortung für den Lebenszyklus des Wertes können zu Eigentümern der Werte bestimmt werden.

Ein Verfahren zur Sicherstellung einer zeitnahen Bestimmung der Eigentümerschaft ist normalerweise implementiert. Die Eigentümerschaft sollte zugewiesen werden, wenn Werte geschaffen oder auf die Organisation übertragen werden. Der Werteeigentümer sollte für die ordnungsgemäße Verwaltung des Wertes über dessen gesamten Lebenszyklus verantwortlich sein.

Der Werteeigentümer sollte:

a)   sicherstellen, dass die Werte inventarisiert werden;

b)   sicherstellen, dass die Werte angemessen klassifiziert und geschützt werden;

c)   Zugangsbeschränkungen und Klassifizierungen wichtiger Werte festlegen und regelmäßig überprüfen, unter Berücksichtigung der geltenden Zugangskontrollleitlinien;

d)   einen ordnungsgemäßen Umgang bei der Löschung oder Zerstörung des Wertes sicherstellen.

Weitere Informationen

Bei dem festgestellten Eigentümer kann es sich entweder um eine natürliche oder juristische Person mit bestätigter Management-Verantwortung für den kompletten Lebenszyklus eines Wertes handeln. Der festgestellte Eigentümer verfügt nicht unbedingt im juristischen Sinne über Eigentumsrechte am Wert.

Routineaufgaben können delegiert werden. So kann beispielsweise ein Verwalter die Werte beaufsichtigen, die rechtliche Verantwortung verbleibt jedoch beim Eigentümer.

Bei komplexen Informationssystemen kann es sinnvoll sein, Gruppen von Werten zu bestimmen, die zusammen eine bestimmte Dienstleistung darstellen. In diesem Fall ist der Eigentümer dieser Dienstleistung für die Erbringung der Dienstleistung verantwortlich, einschließlich des Betriebs der Werte.

24

8.1.3 Zulässiger Gebrauch von organisationseigenen Werten

Maßnahme

Es sollten Regeln für den zulässigen Gebrauch von Informationen und Werten, die mit Informationen und Einrichtungen zur Verarbeitung von Informationen in Zusammenhang stehen, aufgestellt, dokumentiert und implementiert werden.

Umsetzungshinweise

Mitarbeiter und Benutzer von externen Parteien, die die Werte der Organisation nutzen oder Zugang zu ihnen haben, sollten auf die Informationssicherheitsanforderungen hinsichtlich der mit Informationen und Einrichtungen und Ressourcen zur Informationsverarbeitung verbundenen Werte der Organisation hingewiesen werden. Sie sollten für ihre eigene Nutzung informationsverarbeitender Ressourcen verantwortlich sein, und jedwede derartige Nutzung hat unter ihrer Verantwortung zu erfolgen.

8.1.4 Rückgabe von organisationseigenen Werten

Maßnahme

Alle Mitarbeiter und externen Benutzer sollten sämtliche Werte der Organisation zurückgeben, die sich bei Auslauf ihrer Anstellung oder ihres Vertrags noch in ihrem Besitz befinden.

Umsetzungshinweise

Der Beendigungsprozess sollte dergestalt formalisiert sein, dass er die Rückgabe aller zuvor ausgegebenen physischen und elektronischen Werte einschließt, die Eigentum der Organisation sind oder dieser anvertraut wurden.

In Fällen, in denen ein Mitarbeiter oder eine externe Partei Betriebsmittel der Organisation erwirbt oder seine eigene Ausrüstung benutzt, sollten Verfahren eingehalten werden, durch die sichergestellt ist, dass alle relevanten Informationen an die Organisation übermittelt und sicher von den Betriebsmitteln gelöscht werden (siehe 11.2.7).

In Fällen, in denen ein Mitarbeiter oder eine externe Partei über Kenntnisse verfügt, die wichtig für den laufenden Betrieb sind, sollten diese Informationen dokumentiert und an die Organisation übermittelt werden.

Während der Kündigungsfrist sollte die Organisation Kontrollen einrichten, um nicht genehmigtes Kopieren relevanter Informationen (z. B. geistiges Eigentum) durch scheidende Mitarbeiter und Auftragnehmer zu verhindern.

8.2 Klassifizierung von Informationen

Zielsetzung: Sicherstellung, dass Informationen eine angemessene Schutzstufe entsprechend ihrer Bedeutung für die Organisation zugeteilt bekommen.

8.2.1 Klassifizierung von Informationen

Maßnahme

Informationen sollten nach ihrem Wert, gesetzlichen Vorschriften, Betriebswichtigkeit und Sensibilität im Hinblick auf unbefugte Offenlegung oder Veränderung klassifiziert werden.

25

E DIN ISO/IEC 27002:2014-02   — *Entwurf* —

Umsetzungshinweise

Bei den Klassifizierungen und den damit verbundenen Sicherheitsmaßnahmen zugunsten der Informationen sollten die geschäftlichen Anforderungen bezüglich der gemeinsamen Nutzung von bzw. der Einschränkung des Zugriffs auf Informationen sowie die gesetzlichen Vorschriften berücksichtigt werden. Werte, bei denen es sich nicht um Informationen handelt, können auch entsprechend der Klassifizierung der darin gespeicherten, von diesen verarbeiteten oder auf andere Weise gehandhabten oder geschützten Informationen klassifiziert werden.

Die Eigentümer von Informationswerten sollten für ihre Klassifizierung verantwortlich sein.

Das Klassifizierungsschema sollte Konventionen für die Klassifizierung und Kriterien zur Überprüfung der Klassifizierung in bestimmten zeitlichen Abständen beinhalten. Die Schutzstufe innerhalb des Schemas mittels Analyse der Vertraulichkeit, Integrität und Verfügbarkeit sowie jedweder sonstiger Anforderungen bezüglich der jeweiligen Informationen bestimmt werden. Das Schema sollte auf die Zugangskontrollleitlinie (siehe 9.1.1) abgestimmt sein.

Jeder Stufe sollte eine Bezeichnung zugewiesen werden, die im Zusammenhang mit der Anwendung des Klassifizierungsschemas Sinn ergibt.

Das Schema sollte einheitlich innerhalb der gesamten Organisation sein, damit Informationen und zugehörige Werte überall einheitlich klassifiziert werden, ein gemeinsames Verständnis von Schutzanforderungen besteht und ein angemessener Schutz Anwendung findet.

Die Klassifizierung sollte in die Prozesse der Organisation einbezogen werden und innerhalb der gesamten Organisation konsistent und kohärent sein. Ergebnis der Klassifizierung sollte die Einstufung von Werten in Abhängigkeit von ihrer Sensibilität und Betriebswichtigkeit für die Organisation, z. B. hinsichtlich Vertraulichkeit, Integrität und Verfügbarkeit, sein. Die Ergebnisse der Klassifizierung sollten bei Änderungen des materiellen Werts, der Sensibilität und der Betriebswichtigkeit im Laufe des Lebenszyklus aktualisiert werden.

Weitere Informationen

Die Klassifizierung bietet Personen im Umgang mit Informationen eine prägnante Angabe zu deren Handhabung und Schutz. Durch die Definition von Informationsgruppen mit ähnlichen Schutzanforderungen sowie Spezifizierung der für alle Informationen der jeweiligen Gruppen geltenden Informationssicherheitsverfahren wird dies zusätzlich vereinfacht. Durch diesen Ansatz reduziert sich der Aufwand für fallbezogene Risikoeinschätzungen und die Planung von Einzelmaßnahmen zur Gewährleistung der Sicherheit.

Informationen können ihren sensiblen oder betriebswichtigen Charakter nach einer gewissen Zeitspanne verlieren, z. B. wenn sie öffentlich gemacht wurden. Diese Aspekte sollten in Betracht gezogen werden, da eine Überklassifizierung zur Umsetzung unnötiger Sicherheitsmaßnahmen führen kann, die zusätzliche Ausgaben zur Folge haben. Auf der anderen Seite kann eine Unterklassifizierung die Erreichung der Geschäftsziele gefährden.

Als Beispiel für ein Klassifizierungsschema zur Vertraulichkeit von Informationen kann das folgende, vierstufige Modell dienen:

a) Offenlegung ist gefahrlos möglich;

b) Offenlegung führt zu geringfügigen Verlegenheiten oder geringfügigen betrieblichen Unannehmlichkeiten;

c) Offenlegung hat signifikante, kurzfristige Auswirkungen auf den Betriebsablauf oder taktische Ziele;

d) Offenlegung hat schwerwiegende Auswirkungen auf langfristige strategische Zielsetzungen und gefährdet den Bestand der Organisation.

26

— Entwurf —   **E DIN ISO/IEC 27002:2014-02**

8.2.2 Kennzeichnung von Informationen

Maßnahme

Eine angemessene Anzahl von Verfahren zur Kennzeichnung von Informationen ist entsprechend dem von der Organisation übernommenen Klassifizierungsschema für Informationen zu entwickeln und zu implementieren.

Umsetzungshinweise

Verfahren zur Kennzeichnung von Informationen müssen sich auf die Informationen selbst sowie auf zugehörige Werte in physischem und elektronischem Format beziehen. Die Kennzeichnung sollte dem in 8.2.1 festgelegten Klassifizierungsschema Rechnung tragen. Die Kennzeichnungen sollten gut zu erkennen sein. Die Verfahren sollten eine Anleitung bieten, wo und wie Kennzeichnungen anzubringen sind unter Berücksichtigung der Art und Weise, wie auf die Informationen zugegriffen wird bzw. der Umgang mit den Werten in Abhängigkeit vom jeweiligen Medientyp erfolgt. In den Verfahren können Fälle festgelegt sein, in denen auf eine Kennzeichnung verzichtet wird, z. B. bei nicht vertraulichen Informationen, um die Arbeitsbelastung zu verringern. Mitarbeiter und Auftragnehmer sollten auf die Kennzeichnungsverfahren aufmerksam gemacht werden.

Ausgabedaten von Systemen, die als sensibel oder betriebswichtig eingestufte Informationen enthalten, sollten auf ihrer Ausgabeseite eine entsprechende Klassifizierungskennzeichnung tragen.

Weitere Informationen

Die Kennzeichnung klassifizierter Informationen stellt eine wesentliche Voraussetzung für Vereinbarungen zu deren gemeinsamer Nutzung dar. Physische Kennzeichnungen und Metadaten sind eine übliche Kennzeichnungsform.

Die Kennzeichnung von Informationen und zugehöriger Werte kann unter Umständen negative Auswirkungen haben. Klassifizierte Werte sind einfacher zu erkennen und dementsprechend einfacher von internen Personen oder Angreifern von außen zu entwenden.

8.2.3 Handhabung von organisationseigenen Werten

Maßnahme

Verfahren für den Umgang mit Werten sind entsprechend dem von der Organisation übernommenen Klassifizierungsschema für Informationen zu entwickeln und zu implementieren.

Umsetzungshinweise

Die Verfahren sollten die Handhabung, Verarbeitung, Speicherung und Kommunizierung von Informationen entsprechend ihrer Klassifizierung vorsehen (siehe 8.2.1).

Die folgenden Punkte sollten dabei berücksichtigt werden:

a) Zugriffsbeschränkungen zur Unterstützung der Schutzanforderungen für jede Klassifizierungsstufe;

b) Pflege eines offiziellen Verzeichnisses der autorisierten Empfänger von Werten;

c) Schutz temporärer oder dauerhafter Kopien von Informationen in einer Weise, die dem Schutz der Originalinformationen entspricht;

d) Speicherung von IT-Assets nach den Herstellerspezifikationen;

e) deutliche Kennzeichnung sämtlicher Datenträgerkopien als Hinweis für den autorisierten Empfänger.

27

E DIN ISO/IEC 27002:2014-02   *— Entwurf —*

Das innerhalb der Organisation verwendete Klassifizierungsschema ist möglicherweise nicht äquivalent zu jenen anderer Organisationen, selbst wenn die Bezeichnungen einzelner Stufen ähnlich sind. Außerdem kann sich die Klassifizierung von zwischen den Organisationen ausgetauschten Informationen je nach Kontext in der jeweiligen Organisation unterscheiden, auch wenn die beiden Klassifizierungsschemata identisch sind.

Vereinbarungen mit anderen Organisationen, die den Austausch von Informationen einschließen, sollten daher Verfahren zur Feststellung der Klassifizierung der betreffenden Informationen und zur Interpretation der Klassifizierungskennzeichnungen anderer Organisationen vorsehen.

8.3 Handhabung von Speicher- und Aufzeichnungsmedien

Zielsetzung: Verhinderung unerlaubter Offenlegung, Veränderung, Entfernung oder Zerstörung von Informationen, die auf Medien gespeichert sind.

8.3.1 Verwaltung von Wechselmedien

Maßnahme

Es sollten Verfahren für die Verwaltung von Wechselmedien entsprechend dem von der Organisation übernommenen Klassifizierungsschema implementiert werden.

Umsetzungshinweise

Die folgenden Leitlinien für die Verwaltung von Wechselmedien sollten beachtet werden:

a) Nicht mehr benötigte Inhalte auf wiederverwertbaren Medien, die aus der Organisation entfernt werden müssen, sollten so gelöscht werden, dass sie nicht wiederherstellbar sind;

b) Sofern dies notwendig und praktikabel ist, sollten eine Genehmigung für die Entfernung von Medien aus der Organisation und Aufzeichnungen über die Entfernung zur Auflage gemacht werden, um einem Prüfpfad zu entsprechen;

c) Sämtliche Medien sollten in einer sicheren und abgesicherten Umgebung aufbewahrt werden, die den Herstellerspezifikationen entspricht;

d) Wenn die Vertraulichkeit oder Integrität der Daten wichtige Gesichtspunkte darstellen, sollten Verschlüsselungsverfahren zum Schutz der Daten auf Wechselmedien angewendet werden;

e) Um das Risiko des Verlusts noch benötigter Daten aufgrund von Medienalterung zu mindern, sollten die Daten auf neue Datenträger umgespeichert werden, bevor diese unlesbar werden;

f) Von besonders wichtigen Daten sollten Kopien auf separaten Datenträgern erstellt werden, um das Risiko eines Datenfehlers oder -verlusts weiter zu verringern;

g) Zur Begrenzung der Gefahr eines Datenverlusts sollte eine Registrierung der Wechselmedien in Betracht gezogen werden;

h) Die Verwendung von Wechsellaufwerken sollte nur dann ermöglicht werden, wenn es dafür geschäftliche Gründe gibt;

i) Falls eine Notwendigkeit zur Verwendung von Wechseldatenträgern besteht, sollte die Übertragung von Daten auf diese Medien überwacht werden.

Verfahren und Berechtigungsebenen sollten dokumentiert werden.

28

8.3.2   Entsorgung von Medien

<u>Maßnahme</u>

Datenträger sollten sicher und unter Anwendung formeller Verfahrensanweisungen entsorgt werden, wenn sie nicht mehr benötigt werden.

<u>Umsetzungshinweise</u>

Es sollten formelle Verfahrensweisen zur sicheren Entsorgung von Medien festgelegt werden, um das Risiko einer Offenlegung von Informationen gegenüber nicht autorisierten Personen möglichst gering zu halten. Die Verfahrensweisen zur sicheren Entsorgung von Medien, die vertrauliche Informationen enthalten, sollten der Sensibilität dieser Daten Rechnung tragen. Die folgenden Punkte sollten dabei berücksichtigt werden:

a) Medien, die vertrauliche Daten enthalten, sollten sicher gelagert und sicher entsorgt werden, z. B. durch Verbrennung oder Schreddern oder durch Löschung der Daten mittels einer anderen Anwendung innerhalb der Organisation;

b) Es sollten Verfahren zur Ermittlung von Daten existieren, bei denen eine derartige Entsorgung erforderlich ist;

c) Es kann einfacher sein, sämtliche Datenträger zu sammeln und sicher zu entsorgen, statt eine Einzelbestimmung der Medien vorzunehmen, die tatsächlich sensible Daten enthalten;

d) Viele Organisationen bieten die Sammlung und Beseitigung von Medien an. Die Auswahl eines geeigneten externen Dienstleisters sollte mit Bedacht und unter der Voraussetzung erfolgen, dass dieser angemessene Sicherheitsmaßnahmen und Erfahrung vorweisen kann;

e) Die Entsorgung von Medien mit sensiblen Daten sollte protokolliert werden, um einem Prüfpfad zu entsprechen.

Bei der Sammlung zur Entsorgung bestimmter Medien sollte auf den Kumulierungseffekt geachtet werden, durch den eine große Menge nicht sensibler Informationen zusammengenommen einen Bestand sensibler Daten darstellen kann.

<u>Weitere Informationen</u>

Beschädigte Datenträger, die sensible Daten enthalten, müssen möglicherweise einer Risikoeinschätzung unterzogen werden, um zu bestimmen, ob diese Medien physisch zerstört, zur Reparatur versandt oder anderweitig ausgesondert werden sollten.

8.3.3   Transport physischer Medien

<u>Maßnahme</u>

Medien, auf denen Informationen gespeichert sind, sollten vor unauthorisiertem Zugriff, missbräuchlicher Verwendung oder Verfälschung während des Transports geschützt werden.

<u>Umsetzungshinweise</u>

Die folgenden Leitlinien sollten berücksichtigt werden, um Medien zu schützen, auf denen Informationen transportiert werden:

a) Es sollten zuverlässige Transport- bzw. Kurierdienstleister beauftragt werden;

b) Mit dem Management sollte eine Liste autorisierter Kurierdienste vereinbart werden;

c) Es sollten Verfahren entwickelt werden, um die Identität der Kuriere sicher festzustellen;

29

E DIN ISO/IEC 27002:2014-02 — *Entwurf* —

d) Die Verpackung sollte ausreichend sein, um den Schutz des Inhalts vor physischen Beschädigungen zu schützen, zu denen es während des Transports kommen kann, und den Spezifikationen des Herstellers entsprechen, zum Beispiel was den Schutz vor Umweltfaktoren wie Hitze, Feuchtigkeit oder elektromagnetische Felder betrifft, die die Wiederherstellungsfähigkeit der Medien herabsetzen kann;

e) Es sollten Protokolle geführt werden, aus denen der Inhalt der Medien, die angewendeten Schutzmaßnahmen sowie die Transferzeiten zu den Transportwächtern und die Entgegennahme am Bestimmungsort hervorgehen.

Weitere Informationen

Daten können einem unberechtigten Zugriff, einer Fehlanwendung oder einer Verfälschung während des Transports ausgesetzt sein, wenn Medien z. B. über einen Postdienstleister oder per Kurier versandt werden. Im Rahmen dieser Maßnahme gehören zu den Medien auch Papierdokumente.

Wenn die vertraulichen Informationen auf den Medien nicht verschlüsselt sind, sollte eine zusätzliche physische Sicherung der Medien in Betracht gezogen werden.

9 Zugriffskontrolle

9.1 Geschäftliche Anforderungen in Bezug auf die Zugriffskontrolle

Zielsetzung: Beschränkung des Zugriffs auf Informationen und informationsverarbeitende Einrichtungen.

9.1.1 Leitlinie zur Zugangskontrolle

Maßnahme

Eine Leitlinie zur Zugangskontrolle sollte auf Grundlage der geschäftlichen und der die Informationssicherheit betreffenden Anforderungen erstellt, dokumentiert und geprüft werden.

Umsetzungshinweise

Werteeigentümer sollten entsprechende Zugangskontrollregeln, Zugangsrechte und -beschränkungen für bestimmte Benutzerfunktionen in Bezug auf ihre Werte bestimmen, und zwar mit einer Detailliertheit und Strenge, die den Sicherheitsrisiken im Zusammenhang mit den betreffenden Informationen gerecht wird.

Zugangskontrollen sollten sowohl logischer als auch physischer Natur sein (siehe 11) und gemeinsam geplant werden. Benutzern und Dienstleistern sollten die geschäftlichen Anforderungen, die diese Zugangskontrollen erfüllen sollen, klar vor Augen geführt werden.

In der Richtlinie sollten die folgenden Punkte Berücksichtigung finden:

a) Sicherheitsanforderungen von Geschäftsanwendungen;

b) Richtlinien zur Verteilung von Informationen und zur Genehmigung des Zugriffs auf diese, z. B. der Grundsatz „Kenntnis nur wenn erforderlich", Informationssicherheitsstufen und Klassifizierung von Informationen (siehe 8.2);

c) Konsistenz zwischen den Zugangsberechtigungen und den Richtlinien zur Klassifizierung von Informationen in verschiedenen Systemen und Netzen;

d) Relevante Gesetzgebung und vertragliche Verpflichtungen hinsichtlich der Begrenzung des Zugriffs auf Daten oder Dienstleistungen (siehe 18.1);

e) Verwaltung von Zugangsrechten in einer verteilten und vernetzten Umgebung, die alle verfügbaren Verbindungsarten anerkennt;

30

— *Entwurf* —   E DIN ISO/IEC 27002:2014-02

f) Trennung der Zugangskontrollregeln, z. B. Zugangsbeantragung, Zugangsgenehmigung, Zugangsverwaltung;

g) Anforderungen für die offizielle Genehmigung von Zugangsbeantragungen (siehe 9.2.1);

h) Anforderungen für die regelmäßige Überprüfung von Zugangsberechtigungen (siehe 9.2.5);

i) Entziehung von Zugangsrechten (siehe 9.2.6);

j) Archivierung der Aufzeichnungen aller signifikanten Ereignisse bezüglich der Nutzung und Verwaltung von Benutzeridentitäten und geheimen Authentisierungsinformationen;

k) Funktionsträger mit privilegiertem Zugang (siehe 9.2.3).

Weitere Informationen

Bei der Festlegung der zu beachtenden Zugangskontrollregeln sollte mit besonderer Sorgfalt vorgegangen werden. Dabei sind folgende Punkte zu beachten:

a) Festlegung von Regeln auf Grundlage der Prämisse, dass grundsätzlich alles verboten ist, was nicht ausdrücklich gestattet wird (und nicht umgekehrt);

b) automatisch durch Einrichtungen zur Informationsverarbeitung bzw. durch einen Benutzer vorgenommene Änderungen bei der Kennzeichnung von Informationen (siehe 8.2.2);

c) automatisch durch das Informationssystem bzw. durch einen Administrator vorgenommene Änderungen von Benutzerbefugnissen;

d) Regeln, für deren Inkrafttreten eine Genehmigung erforderlich bzw. nicht erforderlich ist.

Zugangskontrollregeln sollten durch formelle Verfahrensweisen (siehe 9.2, 9.3, 9.4) und festgelegte Verantwortlichkeiten (siehe 6.1.1, 9.2, 15.1) unterstützt werden.

Funktionsbasierte Zugangskontrollen sind ein von vielen Organisationen erfolgreich genutzter Ansatz zur Verknüpfung von Zugangsrechten mit Geschäftsfunktionen.

Zwei der häufigsten Prinzipien, die die Leitlinie zur Zugangskontrolle bestimmen, sind:

a) Kenntnis nur wenn nötig: Man erhält nur Zugang zu Informationen, die zur Ausführung der eigenen Aufgaben benötigt werden (unterschiedliche Aufgaben/Funktionen bedeuten unterschiedliche Berechtigungen und damit ein unterschiedliches Zugangsprofil);

b) Nutzung nur wenn nötig: Man erhält nur Zugang zu den Einrichtungen zur Informationsverarbeitung (IT-Ausrüstung, Anwendungen, Verfahren, Räume), die zur Ausführung der eigenen Aufgaben/ Tätigkeiten/ Funktionen benötigt werden.

9.1.2 Zugang zu Netzwerken und Netzwerkdiensten

Maßnahme

Benutzer sollten ausschließlich zu denjenigen Netzwerken und Netzwerkdiensten Zugang erhalten, zu deren Nutzung sie ausdrücklich autorisiert wurden.

Umsetzungshinweise

Es sollte eine Richtlinie zur Nutzung von Netzwerken und Netzwerkdiensten formuliert werden. Diese Richtlinie sollte folgende Punkte umfassen:

31

E DIN ISO/IEC 27002:2014-02   *— Entwurf —*

a) Die Netzwerke und Netzwerkdienste, zu denen Zugang gewährt wird;

b) Genehmigungsverfahren zur Bestimmung der Personen, denen der Zugang zu Netzwerken und Netzwerkdiensten gewährt wird;

c) Verwaltung der Kontrollen und Verfahren zum Schutz des Zugang zu Netzwerkverbindungen und Netzwerkdiensten;

d) die verwendeten Mittel für den Zugang zu Netzwerken und Netzwerkdiensten (z. B. Nutzung von VPN oder WLAN);

e) Anforderungen bezüglich der Benutzerauthentifizierung für den Zugang zu verschiedenen Netzwerkdiensten;

f) Überwachung der Nutzung von Netzwerkdiensten.

Die Richtlinie zur Nutzung von Netzwerkdiensten sollte der Zugangskontrollleitlinie der Organisation entsprechen (siehe 9.1.1).

Weitere Informationen

Nicht autorisierte und unsichere Verbindungen zu Netzwerkdiensten können Auswirkungen auf die gesamte Organisation haben. Diese Maßnahme ist insbesondere wichtig für Netzwerkverbindungen zu sensiblen oder betriebswichtigen Geschäftsanwendungen oder zu Benutzern an Hochrisikostandorten wie z. B. öffentlichen oder externen Bereichen, die sich außerhalb des Einflussbereichs des Informationssicherheits- und -kontrollsystems der Organisation befinden.

9.2 Benutzerverwaltung

Zielsetzung: Sicherstellung des Zugangs ausschließlich für autorisierte Benutzer und Verhinderung von nicht autorisiertem Zugang zu Systemen und Diensten.

9.2.1 An- und Abmeldung von Benutzern

Maßnahme

Ein formeller Anmeldungs- und Abmeldungsprozess für Benutzer sollte implementiert werden, um die Zuweisung von Benutzerberechtigungen zu ermöglichen.

Umsetzungshinweise

Der Prozess zur Verwaltung der Benutzerkennungen sollte folgende Punkte umfassen:

a) Verwendung eindeutiger Benutzerkennungen, damit Benutzer mit ihren Handlungen in Verbindung gebracht und verantwortlich gemacht werden können. Die Verwendung gemeinsam genutzter Kennungen sollte nur gestattet werden, wenn dies aus geschäftlichen oder betrieblichen Gründen erforderlich ist und sollte genehmigt und dokumentiert werden;

b) sofortige Deaktivierung bzw. Löschung der Kennungen von Benutzern, die die Organisation verlassen haben (siehe 9.2.5);

c) regelmäßige Feststellung und Löschung bzw. Deaktivierung ehemals genutzter Benutzerkennungen;

d) Sicherstellung, dass ehemals genutzte Kennungen nicht an andere Benutzer vergeben werden.

32

— Entwurf —   **E DIN ISO/IEC 27002:2014-02**

<u>Weitere Informationen</u>

Die Gewährung bzw. der Entzug des Zugangs zu Informationen oder Einrichtungen zur Informationsverarbeitung erfolgt normalerweise im Rahmen eines zweistufigen Verfahrens:

a) Zuweisung und Aktivierung bzw. Entziehung einer Benutzerkennung (diese Maßnahme);

b) Gewährung bzw. Entziehung der Zugangsrechte zu dieser Benutzerkennung (siehe 9.2.2).

9.2.2 Zugangsbereitstellung für Benutzer

<u>Maßnahme</u>

Ein formeller Zugangsbereitstellungsprozess für Benutzer sollte implementiert werden, um Zugangsrechte für alle Benutzertypen zu allen Systemen und Diensten zuzuweisen bzw. zu entziehen.

<u>Umsetzungshinweise</u>

Der Bereitstellungsprozess für die Zuweisung bzw. Entziehung der dem Benutzer unter seiner Kennung gewährten Zugangsrechte sollte folgende Punkte umfassen:

a) Erhalt der Berechtigung vom Eigentümer des Informationssystems oder Dienste zur Nutzung des Informationssystems oder Dienstes (siehe Maßnahme 8.1.2), wobei eine separate Genehmigung von Zugangsrechten durch das Management ebenfalls angemessen sein kann;

b) Verifizierung, dass die gewährte Berechtigungsstufe den Zugangsrichtlinien angemessen ist (siehe 9.1) und den anderen Anforderungen wie der Aufgabentrennung (siehe 6.1.5) entspricht;

c) Sicherstellung, dass die Zugangsrechte nicht aktiviert werden (z. B. durch die Dienstleister), bevor die Genehmigungsverfahren abgeschlossen sind;

d) Pflege eines zentralen Verzeichnisses der einem Benutzer unter seiner Kennung gewährten Rechte für den Zugang zu Informationssystemen und Diensten;

e) Anpassung der Zugangsrechte der Benutzer, deren Funktionen oder Tätigkeit sich geändert haben und unverzügliche Entziehung oder Blockierung der Berechtigungen von Benutzern, die die Organisation verlassen haben;

f) Regelmäßige Überprüfung der Zugangsrechte zusammen mit den Eigentümern der Informationssysteme und Dienste (siehe 9.2.4).

<u>Weitere Informationen</u>

Es sollte überlegt werden, Benutzerzugangsfunktionen auf Grundlage von geschäftlichen Anforderungen zu definieren, in denen eine Anzahl von Zugangsrechten zu typischen Benutzerzugangsprofilen zusammengefasst werden. Zugangsbeantragungen und -überprüfungen (siehe 9.2.4) lassen sich auf der Ebene derartiger Funktionen einfacher verwalten als auf der Ebene von Einzelberechtigungen.

Es sollte überlegt werden, Klauseln in Anstellungs- und Dienstleistungsverträge aufzunehmen, in denen Sanktionen für den Fall spezifiziert werden, dass ein nicht autorisierter Zugriff durch einen Mitarbeiter oder Auftragnehmer versucht wird (siehe 7.1.2, 7.2.3, 13.2.4, 15.1.2).

33

E DIN ISO/IEC 27002:2014-02   *— Entwurf —*

9.2.3   Verwaltung von Sonderzugangsrechten

Maßnahme

Die Zuteilung und Nutzung von Sonderzugangsrechten sollte eingeschränkt und kontrolliert werden.

Umsetzungshinweise

Die Zuteilung von Sonderzugangsrechten sollte durch einen offiziellen Genehmigungsprozess entsprechend der jeweiligen Zugangskontrollleitlinie (siehe Maßnahme 9.1.1) kontrolliert werden. Die folgenden Schritte sollten dabei berücksichtigt werden:

a) Die Sonderzugangsrechte, die mit den einzelnen Systemen oder Prozessen verbunden sind, z. B. Betriebssystem, Datenbankverwaltungssystem und jede Anwendung sowie die Benutzer, denen sie zugewiesen werden, müssen festgestellt werden;

b) Sonderzugangsrechte sollten Benutzern nur im Bedarfsfall und ereignisbezogen entsprechend der Zugangskontrollleitlinie (siehe 9.1.1) erteilt werden, d. h. auf Grundlage der Mindestanforderungen für ihre Funktionsbereiche;

c) Es sollten ein Genehmigungsprozess und eine aktuelle Aufstellung aller gewährten Sonderrechte existieren. Sonderzugangsrechte sollten nicht vor Abschluss des Genehmigungsprozesses gewährt werden;

d) Es sollten Anforderungen bezüglich des Auslaufens von Sonderzugangsrechten festgelegt werden;

e) Sonderzugangsrechte sollten einer anderen als der Benutzerkennung zugewiesen werden, die für die normalen Geschäftsaktivitäten verwendet wird. Normale Geschäftsaktivitäten sollten nicht mit Konten ausgeführt werden, die über Sonderzugangsrechte verfügen;

f) Die Kompetenzen von Benutzern mit Sonderzugangsrechten sollten regelmäßig überprüft werden, um sicherzustellen, dass sie deren Aufgabenprofil entsprechen;

g) Es sollten spezifische Verfahren eingerichtet und angewendet werden, mit denen eine nicht autorisierte Nutzung von Benutzerkennungen mit allgemeinen Administratorrechten im Rahmen der Konfigurationsmöglichkeiten des Systems verhindert wird;

h) In Bezug auf Benutzerkennungen mit allgemeinen Administratorrechten sollte die Vertraulichkeit der geheimen Authentifizierungsdaten bei einer gemeinsamen Nutzung gewahrt werden (z. B. häufige Änderung der Kennwörter sowie nach Ausscheiden oder Versetzung eines Benutzers mit Sonderzugangsrechten deren möglichst zeitnahe Mitteilung an Benutzer mit Sonderzugangsrechten mittels geeigneter Mechanismen).

Weitere Informationen

Eine unangemessene Nutzung von Systemadministratorrechten (d. h. einer Funktion oder Einrichtung eines Informationssystems, mit deren Hilfe der Benutzer die System- oder Anwendungskontrollen außer Kraft setzen kann) kann maßgeblich zu Systemfehlern oder einer Beeinträchtigung der Systemsicherheit beitragen.

34

9.2.4 Verwaltung geheimer Authentifizierungsdaten von Benutzern

Maßnahme

Die Zuweisung von geheimen Authentifizierungsdaten sollte über einen formellen Verwaltungsprozess kontrolliert werden.

Umsetzungshinweise

Der Prozess sollte den folgenden Anforderungen genügen:

a) Die Benutzer sollten dazu verpflichtet werden, eine Erklärung zu unterzeichnen, dass sie die persönlichen, geheimen Authentifizierungsdaten vertraulich behandeln und als Gruppendaten (also gemeinsam) genutzte geheime Authentifizierungsdaten ausschließlich unter den Mitglieder der Gruppe austauschen. Diese unterzeichnete Erklärung kann als Bestandteil der Beschäftigungsbedingungen (siehe 7.1.2) aufgenommen werden;

b) Wenn es erforderlich ist, Benutzern eigene geheime Authentifizierungsdaten zu gewähren, sollten ihnen zunächst temporär gültige geheime Authentifizierungsdaten zugestellt werden, die sich bei der ersten Verwendung ändern müssen;

c) Es sollten Verfahren eingerichtet werden, mit denen die Identität eines Benutzers vor der Zustellung neuer, die bisherigen ersetzender oder temporär gültiger geheimer Authentifizierungsdaten überprüft werden kann;

d) Temporär gültige geheime Authentifizierungsdaten sollten dem Benutzer auf sicherem Wege übermittelt werden. Die Nutzung externer Parteien oder unverschlüsselter (Klartext-)E-Mail-Nachrichten sollte vermieden werden;

e) Temporär gültige Authentifizierungsdaten sollten nur einmalig und an eine bestimmte Person gebunden verwendet werden und nicht zu erschließen sein;

f) Die Benutzer sollten den Erhalt der sicheren Authentifizierungsdaten quittieren;

g) Nach der Installation von Systemen und Software sollten die vorgegebenen Authentifizierungsdaten des Anbieters geändert werden.

Weitere Informationen

Kennwörter sind eine allgemein gebräuchliche Art von Authentifizierungsdaten und ein übliches Mittel zur Verifizierung der Identität eines Benutzers. Andere Arten von geheimen Authentifizierungsdaten sind kryptografische Schlüssel und andere auf Hardware-Token (z.B. Smartcards) gespeicherte Daten, die Authentifizierungscodes erzeugen.

9.2.5 Überprüfung von Benutzerberechtigungen

Maßnahme

Werteeigentümer sollten die Benutzerberechtigungen in regelmäßigen Abständen prüfen.

Umsetzungshinweise

Bei der Überprüfung der Benutzerberechtigungen sollten die folgenden Punkte beachtet werden:

a) Die Benutzerberechtigungen sollten in regelmäßigen Abständen und nach jeder Änderung, z. B. durch Beförderung, Herabstufung oder Beendigung des Arbeitsverhältnisses (siehe 7), überprüft werden;

b) Benutzerberechtigungen sollten bei Wechseln innerhalb der Organisation von einem Funktionsbereich in einen anderen überprüft und neu zugewiesen werden;

35

E DIN ISO/IEC 27002:2014-02 — *Entwurf* —

c) Genehmigungen von Sonderzugangsrechten sollten in kürzeren Abständen überprüft werden;

d) Die Gewährung von Sonderzugangsrechten sollte in regelmäßigen Abständen überprüft werden, um sicherzustellen, dass keine nicht autorisierten Befugnisse erworben wurden;

e) Änderungen bei Konten mit Sonderzugangsrechten sollten zur regelmäßigen Überprüfung protokolliert werden.

Weitere Informationen

Diese Maßnahme wirkt möglichen Schwachpunkten bei der Ausführung der Maßnahmen in 9.2.1, 9.2.2 und 9.2.6 entgegen.

9.2.6 Entziehung oder Anpassung von Zugangsrechten

Maßnahme

Die Zugangsrechte aller Mitarbeiter und externen Benutzer zu Informationen und informationsverarbeitenden Einrichtungen sollten nach Beendigung des Beschäftigungsverhältnisses, des Vertrags bzw. der Vereinbarung entzogen bzw. bei dessen Änderung entsprechend angepasst werden.

Umsetzungshinweise

Bei Beendigung sollten die Zugangsrechte einer Person in Bezug auf Informationen und Werte im Zusammenhang mit Einrichtungen zur Informationsverarbeitung und Dienste entzogen oder ausgesetzt werden. Damit kann ermittelt werden, ob es erforderlich ist, Zugangsrechte zu entziehen. Änderungen im Beschäftigungsverhältnis sollten sich in der Entziehung sämtlicher Zugangsrechte widerspiegeln, die für die neue Tätigkeit nicht genehmigt wurden. Zu den zu entziehenden Zugangsrechten gehören physische ebenso wie logische Zugangsrechte. Die Entziehung oder Anpassung kann mittels Entfernung, Sperrung oder Ersetzung von Schlüsseln, Ausweiskarten, Einrichtungen zur Informationsverarbeitung oder Abonnements erfolgen. Dokumente, in denen die Zugangsrechte von Mitarbeitern und Auftragnehmern festgehalten sind, sollten bei Entziehung oder Anpassung von Zugangsrechten entsprechend aktualisiert werden. Wenn ein scheidender Mitarbeiter oder Auftragnehmer über bekannte Kennwörter für noch aktive Benutzerkennungen verfügt, sollten diese bei Beendigung oder Änderung des Beschäftigungs- bzw. Vertragsverhältnisses geändert werden.

Zugangsrechte in Bezug auf Informationen und Werte im Zusammenhang mit Einrichtungen zur Informationsverarbeitung sollten vor Ende bzw. bei Änderung des Beschäftigungsverhältnisses entweder eingeschränkt oder entzogen werden, wofür die Beurteilung unter anderem der folgenden Risikofaktoren ausschlaggebend ist:

a) Frage, ob die Beendigung oder Änderung vom Mitarbeiter, der externen Partei oder vom Management ausgeht, sowie die Gründe für die Beendigung;

b) die aktuellen Zuständigkeiten des Mitarbeiters, der externen Partei bzw. eines anderen Benutzers;

c) Einstufung der derzeit zugänglichen Werte.

Weitere Informationen

Unter bestimmten Umständen kann es vorkommen, dass Zugangsrechte nicht nur an den scheidenden Mitarbeiter oder externen Benutzer, sondern an mehrere Personen vergeben wurden (z. B. Gruppenkennungen). In diesen Fällen sollten scheidende Mitarbeiter aus allen Gruppenzugangslisten entfernt und Maßnahmen getroffen werden, alle anderen betroffenen Mitarbeiter und externen Benutzer darauf hinzuweisen, dass sie diese Daten nicht mehr mit der scheidenden Person teilen dürfen.

Bei einer vom Management ausgehenden Beendigung des Arbeits- oder Vertragsverhältnisses kann es dazu kommen, dass darüber verärgerte Mitarbeiter oder externe Benutzer vorsätzlich Daten verfälschen oder Einrichtungen zur Informationsverarbeitung sabotieren. Personen, die selbst kündigen oder denen gekündigt wird, können der Versuchung erliegen, Daten zur späteren Verwendung zu sammeln.

36

— Entwurf — **E DIN ISO/IEC 27002:2014-02**

9.3 Benutzerverantwortung

Zielsetzung: Übertragung der Verantwortung für den Schutz der Authentifizierungsdaten auf die Benutzer

9.3.1 Verwendung geheimer Authentifizierungsdaten von Benutzern

Maßnahme

Von den Benutzern sollte verlangt werden, die Praktiken der Organisation zur Verwendung von geheimen Authentifizierungsdaten zu befolgen.

Umsetzungshinweise

Alle Benutzer sollten angewiesen werden, die folgenden Grundsätze zu beachten:

a) Geheime Authentifizierungsdaten müssen vertraulich behandelt werden, um sicherzustellen, dass sie nicht in die Hände Dritter einschließlich der Behörden geraten;

b) Geheime Authentifizierungsdaten sollten nicht notiert oder gespeichert werden (z. B. auf Papier, in einer Datei oder auf einem Mobilgerät), es sei denn, dass dieses Medium sicher aufbewahrt werden kann und diese Aufbewahrungsmethode genehmigt wurde (z. B. Kennwortverwaltung) ;

c) Bei jedweden Anzeichen einer möglichen Kompromittierung der geheimen Authentifizierungsdaten sind diese unverzüglich zu ändern;

d) Falls Kennwörter zur sicheren Authentifizierung verwendet werden, sind starke Kennwörter ausreichender Mindestlänge zu wählen, die

　　1) einfach zu merken sind;

　　2) auf keinen Sachverhalten basieren, das eine andere Person unter Zuhilfenahme personenbezogener Daten wie z. B. Namen, Telefonnummern, Geburtstage usw. einfach erraten oder erschließen kann;

　　3) nicht anfällig für Wörterbuchangriffe sind (d. h. nicht aus Wörtern bestehen, die im Wörterbuch stehen);

　　4) keine Folge identischer, numerischer oder alphanumerischer Zeichen enthalten;

　　5) bei der ersten Anmeldung geändert werden, wenn es sich um temporäre Kennwörter handelt.

e) Die eigenen, geheimen Authentifizierungsdaten dürfen keiner anderen Person mitgeteilt werden;

f) Wenn Kennwörter zur sicheren Authentifizierung im Rahmen von automatisierten Anmeldeverfahren verwendet und gespeichert werden, ist für einen ordnungsnachen Kennwortschutz zu sorgen;

g) Für geschäftliche und nicht geschäftliche Zwecke dürfen nicht dieselben geheimen Authentifizierungsdaten verwendet werden.

Weitere Informationen

Durch die Bereitstellung von Single Sign On (SSO) oder anderer Verwaltungstools für geheime Authentifizierungsdaten verringert sich die Menge geheimer Authentifizierungsdaten, die die Benutzer schützen müssen, so dass auf diese Weise die Effektivität dieser Maßnahme gesteigert werden kann. Allerdings kann sich bei Verwendung dieser Tools die Offenlegung geheimer Authentifizierungsdaten auch schwerwiegender auswirken.

37

E DIN ISO/IEC 27002:2014-02   *— Entwurf —*

9.4   Kontrolle des Zugangs zu Systemen und Anwendungen

Zielsetzung: Verhinderung des nicht autorisierten Zugangs zu Systemen und Anwendungen.

9.4.1   Beschränkung des Zugangs zu Informationen

Maßnahme

Der Zugang zu Funktionen von Informations- und Anwendungssystemen sollte entsprechend der Zugangskontrollleitlinie beschränkt werden.

Umsetzungshinweise

Zugangsbeschränkungen sollten aufgrund der Anforderungen einzelner Geschäftsanwendungen und entsprechend der festgelegten Zugangskontrollleitlinie erfolgen.

Die folgenden Punkte sollten zur Unterstützung der Zugangsbeschränkungsanforderungen berücksichtigt werden:

a) Bereitstellung von Menüs zur Kontrolle des Zugangs zu Funktionen des Anwendungssystems;

b) Kontrolle bezüglich der Daten, zu denen ein Benutzer Zugang hat;

c) Kontrolle der Zugangsrechte von Benutzern (z. B. lesen, schreiben, löschen, ausführen);

d) Kontrolle der Zugangsrechte zu anderen Anwendungen;

e) Beschränkung der in den Ausgabedaten enthaltenen Informationen;

f) Bereitstellung physischer oder logischer Zugangskontrollen zur Isolierung sensibler Anwendungen, Anwendungsdaten oder Systeme.

9.4.2   Sichere Anmeldeverfahren

Maßnahme

Der Zugang zu Systemen und Anwendungen sollte über ein sicheres Anmeldeverfahren kontrolliert werden, wenn dies nach der Zugangskontrollleitlinie erforderlich ist.

Umsetzungshinweise

Es sollte ein geeignetes Authentifizierungsverfahren zur Bestätigung der Identität des Benutzers gewählt werden.

Sofern eine starke Authentifizierung und Identitätsverifizierung erforderlich ist, sollten Authentifizierungsalternativen zu Kennwörtern wie kryptografische Verfahren, Smartcards, Token oder biometrische Technologien verwendet werden.

Das Verfahren zur Anmeldung in einem System oder einer Anwendung sollte so gestaltet sein, dass die Gefahr eines nicht autorisierten Zugangs möglichst gering ist. Das Anmeldeverfahren sollte daher so wenig Informationen wie möglich über das System oder die Anwendung preisgeben, um einem nicht autorisierten Benutzer keine unnötige Hilfestellung zu geben. Ein gutes Anmeldeverfahren sollte sich durch folgende Punkte auszeichnen:

38

a) Es werden keine System- oder Anwendungsinformationen angezeigt, bis der Anmeldeprozess erfolgreich abgeschlossen wurde;

b) Es wird eine allgemeine Warnmeldung angezeigt, dass nur autorisierte Benutzer Zugang zum Computer haben sollten;

c) Während des Anmeldeverfahrens werden keine Hilfetexte angezeigt, die sich Unbefugte zunutze machen könnten;

d) Die Anmeldedaten werden erst nach Eingabe aller Daten geprüft. Bei Auftreten eines Fehlers sollte das System nicht anzeigen, welcher Teil der eingegebenen Daten richtig oder nicht richtig war;

e) Es besteht ein Schutz vor Brute-Force-Anmeldeversuchen;

f) Erfolglose und erfolgreiche Anmeldeversuche werden protokolliert;

g) Bei Erkennung einer möglicherweise versuchten oder erfolgreichen Umgehung der Anmeldekontrolle wird ein Sicherheitsereignis ausgelöst;

h) Nach erfolgreicher Anmeldung werden die folgenden Daten angezeigt;

   1) Datum und Uhrzeit der letzten erfolgreichen Anmeldung;

   2) Einzelheiten zu erfolglosen Anmeldeversuchen seit der letzten erfolgreichen Anmeldung.

i) Das eingegebene Kennwort wird nicht angezeigt;

j) Kennwörter werden nicht im Klartext über das Netzwerk übertragen;

k) Inaktive Sitzungen werden nach einer vorgegebenen Zeitspanne beendet, insbesondere an Hochrisiko-Standorten wie in öffentlichen oder externen Bereichen, die nicht dem Sicherheitsmanagement der Organisation unterstehen, oder auf Mobilgeräten;

l) Verbindungszeiten werden beschränkt, um zusätzliche Sicherheit bei Hochrisikoanwendungen zu bieten und möglichst wenig Gelegenheit für nicht autorisierte Zugangsversuche zu bieten.

<u>Weitere Informationen</u>

Kennwörter sind ein gebräuchliches Verfahren zur Identifizierung und Authentifizierung mittels eines Geheimnisses, das nur der Benutzer kennt. Gleiches kann mit kryptografischen Verfahren und Authentifizierungsprotokollen erreicht werden. Die Stärke einer Benutzerauthentifizierung sollte der Klassifizierung der Daten angemessen sein, auf die zugegriffen werden soll.

Wenn Kennwörter während der Anmeldung im Klartext über ein Netzwerk übertragen werden, können sie von einem sogenannten Sniffer-Programm ausgespäht werden.

9.4.3 Kennwortmanagementsystem

<u>Maßnahme</u>

Kennwortmanagementsysteme sollten interaktiv sein und starke Kennwörter erfordern.

<u>Umsetzungshinweise</u>

Ein Kennwortmanagementsystem sollte sich durch folgende Punkte auszeichnen:

a) Es sollte die Verwendung individueller Benutzerkennungen und Kennwörter erfordern, um die Verantwortlichkeit des einzelnen Benutzers sicherzustellen;

39

E DIN ISO/IEC 27002:2014-02   *— Entwurf —*

b) Es sollte den Benutzern die Möglichkeit bieten, eigene Kennwörter zu wählen und diese zu ändern sowie ein Bestätigungsverfahren beinhalten, das Eingabefehler abfängt;

c) Es sollte sicherstellen, dass starke Kennwörter gewählt werden;

d) Es sollte die Benutzer auffordern, ihr Kennwort bei der ersten Anmeldung zu ändern;

e) Es sollte zu Kennwortänderungen in regelmäßigen Abständen sowie bei Bedarf auffordern;

f) Es sollte eine Liste zuvor verwendeter Kennwörter pflegen, um eine erneute Verwendung zu verhindern;

g) Es sollte Kennwörter bei der Eingabe nicht auf dem Bildschirm anzeigen;

h) Es sollte Kennwörter getrennt von den Anwendungssystemdaten speichern;

i) Es sollte Kennwörter verschlüsselt speichern und übertragen.

Weitere Informationen

Bei einigen Anwendungen sind Kennwörter erforderlich, die von unabhängiger Seite vergeben werden. In derartigen Fällen finden die Punkte b), d) und e) keine Anwendung. In den meisten Fällen werden die Kennwörter jedoch von den Benutzern gewählt und verwaltet.

9.4.4 Verwendung von Systemwerkzeugen

Maßnahme

Die Verwendung von Dienstprogrammen, mit denen sich u. U. System- und Anwendungskontrollen umgehen lassen, sollte beschränkt und streng kontrolliert werden.

Umsetzungshinweise

Die folgenden Leitlinien für die Verwendung von Dienstprogrammen, mit denen sich u. U. System- und Anwendungskontrollen umgehen lassen, sollten beachtet werden:

a) Verwendung von Identifizierungs-, Authentifizierungs- und Genehmigungsverfahren für Dienstprogramme;

b) Trennung der Dienstprogramme von der Anwendungssoftware;

c) Beschränkung der Verwendung von Dienstprogrammen auf eine möglichst geringe Zahl vertrauenswürdiger, autorisierter Benutzer (siehe 9.2.2);

d) Genehmigung zur Ad-hoc-Verwendung von Dienstprogrammen;

e) Beschränkung der Verfügbarkeit von Dienstprogrammen, z. B. auf die Dauer einer autorisierten Änderung;

f) grundsätzliche Protokollierung der Verwendung von Dienstprogrammen;

g) Festlegung und Dokumentation von Berechtigungsstufen für Dienstprogramme;

h) Entfernung bzw. Deaktivierung aller nicht notwendiger Dienstprogramme;

i) Sperrung von Dienstprogrammen für Benutzer, die Zugang zu Anwendungen auf Systemen haben, bei denen eine Aufgabentrennung erforderlich ist.

40

Weitere Informationen

Die meisten Computerinstallationen verfügen über mindestens ein Dienstprogramm, mit dem sich System- und Anwendungskontrollen umgehen lassen.

9.4.5   Kontrolle des Zugriffs auf Software-Quellcode

Maßnahme

Der Zugriff auf den Software-Quellcode sollte beschränkt werden.

Umsetzungshinweise

Der Zugriff auf den Software-Quellcode und zugehörige Objekte (wie Entwürfe, Spezifikationen, Verifizierungs- und Validierungspläne) sollte streng kontrolliert werden, um die Hinzufügung nicht autorisierter Funktionen zu verhindern und unbeabsichtigte Änderungen zu vermeiden sowie um die Vertraulichkeit des wertvollen geistigen Eigentums zu gewährleisten. Bezüglich des Software-Quellcodes kann dies durch kontrollierte zentrale Speicherung, vorzugsweise in Software-Quellcode-Bibliotheken, erreicht werden. In diesem Fall sollten die folgenden Leitlinien beachtet werden, um den Zugang zu diesen Software-Quellcode-Bibliotheken zu kontrollieren und die Gefahr einer Verfälschung der Computerprogramme zu verringern:

a)   Die Software-Quellcode-Bibliotheken sollten möglichst nicht in Betriebssystemen vorgehalten werden;

b)   Der Software-Quellcode und die Software-Quellcode-Bibliotheken sollten nach festgelegten Verfahren verwaltet werden;

c)   Die Support-Mitarbeiter sollten über keinen uneingeschränkten Zugriff auf die Software-Quellcode-Bibliotheken verfügen;

d)   Die Aktualisierung der Software-Quellcode-Bibliotheken und der zugehörigen Objekte sowie die Herausgabe von Software-Quellcode an Programmierer sollte erst nach Erhalt der entsprechenden Autorisierung erfolgen;

e)   Die Software-Listings sollten in einer gesicherten Umgebung aufbewahrt werden;

f)   Sämtliche Zugriffe auf Software-Quellcode-Bibliotheken sollten in einem Audit-Protokoll festgehalten werden;

g)   Die Pflege und Kopie der Software-Quellcode-Bibliotheken sollte strengen Änderungskontrollverfahren (siehe 14.2.2) unterliegen.

Wenn eine Veröffentlichung des Software-Quellcodes vorgesehen ist, sollten zusätzliche Sicherheitsmaßnahmen in Betracht gezogen werden, um die Integrität des Codes (z. B. mittels einer digitalen Signatur) sicherzustellen.

41

E DIN ISO/IEC 27002:2014-02   — *Entwurf* —

10 Kryptographie

10.1 Kryptographische Maßnahmen

> Zielsetzung: Sicherstellung der ordnungsnachen und wirksamen Verwendung von Kryptographie zum Schutz der Vertraulichkeit, Authentizität und/oder Integrität von Informationen.

10.1.1 Leitlinie zur Nutzung von kryptographischen Maßnahmen

Maßnahme

Eine Leitlinie zur Verwendung von kryptographischen Maßnahmen für den Schutz von Informationen sollte entwickelt und implementiert werden.

Umsetzungshinweise

Bei der Entwicklung einer Kryptographie-Leitlinie sollten die folgenden Punkte berücksichtigt werden:

a) der Managementansatz bezüglich der Verwendung kryptographischer Maßnahmen innerhalb der Organisation, einschließlich der allgemeinen Prinzipien, nach denen geschäftliche Daten geschützt werden sollten;

b) auf Grundlage einer Risikoeinschätzung sollte die erforderliche Schutzstufe unter Berücksichtigung der Art, Stärke und Qualität des erforderlichen Verschlüsselungsalgorithmus bestimmt werden;

c) die Verwendung von Verschlüsselungstechnologien zum Schutz von Daten, die auf mobilen oder Wechselmedienträgern transportiert oder über Telekommunikationsleitungen übertragen werden;

d) der Ansatz zur Verwaltung kryptographischer Schlüssel, einschließlich Methoden zur Handhabung des Schutzes kryptographischer Schlüssel und der Wiederherstellung verschlüsselter Daten im Falle verlorener, kompromittierter oder beschädigter Schlüssel;

e) Aufgaben und Zuständigkeiten, z. B. bezüglich der Verantwortung für;

    1) die Umsetzung der Leitlinie;

    2) die Verwaltung der Schlüssel, einschließlich deren Erzeugung (siehe 10.1.2);

f) die zur wirksamen Umsetzung innerhalb der gesamten Organisation zu befolgenden Normen (die jeweiligen Lösungen für die verschiedenen Geschäftsabläufe);

g) die Auswirkung der Verwendung verschlüsselter Daten auf Maßnahmen, die auf der Überprüfung von Inhalten basieren (z. B. Malware-Erkennung).

Bei der Umsetzung der Kryptographie-Leitlinie der Organisation sollten die Vorschriften und nationalen Beschränkungen beachtet werden, die möglicherweise hinsichtlich der Verwendung von Verschlüsselungsverfahren in verschiedenen Teilen der Welt sowie in Bezug auf die grenzüberschreitende Übertragung verschlüsselter Daten gelten (siehe 18.1.5).

Kryptographische Maßnahmen können dazu verwendet werden, verschiedene Informationssicherheitsziele zu erreichen, z. B.:

a) Vertraulichkeit: Verwendung von Verschlüsselung zum Schutz sensibler oder betriebswichtiger, gespeicherter oder übertragener Daten;

b) Integrität/Authentizität: Verwendung digitaler Signaturen oder Authentifizierungscodes für Nachrichten zur Bestätigung der Authentizität bzw. Integrität gespeicherter oder übertragener sensibler oder betriebswichtiger Daten;

42

— Entwurf — **E DIN ISO/IEC 27002:2014-02**

c) Unabstreitbarkeit: Verwendung von Verschlüsselungsverfahren zum Nachweis des Eintritts bzw. Nichteintritts eines Ereignisses oder einer Handlung;

d) Authentifizierung: Verwendung von Verschlüsselungsverfahren zur Authentifizierung von Benutzern und anderen Systementitäten, die Zugang zu oder Transaktionen mit Systembenutzern, -entitäten und -ressourcen beantragen.

Weitere Informationen

Die Entscheidung darüber, ob der Einsatz einer Verschlüsselungslösung angemessen ist, sollte als Teil eines allgemeineren Verfahrens zur Risikoeinschätzung und Auswahl von Sicherheitsmaßnahmen betrachtet werden. Diese Einschätzung kann anschließend zur Bestimmung der Angemessenheit eines Einsatzes kryptographischer Maßnahmen verwendet werden sowie für die Entscheidung über die Art der anzuwendenden Maßnahmen, den damit verfolgten Zweck und die dafür infrage kommenden Geschäftsabläufe.

Eine Leitlinie für den Einsatz kryptographischer Maßnahmen ist notwendig, um die Vorteile des Einsatzes von Verschlüsselungsverfahren voll auszuschöpfen, die damit verbundenen Risiken möglichst gering zu halten und eine unangemessene oder unsachgemäße Verwendung zu vermeiden.

Bei der Auswahl angemessener kryptographischer Maßnahmen sollten Fachleute herangezogen werden, um die Einhaltung der Ziele der Leitlinie zur Informationssicherheit zu gewährleisten.

10.1.2 Verwaltung kryptographischer Schlüssel

Maßnahme

Eine Leitlinie zur Verwendung, zum Schutz und zur Gültigkeitsdauer von kryptographischen Schlüsseln sollte entwickelt und über deren gesamten Nutzungsdauer hinweg umgesetzt werden.

Umsetzungshinweise

Die Leitlinie sollte Anforderungen zur Verwaltung kryptographischer Schlüssel über deren gesamte Nutzungsdauer hinweg beinhalten (Erzeugung, Speicherung, Archivierung, Abruf, Verteilung, Deaktivierung und Löschung).

Verschlüsselungsalgorithmen, Schlüssellängen und Verwendungsweisen sollten nach dem Grundsatz der „Best Practice" ausgewählt werden. Eine angemessene Schlüsselverwaltung erfordert sichere Verfahren für Erzeugung, Speicherung, Archivierung, Abruf, Verteilung, Deaktivierung und Löschung kryptographischer Schlüssel.

Alle kryptographischen Schlüssel sollten gegen Veränderung und Verlust geschützt sein. Zusätzlich sollten geheime und private Schlüssel gegen unbefugte Benutzung und Offenlegung geschützt werden. Einrichtungen zur Erzeugung, Speicherung und Archivierung von Schlüsseln sollten physisch geschützt sein.

Ein Schlüsselverwaltungssystem sollte auf einer Reihe anerkannter Normen, Verfahren und sicherer Methoden basieren:

a) zur Erzeugung von Schlüsseln für verschiedene Verschlüsselungssysteme und Anwendungen;

b) zur Ausstellung und zum Erhalt von Public-Key-Zertifikaten;

c) zur Verteilung von Schlüsseln an die entsprechenden Entitäten, einschließlich der Information, wie diese bei Erhalt zu aktivieren sind;

d) zur Speicherung von Schlüsseln, einschließlich der Information, wie autorisierte Benutzer Zugang zu diesen erhalten;

43

E DIN ISO/IEC 27002:2014-02   — *Entwurf* —

e) zur Änderung oder Aktualisierung von Schlüsseln, einschließlich der Regeln, die den richtigen Zeitpunkt sowie die Art und Weise der Änderung eines Schlüssels bestimmen;

f) zum Umgang mit kompromittierten Schlüsseln;

g) zum Widerruf von Schlüsseln, einschließlich der Art und Weise, wie Schlüssel zurückgezogen oder deaktiviert werden, z. B. wenn Schlüssel kompromittiert wurden oder wenn ein Benutzer eine Organisation verlässt (in diesem Fall sollten die Schlüssel auch archiviert werden);

h) zur Wiederherstellung verlorener oder verfälschter Schlüssel;

i) zur Sicherung oder Archivierung von Schlüsseln;

j) zur Löschung von Schlüsseln;

k) zur Protokollierung und Prüfung die Schlüsselverwaltung betreffender Aktivitäten.

Um die Wahrscheinlichkeit einer unsachnachen Verwendung zu verringern, sollten für die Aktivierung und Deaktivierung von Schlüsseln Festlegungen getroffen werden, so dass die Schlüssel nur über einen in der entsprechenden Leitlinie zur Schlüsselverwaltung vorgegebenen Zeitraum verwendet werden können.

Zusätzlich sollte zur sicheren Verwaltung der geheimen und privaten Schlüssel auch die Authentizität der öffentlichen Schlüssel berücksichtigt werden. Dieser Authentifizierungsprozess kann mit Hilfe von Public-Key-Zertifikaten erfolgen, die meist von einer Zertifizierungsstelle ausgestellt werden, bei der es sich um eine anerkannte Organisation handeln sollte, die über geeignete Kontrollen und Verfahren verfügt, um die erforderliche Vertrauenswürdigkeit sicherzustellen.

Die Service Level Agreements bzw. Verträge mit externen Anbietern von Verschlüsselungsdiensten, z. B. einer Zertifizierungsstelle, sollten Themen wie Haftung, Zuverlässigkeit der Dienste und Antwortzeiten für die Bereitstellung der Dienste (siehe 15.2) einschließen.

<u>Weitere Informationen</u>

Die Verwaltung der kryptographischen Schlüssel ist für die effektive Nutzung von Verschlüsselungsverfahren entscheidend. ISO/IEC 11770 enthält weitere Informationen zur Schlüsselverwaltung.

Verschlüsselungsverfahren können auch zum Schutz kryptographischer Schlüssel genutzt werden. Möglicherweise müssen Verfahrensweisen zum Umgang mit gerichtlichen Aufforderungen bezüglich des Zugriffs auf kryptographische Schlüssel in Betracht gezogen werden. So kann es erforderlich sein, verschlüsselte Daten in unverschlüsselter Form als Beweismittel für eine Gerichtsverhandlung verfügbar zu machen.

11 Schutz vor physischem Zugang und Umwelteinflüssen

11.1 Sicherheitsbereiche

> Zielsetzung: Verhinderung des nicht autorisierten physischen Zugriffs sowie die Beschädigung und Beeinträchtigung von Daten und informationsverarbeitenden Einrichtungen der Organisation.

11.1.1 Physische Sicherheitszonen

<u>Maßnahme</u>

Zum Schutz von Bereichen, in denen sich entweder vertrauliche oder betriebswichtige Informationen oder informationsverarbeitende Einrichtungen befinden, sollten Sicherheitszonen festgelegt und verwendet werden.

44

— Entwurf —   **E DIN ISO/IEC 27002:2014-02**

<u>Umsetzungshinweise</u>

Die folgenden Leitlinien sollten ggf. in physischen Sicherheitszonen in Betracht gezogen und umgesetzt werden:

a) Die Sicherheitszonen sollten festgelegt werden, wobei Ort und Sicherungsumfang der einzelnen Zonen von den Sicherheitsanforderungen hinsichtlich der Werte, die sich in der Zone befinden, sowie den Ergebnissen einer Risikoeinschätzung abhängen sollten;

b) Die Zonen in einem Gebäude oder an einem Standort, in denen sich Einrichtungen zur Verarbeitung von Informationen befinden, sollten physisch einwandfrei sein (d. h. es sollten sich keine Lücken in Zonen oder Bereichen befinden, in denen es leicht zu einem Einbruch kommen könnte). Die äußere Bedachung, die Wände und der Bodenbelag des Standorts sollten stabil gebaut sein, und alle Außentüren sollten ausreichend mit Hilfe von Kontrollmechanismen (z. B. Schranken, Alarmvorrichtungen, Verriegelungen usw.) vor unbefugtem Zutritt geschützt sein. Unbewachte Türen und Fenster sollten verriegelt werden, und für Fenster, insbesondere im Erdgeschoss, sollten externe Sicherungseinrichtungen in Betracht gezogen werden;

c) Es sollte ein mit Personal besetzter Empfangsbereich oder dergleichen eingerichtet werden, um den physischen Zugang zum Standort bzw. Gebäude zu kontrollieren. Der Zutritt zu Standorten und Gebäuden sollte nur autorisierten Mitarbeitern gestattet werden;

d) Es sollten ggf. physische Barrieren errichtet werden, um den Zutritt unbefugter Personen und eine Beeinträchtigung der Umwelt zu verhindern;

e) Alle Brandschutztüren in einer Sicherheitszone sollten über Alarmvorrichtungen verfügen sowie überwacht und im Zusammenhang mit den Wänden überprüft werden, um sicherzustellen, dass sie der nach regionalen, nationalen und internationalen Normen erforderlichen Feuerwiderstandsklasse entsprechen. Ein ausfallsicherer Betrieb entsprechend den örtlichen Brandschutzbestimmungen sollte sichergestellt sein;

f) Es sollten geeignete, regionalen, nationalen oder internationalen Normen entsprechende Einbruchmeldeanlagen installiert und regelmäßig überprüft werden, mit denen sich alle Außentüren und alle zugänglichen Fenster überwachen lassen. Ungenutzte Bereiche sollten rund um die Uhr mit Alarmvorrichtungen gesichert werden. Die Sicherung sollte sich auch auf andere Bereiche wie z. B. Computerräume oder Besprechungsräume erstrecken;

g) Der Organisation unterstehende Einrichtungen zur Informationsverarbeitung sollten physisch von jenen Einrichtungen getrennt sein, die von externen Parteien verwaltet werden.

<u>Weitere Informationen</u>

Ein physischer Schutz kann durch Errichtung einer oder mehrerer physischer Barrieren am Gelände der Organisation und den Einrichtungen zur Informationsverarbeitung erreicht werden. Die Verwendung mehrerer Barrieren bietet zusätzlichen Schutz, da der Ausfall einer Barriere keine unmittelbare Beeinträchtigung der Sicherheit zur Folge hat.

Bei einem Sicherheitsbereich kann es sich um ein abschließbares Büro handeln oder um mehrere Räume, die von einer durchgehenden, internen physischen Barriere umgeben sind. Zusätzliche Barrieren und Zonen zur Kontrolle des physischen Zugangs sind möglicherweise erforderlich zwischen Bereichen mit unterschiedlichen Sicherheitsanforderungen innerhalb der Sicherheitszone. Besondere Aufmerksamkeit hinsichtlich der Sicherung des physischen Zugangs sollte Gebäuden geschenkt werden, in denen sich Werte mehrerer Organisationen befinden.

Die Anwendung physischer Zugangskontrollen sollte insbesondere in den Sicherheitsbereichen an die technischen und wirtschaftlichen Bedingungen der Organisation angepasst werden, die in der Risikoeinschätzung dargelegt sind.

45

E DIN ISO/IEC 27002:2014-02   *— Entwurf —*

11.1.2 Physische Zugangskontrollen

<u>Maßnahme</u>

Sicherheitsbereiche sollten durch angemessene Zugangskontrollen geschützt werden, durch die sichergestellt ist, dass nur autorisiertes Personal Zugang hat.

<u>Umsetzungshinweise</u>

Die folgenden Leitlinien sollten dabei berücksichtigt werden:

a) An- und Abmeldung von Besuchern sollten mit Datum und Uhrzeit vermerkt werden, und alle Besucher sollten kontrolliert werden, sofern ihr Aufenthalt nicht zuvor genehmigt wurde. Besuchern sollte der Zutritt nur für spezifische, genehmigte Zwecke gestattet werden, und sie sollten bezüglich der Sicherheitsanforderungen im betreffenden Bereich sowie der Notfallmaßnahmen eingewiesen werden. Die Identität der Besucher sollte auf geeignete Weise bestätigt werden;

b) Der Zugang zu Bereichen, in denen vertrauliche Informationen verarbeitet oder gespeichert werden, sollte mittels geeigneter Zugangskontrollen wie z. B. eines aus einer Zugangskarte und einer geheimen PIN bestehenden Zwei-Faktor-Authentifizierungsmechanismus autorisierten Personen vorbehalten werden;

c) Es sollten ein physisches Protokollbuch oder ein elektronischer Prüfpfad existieren, die sicher aufbewahrt und überwacht werden;

d) Alle Mitarbeiter, Auftragnehmer und externen Parteien sollten dazu verpflichtet werden, eine gut sichtbare Kennzeichnung zu tragen und unverzüglich das Sicherheitspersonal zu benachrichtigen, wenn sie auf unbegleitete Besucher oder Personen treffen, die keine erkennbare Kennzeichnung tragen;

e) Mitarbeitern externer Support-Dienstleister sollte nur dann beschränkter Zugang zu Sicherheitsbereichen oder Einrichtungen zur Verarbeitung vertraulicher Informationen gewährt werden, wenn dies erforderlich ist. Dieser Zugang sollte eigens genehmigt und überwacht werden;

f) Zugangsrechte in Bezug auf Sicherheitsbereiche sollten regelmäßig überprüft und aktualisiert sowie, sofern erforderlich, wieder entzogen werden (siehe 9.2.4 und 9.2.5).

11.1.3 Sicherung von Büros, sonstigen Räumen und Einrichtungen

<u>Maßnahme</u>

Es sind physische Sicherungsvorkehrungen für Büros, sonstige Räume und Einrichtungen zu konzipieren und anzuwenden.

<u>Umsetzungshinweise</u>

Die folgenden Leitlinien sollten bei der Sicherung von Büros, sonstigen Räumen und Einrichtungen beachtet werden:

a) Wichtige Einrichtungen sollten sich in Bereichen befinden, die der Öffentlichkeit normalerweise nicht zugänglich sind;

b) Die Gebäude sollten unauffällig aussehen und möglichst keinen Aufschluss über ihren Zweck geben, keine auffälligen Kennzeichen an der Fassade oder im Inneren aufweisen und keinen Hinweis auf das Vorhandensein von Aktivitäten zur Informationsverarbeitung geben;

c) Die Einrichtungen sollten so konfiguriert sein, dass von außen keine vertraulichen Informationen oder Aktivitäten zu sehen oder zu hören sind. Gegebenenfalls sollte auch eine elektromagnetische Abschirmung in Betracht gezogen werden;

d) Verzeichnisse und interne Telefonbücher, denen die Standorte von Einrichtungen zu entnehmen sind, in denen vertrauliche Informationen verarbeitet werden, sollten ausschließlich autorisierten Personen zugänglich sein.

46

— Entwurf —   **E DIN ISO/IEC 27002:2014-02**

11.1.4 Schutz vor externen und umweltbedingten Bedrohungen

Maßnahme

Es sollten physische Schutzvorkehrungen gegen Naturkatastrophen, vorsätzliche Angriffe oder Unfälle konzipiert und angewendet werden.

Umsetzungshinweise

Es sollte eine fachliche Beratung in Anspruch genommen werden, um Schäden aufgrund von Bränden, Überschwemmungen, Erdbeben, Explosionen, Unruhen und anderen Formen von Naturkatastrophen und vom Menschen verursachten Katastrophen zu verhindern.

11.1.5 Arbeit in Sicherheitsbereichen

Maßnahme

Es sollten Verfahren für die Arbeit in Sicherheitsbereichen konzipiert und angewendet werden.

Umsetzungshinweise

Die folgenden Leitlinien sollten dabei berücksichtigt werden:

a) Die Mitarbeiter sollten nur im Bedarfsfall über die Existenz eines Sicherheitsbereichs bzw. dort stattfindende Aktivitäten unterrichtet werden;

b) Aus Sicherheitsgründen und zur Unterbindung böswilliger Handlungen sollten unbeaufsichtigte Tätigkeiten in Sicherheitsbereichen vermieden werden;

c) Ungenutzte Sicherheitsbereiche sollten unter Verschluss gehalten und regelmäßig überprüft werden;

d) Das Mitführen von Foto-, Video-, Audio- und sonstigen Aufzeichnungsgeräten wie Mobiltelefonen mit Kameras sollte untersagt und nur mit ausdrücklicher Genehmigung gestattet werden.

Die Vorkehrungen für Arbeiten in Sicherheitsbereichen sollten Kontrollen der Mitarbeiter und externen Benutzer umfassen und alle Aktivitäten umfassen, die im Sicherheitsbereich stattfinden.

11.1.6 Anlieferungs- und Ladezonen

Maßnahme

Zugangspunkte wie Anlieferungs- und Ladezonen sowie andere Punkte, über die sich nicht autorisierte Personen Zugang zu den Betriebsgebäuden verschaffen könnten, sollten kontrolliert und nach Möglichkeit von informationsverarbeitenden Einrichtungen isoliert werden, um nicht autorisierten Zugriff zu verhindern.

Umsetzungshinweise

Die folgenden Leitlinien sollten dabei berücksichtigt werden:

a) Der Zugang zu einer Anlieferungs- und Ladezone von außerhalb des Gebäudes sollte nur identifizierten und autorisierten Mitarbeitern ermöglicht werden;

b) Die Anlieferungs- und Ladezone sollte so beschaffen sein, dass Waren beladen und entladen werden können, ohne dass das Lieferpersonal Zugang zu anderen Teilen des Gebäudes erhält;

c) Die Außentüren einer Anlieferungs- und Ladezone sollten gesichert werden, wenn die Innentüren geöffnet sind;

47

E DIN ISO/IEC 27002:2014-02   — *Entwurf* —

d) Eingehendes Material sollte geprüft und auf Sprengstoffe, Chemikalien und andere Gefahrstoffe untersucht werden, bevor es aus der Anlieferungs- und Ladezone entfernt wird;

e) Eingehendes Material sollte entsprechend den Wertemanagementverfahren (siehe 8) beim Eingang am Standort registriert werden;

f) Eingehende und ausgehende Lieferungen sollten nach Möglichkeit physisch getrennt werden;

g) Eingehende Materialien sollten auf Manipulationen während des Transports untersucht werden. Sofern sich Anzeichen für Manipulationen finden, sollten diese unverzüglich dem Sicherheitspersonal gemeldet werden.

11.2 Sicherheit von Betriebsmitteln

Zielsetzung: Vorbeugung von Verlust, Beschädigung, Diebstahl oder Beeinträchtigung von Werten und Unterbrechungen der Betriebstätigkeit.

11.2.1 Platzierung und Schutz von Betriebsmitteln

Maßnahme

Betriebsmittel sollten so platziert und geschützt werden, dass Risiken durch Umweltbedrohungen und Gefährdungen sowie Möglichkeiten für den nicht autorisierten Zugriff verringert werden.

Umsetzungshinweise

Zum Schutz von Betriebsmitteln sollten die folgenden Leitlinien berücksichtigt werden:

a) Die Betriebsmittel sollten so platziert werden, dass ein nicht notwendiger Zugang zu den Arbeitsbereichen möglichst vermieden wird;

b) Der Standort von Einrichtungen zur Informationsverarbeitung, in denen mit sensiblen Daten umgegangen wird, sollte sorgfältig gewählt werden, um das Risiko zu verringern, dass nicht autorisierte Personen während der Verarbeitung Einblick in die Informationen erhalten;

c) Einrichtungen zur Speicherung von Daten sollten vor unberechtigtem Zutritt gesichert werden;

d) Besonders schutzbedürftige Objekte sollten abgesichert werden, um die allgemein erforderliche Schutzstufe reduzieren zu können;

e) Es sollten Maßnahmen ergriffen werden, um das Risiko möglicher physischer oder umweltbezogener Bedrohungen wie z. B. Diebstahl, Feuer, Sprengstoff, Rauch, Wasser (oder Ausfall der Wasserversorgung), Staub, Vibrationen, chemische Auswirkungen, Störungen der Stromversorgung und Telekommunikationseinrichtungen, elektromagnetische Strahlung und Vandalismus möglichst gering zu halten;

f) Es sollten Leitlinien für das Essen, Trinken und Rauchen in der Nähe von Einrichtungen zur Informationsverarbeitung aufgestellt werden;

g) Umweltbedingungen wie Temperatur und Luftfeuchtigkeit sollten auf Bedingungen überwacht werden, die den Betrieb der Einrichtungen zur Informationsverarbeitung beeinträchtigen könnten;

h) Alle Gebäude sollten mit Blitzschutzeinrichtungen ausgestattet werden, und alle eingehenden Strom- und Telekommunikationsleitungen sollten mit Blitzschutzfiltern ausgestattet werden;

i) Bei Betriebsmitteln in industriellen Umgebungen sollte die Anwendung besonderer Schutzmaßnahmen wie Folientastaturen in Betracht gezogen werden;

j) Betriebseinrichtungen, in denen vertrauliche Informationen verarbeitet werden, sollten dergestalt geschützt werden, dass das Risiko von Informationsverlusten aufgrund elektromagnetischer Abstrahlung möglichst gering ist.

48

— Entwurf — **E DIN ISO/IEC 27002:2014-02**

11.2.2 Versorgungseinrichtungen

Maßnahme

Betriebsmittel sollten vor Stromausfällen und anderen Betriebsunterbrechungen durch Ausfälle von Versorgungseinrichtungen geschützt werden.

Umsetzungshinweise

Versorgungseinrichtungen (z. B, Elektrizität, Telekommunikation, Wasserversorgung, Gas, Abwasserkanäle, Belüftung und Klimaanlage) sollten sich durch folgende Merkmale auszeichnen:

a) Sie sollten den Spezifikationen des Herstellers der Einrichtungen sowie den vor Ort geltenden gesetzlichen Vorschriften entsprechen;

b) Sie sollten regelmäßig auf ihre ausreichende Auslegung hinsichtlich steigender geschäftlicher Anforderungen sowie ihrer Interaktion mit den anderen Versorgungseinrichtungen begutachtet werden;

c) Sie sollten regelmäßig untersucht und geprüft werden, um ihre ordnungsgemäße Funktion sicherzustellen;

d) Sie sollten bei Bedarf mit Alarmvorrichtungen versehen werden, damit Fehlfunktionen schnell erkannt werden;

e) Sie sollten bei Bedarf mehrere Zuführungen über unterschiedliche Zuleitungswege besitzen.

Eine Notbeleuchtung und ein Notrufsystem sollten vorhanden sein. Die Notschalter und Notventile zur Abschaltung der Strom-, Wasser-, Gas- und anderer Versorgungseinrichtungen sollten sich in der Nähe der Notausgänge oder Geräteräume befinden.

Weitere Informationen

Zusätzliche redundante Netzanschlüsse können mittels mehrfacher Leitungsführungen von mehr als einem Anbieter realisiert werden.

11.2.3 Sicherheit der Verkabelung

Maßnahme

Stromversorgungs- und Telekommunikationskabel, die zur Übertragung von Daten oder zur Unterstützung von Informationsdiensten verwendet werden, sollten vor dem Abfangen der Daten sowie vor Beeinträchtigung oder Beschädigung geschützt werden.

Umsetzungshinweise

Die folgenden Leitlinien zur Verkabelung sollten dabei berücksichtigt werden:

a) Stromversorgungs- und Telekommunikationskabel, die in die Einrichtungen zur Informationsverarbeitung führen, sollten sich möglichst unterirdisch befinden oder auf andere Weise angemessen geschützt sein;

b) Die Stromleitungen sollten von den Telekommunikationsleitungen getrennt sein, um Interferenzen zu verhindern;

49

c)　Bei sensiblen oder betriebswichtigen Systemen sollten folgende weitergehende Maßnahmen ergriffen werden:

　　1)　Installation von Panzerrohren und verschlossenen Räumen oder Kästen an Untersuchungs- und Endpunkten;

　　2)　Verwendung elektromagnetischer Abschirmung zum Schutz der Kabel;

　　3)　Einführung technischer Sweeps und physischer Untersuchungen von nicht autorisierten Geräten, die an die Kabel angeschlossen sind;

　　4)　kontrollierter Zugang zu Schalttafeln und Kabelräumen.

11.2.4 Instandhaltung von Betriebsmitteln

Maßnahme

Die Betriebsmittel sollten ordnungsnach instand gehalten und gepflegt werden, um ihre Verfügbarkeit und Integrität sicherzustellen.

Umsetzungshinweise

Die folgenden Leitlinien zur Wartung von Betriebsmitteln sollten dabei berücksichtigt werden:

a)　Die Betriebsmittel sollten entsprechend den empfohlenen Serviceintervallen und Spezifikationen des Lieferanten gewartet werden;

b)　Reparaturen und Wartungsarbeiten sollten ausschließlich von autorisierten Mitarbeitern durchgeführt werden;

c)　Alle vermuteten und tatsächlichen Fehler sowie alle vorbeugenden und Korrekturmaßnahmen sollten dokumentiert werden;

d)　Wenn Betriebsmittel zur Wartung vorgesehen ist, sollten geeignete Maßnahmen unter Berücksichtigung der Tatsache umgesetzt werden, ob diese Wartung von Mitarbeitern vor Ort oder von Externen durchgeführt wird. Vertrauliche Informationen sollten ggf. von den Betriebsmitteln entfernt werden, oder das Wartungspersonal sollte ausreichende Befugnis erhalten;

e)　Es sollten alle durch Versicherungspolicen auferlegten Wartungsanforderungen erfüllt werden;

f)　Vor der Wiederinbetriebnahme von Betriebsmitteln nach der Wartung sollte diese untersucht werden, um sicherzustellen, dass sie nicht manipuliert wurde und keine Fehlfunktionen zu befürchten sind.

50

— Entwurf — **E DIN ISO/IEC 27002:2014-02**

11.2.5 Entfernung von Werten

Maßnahme

Ausrüstung, Informationen oder Software sollten nicht ohne vorherige Autorisierung vom Standort entfernt werden.

Umsetzungshinweise

Die folgenden Leitlinien sollten dabei berücksichtigt werden:

a) Mitarbeiter und externe Benutzer, die befugt sind, die Entfernung von Werten vom Standort anzuordnen, sollten entsprechend benannt werden;

b) Es sollten zeitliche Grenzen für die Entfernung von Werten festgesetzt und Rückgaben auf Konformität überprüft werden;

c) Werte sollten, sofern erforderlich und angemessen, als vom Standort entfernt ausgetragen und bei Rückgabe entsprechend vermerkt werden;

d) Identität, Funktion und Zugehörigkeit aller Personen, die mit den Werten umgehen oder sie verwenden, sollten dokumentiert werden, und diese Aufzeichnungen sollten zusammen mit der Ausrüstung, Information oder Software zurückgegeben werden.

Weitere Informationen

Stichprobenprüfungen, die zur Überprüfung auf eine nicht autorisierte Entfernung von Werten durchgeführt werden, können auch zur Überprüfung auf nicht genehmigte Aufzeichnungsgeräte, Waffen usw. verwendet werden sowie um zu verhindern, dass diese auf den Standort gelangen oder ihn verlassen. Diese Stichprobenprüfungen sollten entsprechend den geltenden Gesetzen und Vorschriften durchgeführt werden. Alle betroffenen Personen sollten erfahren, dass Stichprobenprüfungen durchgeführt werden, und die Überprüfungen sollten nur mit einer den gesetzlichen und amtlichen Vorgaben entsprechenden Befugnis erfolgen.

11.2.6 Sicherheit von Betriebsmitteln und Werten außerhalb der Betriebsgebäude

Maßnahme

Sicherheitsvorkehrungen sollten unter Berücksichtigung der diversen Risiken bei Arbeiten außerhalb der Betriebsgebäude der Organisation auch auf Werte außerhalb des Standorts angewandt werden.

Umsetzungshinweise

Jede Nutzung von Einrichtungen zur Speicherung und Verarbeitung von Informationen außerhalb der Betriebsgebäude der Organisation sollten vom Management genehmigt werden. Dies gilt für Betriebsmittel im Eigentum der Organisation ebenso wie für Betriebsmittel in Privatbesitz, die im Namen der Organisation genutzt werden.

Zum Schutz von Einrichtungen außerhalb des Standorts sollten die folgenden Leitlinien in Betracht gezogen werden:

a) Betriebsmittel und Medien, die das Betriebsgelände verlassen, sollten in der Öffentlichkeit nicht unbeaufsichtigt gelassen werden;

b) Die Herstelleranweisungen zum Schutz der Betriebsmittel sollten jederzeit beachtet werden. Dies betrifft z. B. den Schutz vor starken elektromagnetischen Feldern;

51

— *Entwurf* —

c) Auf Grundlage einer Risikoeinschätzung sollten Maßnahmen für Bereiche außerhalb des Betriebsgeländes wie Heimarbeitsplätze, Telearbeit und temporäre Standorte festgelegt und geeignete Kontrollmaßnahmen angewendet werden wie z. B. abschließbare Aktenschränke, Grundsatz des aufgeräumten Schreibtisches, Zugriffskontrollen für Computer und sichere Kommunikation mit dem Büro (siehe auch ISO/IEC 27033 zur Netzwerksicherheit);

d) Wenn Betriebsmittel außerhalb des Betriebsgeländes zwischen verschiedenen Personen oder externen Parteien weitergegeben werden, sollte ein Protokoll geführt werden, in dem die Kontrollkette für die Betriebsmittel einschließlich mindestens der Namen und Organisationen der für die Betriebsmittel Verantwortlichen festgehalten werden.

Risiken, z. B. Beschädigung, Diebstahl oder Abhören, können an verschiedenen Orten sehr unterschiedlich stark ausgeprägt sein und sollten bei der Bestimmung der am besten geeigneten Kontrollmaßnahmen in Betracht gezogen werden.

Weitere Informationen

Als Betriebsmittel zur Speicherung und Verarbeitung zählen alle Arten von Personalcomputern, Organizern, Mobiltelefonen, Smartcards, Papier oder andere Medien, die für Heimarbeit verwendet oder aus dem normalen Arbeitsumfeld gebracht werden.

Weitere Informationen zu anderen Aspekten des Schutzes mobiler Betriebsmittel können 6.2 entnommen werden.

Es kann angemessen sein, das Risiko dadurch zu vermeiden, dass bestimmten Mitarbeitern von einer Tätigkeit außerhalb des Betriebsgeländes abgeraten oder ihre Nutzung portabler IT-Ausrüstung beschränkt wird.

11.2.7 Sichere Entsorgung oder Weiterverwendung von Betriebsmitteln

Maßnahme

Alle Betriebsmittel, die Speichermedien beinhalten, sollten vor ihrer Entsorgung oder Wiederverwendung überprüft werden, um sicherzustellen, dass vertrauliche Daten und lizenzierte Software entfernt oder sicher überschrieben wurden.

Umsetzungshinweise

Vor der Entsorgung oder Wiederverwendung sollten Betriebsmittel überprüft werden, um herauszufinden, ob sie Speichermedien enthalten.

Speichermedien, die vertrauliche oder urheberrechtlich geschützte Informationen enthalten, sollten anstelle der Anwendung der standardmäßigen Lösch- oder Formatierungsfunktion physisch zerstört oder die Informationen sollten mittels geeigneter Verfahren dergestalt zerstört, gelöscht oder überschrieben werden, dass die ursprünglichen Informationen nicht wiederhergestellt werden können.

Weitere Informationen

Beschädigte Betriebsmittel, die Datenträger beinhalten, müssen möglicherweise einer Risikoeinschätzung unterzogen werden, um zu bestimmen, ob diese Datenträger physisch zerstört, zur Reparatur versandt oder anderweitig ausgesondert werden sollten. Durch fahrlässige Entsorgung bzw. Wiederverwendung der Betriebsmittel können Informationen in die Hände Unbefugter geraten.

Zusätzlich zur sicheren Datenträgerlöschung lässt sich durch Gesamtverschlüsselung des Datenträgers das Risiko einer Offenlegung vertraulicher Informationen bei der Entsorgung oder Wiederverwendung von Betriebsmitteln unter folgenden Voraussetzungen verringern:

a) Das Verschlüsselungsverfahren ist stark genug und umfasst tatsächlich den gesamten Datenträger (einschließlich Schlupfspeicher, Auslagerungsdateien usw.);

b) Die verwendeten Schlüssel sind lang genug, um Brute-Force-Angriffen standzuhalten;

52

c) Die verwendeten Schlüssel werden ihrerseits sicher aufbewahrt (und z. B. auf keinen Fall auf demselben Datenträger gespeichert).

Weitere Empfehlungen zur Verschlüsselung können Abschnitt 10 entnommen werden.

Die Verfahren zum sicheren Überschreiben von Speichermedien sind je nach Technologie des Speichermediums unterschiedlich. Werkzeuge zum Überschreiben sollten überprüft werden, um sicherzustellen, dass sie für die jeweilige Speichermedientechnologie geeignet sind.

11.2.8 Unbeaufsichtigte Endgeräte

Maßnahme

Die Benutzer müssen sicherstellen, dass unbeaufsichtigte Endgeräte angemessen geschützt sind.

Umsetzungshinweise

Allen Benutzern müssen die Sicherheitsanforderungen und -verfahren zum Schutz unbeaufsichtigter Endgeräte sowie ihre Zuständigkeiten bei der Umsetzung dieses Schutzes bekannt sein. Die Benutzer sollten angewiesen werden, die folgenden Grundsätze zu beachten:

a) Nach Abschluss einer Tätigkeit müssen aktive Sitzungen beendet werden, sofern sie nicht mittels eines geeigneten Sperrmechanismus, z. B. eines kennwortgeschützten Bildschirmschoners, gesichert werden können;

b) Die Benutzer sollten sich von nicht mehr benötigten Netzwerkdiensten abmelden;

c) Nicht genutzte Computer oder Mobilgeräte sind mittels einer Tastensperre oder einer anderen geeigneten Maßnahme wie z. B. der Abfrage eines Kennworts vor nicht autorisiertem Zugriff zu sichern.

11.2.9 Der Grundsatz des aufgeräumten Schreibtischs und des leeren Bildschirms

Maßnahme

Der Grundsatz des aufgeräumten Schreibtisches für Papiere und Wechselmedien sowie des leeren Bildschirms für informationsverarbeitende Einrichtungen sollte Anwendung finden.

Umsetzungshinweise

Beim Grundsatz des aufgeräumten Schreibtischs und des leeren Bildschirms sollten die Klassifizierungen von Informationen (siehe 8.2), die gesetzlichen und vertraglichen Anforderungen (siehe 18.1) und die entsprechenden Risiken und kulturellen Aspekte der Organisation Berücksichtigung finden. Die folgenden Leitlinien sollten dabei berücksichtigt werden:

a) Sensible und geschäftskritische Informationen, z. B. auf Papier oder elektronischen Speichermedien, sollten unter Verschluss gehalten werden (idealerweise in einem Safe oder Schrank oder anderen Sicherheitsmöbeln), wenn sie nicht benötigt werden, insbesondere dann, wenn das Büro nicht besetzt ist;

b) Computer und Terminals sollten erst nach Abmeldung verlassen werden oder mit einer Bildschirm- und Tastensperre geschützt sein, die durch ein Kennwort, ein Token oder einen ähnlichen Mechanismus zur Benutzerauthentifizierung gesichert ist, wenn sie unbeaufsichtigt sind, sowie bei Nichtnutzung durch eine Tastatursperre, Kennwörter oder andere Maßnahmen geschützt sind;

c) Die nicht autorisierte Nutzung von Fotokopierern und anderen Vervielfältigungstechnologien (z. B. Scanner, Digitalkameras) sollte verhindert werden;

d) Papiere, die sensible oder zugangsbeschränkte Informationen enthalten, sollten unverzüglich aus dem Drucker entfernt werden.

53

E DIN ISO/IEC 27002:2014-02   — *Entwurf* —

Weitere Informationen

Durch den Grundsatz des aufgeräumten Schreibtischs und des leeren Bildschirms verringern sich die Risiken eines nicht autorisierten Zugriffs auf sowie den Verlust und die Beschädigung von Informationen während und außerhalb der üblichen Arbeitszeiten. Safes und andere Formen sicherer Lagerungseinrichtungen können außerdem dorthin verbrachte Informationen vor Katastrophen wie Bränden, Erdbeben, Überschwemmungen oder Explosionen schützen.

Die Nutzung von Druckern mit Pincode-Funktion sollte in Betracht gezogen werden, um sicherzustellen, dass nur die jeweiligen Urheber ihre Ausdrucke erhalten können und nur dann, wenn sie neben dem Drucker stehen.

12 Betriebssicherheit

12.1 Betriebsverfahren und Zuständigkeiten

Zielsetzung: Sicherstellung des ordnungsnachen und sicheren Betriebs von Einrichtungen zur Informationsverarbeitung.

12.1.1 Dokumentierte Betriebsverfahren

Maßnahme

Die Betriebsverfahren sollten dokumentiert und allen Benutzern zugänglich gemacht werden, die sie benötigen.

Umsetzungshinweise

Es sollten dokumentierte Verfahren für betriebliche Aktivitäten im Zusammenhang mit informationsverarbeitenden und Telekommunikationseinrichtungen vorbereitet werden, wie z. B. zum Hoch- und Herunterfahren der Computer, zum Backup, zur Wartung von Betriebsmitteln, zum Umgang mit Medien sowie zur Verwaltung und Sicherheit der Computerräume und des Umgangs mit E-Mails.

In den Betriebsverfahren sollten die Betriebsanweisungen u. a. zu den folgenden Punkten spezifiziert sein:

a)   Installation und Konfiguration der Systeme;

b)   Verarbeitung von und Umgang mit Informationen (automatisiert und manuell);

c)   Backup (siehe 12.3);

d)   Planungsanforderungen, einschließlich gegenseitiger Abhängigkeiten mit anderen Systemen, frühestmöglichem Arbeitsbeginn und spätestmöglicher Fertigstellungstermine;

e)   Anweisungen zum Umgang mit Fehlern und anderen außergewöhnlichen Umständen, die während der Arbeitsausführung entstehen können, einschließlich Beschränkungen bezüglich der Nutzung von Dienstprogrammen (siehe 9.4.4);

f)   Ansprechpartner für Support und Eskalation einschließlich der Ansprechpartner für den Support bei unerwarteten betrieblichen oder technischen Schwierigkeiten;

g)   besondere Anweisungen für die Ausgabe und den Umgang mit Medien wie z. B. die Nutzung besonderen Büropapiers oder die Verwaltung vertraulicher Ausgabedaten einschließlich Verfahren zur sicheren Entsorgung der Ausgabedaten fehlgeschlagener Jobs (siehe 8.3 und 11.2.7);

h)   Verfahren für System-Neustart und Wiederherstellung zur Nutzung bei einem Systemausfall;

i)   die Verwaltung von Prüfpfad- und Systemprotokoll-Informationen (siehe 12.4);

j)   Überwachungsverfahren (siehe 12.4).

54

Die Betriebsverfahren und die dokumentierten Verfahren für Systemaktivitäten sollten wie offizielle Dokumente behandelt werden, und Änderungen sollten einer Genehmigung durch das Management bedürfen. Informationssysteme sollten, sofern dies technisch durchführbar ist, zentral mittels derselben Verfahren, Werkzeuge und Dienstprogramme verwaltet werden.

12.1.2 Änderungsmanagement

Maßnahme

Änderungen in der Organisation, an Geschäftsprozessen, an Datenverarbeitungseinrichtungen und an Systemen, die Einfluss auf die Informationssicherheit haben, sollten kontrolliert werden.

Umsetzungshinweise

Die folgenden Punkte sollten dabei insbesondere berücksichtigt werden:

a) Feststellung und Protokollierung wesentlicher Änderungen;

b) Planung und Prüfung von Änderungen;

c) Beurteilung der möglichen Auswirkungen derartiger Änderungen, einschließlich der Auswirkungen auf die Informationssicherheit;

d) formelles Genehmigungsverfahren für vorgeschlagene Änderungen;

e) Sicherstellung, dass die Anforderungen an die Informationssicherheit erfüllt wurden;

f) Kommunizierung von Änderungsdetails an alle relevanten Personen;

g) Alternativverfahren, darunter Verfahren und Zuständigkeiten, um bei nicht erfolgreichen Änderungen und unvorhergesehenen Ereignissen den Vorgang abzubrechen und die Änderungen rückgängig zu machen;

h) Bereitstellung eines Änderungsprozesses für den Notfall, um die schnelle und kontrollierte Umsetzung von Änderungen zur Behebung eines Vorfalls (siehe 16.1) zu ermöglichen.

Es sollten formelle Verantwortungsbereiche und Verfahren für das Management existieren, um die zufriedenstellende Kontrolle aller Änderungen sicherzustellen. Wenn Änderungen vorgenommen werden, sollte ein Audit-Protokoll erstellt werden, das alle relevanten Informationen enthält.

Weitere Informationen

Die unzureichende Kontrolle von Änderungen an Einrichtungen und Systemen zur Informationsverarbeitung ist eine häufige Ursache von System- oder Sicherheitsausfällen. Änderungen an der Betriebsumgebung, insbesondere beim Übergang eines Systems von der Entwicklungs- in die Betriebsphase, kann Einfluss auf die Zuverlässigkeit der Anwendungen (siehe 14.2.2) haben.

55

E DIN ISO/IEC 27002:2014-02   — *Entwurf* —

12.1.3 Kapazitätsmanagement

Maßnahme

Die Ressourcennutzung sollte überwacht und abgestimmt werden, und es sind Prognosen zu zukünftigen Kapazitätsanforderungen zu erstellen, um eine ausreichende Systemleistung sicherzustellen.

Umsetzungshinweise

Die Kapazitätsanforderungen sollten unter Berücksichtigung der Betriebswichtigkeit des betroffenen Systems festgestellt werden. Es sollte eine Abstimmung und Überwachung des Systems erfolgen, um die Verfügbarkeit der Systeme sicherzustellen und ggf. zu verbessern. Es sollten Kontrollen eingerichtet werden, mit denen Probleme rechtzeitig erkannt werden. Bei Prognosen zu zukünftigen Kapazitätsanforderungen sollten neue geschäftliche und systembezogene Anforderungen sowie aktuelle und zukünftige Trends bezüglich der informationsverarbeitenden Einrichtungen der Organisation in Betracht gezogen werden.

Besondere Aufmerksamkeit muss Ressourcen mit langen Vorlaufzeiten bei der Bereitstellung oder hohen Kosten geschenkt werden. Daher sollten die Manager die Nutzung wichtiger Systemressourcen überwachen. Sie sollten Nutzungstrends angeben, insbesondere im Verhältnis zu Geschäftsanwendungen oder den Verwaltungstools der Informationssysteme.

Die Manager sollten diese Information nutzen, um mögliche Engpässe und Abhängigkeiten von Mitarbeitern in Schlüsselpositionen festzustellen und zu vermeiden, die eine Bedrohung für die Systemsicherheit oder die Dienste darstellen könnte, und entsprechende Maßnahmen zu planen.

Die Bereitstellung einer ausreichenden Kapazität kann durch Steigerung der Kapazität oder Verringerung des Bedarfs erreicht werden. Beispiele für die Kapazitätsverwaltung:

a) Löschung veralteter Daten (Speicherplatz);

b) Außerbetriebnahme von Anwendungen, Systemen, Datenbanken oder Umgebungen;

c) Optimierung von Batch-Prozessen und -Planung;

d) Optimierung von Anwendungslogik oder Datenbankabfragen;

e) Verweigerung von oder Begrenzung der Bandbreite für ressourcenintensive Dienste, die nicht geschäftskritisch sind (z. B. Video-Streaming).

Bei erfolgskritischen Systemen sollte die Aufstellung eines dokumentierten Kapazitätsmanagementplans in Betracht gezogen werden.

Weitere Informationen

Diese Maßnahme bezieht sich neben Büros und Einrichtungen auch auf die Personalkapazität.

12.1.4 Trennung von Entwicklungs-, Test- und Betriebsumgebungen

Maßnahme

Entwicklungs-, Test- und Betriebsumgebungen sollten getrennt werden, um das Risiko nicht autorisierter Zugriffe oder nicht autorisierter Änderungen an der Betriebsumgebung zu verringern.

Umsetzungshinweise

Nachdem festgestellt wurde, wie stark Betriebs-, Test- und Entwicklungsumgebung zur Verhinderung von Problemen im Betriebsablauf voneinander getrennt werden müssen, sollte diese Trennung umgesetzt werden.

56

Die folgenden Punkte sollten dabei berücksichtigt werden:

a) Regeln für den Transfer von Software vom Entwicklungs- zum Betriebsstatus sollten festgelegt und dokumentiert werden;

b) Entwicklungs- und Betriebssoftware sollten auf unterschiedlichen Systemen oder Computerprozessoren und in unterschiedlichen Domänen oder Verzeichnissen laufen;

c) Änderungen an betrieblichen Systemen und Anwendungen sollten vor der Anwendung auf die betrieblichen Systeme in einer Prüf- oder Staging-Umgebung getestet werden;

d) Die Tests sollte nur unter außergewöhnlichen Umständen auf den betrieblichen Systemen durchgeführt werden;

e) Der Zugriff aus den betrieblichen Systemen auf Compiler, Editoren und andere Entwicklungswerkzeuge sollte nur dann möglich sein, wenn dies erforderlich ist;

f) Die Benutzer sollten für die betrieblichen und die Testsysteme unterschiedliche Benutzerprofile verwenden, die in den Menüs entsprechend angezeigt werden, um das Risiko eines Fehlers zu verringern;

g) Sensible Daten sollten nicht in das System der Testumgebung kopiert werden, es sei denn, dass entsprechende Kontrollen für das Testsystem zur Verfügung stehen (siehe 14.3).

Weitere Informationen

Entwicklungs- und Testaktivitäten können zu schwerwiegenden Problemen durch z. B. die unbeabsichtigte Veränderung von Dateien oder der Systemumgebung bzw. einen Systemausfall führen. Die Aufrechterhaltung einer bekannten und stabilen Umgebung ist erforderlich, um sinnvolle Überprüfungen durchzuführen und einen unerwünschten Entwicklerzugriff auf die Betriebsumgebung zu verhindern.

Wenn Mitarbeiter aus den Bereichen Entwicklung oder Prüfung Zugriff auf das betriebliche System und dessen Informationen haben, können sie nicht autorisierten und ungeprüften Code einfügen oder die betrieblichen Daten verändern. Bei einigen Systemen könnte diese Möglichkeit dazu missbraucht werden, betrügerische Absichten zu verfolgen oder ungeprüften bzw. Schadcode einzuschleusen, was zu schwerwiegenden Problemen im Betriebsablauf führen kann.

Entwickler und Tester stellen außerdem eine Bedrohung für die Vertraulichkeit der betrieblichen Daten dar. Entwicklungs- und Prüfaktivitäten können zu unbeabsichtigten Veränderungen an der Software oder den Informationen führen, wenn sie in derselben Rechnerumgebung stattfinden. Eine Trennung der Entwicklungs-, der Test- und der Betriebsumgebung ist daher wünschenswert, um das Risiko unbeabsichtigter Veränderungen oder eines nicht autorisierten Zugriffs auf die Betriebssoftware und die Geschäftsdaten zu verringern (zum Schutz der Test-Daten siehe 14.3).

12.2 Schutz vor Malware

Zielsetzung: Sicherstellung, dass Daten und Datenverarbeitungseinrichtungen vor Malware geschützt sind.

12.2.1 Kontrollmaßnahmen gegen Malware

Maßnahme

Es sollten Erkennungs-, Präventions- und Wiederherstellungsmaßnahmen zum Schutz vor Malware in Verbindung mit einer angemessenen Sensibilisierung der Benutzer implementiert werden.

57

E DIN ISO/IEC 27002:2014-02   — *Entwurf* —

<u>Umsetzungshinweise</u>

Der Malware-Schutz sollte sich auf Malware-Erkennungs- und Reparatur-Software, eine Sensibilisierung für das Thema Informationssicherheit sowie geeignete Kontrollen für den Systemzugriff und das Änderungsmanagement stützen. Die folgenden Leitlinien sollten dabei berücksichtigt werden:

a) Erstellung einer offiziellen Richtlinie, nach der die Nutzung nicht autorisierter Software untersagt ist (siehe 12.6.2 und 14.2.);

b) Umsetzung von Maßnahmen zur Verhinderung bzw. Erkennung der Nutzung nicht autorisierter Software (z. B. Positivliste für Anwendungen);

c) Umsetzung von Maßnahmen zur Verhinderung bzw. Erkennung der Nutzung bekannter oder potenzieller Schadcode-Websites (z. B. Negativliste);

d) Erstellung einer offiziellen Richtlinie zum Schutz vor Risiken unter Angabe zu ergreifender Schutzmaßnahmen im Zusammenhang mit dem Empfang von Dateien und Software, die aus externen Netzwerken stammen oder über diese versendet wurden oder die von einem anderen Medium stammen;

e) Behebung von Schwachstellen, die durch Malware ausgenutzt werden könnten, z. B. durch das Management technischer Schwachstellen (siehe 12.6);

f) Durchführung regelmäßiger Überprüfungen der Software und des Datenbestands von Systemen, die betriebswichtige Geschäftsprozesse unterstützen, wobei das Vorhandensein nicht genehmigter Dateien oder nicht autorisierter Hinzufügungen eine offizielle Untersuchung nach sich ziehen sollte;

g) Installation und regelmäßige Aktualisierung einer Malware-Erkennungs- und Reparatur-Software zum routinemäßigen Scannen von Computern und Medien als Vorsichtsmaßnahme, wobei der Scan folgende Punkte umfassen sollte:

    1) Untersuchung aller über Netzwerke empfangener oder über ein Speichermedium erhaltener Dateien auf Malware vor der Verwendung;

    2) Untersuchung von E-Mail-Anhängen und heruntergeladenen Dateien auf Malware vor der Verwendung, wobei dieser Scan an verschiedenen Stellen erfolgen kann, z. B. auf den E-Mail-Servern, auf den Desktop-Rechnern oder beim Zugang zum Netzwerk der Organisation;

    3) Untersuchung von Websites auf Malware,

h) Festlegung von Verfahren und Verantwortlichkeiten zum Umgang mit dem Malware-Schutz auf den Systemen, zur Nutzungsschulung, zur Berichterstattung über Malware-Angriffe und zu Wiederherstellungsmaßnahmen im Anschluss daran;

i) Vorbereitung entsprechender Geschäftskontinuitätspläne zur Wiederherstellung nach Malware-Angriffen, einschließlich aller erforderlichen Daten, eines Software-Backups und Vorkehrungen für die Wiederherstellung (siehe 12.3);

j) Umsetzung von Verfahren zur regelmäßigen Aktualisierung des eigenen Kenntnisstands, z. B. durch Anmeldung zu Mailing-Listen oder Auswertung von Websites, auf denen über neue Malware informiert wird;

k) Umsetzung von Verfahren zur Verifizierung malwarebezogener Informationen und zur Sicherstellung, dass Warnmeldungen präzise und informativ sind, wobei die Führungskräfte gewährleisten sollten, dass qualifizierte Quellen wie z. B. seriöse Zeitschriften, zuverlässige Internet-Seiten oder Anbieter von Malware-Schutzprogrammen herangezogen werden, um zwischen Falschmeldungen und tatsächlichen Malware-Gefahren unterscheiden zu können und allen Benutzern das Problem von Falschmeldungen bewusst gemacht werden und eine Anleitung zum Umgang mit erhaltenen Meldungen dieser Art gegeben werden sollte;

l) Isolierung von Umgebungen, in denen es zu katastrophalen Auswirkungen kommen könnte.

58

— Entwurf —   **E DIN ISO/IEC 27002:2014-02**

Weitere Informationen

Die Verwendung von zwei oder mehr Software-Produkten zum Schutz vor Malware innerhalb der Informationsverarbeitungsumgebung, die sich unterschiedlicher Technologien bedienen und von verschiedenen Anbietern stammen, kann die Wirksamkeit des Malware-Schutzes verbessern.

Es sollte sorgfältig darauf geachtet werden, dass es im Rahmen der Wartungs- und Notfallverfahren zu keiner Einschleusung von Malware kommt, die mittels der bestehenden Maßnahmen zum Schutz vor Malware nicht erkannt wird.

Unter bestimmten Bedingungen kann der Malware-Schutz eine Störung in den Betriebsabläufen verursachen.

Die ausschließliche Verwendung von Malware-Erkennungs- und Reparatur-Software als Maßnahme gegen Malware ist meist nicht ausreichend und sollte von Betriebsverfahren zur Verhinderung der Einschleusung von Malware begleitet werden.

12.3 Backup

Zielsetzung: Schutz vor Datenverlust.

12.3.1 Datensicherungen

Maßnahme

Sicherungskopien von Daten und Software sowie System-Images sollten angefertigt und regelmäßig entsprechend einer vereinbarten Sicherungsleitlinie geprüft werden.

Umsetzungshinweise

Es sollte eine Sicherungsleitlinie erstellt werden, in der die Anforderungen der Organisation in Bezug auf die Sicherung von Daten, Software und Systemen festgelegt sind.

In der Sicherungsleitlinie sind außerdem die Aufbewahrungs- und Schutzanforderungen dargelegt.

Es sollten angemessene Sicherungseinrichtungen vorhanden sein, um zu gewährleisten, dass alle wichtigen Informationen und Softwareanwendungen nach einem Schaden oder Medienausfall wiederhergestellt werden können.

Bei der Aufstellung eines Backup-Plans sollten die folgenden Punkte in Betracht gezogen werden:

a) Es sollten genaue und vollständige Aufzeichnungen der Sicherungskopien und der dokumentierten Wiederherstellungsverfahren erstellt werden;

b) Umfang (z. B. komplettes oder differentielles Backup) und Häufigkeit der Sicherungen sollten den geschäftlichen Anforderungen der Organisation, den Sicherheitsanforderungen bezüglich der betreffenden Informationen und der Wichtigkeit der Information für die Fortführung der Betriebstätigkeit entsprechen;

c) Die Sicherungen sollten an einem externen Speicherort in ausreichender Entfernung abgelegt werden, um vor Schäden am Hauptstandort geschützt zu sein;

d) Die Sicherungsinformationen sollten über einen angemessenen Schutz vor physischen und Umweltfaktoren (siehe 11) verfügen, der den am Hauptstandort angewandten Normen entspricht;

59

E DIN ISO/IEC 27002:2014-02 — *Entwurf* —

e) Die Sicherungsmedien sollten regelmäßig überprüft werden, um sicherzustellen, dass auf sie im Notfall Verlass ist. Dies sollte zusammen mit einer Überprüfung der Wiederherstellungsverfahren in Verbindung mit einer Überprüfung der für die Wiederherstellung benötigten Zeit erfolgen. Bei der Überprüfung der Wiederherstellungsfunktion sollten die gesicherten Daten auf ein separates Prüfmedium zurückgespielt werden, statt das Ursprungsmedium zu überschreiben, um im Fall eines fehlgeschlagenen Sicherungs- oder Wiederherstellungsprozesses eine irreparable Beschädigung oder sogar einen Verlust der Daten zu vermeiden;

f) In Situationen, in denen Vertraulichkeit besonders wichtig ist, sollten die Sicherung mittels Verschlüsselung geschützt werden.

Im Rahmen der Betriebsverfahren sollten die Durchführung von Sicherungen überwacht und Maßnahmen bei fehlgeschlagenen geplanten Sicherungen festlegt werden, um die Vollständigkeit der Backups nach der Sicherungsrichtlinie zu gewährleisten.

Sicherungsvorkehrungen für einzelne Systeme und Dienste sollten regelmäßig überprüft werden, um zu gewährleisten, dass sie die Anforderungen der Geschäftskontinuitätspläne erfüllen. Bei betriebswichtigen Systemen und Diensten sollten die Sicherungsvorkehrungen alle Systeminformationen, -anwendungen und -daten umfassen, die zur Wiederherstellung des kompletten Systems bei einem Schaden erforderlich sind.

Der Aufbewahrungszeitraum für wichtige geschäftliche Informationen sollte unter Berücksichtigung von Anforderungen zur dauerhaften Aufbewahrung von Archivkopien bestimmt werden.

12.4 Protokollierung und Überwachung

Zielsetzung: Aufzeichnung von Ereignissen und Generierung von Beweismaterial.

12.4.1 Ereignisprotokollierung

Maßnahme

Es sollten Ereignisprotokolle angefertigt, aufbewahrt und regelmäßig geprüft werden, in denen Aktivitäten der Benutzer, Ausnahmen, Fehler und Informationssicherheitsereignisse aufgezeichnet werden.

Umsetzungshinweise

Die Ereignisprotokolle sollten die folgenden Elemente enthalten (sofern relevant):

a) Benutzerkennungen;

b) Systemaktivitäten;

c) Datum, Uhrzeit und Einzelheiten wichtiger Ereignisse, z. B. Anmeldung und Abmeldung;

d) Geräteidentität oder -standort (falls möglich) und Systembezeichnung;

e) Aufzeichnung erfolgreicher und abgelehnter Systemzugriffsversuche;

f) Aufzeichnung erfolgreicher und abgelehnter Versuche, auf Daten oder andere Ressourcen zuzugreifen;

g) Änderungen der Systemkonfiguration;

h) Nutzung von Privilegien;

i) Nutzung von Dienstprogrammen und Anwendungen;

j) Dateien, auf die zugegriffen wurde, und Art des Zugriffs;

60

k)   Netzwerkadressen und Protokolle;

l)   vom Zugriffskontrollsystem ausgelöste Alarme;

m)   Aktivierung und Deaktivierung von Schutzsystemen wie des Virenschutz- und des Angriffserkennungssystems;

n)   Aufzeichnungen von Transaktionen, die von Benutzern in Anwendungen ausgeführt werden.

Die Ereignisprotokollierung bildet den Grundstein für die automatisierten Überwachungssysteme, die in der Lage sind, konsolidierte Berichte und Warnungen zur Systemsicherheit zu erzeugen.

Weitere Informationen

Ereignisprotokolle können sensible Daten und personenbezogene Informationen enthalten. Daher sollten entsprechende Maßnahmen zum Schutz der Privatsphäre ergriffen werden (siehe 18.1.4).

Die Systemadministratoren sollten möglichst keine Befugnis besitzen, die Protokollierung ihrer eigenen Aktivitäten zu löschen oder zu deaktivieren (siehe 12.4.3).

12.4.2 Schutz von Protokollinformationen

Maßnahme

Protokollierungseinrichtungen und Protokollinformationen sollten vor Manipulation und unbefugtem Zugriff geschützt werden.

Umsetzungshinweise

Die Maßnahmen sollten auf den Schutz vor nicht autorisierten Änderungen der Protokollinformationen und Problemen im Betriebsablauf im Zusammenhang mit der Protokollierungseinrichtung abzielen, darunter:

a)   Änderungen der aufgezeichneten Nachrichtentypen;

b)   bearbeitete oder gelöschte Protokolldateien;

c)   Überschreitung der Speicherkapazität der Protokolldatenträger mit dem Ergebnis, dass Ereignisse nicht mehr aufgezeichnet oder frühere Ereignisse überschrieben werden.

Einige Audit-Protokolle müssen möglicherweise im Rahmen der Aufbewahrungsleitlinie oder aufgrund von Anforderungen zum Sammeln und Speichern von Beweismaterial (siehe 16.1.7) archiviert werden.

Weitere Informationen

Systemprotokolle enthalten häufig eine große Anzahl von Informationen, die vielfach für die Überwachung der Informationssicherheit nicht relevant sind. Zur Ermittlung von Ereignissen, die für die Überwachung der Informationssicherheit von Bedeutung sind, sollte erwogen werden, sich entsprechende Nachrichtentypen automatisch in eine zweite Protokolldatei kopieren zu lassen oder geeignete Dienstprogramme oder Audit-Werkzeuge zur Durchführung einer Dateiabfrage und -rationalisierung zu verwenden.

Die Systemprotokolle müssen geschützt werden, denn falls die Daten verändert oder enthaltene Daten gelöscht werden können, führt dies möglicherweise zu einem falschen Gefühl der Sicherheit. Zum Schutz der Protokolldateien können diese in Echtzeit auf ein System kopiert werden, das sich außerhalb des Verfügungsbereichs eines Systemadministrators oder Betreibers befindet.

61

E DIN ISO/IEC 27002:2014-02   *— Entwurf —*

12.4.3 Administrator- und Betreiberprotokolle

Maßnahme

Es sollten Protokolle der Aktivitäten von Systemadministratoren und Systembetreibern angefertigt, geschützt und regelmäßig geprüft werden.

Umsetzungshinweise

Inhaber von Benutzerkonten mit Sonderzugangsrechten können möglicherweise die Protokolle von informationsverarbeitenden Einrichtungen manipulieren, die ihnen direkt unterstellt sind. Daher ist es notwendig, die Protokolle zu schützen und zu prüfen, um die Verantwortlichkeit für Benutzer mit Sonderzugangsrechten aufrechtzuerhalten.

Weitere Informationen

Ein Angriffserkennungssystem, das außerhalb des Einflussbereichs der System- und Netzwerkadministratoren verwaltet wird, kann zur Überwachung der Konformität der System- und Netzwerkadministrationsaktivitäten verwendet werden.

12.4.4 Zeitsynchronisation

Maßnahme

Die Uhren aller relevanten Datenverarbeitungssysteme innerhalb einer Organisation oder einer Sicherheitsdomäne sollten auf eine einzelne Referenz-Zeitquelle synchronisiert werden.

Umsetzungshinweise

Die externen und internen Anforderungen für die Zeitdarstellung, -synchronisation und -genauigkeit sollten dokumentiert werden. Bei diesen Anforderungen kann es sich um gesetzliche, behördliche oder vertragliche Vorgaben, einzuhaltende Normen oder Anforderungen zur internen Überwachung handeln. Es sollte eine standardisierte Referenz-Zeit zur Verwendung innerhalb der Organisation festgelegt werden.

Die Herangehensweise der Organisation zur Ermittlung einer Referenz-Zeit aus einer oder mehreren externen Quellen und die Synchronisierungsmethode für die internen Uhren sollten dokumentiert und umgesetzt werden.

Weitere Informationen

Die korrekte Einstellung der Computeruhren ist wichtig, um die Genauigkeit der Audit-Protokolle sicherzustellen, die möglicherweise für Untersuchungen oder als Beweisstück in Rechts- oder Disziplinarfällen benötigt werden. Ungenaue Audit-Protokolle können derartige Untersuchungen behindern und der Glaubwürdigkeit derartiger Beweisstücke schaden. Als Referenzuhr für die Protokollierungssysteme kann eine Uhr verwendet werden, die mit dem gesendeten Zeitsignal einer nationalen Atomuhr verbunden ist. Zur Synchronisation aller Server mit der Referenzuhr kann ein Netzwerkzeit-Protokoll verwendet werden.

12.5 Kontrolle von Betriebssoftware

Zielsetzung: Sicherstellung der Integrität von betrieblichen Systemen.

12.5.1 Installation von Software auf betrieblichen Systemen

Maßnahme

Es sollten Verfahren zur Kontrolle der Installation von Software auf betriebsrelevanten Systemen implementiert werden.

62

— Entwurf —   **E DIN ISO/IEC 27002:2014-02**

Umsetzungshinweise

Die folgenden Leitlinien sollten zur Änderungskontrolle bei Software auf betrieblichen Systemen beachtet werden:

a) Die Aktualisierung der Betriebssoftware, Anwendungen und Programmbibliotheken sollte nur von geschulten Administratoren auf Grundlage einer entsprechenden Autorisierung durch das Management (siehe 9.4.5) durchgeführt werden;

b) Auf den betrieblichen Systemen sollte sich nur genehmigter, ausführbarer Code befinden, kein Entwicklercode und keine Compiler;

c) Anwendungen und Betriebssystem-Software sollten erst nach umfassenden und erfolgreichen Tests implementiert werden. Die Tests sollten die Aspekte Software-Ergonomie, Sicherheit, Auswirkungen auf andere Systeme und Benutzerfreundlichkeit umfassen und auf separaten Systemen durchgeführt werden (siehe 12.1.4). Es sollte sichergestellt werden, dass alle zugehörigen Programmquellbibliotheken aktualisiert wurden;

d) Es sollte ein Konfigurationskontrollsystem verwendet werden, um die Kontrolle über sämtliche implementierte Software sowie die Systemdokumentation zu gewährleisten;

e) Vor der Umsetzung der Änderungen sollte dafür gesorgt werden, dass eine Rollback-Strategie existiert;

f) Sämtliche Aktualisierungen der Betriebsprogrammbibliotheken sollten in einem Audit-Protokoll festgehalten werden;

g) Frühere Versionen der Anwendungssoftware sollten für den Notfall aufbewahrt werden;

h) Alte Software-Versionen sollten archiviert werden, zusammen mit allen erforderlichen Informationen und Parametern, Verfahren, Konfigurationsdetails und unterstützender Software, solange sich die Daten im Archiv befinden.

Anbietersoftware, die in den betrieblichen Systemen verwendet wird, sollte die vom Lieferanten angebotene Wartung erfahren. Softwareanbieter stellen den Support für ältere Software-Versionen nach einiger Zeit ein. Die Organisation sollte sich mit den Risiken beschäftigen, die mit dem Einsatz einer nicht unterstützten Software verbunden sind.

Bei jeder Entscheidung zur Aktualisierung auf eine neue Version sollten die geschäftlichen Anforderungen für die Änderung und die Sicherheit der Version berücksichtigt werden, z. B. die Einführung neuer Funktionen zur Verbesserung der Informationssicherheit oder Anzahl und Schweregrad der Probleme hinsichtlich der Informationssicherheit, von der diese Version betroffen ist. Software-Patches sollten angewendet werden, wenn sie dazu beitragen, Schwächen hinsichtlich der Informationssicherheit zu beheben oder zu mindern (siehe 12.6).

Physischen oder logischen Zugang sollten nur Lieferanten zu Support-Zwecken erhalten, wenn dies erforderlich ist und vom Management genehmigt wurde. Die Aktivitäten des Lieferanten sollten überwacht werden (siehe 15.2.1).

Die Computersoftware kann von extern beschaffter Softwareanwendungen bzw. Modulen abhängig sein. Diese sollten überwacht und kontrolliert werden, um nicht autorisierte Veränderungen zu verhindern, die zu Sicherheitsschwachstellen führen könnten.

63

E DIN ISO/IEC 27002:2014-02   — *Entwurf* —

12.6 Technisches Schwachstellenmanagement

Zielsetzung: Verhinderung einer Ausnutzung technischer Schwachstellen.

12.6.1 Management technischer Schwachstellen

Maßnahme

Informationen über technische Schwachstellen von verwendeten Informationssystemen sollten rechtzeitig eingeholt, die Anfälligkeit der Organisation für eine Ausnutzung solcher Schwachstellen sollte bewertet und angemessene Maßnahmen für den Umgang mit dem damit einhergehenden Risiko sollten ergriffen werden.

Umsetzungshinweise

Eine aktuelle und vollständige Aufstellung der Werte (siehe 8) ist eine Vorbedingung für ein wirksames technisches Schwachstellenmanagement. Zu den spezifischen Informationen, die zur Unterstützung des technischen Schwachstellenmanagements benötigt werden, gehören Software-Anbieter, Versionsnummern, der aktuelle Verteilungsstand (z. B. die Angabe, welche Software auf welchen Systemen installiert ist) und die für die Software innerhalb der Organisation zuständige(n) Person(en).

Als Reaktion auf die Feststellung potenzieller technischer Schwachstellen sollten zeitnah entsprechende Abhilfemaßnahmen ergriffen werden. Zur Einrichtung eines effektiven Managementprozesses in Bezug auf technische Schwachstellen sollte die folgende Anleitung beachtet werden:

a) Die Organisation sollte die mit dem technischen Schwachstellenmanagement verbundenen Aufgaben und Zuständigkeiten festlegen und einrichten, die die Überwachung auf Schwachstellen, die Risikobeurteilung von Schwachstellen, das Einspielen von Patches, die Nachverfolgung von Assets und sämtliche erforderlichen Koordinationsaufgaben umfassen;

b) Informationsressourcen, die zur Feststellung relevanter technischer Schwachstellen und deren nachhaltiger Bewusstmachung verwendet werden, sollten hinsichtlich Software und anderer Technologien identifiziert werden (auf Grundlage der Inventarliste der Werte, siehe 8.1.1). Diese Informationsressourcen sollten bei Änderungen im Inventar oder bei Ermittlung neuer oder weiterer nützlicher Ressourcen aktualisiert werden;

c) Es sollte ein Zeitplan zur Reaktion auf Benachrichtigungen über möglicherweise relevante technische Schwachstellen festgelegt werden;

d) Bei Feststellung einer potenziellen technischen Schwachstelle sollte die Organisation die damit verbundenen Risiken feststellen und die erforderlichen Abhilfemaßnahmen bestimmen. Zu diesen können das Patchen der anfälligen Systeme oder die Anwendung anderer Kontrollmaßnahmen gehören;

e) Je nach Dringlichkeit der Behebung einer technischen Schwachstelle sollte die entsprechende Maßnahme nach den für das Änderungsmanagement geltenden Sicherheitsmaßnahmen (siehe 12.1.2) oder anhand der folgenden Abhilfemaßnahmen bei Informationssicherheitsvorfällen (siehe 16.1.5) durchgeführt werden;

f) Wenn ein Patch aus einer vertrauenswürdigen Quelle zur Verfügung steht, sollten die mit der Installation des Patches verbundenen Risiken beurteilt werden (die Risiken durch die Schwachstelle sollten gegenüber den Risiken durch die Installation des Patches abgewogen werden);

64

— Entwurf —   **E DIN ISO/IEC 27002:2014-02**

g) Die Patches sollten vor der Installation getestet und beurteilt werden, um sicherzustellen, dass sie die gewünschte Wirkung entfalten und zu keinen nicht hinnehmbaren Nebeneffekten führen. Steht kein Patch zur Verfügung, sollten andere Sicherheitsmaßnahmen in Betracht gezogen werden, z. B.:

   1) Abschaltung der Dienste bzw. Funktionen, die von der Schwachstelle betroffen sind;

   2) Anpassung bzw. Ergänzung der Zugriffskontrollen, z. B. Firewalls, an den Netzwerkgrenzen (siehe 13.1);

   3) verstärkte Überwachung zur Erkennung stattfindender Angriffe;

   4) Sensibilisierung der Mitarbeiter für die Schwachstelle.

h) Alle durchgeführten Verfahren sollten in einem Audit-Protokoll vermerkt werden;

i) Der Prozess zum technischen Schwachstellenmanagement sollte regelmäßigüberwacht und bewertet werden, um seine Wirksamkeit und Effizienz sicherzustellen;

j) Hochrisikosysteme sollten bevorzugt behandelt werden;

k) Ein wirkungsvoller Prozess zum technischen Schwachstellenmanagement sollte mit den Aktivitäten zum Umgang mit Sicherheitsvorfällen abgestimmt werden, damit Daten über Schwachstellen an die für Abhilfemaßnahmen zuständige Person weitergeleitet werden und bei einem Sicherheitsvorfall entsprechend durchzuführende technische Verfahren zur Verfügung stehen;

l) Es sollte ein Verfahren zum Umgang mit Situationen festgelegt werden, in denen eine Schwachstelle festgestellt wurde, aber keine geeignete Gegenmaßnahme existiert. In diesen Situationen sollte die Organisation die Risiken beurteilen, die die bekannte Schwachstelle birgt, und geeignete Erkennungs- und Abhilfemaßnahmen festlegen.

Weitere Informationen

Das technische Schwachstellenmanagement kann auch als Unterfunktion des Änderungsmanagements gesehen werden und dabei die Vorteile der Prozesse und Verfahren des Änderungsmanagements nutzen (siehe 12.1.2 und 14.2.2).

Anbieter stehen häufig unter dem erheblichen Druck, Patches so schnell wie möglich zu veröffentlichen. Daher ist es möglich, dass ein Patch das bestehende Problem nicht angemessen behebt und sogar zu negativen Nebeneffekten führt. Zudem ist nach der Anwendung eines Patches dessen Deinstallation nicht ohne weiteres möglich.

Wenn eine angemessene Überprüfung der Patches nicht möglich ist, z. B. aus Kostengründen oder aufgrund fehlender Ressourcen, kann über eine Zurückstellung des Patches nachgedacht werden, um zuvor die damit verbundenen Risiken auf Grundlage der von anderen Benutzern berichteten Erfahrungen abzuschätzen. Die Anwendung von ISO/IEC 27031 kann von Nutzen sein.

12.6.2 Beschränkungen der Software-Installation

Maßnahme

Für Software-Installationen durch Benutzer sollten Regeln festgelegt und implementiert werden.

Umsetzungshinweise

Die Organisation sollte eine strenge Richtlinie in Bezug auf die Art von Software festlegen und umsetzen, die von Anwendern installiert werden darf.

65

E DIN ISO/IEC 27002:2014-02   — *Entwurf* —

Dabei sollte das „Least Privilege"-Prinzip angewendet werden. Anwendern, denen bestimmte Rechte eingeräumt werden, können Software installieren. Die Organisation sollte festlegen, welche Arten von Softwareinstallationen gestattet sind (z. B. Aktualisierungen und Sicherheitspatches für vorhandene Software) und welche Installationsarten untersagt sind (z. B. Software ausschließlich zur privaten Nutzung sowie Software, von der nicht bekannt ist, ob sie möglicherweise Schadcode enthält oder die in diesem Verdacht steht). Die Gewährung entsprechender Rechte sollte unter Berücksichtigung der Funktionen der jeweiligen Anwender erfolgen.

Weitere Informationen

Durch die unkontrollierte Installation von Software auf Rechnern können Schwachstellen entstehen, die zu einem Informations- oder Integritätsverlust oder anderen Informationssicherheitsvorfällen oder zum Verstoß gegen Rechte an geistigem Eigentum führen.

12.7 Auswirkungen von Audits auf Informationssysteme

Zielsetzung: Minimierung der Auswirkungen von Audit-Aktivitäten auf betriebliche Systeme.

12.7.1 Kontrollen für Audits von Informationssystemen

Maßnahme

Audit-Anforderungen und -Aktivitäten im Zusammenhang mit betriebsrelevanten Systemen sollten sorgfältig geplant und vereinbart werden, um Unterbrechungen der Geschäftsabläufe zu minimieren.

Umsetzungshinweise

Die folgenden Leitlinien sollten beachtet werden:

a) Die Audit-Anforderungen für den Zugriff auf Systeme und Daten sollten mit dem zuständigen Management vereinbart werden;

b) Der Umfang der technischen Audit-Prüfungen sollte vereinbart und kontrolliert werden;

c) Die Audit-Prüfungen sollten auf einen reinen Lesezugriff auf Software und Daten beschränkt sein;

d) Ein über den Lesezugriff hinausgehender Zugang sollte nur in Bezug auf isolierte Kopien von Systemdateien gestattet werden, die nach Abschluss des Audits gelöscht werden oder aber entsprechend geschützt werden sollten, falls eine Verpflichtung besteht, diese Dateien aufgrund geltender Dokumentationsanforderungen bezüglich des Audits aufzubewahren;

e) Es sollten Anforderungen bezüglich einer besonderen oder zusätzlichen Verarbeitung ermittelt und vereinbart werden. Audit-Prüfungen, die Einfluss auf die Systemverfügbarkeit haben könnten, sollten außerhalb der Geschäftszeiten durchgeführt werden;

f) Sämtliche Zugriffe sollten überwacht und protokolliert werden, um auf diese Weise einen Referenz-Prüfpfad zu erstellen.

66

13 Sicherheit in der Kommunikation

13.1 Netzwerksicherheitsmanagement

Zielsetzung: Sicherstellung des Schutzes von Informationen in Netzwerken und den unterstützenden informationsverarbeitenden Einrichtungen.

13.1.1 Netzwerkkontrollen

Maßnahme

Netzwerke sollten so verwaltet und kontrolliert werden, dass die Informationen in Systemen und Anwendungen geschützt sind.

Umsetzungshinweise

Es sollten Maßnahmen umgesetzt werden, um die Sicherheit der Informationen in Netzwerken und den Schutz vernetzter Dienste vor unbefugtem Zugriff zu gewährleisten. Die folgenden Punkte sollten dabei insbesondere berücksichtigt werden:

a) Es sollten Zuständigkeiten und Verfahren für die Verwaltung der Netzwerktechnik festgelegt werden;

b) Die betriebliche Zuständigkeit für die Netzwerke sollte ggf. vom Rechnerbetrieb getrennt werden (siehe 6.1.5);

c) Es sollten besondere Maßnahmen umgesetzt werden, um die Vertraulichkeit und Integrität der über öffentliche Netze oder drahtlose Netzwerke übertragenen Daten zu gewährleisten und um die vernetzten Systeme und Anwendungen zu schützen (siehe 10 und 13.2). Möglicherweise sind auch besondere Maßnahmen erforderlich, um die Verfügbarkeit der Netzwerkdienste und der angeschlossenen Computer aufrechtzuerhalten;

d) Zur Aufzeichnung und Erkennung von Handlungen, die Einfluss auf die Informationssicherheit haben oder für diese relevant sind, sollte eine entsprechende Protokollierung und Überwachung stattfinden;

e) Die Managementaktivitäten sollten genau koordiniert werden, um den Nutzen für die Organisation zu optimieren und um sicherzustellen, dass die Maßnahmen konsistent innerhalb der Datenverarbeitungsinfrastruktur umgesetzt werden;

f) Die Systeme im Netzwerk sollten authentifiziert werden;

g) Die Systemverbindung zum Netzwerk sollte eingeschränkt sein.

Weitere Informationen

Weitere Informationen zur Netzwerksicherheit können ISO/IEC 27033 (Netzwerksicherheit) entnommen werden.

13.1.2 Sicherheit von Netzwerkdiensten

Maßnahme

Es sollten Sicherheitsmechanismen, Service-Level und Anforderungen für die Verwaltung aller Netzwerkdienste ermittelt und in Verträge über Netzwerkdienste aufgenommen werden, und zwar unabhängig davon, ob diese Dienste intern erbracht oder ausgelagert werden.

67

E DIN ISO/IEC 27002:2014-02 — *Entwurf* —

Umsetzungshinweise

Die Fähigkeit des Bereitstellers von Netzwerkdiensten, die vereinbarten Dienste auf sichere Weise zu erbringen, sollte bestimmt und regelmäßig überwacht werden, und es sollte ein Überprüfungsrecht vereinbart werden.

Die für bestimmte Dienste erforderlichen Sicherheitsvorkehrungen wie Sicherheitsfunktionen, Service-Level und Verwaltungsanforderungen sollten festgestellt werden. Die Organisation sollte sicherstellen, dass die Anbieter von Netzwerkdiensten diese Maßnahmen umsetzen.

Weitere Informationen

Zu den Netzwerkdiensten gehören die Bereitstellung von Verbindungen, Private-Network-Dienste und Mehrwertnetze sowie Managed-Network-Sicherheitslösungen wie Firewalls und Angriffserkennungssysteme. Diese Dienste können von einfachen, unverwalteten Bandbreitendienst- bis zu komplexen Mehrwertdienst-Angeboten reichen.

Bei den Sicherheitsfunktionen des Netzwerkdienste kann es sich handeln um:

a) Technologie, die zur Steigerung der Sicherheit der Netzwerkdienste eingesetzt wird, wie Authentifizierung, Verschlüsselung und Netzwerkverbindungskontrollen;

b) technische Parameter, die für eine abgesicherte Verbindung mit den Netzwerkdiensten entsprechend der Sicherheits- und Netzwerkverbindungsregeln erforderlich sind;

c) Verfahren für die Nutzung der Netzwerkdienste zur ggf. erforderlichen Einschränkung des Zugriffs auf Netzwerkdienste oder Anwendungen.

13.1.3 Trennung in Netzwerken

Maßnahme

Gruppen von Informationsdiensten, Benutzern und Informationssystemen sollten in Netzwerken voneinander getrennt gehalten werden.

Umsetzungshinweise

Eine Methode zum Sicherheitsmanagement in großen Netzwerken besteht in deren Trennung in separate Netzwerkdomänen. Diese Domänen können anhand von Trust-Levels (z. B. Domäne für öffentlichen Zugang, Desktop-Domäne, Server-Domäne), nach Organisationseinheiten (z. B. Personal, Finanzen, Marketing) oder einer Kombination daraus (z. B. Server-Domäne, in der mehrere Organisationseinheiten vernetzt sind) ausgewählt werden. Die Trennung kann mittels physisch unterschiedlicher Netzwerke oder durch Verwendung verschiedener logischer Netzwerke (z. B. Virtual Private Networks) realisiert werden.

Der Bereich jeder einzelnen Domäne sollte genau definiert werden. Der domänenübergreifende Zugang ist gestattet, sollte jedoch mittels eines Gateways (z. B. Firewall, filternder Router) kontrolliert werden. Den Kriterien für die Aufteilung der Netzwerke in Domänen sowie dem über die Gateways gestatteten Zugang sollte eine Beurteilung der Sicherheitsanforderungen der einzelnen Domänen zugrunde liegen. Diese Beurteilung sollte nach der Zugriffskontrollleitlinie (siehe 9.1.1), den Zugangsanforderungen, dem Wert und der Klassifizierung der verarbeiteten Informationen erfolgen, wobei auch die relativen Kosten und die Auswirkungen auf die Leistungsfähigkeit angesichts der Einbeziehung einer geeigneten Gateway-Technologie in Betracht gezogen werden sollten.

Drahtlos-Netzwerke erfordern eine besondere Behandlung aufgrund des ungenau definierten Netzwerkperimeters. In sensiblen Umgebungen sollte darauf geachtet werden, alle Drahtloszugriffe wie externe Verbindungen (siehe 9.4.2) zu behandeln und diesen Zugriff von den internen Netzwerken zu trennen, bis das Gateway entsprechend der Netzwerkkontrollleitlinie (siehe 13.1.1) passiert wurde, um erst dann den Zugriff auf die internen Systeme zu gewähren.

68

Bei ordnungsgemäßer Implementierung können die Kontrolltechnologien moderner, standardisierter Drahtlosnetzwerke zur Authentifizierung und Verschlüsselung sowie zum Netzwerkzugang auf Benutzerebene für die Direktverbindung zum internen Netzwerk der Organisation ausreichend sein.

<u>Weitere Informationen</u>

Netzwerke erstrecken sich häufig über die Grenzen von Organisationen hinaus, da geschäftliche Partnerschaften geschlossen werden, die die Verbindung oder gemeinsame Nutzung von informationsverarbeitenden und Netzwerk-Einrichtungen erforderlich machen. Durch diese Erweiterungen kann sich das Risiko eines nicht autorisierten Zugangs zu den an das Netzwerk angeschlossenen Informationssystemen einer Organisation erhöhen, die zum Teil sensible oder geschäftskritische Daten enthalten und deshalb vor anderen Netzwerknutzern geschützt werden müssen.

13.2 Informationsübertragung

Zielsetzung: Wahrung der Sicherheit von Informationen, die innerhalb einer Organisation oder im Austausch mit einer externen Stelle übertragen werden.

13.2.1 Leitlinien und Verfahren für die Informationsübertragung

<u>Maßnahme</u>

Es sollten formelle Leitlinien, Verfahren und Kontrollmaßnahmen in Kraft sein, mit denen die Informationsübertragung über alle Arten von Kommunikationseinrichtungen geschützt wird.

<u>Umsetzungshinweise</u>

Im Rahmen der bei der Nutzung von Kommunikationseinrichtungen für die Informationsübertragung zu beachtenden Verfahren und Kontrollmaßnahmen sollten die folgenden Punkte berücksichtigt werden:

a) Entwicklung von Verfahren, um zu verhindern, dass übertragene Informationen abgefangen, kopiert, verändert, umgeleitet oder zerstört werden;

b) Verfahren zur Erkennung von und zum Schutz vor Malware, die durch die Verwendung elektronischer Kommunikationseinrichtungen übertragen werden (siehe 12.2.1);

c) Verfahren zum Schutz übertragener sensibler elektronischer Informationen, die in Form eines Anhangs vorliegen;

d) Richtlinie oder Leitlinien, in denen die zulässige Verwendung der Kommunikationseinrichtungen beschrieben wird (siehe 8.1.3);

e) Verantwortung der Mitarbeiter, externer Parteien und jedweder anderer Benutzer, die Organisation nicht durch z. B. Diffamierung, Mobbing, betrügerisches Auftreten, Weiterleitung von Kettenbriefen, nicht autorisierten Einkauf und ähnliche Handlungen zu kompromittieren;

f) Verwendung von Verschlüsselungstechnologien, z. B. zum Schutz der Vertraulichkeit, Integrität und Authentizität von Informationen (siehe 10);

g) Leitlinien zur Aufbewahrung und Entsorgung sämtlicher Geschäftskorrespondenz, einschließlich Nachrichten, entsprechend der geltenden nationalen und internationalen Gesetze und Vorschriften;

h) Kontrollmaßnahmen und Beschränkungen in Verbindung mit der Nutzung von Kommunikationseinrichtungen, z. B. automatische Weiterleitung von E-Mails an externe E-Mail-Adressen;

i) Anweisung an die Mitarbeiter, entsprechende Vorsichtsmaßnahmen zu treffen, um die Offenlegung vertraulicher Informationen zu verhindern;

69

E DIN ISO/IEC 27002:2014-02   *— Entwurf —*

j)   kein Hinterlassen von vertrauliche Informationen enthaltenden Mitteilungen auf Anrufbeantwortern, da diese beim Wählen einer falschen Nummer von nicht autorisierten Personen wiedergegeben oder möglicherweise auf öffentlichen Systemen bzw. nicht ordnungsnach gespeichert werden;

k)   Mitarbeiteranweisung bezüglich der Probleme bei der Nutzung von Faxgeräten oder -diensten, nämlich:

   1)   nicht autorisierter Zugriff auf eingebaute Nachrichtenspeicher zum Abruf von Nachrichten;

   2)   vorsätzliche oder unbeabsichtigte Programmierung der Maschinen, so dass diese Nachrichten an bestimmte Nummern senden;

   3)   Versand von Dokumenten und Nachrichten an eine falsche Nummer durch Verwählen oder Verwendung einer falsch gespeicherten Nummer.

Außerdem sollten die Mitarbeiter ermahnt werden, keine vertraulichen Gespräche in der Öffentlichkeit oder über unsichere Kommunikationskanäle, in offenen Büros und an Versammlungsorten zu führen.

Die Informationsübertragungsdienste sollten allen anzuwendenden gesetzlichen Vorschriften (siehe 18.1) entsprechen.

Weitere Informationen

Die Informationsübertragung kann durch Verwendung einer Anzahl verschiedener Arten von Kommunikationseinrichtungen erfolgen, darunter E-Mail, Telefon, Fax und Videoübertragung.

Der Software-Übertragung kann über verschiedene Wege erfolgen, unter anderem durch Herunterladen aus dem Internet und durch Kauf von Standardprodukten entsprechender Anbieter.

Die geschäftlichen, rechtlichen und sicherheitsbezogenen Implikationen im Zusammenhang mit dem Austausch elektronischer Daten, dem elektronischen Geschäftsverkehr und elektronischen Kommunikationseinrichtungen sowie die Anforderungen für Kontrollmaßnahmen sollten berücksichtigt werden.

13.2.2 Vereinbarungen zum Informationstransfer

Maßnahme

Es sollten Vereinbarungen bezüglich des sicheren Transfers von geschäftlichen Informationen zwischen der Organisation und externen Parteien getroffen werden.

Umsetzungshinweise

Die Vereinbarungen zum Informationstransfer sollten die folgenden Punkte beinhalten:

a)   Managementverantwortlichkeiten zur Kontrolle von und zur Mitteilung bezüglich Übertragung, Versand und Empfang;

b)   Verfahren zur Sicherstellung der Nachverfolgbarkeit und Unabstreitbarkeit;

c)   technische Mindeststandards für Verpackung und Übertragung;

d)   Hinterlegungsvereinbarungen;

e)   Standards zur Identifizierung des Kurierunternehmens;

f)   Verantwortlichkeiten und Haftung bei Informationssicherheitsvorfällen wie Datenverlust;

70

g) Verwendung eines vereinbarten Kennzeichnungssystems für sensible oder betriebswichtige Informationen, wobei sicherzustellen ist, dass die Kennzeichnungen ohne weiteres verständlich und die Informationen angemessen geschützt sind (siehe 8.2);

h) technische Normen zum Aufzeichnen und Lesen von Informationen und Software;

i) jedwede besonderen Maßnahmen wie Kryptographie, die zum Schutz sensibler Daten erforderlich sind (siehe 10);

j) Einhaltung einer Kontrollkette für Informationen, die transferiert werden;

k) zulässige Zugriffskontrollstufen.

Es sollten Leitlinien, Verfahren und Normen zum Schutz der ausgetauschten Informationen und physischen Medien eingerichtet und angewendet werden (siehe 8.3.3), auf die in den Vereinbarungen zum Informationstransfer hingewiesen wird.

In den die Informationssicherheit betreffenden Inhalten der Vereinbarungen sollte die Sensibilität der betreffenden geschäftlichen Informationen zum Ausdruck kommen.

Weitere Informationen

Die Vereinbarungen können in elektronischer oder Papierform vorliegen und in Form offizieller Verträge ausgeführt sein. Bei vertraulichen Informationen sollten die für deren Transfer verwendeten spezifischen Mechanismen für alle Organisationen und Vereinbarungsformen gleich sein.

13.2.3 Elektronische Nachrichtenübermittlung

Maßnahme

Informationen in elektronischen Nachrichten sollten angemessen geschützt werden.

Umsetzungshinweise

Überlegungen zur Informationssicherheit bei der elektronischen Nachrichtenübermittlung sollten die folgenden Punkte beinhalten:

a) Maßnahmen zum Schutz der Nachrichten vor nicht autorisiertem Zugriff, vor Veränderung oder Denial of Service, die dem von der Organisation übernommenen Klassifizierungsschema entsprechen;

b) Sicherstellung der korrekten Adressierung und Beförderung der Nachricht;

c) Zuverlässigkeit und Verfügbarkeit des Dienstes;

d) rechtliche Überlegungen, zum Beispiel Anforderungen bezüglich elektronischer Signaturen;

e) Einholung einer Genehmigung vor der Nutzung externer öffentlicher Dienste wie Instant Messaging, soziale Netzwerke oder Filesharing;

f) stärkere Authentifizierungsstufen zur Kontrolle des Zugriffs auf öffentlich zugängliche Netze.

Weitere Informationen

Es gibt viele Arten elektronischer Nachrichtenübermittlung wie E-Mail, elektronischer Datenaustausch und soziale Netzwerke, die eine Rolle in der geschäftlichen Kommunikation spielen.

71

E DIN ISO/IEC 27002:2014-02   — *Entwurf* —

13.2.4 Vertraulichkeits- oder Geheimhaltungsvereinbarungen

<u>Maßnahme</u>

Entsprechend den Bedürfnissen der Organisation in Bezug auf den Schutz von Informationen sollten Anforderungen für Vertraulichkeits- oder Geheimhaltungsvereinbarungen ermittelt, regelmäßig geprüft und dokumentiert werden.

<u>Umsetzungshinweise</u>

In den Vertraulichkeits- oder Geheimhaltungsvereinbarungen sollte unter Verwendung rechtsverbindlicher Begriffe auf die Anforderungen zum Schutz vertraulicher Informationen eingegangen werden. Die Vertraulichkeits- oder Geheimhaltungsvereinbarungen müssen auf externe Parteien oder Mitarbeiter der Organisation anwendbar sein. Ihre Bestandteile sollten unter Berücksichtigung des Typs der anderen Partei und des dieser gestatteten Zugriffs oder des Umgangs mit den vertraulichen Informationen ausgewählt bzw. hinzugefügt werden. Zur Feststellung der Anforderungen für Vertraulichkeits- oder Geheimhaltungsvereinbarungen sollten die folgenden Elemente in Betracht gezogen werden:

a) Definition der zu schützenden Informationen (z. B. vertrauliche Informationen);

b) voraussichtliche Dauer einer Vereinbarung, einschließlich von Fällen, in denen die Vertraulichkeit nicht befristet ist;

c) erforderliche Maßnahmen bei Beendigung einer Vereinbarung;

d) Pflichten und Maßnahmen der Unterzeichner zur Vermeidung einer nicht autorisierten Offenlegung von Informationen;

e) Eigentümerschaft an Informationen, Geschäftsgeheimnissen und geistigem Eigentum und Zusammenhang mit dem Schutz der vertraulichen Informationen;

f) gestattete Nutzung vertraulicher Informationen und Rechte des Unterzeichnenden zur Nutzung der Informationen;

g) Recht zur Überprüfung und Überwachung von Aktivitäten, die vertrauliche Informationen berühren;

h) Verfahren zur Benachrichtigung und Berichterstattung über nicht autorisierte Offenlegung oder Verlust vertraulicher Informationen;

i) Bestimmungen bezüglich Informationen, die bei Auslaufen der Vereinbarung zurückzugeben bzw. zu vernichten sind;

j) Maßnahmen, die bei einem Verstoß gegen die Vereinbarung durchgeführt werden sollen.

Abhängig von den Informationssicherheitsanforderungen einer Organisation muss die Vertraulichkeits- oder Geheimhaltungsvereinbarung möglicherweise um weitere Punkte ergänzt werden.

Die Vertraulichkeits- oder Geheimhaltungsvereinbarungen sollten allen geltenden Gesetzen und Vorschriften der jeweiligen Rechtsordnung entsprechen (siehe 18.1).

Die Anforderungen für Vertraulichkeits- oder Geheimhaltungsvereinbarungen sollten regelmäßig sowie bei sie betreffenden Veränderungen überprüft werden.

<u>Weitere Informationen</u>

Vertraulichkeits- oder Geheimhaltungsvereinbarungen sorgen dafür, dass die Daten einer Organisation geschützt sind und die Unterzeichnenden über ihre Pflichten bezüglich des Schutzes, der Nutzung und der verantwortungsvollen und ihren Befugnissen entsprechenden Offenlegung von Informationen unterrichtet werden.

Möglicherweise muss eine Organisation umständeabhängig verschiedene Formen von Vertraulichkeits- oder Geheimhaltungsvereinbarungen treffen.

72

— *Entwurf* — E DIN ISO/IEC 27002:2014-02

14 Anschaffung, Entwicklung und Instandhaltung von Systemen

14.1 Sicherheitsanforderungen für Informationssysteme

Zielsetzung: Gewährleistung, dass Informationssicherheit über den gesamten Lebenszyklus von Informationssystemen hinweg fester Bestandteil dieser Systeme ist. Dies schließt die Anforderungen für Informationssysteme ein, die Dienste über öffentliche Netze bereitstellen.

14.1.1 Analyse und Spezifikation von Sicherheitsanforderungen

Maßnahme

Die die Informationssicherheit betreffenden Anforderungen sollten in die Anforderungen für neue Informationssysteme oder Verbesserungen bei bestehenden Informationssystemen aufgenommen werden.

Umsetzungshinweise

Die Anforderungen an die Informationssicherheit sollten mittels verschiedener Methoden wie der Ableitung von zu beachtenden Anforderungen aus Leitlinien und Vorschriften, der Simulation von Bedrohungsszenarien, der Untersuchung von Vorfällen oder der Verwendung von Schwachstellen-Schwellwerten festgestellt werden. Die Ergebnisse dieser Feststellungen sollten dokumentiert und von allen Stakeholdern geprüft werden.

In den Anforderungen und Maßnahmen hinsichtlich der Informationssicherheit sollten der geschäftliche Wert der betreffenden Informationen (siehe 8.2) sowie die potenziellen negativen geschäftlichen Auswirkungen bei einem Fehlen angemessener Sicherheitsmaßnahmen zum Ausdruck kommen.

Feststellung und Verwaltung der Informationssicherheitsanforderungen und der zugehörigen Prozesse sollten in frühen Stadien von Informationssystemprojekten integriert werden. Eine frühzeitige Berücksichtigung von Informationssicherheitsanforderungen, z. B. bereits in der Entwicklungsphase, kann zu wirksameren und kostengünstigen Leistungen beitragen.

Bei den Anforderungen an die Informationssicherheit sollten außerdem die folgenden Punkte berücksichtigt werden:

a) das erforderliche Vertrauensniveau in Bezug auf die vom Benutzer angegebenen Identität zur Ableitung der Anforderungen hinsichtlich der Benutzerauthentifizierung;

b) die Prozesse zur Zugangsbereitstellung und -genehmigung für geschäftliche Nutzer als auch für Nutzer mit Sonderrechten und technische Nutzer;

c) die Informierung von Benutzern und Betreibern über ihre Pflichten und Zuständigkeiten;

d) die erforderlichen Schutzmaßnahmen für die betroffenen Werte, insbesondere in Bezug auf Verfügbarkeit, Vertraulichkeit und Integrität;

e) die aus den Geschäftsabläufen abgeleiteten Anforderungen wie die Protokollierung und Überwachung von Transaktionen sowie Anforderungen bezüglich der Unabstreitbarkeit;

f) die Anforderungen, die durch andere Sicherheitsmaßnahmen gegeben sind, z. B. Schnittstellen zu Protokollierungs- und Überwachungssystemen oder Systemen zur Erkennung von Datenverlusten.

Bei Anwendungen, die Dienste über öffentliche Netze bereitstellen oder Transaktionen implementieren, sollten die entsprechenden Maßnahmen in 14.1.2 und 14.1.3 in Betracht gezogen werden.

Wenn Produkte angeschafft werden, sollte ein formeller Prüf- und Erwerbungsprozess eingehalten werden. Die Verträge mit dem Lieferanten sollten den festgestellten Sicherheitsanforderungen Rechnung tragen. Erfüllen die Sicherheitsfunktionen eines vorgeschlagenen Produkts nicht die spezifizierten Anforderungen, sollten vor der Anschaffung das dadurch entstehende Risiko und entsprechende Maßnahmen erörtert werden.

73

E DIN ISO/IEC 27002:2014-02   — *Entwurf* —

Die zur Verfügung stehende Leitlinie zur Sicherheitskonfiguration des auf die endgültige Software / den Service-Stack des Systems abgestimmten Produkts sollte ausgewertet und implementiert werden.

Es sollten Kriterien für die Zulassung von Produkten festgelegt werden, z. B. in Bezug auf ihre Funktionen, durch die gewährleistet ist, dass die festgestellten Sicherheitsanforderungen erfüllt werden. Die Produkte sollten vor dem Kauf anhand dieser Kriterien bewertet werden. Zusätzliche Funktionen sollte geprüft werden, um sicherzustellen, dass durch sie keine inakzeptablen, zusätzlichen Risiken entstehen.

Weitere Informationen

ISO/IEC 27005 und ISO 31000 enthalten Leitlinien zur Anwendung von Risikomanagement-Prozessen für die Ermittlung von Sicherheitsmaßnahmen zur Einhaltung der Informationssicherheitsanforderungen.

14.1.2 Sicherung von Anwendungsdiensten in öffentlichen Netzen

Maßnahme

Informationen im Zusammenhang mit Anwendungsdiensten, die über öffentliche Netze übertragen werden, sollten gegen betrügerische Aktivitäten, Vertragsstreitigkeiten, nicht autorisierte Offenlegung oder Veränderung geschützt werden.

Umsetzungshinweise

Bei den Überlegungen zur Informationssicherheit im Zusammenhang mit Anwendungsdiensten, die über öffentliche Netze übertragen werden, sollten die folgenden Punkte berücksichtigt werden:

a) das Vertrauensniveau, das für eine Partei in Bezug auf die von einer anderen Partei angegebenen Identität erforderlich ist, z. B. durch Authentifizierung;

b) Genehmigungsprozesse im Zusammenhang mit der Frage, wer die Inhalte wichtiger Transaktionsdokumente genehmigen, diese herausgeben oder unterzeichnen darf;

c) Sicherstellung, dass die Kommunikationspartner vollständig über ihre Befugnisse zur Bereitstellung oder Nutzung des Dienstes informiert sind;

d) Bestimmung und Erfüllung von Anforderungen in Bezug auf Vertraulichkeit, Integrität, den Nachweis des Versands und Erhalts wichtiger Dokumente und die Unabstreitbarkeit von Verträgen, z. B. in Verbindung mit Angebots- und Vertragsprozessen;

e) das erforderliche Vertrauen in die Integrität wichtiger Dokumente;

f) die Schutzanforderungen für vertrauliche Informationen;

g) die Vertraulichkeit und Integrität jedweder Auftragstransaktionen, Zahlungsinformationen, Lieferadressen-Details und Empfangsbestätigungen;

h) der angemessene Aufwand zur Verifizierung der von einem Kunden angegebenen Zahlungsinformationen;

i) Auswahl der am besten zur Betrugsvorbeugung geeigneten Zahlungsabwicklungsform;

j) der erforderliche Schutzstufe zur Gewährleistung der Vertraulichkeit und Integrität der Auftragsdaten;

k) Verhinderung von Verlust oder Vervielfältigung der Transaktionsinformationen;

l) Haftung in Bezug auf betrügerische Transaktionen;

m) Versicherungsanforderungen.

74

Auf viele der oben genannten Punkte kann durch die Anwendung von kryptographischen Maßnahmen (siehe 10) unter Berücksichtigung der Einhaltung der gesetzlichen Vorschriften eingegangen werden (siehe 18, siehe insbesondere 18.1.5 zur Gesetzgebung zum Thema Kryptographie).

Regelungen zwischen Partnern im Zusammenhang mit Anwendungsdiensten sollte eine dokumentierte Vereinbarung zugrunde liegen, die beide Parteien zur Einhaltung der vereinbarten Dienstbedingungen einschließlich der Genehmigungsdetails verpflichtet (siehe b) oben).

Es sollten Anforderungen bezüglich der Widerstandsfähigkeit gegen Angriffe berücksichtigt werden. Dazu können Anforderungen zum Schutz der betreffenden Anwendungsserver oder zur Sicherstellung der Verfügbarkeit zur Bereitstellung des Dienstes erforderlicher Netzkupplungen gehören.

Weitere Informationen

Anwendungen, auf die über öffentliche Netze zugegriffen werden kann, sind einer Reihe netzbezogener Bedrohungen durch betrügerische Aktivitäten, Vertragsstreitigkeiten oder unrechtmäßige Veröffentlichung von Informationen ausgesetzt. Daher sind eine ausführliche Risikoeinschätzung und eine sorgfältige Auswahl von Kontrollmaßnahmen unverzichtbar. Zu den erforderlichen Kontrollmaßnahmen gehören häufig Verschlüsselungsverfahren für die Authentifizierung und die sichere Datenübertragung.

Anwendungsdienste können sich sicherer Authentifizierungsverfahren wie einer Public-Key-Verschlüsselung und digitaler Signaturen bedienen (siehe 10), um die Risiken zu verringern. Außerdem kann auf Trusted Third Parties (TTPs) zurückgegriffen werden, wenn diese Dienste benötigt werden.

14.1.3 Schutz von Transaktionen im Zusammenhang mit Anwendungsdiensten

Maßnahme

Informationen, die im Zuge von Transaktionen im Zusammenhang mit Anwendungsdiensten übertragen werden, sollten geschützt werden, um unvollständigen Übertragungen und Fehlleitungen sowie nicht autorisierten Offenlegungen, Vervielfältigungen oder wiederholten Wiedergaben von Nachrichten vorzubeugen.

Umsetzungshinweise

Überlegungen zur Informationssicherheit bei Transaktionen im Zusammenhang mit Anwendungsdiensten sollten die folgenden Punkte beinhalten:

a) Nutzung elektronischer Signaturen durch alle an der Transaktion beteiligten Personen;

b) sämtliche Aspekte der Transaktion, also Sicherstellung, dass:

   1) die geheimen Benutzerauthentifizierungsinformationen bei allen Parteien gültig und verifiziert sind;

   2) die Transaktion vertraulich bleibt;

   3) die Privatsphäre aller beteiligten Parteien gewährleistet wird;

c) verschlüsselter Kommunikationsweg zwischen allen beteiligten Parteien;

d) Sicherung der zur Kommunikation zwischen allen beteiligten Parteien verwendeten Protokolle;

e) Sicherstellung, dass die Speicherung der Transaktionsdaten an einem nicht öffentlich zugänglichen Ort erfolgt, z. B. einer Storage-Plattform im Intranet der Organisation, und nicht auf einem Speichermedium aufbewahrt und zur Verfügung gestellt wird, das direkt über das Internet zugänglich ist;

f) bei Verwendung einer Zertifizierungsstelle (z. B. zur Ausgabe und Unterhaltung digitaler Signaturen oder digitaler Zertifikate): Integration und Einbettung der Sicherheit über den gesamten End-to-End-Zertifikats-/Signatur-Management-Prozess.

75

E DIN ISO/IEC 27002:2014-02   *— Entwurf —*

<u>Weitere Informationen</u>

Der Umfang der verwendeten Kontrollmaßnahmen muss dem Risikoniveau der einzelnen, mit den Anwendungsdiensten in Zusammenhang stehenden Transaktionsformen entsprechen.

Die Transaktionen müssen möglicherweise bestimmten gesetzlichen und behördlichen Anforderungen der Rechtsordnung entsprechen, in der die Transaktion erzeugt, verarbeitet, abgeschlossen oder gespeichert wurde.

14.2 Sicherheit in Entwicklungs- und Unterstützungsprozessen

Zielsetzung: Sicherstellung, dass Informationssicherheit im Rahmen des Entwicklungszyklus von Informationssystemen konzipiert und implementiert wird.

14.2.1 Leitlinie für sichere Entwicklung

<u>Maßnahme</u>

Es sollten Regeln für die Entwicklung von Software und Systemen festgelegt und bei Entwicklungen innerhalb der Organisation angewandt werden.

<u>Umsetzungshinweise</u>

Die sichere Entwicklung eine Anforderungen zum Aufbau eines sicheren Dienstes, einer sicheren Architektur und Software und eines sicheren Systems. Im Rahmen einer Leitlinie zur sicheren Entwicklung sollten die folgenden Aspekte in Betracht gezogen werden:

a) Sicherheit der Entwicklungsumgebung;

b) Leitlinie bezüglich der Sicherheit im Softwareentwicklungsprozess;

    1) Sicherheit in der Softwareentwicklungsmethodik;

    2) Leitlinien zur sicheren Programmierung für jede verwendete Programmiersprache;

c) Sicherheitsanforderungen in der Entwurfsphase;

d) Sicherheitsüberprüfungen innerhalb der Projektmeilensteine;

e) sichere Repositories;

f) Sicherheit bei der Versionskontrolle;

g) erforderliches Wissen um die Anwendungssicherheit;

h) Fähigkeit der Entwickler, Schwachstellen zu vermeiden, zu finden und zu beheben.

Sichere Programmiertechniken sollten sowohl bei Neuentwicklungen als auch bei der Wiederverwendung vorhandenen Codes verwendet werden, bei dem die bei der Entwicklung angewendeten Standards möglicherweise nicht bekannt sind oder nicht den aktuellen Best Practices entsprechen. Sichere Programmierstandards sollten berücksichtigt und dort, wo dies relevant ist, verpflichtend gemacht werden. Die Entwickler sollten in deren Verwendung geschult werden, und die Verwendung sollte mit Hilfe von Tests und Code-Prüfungen verifiziert werden.

Wenn die Entwicklung ausgelagert wird, sollte die Organisation die Zusicherung verlangen, dass die externe Partei diese Regeln für sichere Entwicklung einhält (siehe 14.2.7).

76

— Entwurf —   **E DIN ISO/IEC 27002:2014-02**

Weitere Informationen

Die Entwicklung kann auch innerhalb von Anwendungen stattfinden (Büroanwendungen, Scripting, Browser und Datenbanken).

14.2.2 Änderungskontrollverfahren

Maßnahme

Änderungen an Systemen innerhalb des Entwicklungszyklus sollten durch die Anwendung formeller Änderungskontrollverfahren kontrolliert werden.

Umsetzungshinweise

Es sollten formelle Änderungskontrollverfahren dokumentiert und umgesetzt werden, um die Integrität des Systems, der Anwendungen und der Produkte von den frühen Entwurfsphasen bis zu allen später anfallenden Wartungsarbeiten sicherzustellen. Die Einführung neuer Systeme und wesentlicher Änderungen an den bestehenden Systemen sollte nach einem formellen Prozess erfolgen, der Dokumentation, Spezifikation, Prüfung, Qualitätskontrolle und begleitete Umsetzung umfasst.

Dieser Prozess sollte eine Risikoeinschätzung, eine Analyse der Auswirkungen durch die Änderungen und die Spezifikation der erforderlichen Sicherheitskontrollen umfassen. Im Rahmen dieses Prozesses sollte außerdem sichergestellt werden, dass bestehende Sicherheits- und Kontrollverfahren nicht beeinträchtigt werden, dass den Support-Programmierern nur der Zugriff auf Teile des Systems gewährt wird, die sie für ihre Arbeit benötigen und dass für jede Änderung eine offizielle Zustimmung und Genehmigung eingeholt wird.

Kontrollverfahren für betriebliche und Anwendungsänderungen sollten möglichst integriert werden (siehe 12.1.2). In den Änderungskontrollverfahren sollten unter anderem die folgenden Punkte berücksichtigt werden:

a) Führen eines Verzeichnisses vereinbarter Berechtigungsebenen;

b) Sicherstellung, dass Änderungen nur von autorisierten Benutzern übermittelt werden;

c) Überprüfung der Kontrollmaßnahmen und Integritätsverfahren, um sicherzustellen, dass sie nicht von den Änderungen beeinträchtigt werden;

d) Ermittlung sämtlicher Software, Informationen, Datenbankeinträge und Hardware, die einer Ergänzung bedarf bzw. bedürfen;

e) Feststellung und Überprüfung sicherheitskritischen Codes, um die Wahrscheinlichkeit bekannter Sicherheitsschwachstellen möglichst gering zu halten;

f) Einholung einer offiziellen Genehmigung für detaillierte Vorschläge vor Arbeitsbeginn;

g) Sicherstellung, dass entsprechend autorisierte Benutzer den Änderungen vor der Umsetzung zustimmen;

h) Sicherstellung, dass die Systemdokumentation nach Abschluss jeder Änderung aktualisiert und die alte Dokumentation archiviert oder entsorgt wird;

i) Durchführung einer Versionskontrolle bei allen Software-Aktualisierungen;

j) Pflege eines Prüfpfads aller Änderungsanforderungen;

k) Sicherstellung, dass die Betriebsdokumentation (siehe 12.1.1) und die Benutzerverfahren nach Bedarf entsprechend geändert werden;

l) Sicherstellung, dass die Umsetzung von Änderungen rechtzeitig erfolgt und die betreffenden Geschäftsprozesse dadurch nicht gestört werden.

77

E DIN ISO/IEC 27002:2014-02 *— Entwurf —*

<u>Weitere Informationen</u>

Software-Änderungen können Einfluss auf die Betriebsumgebung haben und umgekehrt.

Es empfiehlt sich, die Überprüfung neuer Software in einer Umgebung durchzuführen, die sowohl von der Produktions- als auch von der Entwicklungsumgebung getrennt ist (siehe 12.1.4). Dadurch bietet sich ein Kontrollinstrument für neue Software, und ein zusätzlicher Schutz der Betriebsinformationen, die für Prüfzwecke verwendet werden, wird ermöglicht. Dies gilt für Patches, Service Packs und andere Aktualisierungen.

Sofern automatische Aktualisierungen in Betracht gezogen werden, sollte das Risiko für die Integrität und Verfügbarkeit des Systems gegenüber dem Vorteil einer möglichst schnellen Einspielung von Aktualisierungen abgewogen werden. Automatische Aktualisierungen sollten nicht bei kritischen Systemen angewendet werden, da manche Aktualisierungen zum Ausfall kritischer Anwendungen führen können.

14.2.3 Technische Prüfung von Anwendungen nach Wechseln der Betriebsplattform

<u>Maßnahme</u>

Bei einem Wechsel der Betriebsplattform sollten geschäftskritische Anwendungen geprüft und getestet werden, um sicherzustellen, dass es zu keinen negativen Auswirkungen auf die Betriebstätigkeit oder die Sicherheit der Organisation kommt.

<u>Umsetzungshinweise</u>

Dieser Prozess sollte folgende Punkte umfassen:

a) Überprüfung der Verfahren zur Anwendungskontrolle und Integritätsgewährleistung, um sicherzustellen, dass diese von den Änderungen der Betriebsplattform nicht beeinträchtigt werden;

b) Sicherstellung, dass eine rechtzeitige Benachrichtigung über Änderungen der Betriebsplattform erfolgt, um die Durchführung entsprechender Tests und Überprüfungen vor der Umsetzung zu ermöglichen;

c) Sicherstellung, dass entsprechende Änderungen an den Geschäftskontinuitätsplänen vorgenommen werden (siehe 17).

<u>Weitere Informationen</u>

Zu den Betriebsplattformen zählen Betriebssysteme, Datenbanken und Middleware-Plattformen. Die Kontrollmaßnahmen sollten auch bei Anwendungsänderungen angewendet werden.

14.2.4 Beschränkung von Änderungen an Software-Paketen

<u>Maßnahme</u>

Von Änderungen an Software-Paketen sollte abgeraten werden. Falls doch Änderungen vorgenommen werden, sollten diese auf das Notwendige beschränkt sein und in jedem Fall streng kontrolliert werden.

78

— Entwurf — **E DIN ISO/IEC 27002:2014-02**

Umsetzungshinweise

Die vom Anbieter bereitgestellten Software-Pakete sollten, soweit möglich und praktikabel, ohne Änderungen verwendet werden. Falls jedoch ein Software-Paket verändert werden muss, sollten die folgenden Punkte berücksichtigt werden:

a) das Risiko, dass eingebaute Kontrollmechanismen und Integritätsprozesse beeinträchtigt werden;

b) die möglicherweise erforderliche Einholung der Zustimmung des Anbieters;

c) die Möglichkeit, die erforderlichen Änderungen vom Anbieter in Form einer normalen Programmaktualisierung zu erhalten;

d) die Auswirkungen, falls die Organisation durch die Änderungen künftig die Wartung der Software übernehmen muss;

e) die Kompatibilität mit der anderen verwendeten Software.

Falls Änderungen erforderlich sind, sollten die Originalsoftware aufbewahrt und die Änderungen an einer dafür bestimmten Kopie vorgenommen werden. Es sollte ein Managementprozess für die Software-Aktualisierung implementiert werden, um sicherzustellen, dass die aktuellsten genehmigten Patches und Anwendungs-aktualisierungen für sämtliche autorisierte Software installiert werden (siehe 12.6.1). Sämtliche Änderungen sollten vollständig getestet und dokumentiert werden, so dass sie ggf. bei zukünftigen Software-Upgrades erneut angewendet werden können. Sofern erforderlich, sollten die Änderungen getestet und von einer unabhängigen Prüfstelle validiert werden.

14.2.5 Leitlinien zur sicheren Systementwicklung

Maßnahme

Es sollten Grundsätze für die Entwicklung sicherer Systeme festgelegt, dokumentiert, aufrechterhalten und bei jedem Vorhaben zur Implementierung eines Informationssystems angewendet werden.

Umsetzungshinweise

Für interne Entwicklungsaktivitäten am Informationssystem sollten sichere Entwicklungsverfahren auf Grundlage von Prinzipien des Sicherheitsengineerings eingerichtet, dokumentiert und angewendet werden. Sicherheitsaspekte sollte bei der Entwicklung sämtlicher Architekturschichten (Geschäft, Daten, Anwendungen und Technologie) berücksichtigt werden, wobei zwischen den Anforderungen an Informationssicherheit und Zugänglichkeit abgewogen werden muss. Neue Technologien sollten hinsichtlich ihrer Sicherheitsrisiken analysiert und der Entwurf mit Blick auf bekannte Angriffsmuster überprüft werden.

Diese Prinzipien und die festgelegten Entwicklungsverfahren sollten regelmäßig überprüft werden, um sicherzustellen, dass sie wirksam zu verbesserten Sicherheitsstandards innerhalb des Entwicklungsprozesses beitragen. Außerdem sollten sie regelmäßig überprüft werden, um sicherzustellen, dass sie bezüglich der Abwehr neuer potenzieller Bedrohungen nach wie vor aktuell sind und dass sie an Fortschritte bei Technologien und Lösungen angepasst werden können.

Die festgelegten Prinzipien des Sicherheitsengineerings sollten über die Verträge und anderen verbindlichen Vereinbarungen zwischen der Organisation und dem jeweiligen Outsourcing-Partner ggf. auch auf ausgelagerte Informationssysteme angewendet werden. Die Organisation sollte sich davon überzeugen, dass die Sicherheitsengineering-Prinzipien des Vertragspartners ähnlich streng sind wie die eigenen.

Weitere Informationen

Die Anwendungsentwicklungsverfahren sollten für die Entwicklung von Anwendungen mit Eingabe- und Ausgabeschnittstellen sichere Entwicklungstechniken vorsehen. Sichere Entwicklungstechniken bieten eine Anleitung für Benutzerauthentifizierungstechniken, eine sichere Sitzungssteuerung und Datenvalidierung sowie die Bereinigung und Entfernung von Debug-Code.

79

E DIN ISO/IEC 27002:2014-02   — *Entwurf* —

14.2.6 Sichere Entwicklungsumgebung

Maßnahme

Organisationen sollten sichere Entwicklungsumgebungen für Systementwicklungen und Integrationsvorhaben, die den gesamten Zyklus der Systementwicklung abdecken, einrichten und angemessen schützen.

Umsetzungshinweise

Eine sichere Entwicklungsumgebung umfasst Personen, Prozesse und Technologien in Verbindung mit der Systementwicklung und -integration.

Die Organisationen sollten die mit den einzelnen Systementwicklungsvorhaben verbundenen Risiken beurteilen und sichere Entwicklungsumgebungen für die spezifischen Systementwicklungsvorhaben einrichten, und zwar unter Berücksichtigung der folgenden Punkte:

a) Sensibilität der vom System zu verarbeitenden, speichernden und übertragenden Daten;

b) bestehende externe und interne Anforderungen, z. B. aufgrund von Vorschriften oder Leitlinien;

c) bereits von der Organisation umgesetzte Sicherheitsmaßnahmen, die die Systementwicklung unterstützen;

d) Vertrauenswürdigkeit der in dieser Umgebung arbeitenden Personen (siehe 7.1.1);

e) Ausmaß der Arbeitsauslagerung im Zusammenhang mit der Systementwicklung;

f) erforderliche Trennung zwischen den Entwicklungsumgebungen;

g) Kontrolle des Zugangs zur Entwicklungsumgebung;

h) Überwachung von Änderungen an der Umgebung und darin gespeichertem Code;

i) Backups werden an sicheren, externen Standorten gespeichert;

j) Kontrolle über den Datenverkehr aus der und in die Umgebung.

Nachdem die Schutzstufe für eine bestimmte Entwicklungsumgebung festgelegt worden ist, sollten die Organisationen die entsprechenden Prozesse im Rahmen sicherer Entwicklungsverfahren dokumentieren und diese allen Personen bereitstellen, die sie benötigen.

14.2.7 Ausgelagerte Entwicklung

Maßnahme

Die Organisation sollte ausgelagerte Systementwicklungstätigkeiten beaufsichtigen und überwachen.

Umsetzungshinweise:

Bei der Auslagerung von Systementwicklungstätigkeiten sollten die folgenden Punkte über die gesamte externe Lieferkette der Organisation berücksichtigt werden:

a) Lizenzierungsmodelle, Eigentümerschaft an Programmcode und geistige Eigentumsrechte in Bezug auf die ausgelagerten Inhalte (siehe 18.1.2);

b) vertragliche Anforderungen bezüglich des sicheren Entwurfs, der Programmierung und der Überprüfungspraxis (siehe 14.2.1);

c) Bereitstellung des genehmigten Bedrohungsmodells für den externen Entwickler;

80

d) Abnahmeprüfung bezüglich der Qualität und Genauigkeit der bereitgestellten Leistungen;

e) Vorlage von Nachweisen, dass Sicherheitsschwellen verwendet wurden, um zulässige Mindeststandards in Bezug auf Sicherheit und Einhaltung der Privatsphäre festzulegen;

f) Vorlage von Nachweisen, dass ausreichende Überprüfungen durchgeführt wurden, um zu gewährleisten, dass bei Auslieferung kein vorsätzlich oder versehentlich eingefügter Schadcode enthalten ist;

g) Vorlage von Nachweisen, dass ausreichende Überprüfungen durchgeführt wurden, um das Vorhandensein bekannter Schwachstellen auszuschließen;

h) Hinterlegungsvereinbarungen, z. B. wenn der Quellcode nicht mehr verfügbar ist;

i) vertragliches Recht zur Überprüfung der Entwicklungsprozesse und Kontrollmaßnahmen;

j) effektive Dokumentation der zur Erzeugung der bereitgestellten Leistungen verwendeten Build-Umgebung;

k) die Organisation ist weiterhin verantwortlich für die Einhaltung der geltenden Gesetze und die Verifizierung der Kontrollwirksamkeit.

Weitere Informationen

Weitere Informationen zu Lieferantenbeziehungen können ISO/IEC 27036 entnommen werden.

14.2.8 Systemsicherheitsprüfungen

Maßnahme

Während der Entwicklung sollte die Funktion der Sicherheitsfunktionen geprüft werden.

Umsetzungshinweise

Neue und aktualisierte Systeme müssen während der Entwicklungsprozesse eine gründliche Überprüfung und Verifizierung erfahren, einschließlich der Vorbereitung einer detaillierten Planung der Aktivitäten, Testeingaben und erwarteten Ausgaben unter verschiedenen Bedingungen. Wie bei internen Entwicklungsvorhaben sollten derartige Prüfungen zunächst vom Entwicklungsteam durchgeführt werden. Danach sollten unabhängige Abnahmeprüfungen unternommen werden (sowohl bei internen als auch bei ausgelagerten Entwicklungsvorhaben), um sicherzustellen, dass das System wie erwartet (und nur wie erwartet) funktioniert (siehe 14.1.1 und 14.1.2). Der Umfang der Prüfungen sollte der Bedeutung und der Beschaffenheit des Systems entsprechen.

14.2.9 Systemabnahmeprüfung

Maßnahme

Für neue Informationssysteme, Upgrades und neue Versionen sollten Abnahmeprüfungsprogramme und dazugehörige Kriterien festgelegt werden.

Umsetzungshinweise

Die Systemabnahmeprüfung sollte die Überprüfung der Informationssicherheitsanforderungen (siehe 14.1.1 und 14.1.2) und der Einhaltung sicherer Systementwicklungspraktiken (siehe 14.2.1) umfassen. Die Überprüfung sollte auch bei erhaltenen Komponenten und integrierten Systemen vorgenommen werden. Die Organisationen können sich automatischer Tools wie Codeanalyse-Tools oder Schwachsteller-Scanner bedienen und sollten sich von der Behebung sicherheitsbezogener Defizite überzeugen.

Die Überprüfung sollte in einer realitätsnahen Testumgebung durchgeführt werden, um sicherzustellen, dass das System keine Schwachstellen in der Betriebsumgebung der Organisation verursacht und dass die Überprüfungen zuverlässig sind.

81

E DIN ISO/IEC 27002:2014-02   *— Entwurf —*

14.3 Prüfdaten

Zielsetzung: Sicherstellung des Schutzes von zu Prüfzwecken verwendeten Daten.

14.3.1 Schutz von Prüfdaten

Maßnahme

Prüfdaten sollten sorgfältig ausgewählt, geschützt und kontrolliert werden.

Umsetzungshinweise

Die Verwendung von betrieblichen Daten für Prüfzwecke, die personenbezogene Informationen oder andere vertrauliche Informationen enthalten, sollte vermieden werden. Wenn personenbezogene Informationen oder andere vertrauliche Informationen für Prüfzwecke verwendet werden, sollten alle sensiblen Details und Inhalte durch Entfernung oder Veränderung geschützt werden (siehe ISO/IEC 29101).

Die folgenden Leitlinien sollten zum Schutz betrieblicher Daten bei deren Nutzung für Prüfzwecke angewendet werden:

a) Die Zugangskontrollverfahren, die für die betrieblichen Anwendungssysteme gelten, sollten auch für die Prüfanwendungssysteme gelten;

b) Es sollte jedes Mal eine separate Berechtigung erfolgen, wenn Betriebsinformationen in eine Testumgebung kopiert werden;

c) Nach Abschluss der Überprüfung sollten die Betriebsinformationen aus der Testumgebung gelöscht werden;

d) Das Kopieren und die Verwendung von Betriebsinformationen sollte protokolliert werden, so dass ein Prüfpfad existiert.

Weitere Informationen

Die System- und Abnahmeprüfung erfordert meist erhebliche Mengen an Prüfdaten, die den Betriebsdaten möglichst ähnlich sein sollten.

15 Lieferantenbeziehungen

15.1 Informationssicherheit bei Lieferantenbeziehungen

Zielsetzung: Sicherstellung des Schutzes der für Lieferanten zugänglichen Werte des Unternehmens.

15.1.1 Informationssicherheitsleitlinie für Lieferantenbeziehungen

Maßnahme

Anforderungen an die Informationssicherheit zur Verringerung von Risiken im Zusammenhang mit dem Zugriff von Lieferanten auf die Werte des Unternehmens sollten mit dem Lieferanten vereinbart und dokumentiert werden.

82

— *Entwurf* — E DIN ISO/IEC 27002:2014-02

<u>Umsetzungshinweise</u>

Die Organisationen sollten Maßnahmen zur Informationssicherheit festlegen und anordnen, um spezifisch in Form einer Leitlinie den Zugriff von Lieferanten auf die Informationen der Organisation zu regeln. Diese Maßnahmen sollten auf Prozesse und Verfahren eingehen, die von der Organisation umgesetzt werden müssen, sowie Prozesse und Verfahren, deren Umsetzung durch den Lieferanten die Organisation verlangt. Dazu zählen:

a) Feststellung und Dokumentation der Arten von Lieferanten, z. B. IT-Dienstleistungen, Logistik und Versorgungseinrichtungen, IT-Infrastruktur-Komponenten, mit deren Hilfe die Organisation auf ihre Informationen zugreift;

b) ein standardisierter Prozess und Lebenszyklus zum Management der Lieferantenbeziehungen;

c) Festlegung der jeweiligen Art und Weise der Informationszugriffs für die verschiedenen Arten von Lieferanten sowie Überwachung und Kontrolle des Zugriffs;

d) Mindestanforderungen an die Informationssicherheit für jede Informations- und Zugriffsart als Grundlage für die einzelnen Lieferantenverträge entsprechend den geschäftlichen Bedürfnissen und Anforderungen der Organisation sowie ihrem Risikoprofil;

e) Prozesse und Verfahren zur Überwachung der Einhaltung der festgelegten Anforderungen an die Informationssicherheit für jede Lieferanten- und Zugriffsart, einschließlich Überprüfung durch Dritte und Produktvalidierung;

f) Genauigkeits- und Vollständigkeitskontrollen zur Sicherstellung der Integrität der Informationen bzw. der von den einzelnen Parteien vorgenommenen Informationsverarbeitung;

g) für die Lieferanten geltende Verpflichtungen zum Schutz der Informationen der Organisation;

h) Umgang mit Vorfällen und Gefahren im Zusammenhang mit dem Lieferantenzugriff einschließlich Verantwortlichkeiten sowohl der Organisation als auch der Lieferanten;

i) Vorkehrungen bezüglich Ausfallsicherheit sowie ggf. zur Wiederherstellung und für den Notfall, um die Verfügbarkeit der Informationen bzw. der von den einzelnen Parteien vorgenommenen Informationsverarbeitung sicherzustellen;

j) Sensibilisierungsschulung für die mit Anschaffungen betrauten Mitarbeiter der Organisation bezüglich geltender Leitlinien, Prozesse und Verfahren;

k) Sensibilisierungsschulung für die Mitarbeiter der Organisation, die Umgang mit Mitarbeitern des Lieferanten haben, bezüglich der entsprechenden Beauftragungsrichtlinien und des richtigen Verhaltens je nach Art des Lieferanten und dessen Zugriffsbefugnis auf die Systeme und Informationen der Organisation;

l) Bedingungen, unter denen die Anforderungen an die Informationssicherheit und die entsprechenden Kontrollen in einer von beiden Parteien unterzeichneten Vereinbarung dokumentiert werden;

m) Management der erforderlichen Übergabe von Informationen, informationsverarbeitenden Einrichtungen u. a. und Sicherstellung, dass die Informationssicherheit während der gesamten Übergabephase gewahrt bleibt.

<u>Weitere Informationen</u>

Lieferanten mit einem unzureichenden Informationssicherheitsmanagement können die Vertraulichkeit von Informationen gefährden. Es sollten Kontrollmaßnahmen festgelegt und angewendet werden, um den Lieferantenzugriff auf informationsverarbeitende Einrichtungen zu regeln. So sollten beispielsweise Geheimhaltungsvereinbarungen geschlossen werden, wenn ein besonderes Bedürfnis besteht, die Informationen vertraulich zu halten. Ein weiteres Beispiel sind Datenschutzrisiken, wenn die Lieferantenverträge den Transfer von bzw. den Zugriff auf Informationen über Ländergrenzen hinweg vorsieht. Der Organisation muss stets bewusst sein, dass ihr die rechtliche bzw. vertragliche Verantwortung für den Schutz der Informationen obliegt.

83

E DIN ISO/IEC 27002:2014-02   — *Entwurf* —

15.1.2 Sicherheitsthemen in Lieferantenverträgen

Maßnahme

Mit jedem Lieferanten, der u. U. auf Informationen der Organisation zugreift, sie verarbeitet, speichert, weitergibt oder IT-Infrastrukturkomponenten dafür bereitstellt, sollten alle relevanten Informationssicherheitsanforderungen festgelegt und vereinbart werden.

Umsetzungshinweise

Lieferantenverträge sollten festgelegt und dokumentiert werden, um sicherzustellen, dass es zu keinen Missverständnissen zwischen der Organisation und dem Lieferanten in Bezug auf die Verpflichtungen der beiden Parteien bezüglich der Erfüllung der relevanten Anforderungen an die Informationssicherheit kommt.

Die folgenden Bestimmungen sollten bei der Abfassung der Vereinbarungen zwecks Erfüllung der Anforderungen an die Informationssicherheit berücksichtigt werden:

a) Beschreibung der Informationen, die bereitgestellt/auf die zugegriffen werden soll und Methoden für die Bereitstellung der/den Zugriff auf die Informationen;

b) Klassifizierung der Informationen nach dem Klassifizierungsschema der Organisation (siehe 8.2), sofern erforderlich auch Abgleich des eigenen Klassifizierungsschemas der Organisation mit jenem des Lieferanten;

c) gesetzliche und behördliche Anforderungen, einschließlich Datenschutz, geistige Eigentumsrechte und Urheberrecht, sowie eine Beschreibung, wie deren Einhaltung sichergestellt wird;

d) Verpflichtung der Vertragsparteien zur Umsetzung einer Reihe vereinbarter Kontrollmaßnahmen, die Zugriffskontrolle, Leistungsüberprüfung, Überwachung, Berichterstattung und Auditing umfassen;

e) Regeln zur zulässigen Nutzung sowie ggf. bezüglich der unzulässigen Nutzung von Informationen;

f) entweder Namensliste von Mitarbeitern des Lieferanten, die befugt sind, auf die Informationen der Organisation zuzugreifen oder diese zu erhalten oder Bedingungen für Mitarbeiter des Lieferanten in Bezug auf Befugniserteilung und -entzug hinsichtlich des Zugriffs auf bzw. des Erhalts von Informationen der Organisation;

g) Leitlinien zur Informationssicherheit, die für den jeweiligen Vertrag relevant sind;

h) Anforderungen und Verfahren für das Vorfallsmanagement (insbesondere Benachrichtigung und Zusammenarbeit bei der Behebung von Vorfällen);

i) Anforderungen bezüglich Schulung und Sensibilisierung für bestimmte Verfahren und Anforderungen an die Informationssicherheit, z. B. für Abhilfemaßnahmen und Autorisierungsverfahren;

j) relevante Vorschriften für Unteraufträge, einschließlich der umzusetzenden Kontrollmaßnahmen;

k) relevante Vertragspartner, einschließlich einer Kontaktperson bei Fragen der Informationssicherheit;

l) ggf. bestehende Überprüfungsanforderungen in Bezug auf die Mitarbeiter des Lieferanten, einschließlich Zuständigkeiten für die Durchführung der Überprüfung und Benachrichtigungsverfahren, falls die Überprüfung nicht vollständig durchgeführt wurde oder das Ergebnis Anlass für Zweifel oder Bedenken gibt;

m) Recht zur Überprüfung der Lieferantenprozesse und Kontrollmaßnahmen im Zusammenhang mit dem Vertrag;

n) Fehlerbehebungs- und Konfliktlösungsprozesse;

84

— Entwurf —   **E DIN ISO/IEC 27002:2014-02**

o) Verpflichtung des Lieferanten, in regelmäßigen Abständen einen unabhängigen Bericht zur Wirksamkeit der Kontrollmaßnahmen vorzulegen und Zusicherung, relevante Probleme zu beheben, die im Bericht erwähnt werden;

p) Verpflichtungen des Lieferanten, die Sicherheitsanforderungen der Organisation einzuhalten.

Weitere Informationen

Die Verträge verschiedener Organisationen mit verschiedenen Arten von Lieferanten können sich beträchtlich voneinander unterscheiden. Daher sollte sorgfältig darauf geachtet werden, alle relevanten Risiken und Anforderungen in Bezug auf die Informationssicherheit aufzuführen. In Lieferantenverträge können auch weitere Parteien involviert sein (z. B. Unterlieferanten).

Die Verfahren zur Fortsetzung der Verarbeitung für den Fall, dass der Lieferant nicht mehr in der Lage ist, seine Produkte oder Diensten bereitzustellen, müssen im Vertrag berücksichtigt werden, um jedwede Verzögerung bei der Ersatzbeschaffung von Produkten und Diensten zu vermeiden.

15.1.3 Lieferkette für Informations- und Kommunikationstechnologie

Maßnahme

Vereinbarungen mit Lieferanten sollten Anforderungen für den Umgang mit Informationssicherheitsrisiken im Zusammenhang mit der Dienst- und Produktlieferkette im Bereich der Informations- und Kommunikationstechnologie enthalten.

Umsetzungshinweise

Die folgenden Themen sollten in den Lieferantenverträgen im Zusammenhang mit der Sicherheit der Lieferkette berücksichtigt werden:

a) Festlegung der Anforderungen an die Informationssicherheit, die bei Informations- und Kommunikationstechnologie-Produkten oder dem Ankauf von Diensten zusätzlich zu den allgemeinen Anforderungen an die Informationssicherheit bei Lieferantenbeziehungen Anwendung finden;

b) Anforderungen an die Lieferanten von Informations- und Kommunikationstechnologie-Produkten, die Sicherheitsanforderungen der Organisation innerhalb der gesamten Lieferkette weiterzugeben für den Fall, dass die Lieferanten Unterlieferanten für Teile der Informations- und Kommunikationstechnolgie beauftragen, die für die Organisation bereitgestellt werden;

c) Anforderungen an die Lieferanten von Informations- und Kommunikationstechnologie-Produkten, entsprechende Sicherheitspraktiken innerhalb der gesamten Lieferkette weiterzugeben für den Fall, dass diese Produkte Komponenten beinhalten, die von anderen Lieferanten zugekauft wurden;

d) Implementierung eines Überwachungsprozesses sowie geeigneter Methoden zur Sicherstellung, dass die bereitgestellten Informations- und Kommunikationstechnologie-Produkte den festgelegten Sicherheitsanforderungen entsprechen;

e) Implementierung eines Prozesses zur Festlegung von Produkt- oder Dienstkomponenten, die zur Aufrechterhaltung der Funktion wesentlich sind und daher einer besonderen Aufmerksamkeit und Prüfung bedürfen, wenn sie außerhalb der Organisation erstellt werden, insbesondere wenn der führende Lieferant bestimmte Aspekte der Produkt- oder Dienstkomponenten an andere Lieferanten untervergibt;

f) Einholen der Zusicherung, dass kritische Komponenten und ihr Ursprung über die gesamte Lieferkette verfolgt werden können;

g) Einholen der Zusicherung, dass die bereitgestellten Informations- und Kommunikationstechnologie-Produkte wie erwartet funktionieren und keine unerwarteten oder unerwünschten Eigenschaften aufweisen;

85

E DIN ISO/IEC 27002:2014-02   *— Entwurf —*

h) Festlegung von Regeln für die Mitteilung von Informationen bezüglich der Lieferkette und möglicher Probleme und Kompromisse zwischen der Organisation und den Lieferanten;

i) Implementierung spezifischer Prozesse für das Management des Lebenszyklus und der Verfügbarkeit von Komponenten der Informations- und Kommunikationstechnologie sowie der damit verbundenen Sicherheitsrisiken, Dazu gehört der Umgang mit Risiken durch Komponenten, die nicht mehr erhältlich sind, da deren Anbieter nicht mehr geschäftlich tätig sind oder diese Komponenten aufgrund des technischen Fortschritts nicht mehr bereitstellen.

Weitere Informationen

Die spezifischen Risikomanagementpraktiken für die Informations- und Kommunikationstechnologie-Lieferkette bauen auf den allgemeinen Informationssicherheits-, Qualitäts-, Projektmanagement- und Systementwicklungspraktiken auf, ersetzen diese jedoch nicht.

Den Organisationen wird geraten, mit Lieferanten zusammenzuarbeiten, die über ein genaues Verständnis der Informations- und Kommunikationstechnologie-Lieferkette sowie jedweder Angelegenheiten verfügen, die Einfluss auf die bereitgestellten Produkte und Dienste haben. Die Organisationen können Einfluss auf die innerhalb der Informations- und Kommunikationstechnologie-Lieferkette angewendeten Sicherheitspraktiken nehmen, indem sie in den Verträgen mit ihren Lieferanten deutlich machen, auf welche Aspekte die anderen Lieferanten innerhalb der Informations- und Kommunikationstechnologie-Lieferkette eingehen sollten.

Die hier behandelte Informations- und Kommunikationstechnologie-Lieferkette umfasst auch Cloud-Computing-Dienste.

15.2 Management der Dienstleistungserbringung durch Lieferanten

Zielsetzung: Aufrechterhaltung   eines   vereinbarten   Niveaus   der   Informationssicherheit   und Dienstleistungserbringung im Einklang mit Lieferantenverträgen.

15.2.1 Überwachung und Prüfung von Lieferantendienstleistungen

Maßnahme

Organisationen sollten die Dienstleistungserbringung durch Lieferanten regelmäßig überwachen, prüfen und auditieren.

Umsetzungshinweise

Mit der Überwachung und Prüfung der Lieferantendienstleistungen sollte sichergestellt werden, dass die die Informationssicherheit betreffenden Bedingungen und Konditionen des Vertrags eingehalten werden und dass Informationssicherheitsvorfälle und -probleme angemessen gehandhabt werden.

Dazu sollte ein Dienstleistungsmanagementprozess in der Beziehung zwischen der Organisation und dem Lieferanten gehören, der die folgenden Punkte umfasst:

a) Überwachung der Dienstleistungserbringungsniveaus zur Verifizierung der Vertragseinhaltung;

b) Überprüfung der vom Lieferanten vorgelegten Dienstleistungsberichte und Organisation der nach den Verträgen erforderlichen, regelmäßigen Fortschrittsbesprechungen;

c) Durchführung von Lieferanten-Audits in Verbindung mit der Überprüfung der ggf. verfügbaren Auditorberichte sowie Nachverfolgung der festgestellten Probleme;

d) Bereitstellung von Informationen zu Informationssicherheitsvorfällen und Überprüfung dieser Informationen entsprechend der vertraglichen Anforderungen sowie jedweder unterstützenden Leitlinien und Verfahren;

86

e) Überprüfung der Lieferanten-Prüfpfade und der Aufzeichnungen zu Informationssicherheitsereignissen, betrieblichen Problemen, Ausfällen, Fehler-Nachverfolgungen und Unterbrechungen in Bezug auf die erbrachten Dienstleistungen;

f) Lösung von und Umgang mit jedweden festgestellten Problemen;

g) Überprüfung von Aspekten der Informationssicherheit bei den Beziehungen des Lieferanten zu seinen eigenen Lieferanten;

h) Sicherstellung, dass der Lieferant eine ausreichende Leistungsfähigkeit bei der Dienstleistungserbringung aufweist, zusammen mit umsetzbaren Plänen, die darauf ausgelegt sind, sicherzustellen, dass das vereinbarte Niveau der Dienstleistungsfortführung nach schwerwiegenden Dienstleistungsausfällen oder Schäden (siehe 17) eingehalten wird.

Die Verantwortung für das Management der Lieferantenbeziehungen sollte einer dazu eigens bestimmten Person oder einem Dienstleistungsmanagement-Team übertragen werden. Zusätzlich sollte die Organisation sicherstellen, dass die Lieferanten Zuständigkeiten für die Überprüfung der Einhaltung und Durchsetzung der vertraglichen Anforderungen festlegen. Es sollten ausreichende technische Kenntnisse und Ressourcen zur Verfügung gestellt werden, um die Einhaltung der vertraglichen Anforderungen zu überwachen. Dies gilt insbesondere für die Informationssicherheitsanforderungen. Bei Feststellung von Defiziten bei der Dienstleistungserbringung sollten geeignete Maßnahmen ergriffen werden.

Die Organisation sollte für eine ausreichende Kontrolle und Transparenz hinsichtlich sämtlicher Sicherheitsaspekte bezüglich sensibler oder kritischer Informationen oder informationsverarbeitender Einrichtungen sorgen, auf die von einem Lieferanten zugegriffen, die von diesem verarbeitet oder die von ihm verwaltet werden. Die Organisation sollte mittels eines festgelegten Berichterstattungsprozesses für Transparenz in Bezug auf sicherheitsrelevante Aktivitäten wie Änderungsmanagement, Ermittlung von Schwachstellen sowie Berichterstattung über Informationssicherheitsvorfälle und die Reaktion darauf sorgen.

15.2.2 Management von Änderungen an Lieferantendienstleistungen

Maßnahme

Das Management von Änderungen an der Erbringung von Dienstleistungen durch Lieferanten, einschließlich der Pflege und Verbesserung bestehender Informationssicherheitsleitlinien, -verfahren und -kontrollen, sollte unter Berücksichtigung der Betriebswichtigkeit der betroffenen geschäftlichen Informationen, Systeme und Prozesse sowie einer erneuten Risikobewertung erfolgen.

Umsetzungshinweise

Die folgenden Aspekte sollten berücksichtigt werden:

a) Änderungen an den Lieferantenverträgen;

b) von der Organisation vorgenommene Änderungen zur Implementierung von:

1) Verbesserungen der derzeit bereitgestellten Dienstleistungen;

2) Weiterentwicklungen jedweder neuer Anwendungen und Systeme;

3) Modifikationen oder Aktualisierungen in Bezug auf die Leitlinien und Verfahren der Organisationen;

4) neuen oder veränderten Kontrollmaßnahmen zur Klärung von Informationssicherheitsvorfällen und zur Verbesserung der Sicherheit;

c) Änderungen an den Lieferantendienstleistungen zur Implementierung:

1) von Änderungen und Verbesserungen an den Netzwerken;

E DIN ISO/IEC 27002:2014-02   *— Entwurf —*

2) zur Nutzung neuer Technologien;

3) zur Einführung neuer Produkte oder neuerer Versionen/Releases;

4) neuer Entwicklungswerkzeuge und -umgebungen;

5) von Änderungen am Standort der Dienstleistungseinrichtungen;

6) von Lieferantenwechseln;

7) von Untervertragsvergaben an andere Lieferanten.

16 Management von Informationssicherheitsvorfällen

16.1 Management von Informationssicherheitsvorfällen und Verbesserungen

> Zielsetzung: Sicherstellung einer konsistenten und wirksamen Strategie für das Management von Informationssicherheitsvorfällen, einschließlich der Kommunikation über Sicherheitsereignisse und -schwachstellen.

16.1.1 *Zuständigkeiten und Verfahren*

Maßnahme

Es sollten Managementverantwortlichkeiten und -verfahren festgelegt werden, um eine schnelle, wirksame und ordnungsgemäße Reaktion auf Informationssicherheitsvorfälle sicherzustellen.

Umsetzungshinweise

Die folgenden Leitlinien zu Managementverantwortlichkeiten und -verfahren hinsichtlich des Umgangs mit Informationssicherheitsvorfällen sollten berücksichtigt werden:

a) Es sollten Managementverantwortlichkeiten festgelegt werden, um sicherzustellen, dass die folgenden Verfahren entwickelt und angemessen innerhalb der Organisation kommuniziert werden:

1) Verfahren für Planung und Vorbereitung von Abhilfemaßnahmen bei Vorfällen;

2) Verfahren zur Überwachung, Erkennung, Analyse sowie zur Berichterstattung über Informationssicherheitsereignisse und -vorfälle;

3) Verfahren zur Protokollierung von Vorfallsmanagementaktivitäten;

4) Verfahren zum Umgang mit forensischem Beweismaterial;

5) Verfahren zur Beurteilung von und zur Entscheidung über Informationssicherheitsereignisse(n) sowie Beurteilung von Schwachstellen bezüglich der Informationssicherheit;

6) Reaktionsverfahren einschließlich jener zur Eskalation, kontrollierten Wiederherstellung nach einem Vorfall sowie zur Kommunizierung an relevante, interne und externe Personen oder Organisationen;

88

— *Entwurf* —   E DIN ISO/IEC 27002:2014-02

b) Es sollten Verfahren festgelegt werden, durch die Folgendes sichergestellt wird:

1) Angelegenheiten in Bezug auf Informationssicherheitsvorfälle innerhalb der Organisation werden von kompetenten Mitarbeitern bearbeitet;

2) Es wird ein Ansprechpartner für die Erkennung von Sicherheitsvorfällen und die Berichterstattung bestimmt;

3) Es werden entsprechende Kontakte mit den Behörden, externen Interessengruppen oder Foren unterhalten, die Angelegenheiten in Bezug auf Informationssicherheitsvorfälle behandeln;

c) Es existieren Berichterstattungsverfahren, die folgende Punkte beinhalten:

1) Vorbereitung von Formularen für die Berichterstattung über Informationssicherheitsereignisse zur Unterstützung der Berichterstattungsanstrengungen, damit die Bericht erstattenden Personen im Fall eines Informationssicherheitsereignisses an alle erforderlichen Maßnahmen denken;

2) das im Fall eines Informationssicherheitsereignisses zu verwendende Verfahren, z. B. unverzügliches Notieren aller Details (z. B. Art der Nichteinhaltung bzw. des Verstoßes, auftretende Fehlfunktion, Bildschirmmeldungen, seltsames Verhalten), keine eigenmächtige Durchführung von Maßnahmen, sondern unverzügliche Berichterstattung an den Ansprechpartner und lediglich Ergreifung koordinierter Maßnahmen;

3) Bezugnahme auf ein festgelegtes, formelles Disziplinarverfahren zum Umgang mit Mitarbeitern, die gegen die Sicherheitsbestimmungen verstoßen;

4) geeignete Rückmeldungsprozesse, um sicherzustellen, dass Personen, die Informationssicherheitsereignisse berichten, nach Abschluss der Vorfallsbehandlung benachrichtigt werden.

Die Ziele des Umgangs mit Informationssicherheitsvorfällen sollten mit dem Management abgestimmt werden, und es sollte sichergestellt werden, dass den für den Umgang mit Informationssicherheitsvorfällen verantwortlichen Personen die Prioritäten der Organisation beim Umgang mit Informationssicherheitsvorfällen bekannt sind.

Weitere Informationen

Informationssicherheitsvorfälle können organisations- und staatenübergreifende Auswirkungen haben. Beim Umgang mit derartigen Vorfällen besteht ein zunehmender Bedarf zur Koordinierung betreffender Gegenmaßnahmen sowie ggf. zum Informationsaustausch über diese Vorfälle mit externen Organisationen.

Eine ausführliche Anleitung zum Umgang mit Informationssicherheitsvorfällen kann ISO/IEC 27035 entnommen werden.

16.1.2 Meldung von Informationssicherheitsereignissen

Maßnahme

Informationssicherheitsereignisse sollten so schnell wie möglich über entsprechende Managementkanäle gemeldet werden.

Umsetzungshinweise

Alle Mitarbeiter und Auftragnehmer sollten auf ihre Verantwortung hingewiesen werden, Informationssicherheitsereignisse so schnell wie möglich zu melden. Sie sollten das Verfahren zur Berichterstattung über Informationssicherheitsereignisse kennen sowie den Ansprechpartner, an den die Ereignisse zu berichten sind.

89

E DIN ISO/IEC 27002:2014-02   — *Entwurf* —

Zu den Situationen, die bei der Berichterstattung über Informationssicherheitsereignisse zu berücksichtigen sind, zählen:

a) unwirksame Sicherheitsmaßnahmen;

b) Verstöße gegen die erwartete Integrität, Vertraulichkeit oder Verfügbarkeit von Informationen;

c) menschliches Versagen;

d) Nichteinhaltung von Richtlinien oder Leitlinien;

e) Verstöße gegen physische Sicherungsvorkehrungen;

f) unkontrollierte Systemänderungen;

g) Fehlfunktionen von Software oder Hardware;

h) Zugriffsverstöße.

Weitere Informationen

Fehlfunktionen oder sonstiges abweichendes Systemverhalten können ein Anzeichen für einen Angriff auf die Systemsicherheit sein und sollten daher immer als Informationssicherheitsereignis berichtet werden.

16.1.3 Meldung von Informationssicherheitsschwachstellen

Maßnahme

Mitarbeiter und Auftragnehmer, die die Informationssysteme und -dienste der Organisation nutzen, sollten dazu aufgefordert werden, jegliche beobachteten oder vermuteten Informationssicherheitsschwachstellen in Systemen oder Diensten festzuhalten und zu melden.

Umsetzungshinweise

Alle Mitarbeiter und Auftragnehmer sollten diese Angelegenheiten so schnell wie möglich dem Ansprechpartner melden, um das Auftreten von Informationssicherheitsvorfällen zu verhindern. Der Berichterstattungsmechanismus sollte so einfach, zugänglich und verfügbar wie möglich gehalten werden.

Weitere Informationen

Mitarbeitern und Auftragnehmern sollte abgeraten werden, einen Versuch zum Nachweis der vermuteten Sicherheitsschwachstellen zu unternehmen. Das Austesten von Schwachstellen kann als potenzielle Fehlanwendung des Systems interpretiert werden und zudem zu Schäden am Informationssystem oder Dienst führen sowie eine rechtliche Haftung der ausführenden Person nach sich ziehen.

16.1.4 Bewertung von und Entscheidung über Informationssicherheitsereignisse

Maßnahme

Informationssicherheitsereignisse sollten bewertet werden, und es sollte darüber entschieden werden, ob sie als Informationssicherheitsvorfälle einzustufen sind.

Umsetzungshinweise

Der Ansprechpartner sollte jedes Informationssicherheitsereignis mittels des vereinbarten Klassifizierungsschemas für Informationssicherheitsereignisse und -vorfälle bewerten und entscheiden, ob das Ereignis als Vorfall eingestuft werden sollte. Die Klassifizierung und Priorisierung von Vorfällen kann helfen, die Auswirkungen und das Ausmaß eines Vorfalls festzustellen.

90

— Entwurf — **E DIN ISO/IEC 27002:2014-02**

In Fällen, in denen die Organisation über ein Interventionsteam für Informationssicherheitsvorfälle (Information Security Incident Response Team, ISIRT) verfügt, kann die Bewertung und Entscheidung an das ISIRT zur Bestätigung oder Neubewertung weitergeleitet werden.

Die Ergebnisse der Bewertung und Entscheidung sollten ausführlich aufgezeichnet werden, damit später zur Verifizierung darauf zurückgegriffen werden kann.

16.1.5 Reaktion auf Informationssicherheitsvorfälle

Maßnahme

Auf Informationssicherheitsvorfälle sollte entsprechend den dokumentierten Verfahren reagiert werden.

Umsetzungshinweise

Auf Informationssicherheitsvorfälle sollte von einem dazu bestimmten Ansprechpartner und anderen relevanten Personen der Organisation oder externer Parteien (siehe 16.1.1) reagiert werden.

Die Reaktion sollte die folgenden Punkte umfassen:

a) möglichst frühzeitiges Sichern von Beweismaterial nach dem Vorkommnis;

b) Durchführung einer forensischen Informationssicherheitsanalyse, sofern erforderlich (siehe 16.1.7);

c) Eskalation, sofern erforderlich;

d) Sicherstellung, dass alle durchgeführten Abhilfeaktivitäten zur späteren Analyse ordnungsnach protokolliert werden;

e) Kommunizierung des aufgetretenen Informationssicherheitsvorfalls bzw. jedweder relevanter Details an andere interne oder externe Personen oder Organisationen, die davon Kenntnis erhalten müssen;

f) Umgang mit Informationssicherheitsschwachstellen, die als ursächlich oder begünstigend für den Vorfall festgestellt wurden;

g) formeller Abschluss und Dokumentierung nach erfolgreichem Abschluss der Vorfallsbehandlung.

Nach dem Vorfall sollte ggf. eine Analyse stattfinden, um die Vorfallsursache festzustellen.

Weitere Informationen

Das erste Ziel der Abhilfemaßnahmen bei Vorfällen besteht darin, das „normale Sicherheitsniveau" wiederherzustellen und danach die notwendige Wiederherstellung einzuleiten.

16.1.6 Erkenntnisse aus Informationssicherheitsvorfällen

Maßnahme

Aus der Analyse und Lösung von Informationssicherheitsvorfällen gewonnene Erkenntnisse sollten dazu genutzt werden, die Auftretenswahrscheinlichkeit oder die Auswirkungen zukünftiger Vorfälle zu verringern.

Umsetzungshinweise

Es sollten Mechanismen existieren, um Art, Umfang und Kosten von Informationssicherheitsvorfällen zu quantifizieren und zu überwachen. Die durch die Bewertung von Informationssicherheitsvorfällen erhaltenen Informationen sollten dazu verwendet werden, wiederkehrende Vorfälle oder Vorfälle mit schwerwiegenden Auswirkungen zu ermitteln.

91

<u>Weitere Informationen</u>

Die Bewertung von Informationssicherheitsvorfällen kann die Notwendigkeit für erweiterte oder zusätzliche Kontrollmaßnahmen zur Begrenzung der Häufigkeit, des Schadenspotenzials und der Kosten zukünftig auftretender Vorfälle ergeben oder der Berücksichtigung im Rahmen des Überprüfungsprozesses vor dem Hintergrund der Sicherheitsleitlinie (siehe 5.1.2).

Unter gebührender Berücksichtigung der Vertraulichkeit können Vorkommnisse aus Informationssicherheitsvorfällen, die sich tatsächlich zugetragen haben, im Rahmen der Benutzersensibilisierungsschulung (siehe 7.2.2) als Beispiele möglicher Szenarios, daraufhin zu ergreifender Abhilfemaßnahmen und Vorkehrungen zur zukünftigen Verhinderung verwendet werden.

16.1.7 Sammeln von Beweismaterial

<u>Maßnahme</u>

Die Organisation sollte Verfahren für die Ermittlung, Sammlung, Aneignung und Aufbewahrung von Informationen, die als Beweismaterial dienen können, festlegen und anwenden.

<u>Umsetzungshinweise</u>

Es sollten interne Verfahren zum Umgang mit Beweismaterial für Disziplinarmaßnahmen und gerichtliche Schritte entwickelt und angewendet werden.

Allgemein sollten diese Beweisverfahren Verfahren zur Ermittlung, Sammlung, Aneignung und Aufbewahrung von Beweismaterial entsprechend den verschiedenen Arten von Medien, Geräten und Gerätestatus (z. B. ein- oder ausgeschaltet) bereitstellen. Bei den Verfahren sollten folgende Punkte berücksichtigt werden:

a) Kontrollkette;

b) Sicherheit des Beweismaterials;

c) Sicherheit der Mitarbeiter;

d) Aufgaben und Zuständigkeiten der involvierten Mitarbeiter;

e) Kompetenz der Mitarbeiter;

f) Dokumentation;

g) Einweisung.

Sofern verfügbar, sollte auf Zertifizierungen oder andere relevante Qualifizierungsmittel für Mitarbeiter und Werkzeuge zurückgegriffen werden, um den Wert des aufbewahrten Beweismaterials zu unterstreichen.

Forensisches Beweismaterial kann mehrere Organisationen oder Rechtsordnungen berühren. In derartigen Fällen sollte sichergestellt werden, dass die Organisation befugt ist, die erforderlichen Informationen als forensisches Beweismaterial zu sammeln. Außerdem sollten die Anforderungen der verschiedenen Rechtsordnungen beachtet werden, damit die Wahrscheinlichkeit der rechtsordnungsübergreifenden Anerkennung möglichst groß ist.

<u>Weitere Informationen</u>

Unter „Ermittlung" wird der Prozess der Suche nach sowie der Anerkennung und der Dokumentation von potenziellem Beweismaterial verstanden. Unter „Sammlung" wird der Prozess der Erfassung der physischen Gegenstände verstanden, die potenzielles Beweismaterial enthalten können. Unter „Aneignung" wird der Prozess der Erstellung einer Kopie der Daten innerhalb eines festgelegten Satzes verstanden. Unter „Aufbewahrung" wird der Prozess der Erhaltung und des Schutzes der Integrität und des ursprünglichen Zustands des potenziellen Beweismaterials verstanden.

92

— Entwurf —   **E DIN ISO/IEC 27002:2014-02**

Bei Erkennung eines Informationssicherheitsereignisses ist möglicherweise nicht sofort absehbar, ob das Ereignis zu einem gerichtlichen Vorgehen führen wird. Daher besteht die Gefahr, dass notwendiges Beweismaterial vorsätzlich oder versehentlich zerstört wird, bevor die Schwere des Vorfalls erkannt wurde. Es ist ratsam, beim Erwägen rechtlicher Schritte frühzeitig einen Rechtsanwalt oder die Polizei hinzuzuziehen und einen Rat bezüglich des erforderlichen Beweismaterials einzuholen.

ISO/IEC 27037 enthält Leitlinien zur Ermittlung, Sammlung, Aneignung und Aufbewahrung digitalen Beweismaterials.

17 Informationssicherheitsaspekte des Betriebskontinuitätsmanagements

17.1 Aufrechterhaltung der Informationssicherheit

> Zielsetzung: Die Aufrechterhaltung der Informationssicherheit sollte in die Betriebskontinuitäts- managementsysteme der Organisation eingebettet sein.

17.1.1 Planung der Aufrechterhaltung der Informationssicherheit

Maßnahme

Die Organisation sollte ihre Anforderungen bezüglich der Informationssicherheit und für die Aufrechterhaltung des Informationssicherheitsmanagements in schwierigen Situationen wie z. B. in einem Krisen- oder Schadensfall festlegen.

Umsetzungshinweise

Die Organisation sollte festlegen, ob die Aufrechterhaltung der Informationssicherheit im Rahmen des Betriebskontinuitätsmanagementprozesses oder innerhalb eines Notfallwiederherstellungsmanagement- prozesses berücksichtigt werden soll. Die Anforderungen bezüglich der Informationssicherheit sollten bei den Planungen zur Betriebskontinuität und Notfallwiederherstellung festgelegt werden.

Falls keine formelle Planung zur Betriebskontinuität und Notfallwiederherstellung existiert, sollten die Informationssicherheitsanforderungen unter normalen Betriebsbedingungen auch in schwierigen Situationen zur Anwendung kommen. Alternativ kann die Organisation eine Analyse der geschäftlichen Auswirkungen in Bezug auf Aspekte der Informationssicherheit durchführen, um die Informationssicherheitsanforderungen zu bestimmen, die für schwierige Situationen gelten sollen.

Weitere Informationen

Zur Begrenzung der für eine „zusätzliche" Analyse der geschäftlichen Auswirkungen in Bezug auf Informationssicherheit benötigten Zeit und des entsprechenden Aufwands wird empfohlen, die Informations- sicherheitsaspekte innerhalb der normalen Analyse der geschäftlichen Auswirkungen im Rahmen des Betriebskontinuitätsmanagements oder des Notfallwiederherstellungsmanagement zu erfassen. Dies setzt voraus, dass die Anforderungen bezüglich der Aufrechterhaltung der Informationssicherheit ausdrücklich in den Prozessen zum Betriebskontinuitätsmanagement oder Notfallwiederherstellungsmanagement formuliert sind.

Informationen zum Betriebskontinuitätsmanagement können ISO/IEC 27031, ISO/IEC 22313 und ISO/IEC 22301 entnommen werden.

17.1.2 Implementierung von Verfahren zur Aufrechterhaltung der Informationssicherheit

Maßnahme

Die Organisation sollte Prozesse, Verfahren und Kontrollmaßnahmen festlegen, dokumentieren, implementieren und aufrechterhalten, um das erforderliche Maß an Kontinuität der Informationssicherheit in einer schwierigen Situation sicherzustellen.

93

E DIN ISO/IEC 27002:2014-02 *— Entwurf —*

Umsetzungshinweise

Eine Organisation sollte folgende Punkte sicherstellen:

a) Vorhandensein einer angemessenen Verwaltungsstruktur zur Vorbereitung, Eindämmung und Reaktion in Bezug auf ein störendes Ereignis unter Rückgriff auf Mitarbeiter mit der erforderlichen Befugnis, Erfahrung und Kompetenz;

b) Bestimmung von Mitarbeitern für Reaktionsmaßnahmen, die über die nötige Verantwortung, Befugnis und Kompetenz zum Umgang mit Vorfällen und zur Aufrechterhaltung der Informationssicherheit verfügen;

c) Entwicklung und Genehmigung dokumentierter Pläne, Reaktions- und Wiederherstellungsverfahren, in denen genau festgelegt ist, wie die Organisation mit einem störenden Ereignis umgeht und die Informationssicherheit auf einem vorher festgelegten Niveau auf Grundlage der vom Management genehmigten Ziele zur Aufrechterhaltung der Informationssicherheit sicherstellt (siehe 17.1.1).

Entsprechend den Anforderungen bezüglich der Aufrechterhaltung der Informationssicherheit sollte die Organisation die folgenden Punkte festlegen, dokumentieren, implementieren bzw. aufrechterhalten:

a) Informationssicherheitsmaßnahmen innerhalb der Betriebskontinuitäts- oder Notfallwiederherstellungsprozesse und -verfahren sowie der unterstützenden Systeme und Werkzeuge;

b) Prozesse, Verfahren und Umsetzungsänderungen zur Aufrechterhaltung der bestehenden Informationssicherheitsmaßnahmen in einer schwierigen Situation;

c) Kompensierung von Kontrollen für Informationssicherheitsmaßnahmen, die in einer schwierigen Situation nicht aufrechterhalten werden können.

Weitere Informationen

Im Kontext von Betriebskontinuität oder Notfallwiederherstellung können spezifische Prozesse und Verfahren festgelegt worden sein. Informationen, mit denen im Rahmen dieser Prozesse und Verfahren oder innerhalb eigener Informationssysteme zu deren Unterstützung umgegangen wird, sollten geschützt werden. Daher sollte eine Organisation Informationssicherheitsspezialisten hinzuziehen, wenn es um die Einrichtung, Implementierung und Aufrechterhaltung von Prozessen und Verfahren zur Sicherstellung der Betriebskontinuität und der Notfallwiederherstellung geht.

Informationssicherheitsmaßnahmen, die bereits implementiert wurden, sollten in einer schwierigen Situation in Betrieb bleiben. Falls die Sicherheitsmaßnahmen die Informationen nicht mehr schützen können, sollten andere Maßnahmen festgelegt, implementiert und aufrechterhalten werden, um eine ausreichende Informationssicherheit zu gewährleisten.

17.1.3 Überprüfung, Überarbeitung und Auswertung von Maßnahmen zur Aufrechterhaltung der Informationssicherheit

Maßnahme

Die Organisation sollte die festgelegten und implementierten Kontrollmaßnahmen zur Aufrechterhaltung der Informationssicherheit in regelmäßigen Abständen überprüfen, um sicherzustellen, dass sie gültig und auch in schwierigen Situationen wirksam sind.

Umsetzungshinweise

Änderungen in der Organisation, der Technik, Verfahren und Prozesse im betrieblichen Kontext als auch im Zusammenhang mit der Betriebskontinuität, können zu veränderten Anforderungen hinsichtlich der Anforderungen bezüglich der Aufrechterhaltung der Informationssicherheit führen. In derartigen Fällen sollte die Aufrechterhaltung der Prozesse, Verfahren und Kontrollmaßnahmen in Bezug auf die Informationssicherheit vor dem Hintergrund dieser veränderten Anforderungen überprüft werden.

94

— Entwurf —   **E DIN ISO/IEC 27002:2014-02**

Die Organisationen sollten die Aufrechterhaltung ihres Informationssicherheitsmanagements folgendermaßen überprüfen:

a) Verwendung und Überprüfung der Funktion der Prozesse, Verfahren und Kontrollmaßnahmen zur Aufrechterhaltung der Informationssicherheit, um sicherzustellen, dass diese den Zielen zur Aufrechterhaltung der Informationssicherheit entsprechen;

b) Anwendung und Überprüfung der Kenntnisse und Routine zum Betrieb der Prozesse, Verfahren und Kontrollmaßnahmen zur Aufrechterhaltung der Informationssicherheit, um sicherzustellen, dass deren Leistung den Zielen zur Aufrechterhaltung der Informationssicherheit entspricht;

c) Überprüfung der Gültigkeit und Wirksamkeit der Maßnahmen zur Aufrechterhaltung der Informationssicherheit bei Änderungen an den Informationssystemen, den Prozesse, Verfahren und Kontrollmaßnahmen zur Gewährleistung der Informationssicherheit oder den Prozessen und Lösungen im Zusammenhang mit dem Betriebskontinuitätsmanagement/der Notfallwiederherstellung.

Weitere Informationen

Die Überprüfung der Kontrollmaßnahmen zur Aufrechterhaltung der Informationssicherheit unterscheidet sich von der allgemeinen Überprüfung und Verifizierung der Informationssicherheit und sollte unabhängig von der Überprüfung von Änderungen durchgeführt werden. Die Überprüfung der Kontrollmaßnahmen zur Aufrechterhaltung der Informationssicherheit sollte vorzugsweise in die Prüfungen der Betriebskontinuität oder der Notfallwiederherstellung der Organisation integriert werden.

17.2 Redundanzen

Zielsetzung: Sicherstellung der Verfügbarkeit von informationsverarbeitenden Einrichtungen.

17.2.1 Verfügbarkeit von informationsverarbeitenden Einrichtungen

Maßnahme

Informationsverarbeitende Einrichtungen sollten mit ausreichender Redundanz für die Einhaltung der Verfügbarkeitsanforderungen implementiert werden.

Umsetzungshinweise

Die Organisationen sollten die geschäftlichen Anforderungen für die Verfügbarkeit von Informationssystemen feststellen. Wenn die Verfügbarkeit nicht mittels der bestehenden Systemarchitektur gewährleistet werden kann, sollten redundante Komponenten oder Architekturen in Betracht gezogen werden.

Vorhandene redundante Informationssysteme sollten überprüft werden, um sicherzustellen, dass beim Ausfall einer Komponente die redundante Komponente wie beabsichtigt funktioniert.

Weitere Informationen

Die Umsetzung von Redundanzen kann zu Risiken für die Integrität oder Vertraulichkeit der Informationen und Informationssysteme führen, die beim Entwurf der Informationssysteme zu berücksichtigen sind.

95

E DIN ISO/IEC 27002:2014-02   *— Entwurf —*

18 Richtlinienkonformität

18.1 Einhaltung gesetzlicher und vertraglicher Anforderungen

> Zielsetzung: Vermeidung von Verstößen gegen gesetzliche, amtliche oder vertragliche Verpflichtungen im Zusammenhang mit Informationssicherheit sowie gegen jegliche Sicherheitsanforderungen.

18.1.1 Feststellung anwendbarer Gesetze und vertraglicher Anforderungen

Maßnahme

Alle relevanten gesetzlichen, amtlichen und vertraglichen Anforderungen sowie die Strategie der Organisation zur Erfüllung dieser Anforderungen sollten für jedes Informationssystem sowie für die Organisation ausdrücklich ermittelt, dokumentiert und auf dem neuesten Stand gehalten werden.

Umsetzungshinweise

Die spezifischen Maßnahmen und die einzelnen Zuständigkeiten zur Erfüllung dieser Anforderungen sollten ebenfalls festgelegt und dokumentiert werden.

Das Management sollte alle für ihre Organisation geltenden Gesetze ermitteln, um alle ihre geschäftliche Tätigkeit betreffenden Anforderungen zu erfüllen. Wenn die Organisation auch in anderen Ländern geschäftlich tätig ist, sollte das Management darauf achten, dass die Richtlinienkonformität auch für diese Länder sichergestellt ist.

18.1.2 Rechte an geistigem Eigentum

Maßnahme

Es sollten geeignete Verfahren umgesetzt werden, um die Einhaltung aller gesetzlichen, behördlichen und vertraglichen Anforderungen in Bezug auf die geistigen Eigentumsrechte an und die Nutzung von urheberrechtlich geschützten Software-Produkten sicherzustellen.

Umsetzungshinweise

Die folgenden Leitlinien sollten zum Schutz von jedwedem Material berücksichtigt werden, welches möglicherweise als geistiges Eigentum betrachtet wird:

a) Veröffentlichung einer Richtlinie zur Einhaltung geistiger Eigentumsrechte, in der die legale Nutzung von Software- und Informationsprodukten geregelt wird;

b) Bezug von Software nur über bekannte und seriöse Quellen, um sicherzustellen, dass das Urheberrecht nicht verletzt wird;

c) nachhaltige Sensibilisierung für die Richtlinien zum Schutz geistiger Eigentumsrechte und Benachrichtigung über die Absicht, Disziplinarmaßnahmen gegen Mitarbeiter zu ergreifen, die dagegen verstoßen;

d) Führen entsprechender Anlagenregister und Feststellung aller Anlagen und Werte mit Schutzanforderungen bezüglich der geistigen Eigentumsrechte;

e) Aufbewahrung von Nachweisen und Beweismaterial für die Inhaberschaft von Lizenzen, Originaldatenträgern, Handbüchern usw.;

f) Implementierung von Kontrollmaßnahmen, um sicherzustellen, dass die in den Lizenzbedingungen festgelegte maximale Nutzerzahl nicht überschritten wird;

96

g) Durchführung von Überprüfungen, um sicherzustellen, dass nur genehmigte Software und lizenzierte Produkte installiert sind;

h) Bereitstellung einer Richtlinie zur Einhaltung der entsprechenden Lizenzbedingungen;

i) Bereitstellung einer Richtlinie zur Veräußerung bzw. Übertragung von Software an andere;

j) Einhaltung der Bedingungen und Konditionen in Bezug auf Software und Informationen, die aus öffentlichen Netzen stammen;

k) keine Vervielfältigung, Formatkonvertierung oder Verwendung von Auszügen kommerzieller Aufzeichnungen (Film oder Ton), die nach dem Urheberrecht untersagt ist;

l) keine Anfertigung von vollständigen oder auszugsweisen Kopien von Büchern, Artikeln, Berichten oder anderen Dokumenten, die nach dem Urheberrecht untersagt ist.

Weitere Informationen

Die geistigen Eigentumsrechte beinhalten das Urheberrecht an Software und Dokumenten, Geschmacksmustern, Markenzeichen, Patente und Quellcode-Lizenzen.

Urheberrechtlich geschützte Software-Produkte unterliegen üblicherweise einer Lizenzvereinbarung, in der die Lizenzbedingungen festgelegt sind, die beispielsweise die Nutzung der Produkte auf bestimmte Geräte beschränken oder nur die Vervielfältigung zur Erstellung von Backup-Kopien gestatten. Die Wichtigkeit des Themas der geistigen Eigentumsrechte und die Sensibilisierung dafür sollte gegenüber den Mitarbeitern in Bezug auf Software kommuniziert werden, die innerhalb der Organisation entwickelt wird.

Rechtliche, behördliche und vertragliche Anforderungen können Beschränkungen bezüglich des Kopierens urheberrechtlich geschützten Materials beinhalten. Insbesondere kann die Anforderung existieren, dass nur Material verwendet werden darf, das von der Organisation entwickelt oder vom Entwickler an die Organisation lizenziert bzw. ihr zur Verfügung gestellt wird. Urheberrechtsverstöße können rechtliche Schritte zur Folge haben, einschließlich der Verhängung von Bußgeldern und einer strafrechtlichen Verfolgung.

18.1.3 Schutz von Aufzeichnungen

Maßnahme

Aufzeichnungen sollten nach den gesetzlichen, behördlichen, vertraglichen und geschäftlichen Anforderungen vor Verlust, Zerstörung, Fälschung, nicht autorisiertem Zugriff und nicht autorisierter Freigabe geschützt werden.

Umsetzungshinweise

Bei der Entscheidung über den Schutz bestimmter Aufzeichnungen der Organisation sollten die entsprechenden Klassifizierungen auf Grundlage des Klassifizierungsschemas der Organisation berücksichtigt werden. Die Aufzeichnungen sollten nach Aufzeichnungsarten kategorisiert werden, z. B. Geschäftsbücher, Datenbanksätze, Transaktionsprotokolle, Audit-Protokolle und Betriebsverfahren, jeweils mit Angabe von Einzelheiten zu Aufbewahrungszeiträumen und Art der zulässigen Speichermedien, z. B. Papier, Mikrofiche, magnetische und optische Speichermedien. Alle kryptographischen Schlüssel und Programme, die für verschlüsselte Archive oder digitale Signaturen (siehe 10) benötigt werden, sollten ebenfalls gespeichert werden, um eine Entschlüsselung der Aufzeichnungen für den Zeitraum ihrer Aufbewahrung zu ermöglichen.

Es sollte die Möglichkeit der Qualitätsminderung der für die Speicherung der Aufzeichnungen verwendeten Medien in Betracht gezogen werden. Die Verfahren zu Speicherung und Umgang sollten entsprechend den Herstellerempfehlungen implementiert werden.

Bei der Wahl elektronischer Speichermedien sollten Verfahren festgelegt werden, durch die der Zugriff auf die Daten (hinsichtlich der Lesbarkeit des Mediums als auch des Formats) über den gesamten

97

E DIN ISO/IEC 27002:2014-02   — *Entwurf* —

Aufbewahrungszeitraum sichergestellt ist, um vor Datenverlust aufgrund zukünftiger technischer Veränderungen geschützt zu sein.

Datenspeichersysteme sollten so ausgewählt werden, dass die benötigten Daten in Abhängigkeit von den zu erfüllenden Anforderungen innerhalb eines vertretbaren Zeitrahmens und im gewünschten Format abgerufen werden können.

Das Speicher- und Handhabungssystem sollte ggf. die Kennzeichnung von Aufzeichnungen und ihrer Aufbewahrungsfrist nach den Festlegungen durch nationale oder regionale Gesetze oder Verordnungen sicherstellen. Dieses System sollte die entsprechende Vernichtung von Aufzeichnungen nach Ablauf dieser Frist ermöglichen, falls die Organisation sie nicht mehr benötigt.

Zur Erreichung dieser Ziele zum Schutz der Aufzeichnungen sollten innerhalb der Organisation die folgenden Schritte unternommen werden:

a) Herausgabe von Leitlinien für die Aufbewahrung, Lagerung, Handhabung und Entsorgung von Aufzeichnungen und Informationen;

b) Erstellung einer Aufbewahrungsplanung, in der die Aufzeichnungen und deren jeweiliger Aufbewahrungszeitraum niedergelegt sind;

c) Führen eines Quellenverzeichnisses für wichtige Informationen.

Weitere Informationen

Einige Aufzeichnungen müssen zur Erfüllung gesetzlicher, behördlicher oder vertraglicher Verpflichtungen sowie zur Unterstützung zentraler geschäftlicher Aktivitäten möglicherweise sicher verwahrt werden. Dies betrifft beispielsweise Aufzeichnungen, die als Nachweis für eine den gesetzlichen und behördlichen Auflagen entsprechende Betriebstätigkeit der Organisation dienen, zur Sicherstellung der Verteidigung gegen potenzielle zivil- oder strafrechtliche Klagen oder zur Bestätigung des finanziellen Status einer Organisation gegenüber den Anteilseignern, externen Parteien oder Auditoren. Der Aufbewahrungszeitraum und der Umfang der aufzubewahrenden Informationen können durch nationale Gesetze oder Bestimmungen vorgegeben sein.

Weitere Informationen zum Umgang mit den Aufzeichnungen der Organisation können ISO 15489-1 entnommen werden.

18.1.4 Privatsphäre und Schutz von personenbezogenen Informationen

Maßnahme

Die Privatsphäre sowie der Schutz von personenbezogenen Informationen sollten entsprechend den Anforderungen der relevanten Gesetze, Vorschriften und ggf. Vertragsbestimmungen sichergestellt werden.

Umsetzungshinweise

Die Organisation sollte eine Datenrichtlinie zum Schutz der Privatsphäre und personenbezogenen Informationen entwickeln und implementieren. Diese Richtlinie sollte an alle Personen kommuniziert werden, die in die Verarbeitung personenbezogener Informationen einbezogen sind.

Zur Sicherstellung der Einhaltung dieser Richtlinie und aller relevanten Gesetze und Vorschriften zum Schutz der Privatsphäre und personenbezogener Daten ist eine entsprechende Managementstruktur und -kontrolle erforderlich. Am besten kann dies meist durch Benennung einer dafür zuständigen Person wie eines Datenschutzbeauftragten erreicht werden, der den Vorgesetzten, Benutzern und Dienstleistern eine Richtschnur hinsichtlich ihrer jeweiligen Verantwortungsbereiche sowie der jeweils einzuhaltenden Verfahren vorgibt. Die Wahrnehmung der Verantwortung für den Umgang mit personenbezogenen Informationen und die Sicherstellung der Sensibilisierung für die Prinzipien des Schutzes der Privatsphäre sollten nach den geltenden Gesetzen und Vorschriften erfolgen. Es sollten geeignete technische und organisatorische Maßnahmen zum Schutz personenbezogener Informationen implementiert werden.

98

— Entwurf —   **E DIN ISO/IEC 27002:2014-02**

Weitere Informationen

ISO/IEC 29100 bietet einen groben Rahmen für den Schutz personenbezogener Informationen im Rahmen von Informations- und Kommunikationstechnologiesystemen. Einige Länder haben Gesetze zur Kontrolle der Erhebung, Verarbeitung und Übermittlung personenbezogener Daten (im Allgemeinen Informationen über lebende Personen, die anhand dieser Informationen identifiziert werden können) erlassen. In Abhängigkeit von den jeweiligen nationalen Gesetzen können derartige Kontrollen die Auferlegung bestimmter Pflichten bei der Erhebung, Verarbeitung und Weitergabe personenbezogener Daten sowie eine Einschränkung der Übermittlung in andere Länder beinhalten.

18.1.5 Regulierung kryptographischer Kontrollmaßnahmen

Maßnahme

Kryptographische Kontrollmaßnahmen sollten unter Einhaltung aller relevanten Vereinbarungen, Gesetze und Vorschriften angewandt werden.

Umsetzungshinweise

Zur Einhaltung der relevanten Vereinbarungen, Gesetze und Vorschriften sollten die folgenden Punkte berücksichtigt werden:

a) Beschränkungen bezüglich des Im- oder Exports von Computer-Hardware und -Software zur Durchführung kryptographischer Funktionen;

b) Beschränkungen bezüglich des Im- oder Exports von Computer-Hardware und -Software, die für die Hinzufügung kryptographischer Funktionen ausgelegt ist;

c) Beschränkungen bezüglich der Anwendung von Verschlüsselungstechnologien;

d) verpflichtende oder freiwillige Methoden für den Zugriff der Behörden des Landes auf hardware- oder softwareseitig verschlüsselte Informationen zur Gewährleistung der Rechtskonformität der Inhalte.

Es sollte eine Rechtsberatung in Anspruch genommen werden, um die Einhaltung aller relevanten Gesetze und Vorschriften sicherzustellen. Vor der Übermittlung verschlüsselter Informationen oder kryptographischer Maßnahmen über geografische Geltungsgrenzen der anzuwendenden Gesetze und Vorschriften hinweg sollte ebenfalls eine Rechtsberatung in Anspruch genommen werden.

18.2 Informationssicherheitsprüfungen

> Zielsetzung: Sicherstellung, dass Informationssicherheitsvorkehrungen entsprechend den Leitlinien und Verfahren der Organisation implementiert und angewandt werden.

18.2.1 Unabhängige Prüfung der Informationssicherheit

Maßnahme

Die Strategie der Organisation für das Management der Informationssicherheit und deren Implementierung (d. h. Kontrollziele und -maßnahmen, Leitlinien, Prozesse und Verfahren zur Informationssicherheit) sollten in planmäßigen Abständen oder jeweils bei erheblichen Änderungen an der Implementierung von Sicherheitsvorkehrungen durch eine unabhängige Stelle geprüft werden.

99

E DIN ISO/IEC 27002:2014-02   *— Entwurf —*

Umsetzungshinweise

Das Management sollte die unabhängige Prüfung veranlassen. Eine derartige unabhängige Prüfung ist erforderlich, um die Eignung, Tauglichkeit und Wirksamkeit des Ansatzes der Organisation in Bezug auf das Informationssicherheitsmanagement dauerhaft sicherzustellen. Diese Prüfung sollte eine Beurteilung von Verbesserungsmöglichkeiten und ggf. vorhandenem Änderungsbedarf bezüglich des Sicherheitsansatzes einschließlich der Richtlinien- und Maßnahmenziele beinhalten.

Diese Prüfung sollte von Personen durchgeführt werden, die unabhängig vom untersuchten Bereich sind. Dabei kann es sich z. B. um einen internen Auditor, einen unabhängigen Manager oder eine externe Organisation handeln, die sich auf derartige Prüfungen spezialisiert hat. Die diese Prüfungen durchführenden Personen müssen über entsprechende Kompetenzen und Erfahrungen verfügen.

Die Ergebnisse der unabhängigen Prüfung sollten aufgezeichnet und an das Management berichtet werden, welches die Prüfung veranlasst hat. Diese Aufzeichnungen sollten aufbewahrt werden.

Sollte bei der unabhängigen Prüfung festgestellt werden, dass der Informationssicherheitsmanagement-Ansatz der Organisation und dessen Umsetzung nicht angemessen sind, weil z. B. dokumentierte Ziele und Anforderungen nicht eingehalten werden oder nicht der in den Informationssicherheitsleitlinien (siehe 5.1.1) festgelegten Richtung entsprechen, sollte das Management Korrekturmaßnahmen in Betracht ziehen.

Weitere Informationen

ISO/IEC 27007 „Richtlinien für Informationssicherheits-Managementsystemaudits" und ISO/IEC TR 27008 „Richtlinien für Auditoren von Informationssicherheits-controls" bieten ebenfalls eine Anleitung zur Durchführung der unabhängigen Prüfung.

18.2.2 Einhaltung von Sicherheitsleitlinien und -normen

Maßnahme

Das Management sollte regelmäßig die Konformität der Informationsverarbeitung und der Verfahren in ihrem Zuständigkeitsbereich mit den jeweils anwendbaren Sicherheitsleitlinien, Normen und jeglichen sonstigen Sicherheitsanforderungen prüfen.

Umsetzungshinweise

Das Management sollte feststellen, inwiefern die in den Leitlinien, Normen und anderen anwendbaren Vorschriften festgelegten Informationssicherheitsanforderungen eingehalten werden. Die automatischen Bemessungs- und Berichterstattungstools sollten bei einer effizienten, regelmäßigen Prüfung berücksichtigt werden.

Falls bei der Prüfung ein Konformitätsverstoß festgestellt wird, sollten die Manager die folgenden Maßnahmen ergreifen:

a) Feststellung der Ursachen des Konformitätsverstoßes;

b) Beurteilung, ob Maßnahmen zur Herstellung der Konformität erforderlich sind;

c) Umsetzung geeigneter Korrekturmaßnahmen;

d) Prüfung der unternommenen Korrekturmaßnahmen, um deren Wirksamkeit zu verifizieren und jedwede Defizite oder Schwachstellen festzustellen.

Die Ergebnisse der von den Managern durchgeführten Prüfungen und Korrekturmaßnahmen sollten aufgezeichnet und die Aufzeichnungen sollten aufbewahrt werden. Das Management sollte die Ergebnisse an die Personen berichten, die die unabhängigen Prüfungen durchführen (siehe 18.2.1), wenn in ihrem Verantwortungsbereich eine unabhängige Prüfung stattfindet.

100

— Entwurf —   **E DIN ISO/IEC 27002:2014-02**

Weitere Informationen

Die betriebliche Überwachung der Systemnutzung wird in 12.4 behandelt.

18.2.3 Technische Konformitätsprüfung

Maßnahme

Informationssysteme sollten regelmäßig auf Konformität mit den Informationssicherheitsleitlinien und -normen der Organisation geprüft werden.

Umsetzungshinweise

Die technische Konformität sollte bevorzugt mit Hilfe automatischer Tools geprüft werden, mit denen technische Berichte erzeugt werden, die anschließend von einem technischen Experten interpretiert werden. Alternativ könnten manuelle Prüfungen (ggf. mit Unterstützung entsprechender Software-Tools) von einem erfahrenen Systemingenieur durchgeführt werden.

Falls Penetrationstests oder Schwachstellenuntersuchungen vorgenommen werden, sollte besondere Vorsicht geübt werden, da derartige Aktivitäten zu einer Kompromittierung der Systemsicherheit führen können. Derartige Tests sollten geplant und dokumentiert werden sowie wiederholbar sein.

Eine technische Konformitätsprüfung sollte nur von kompetenten, autorisierten Personen oder unter deren Aufsicht durchgeführt werden.

Weitere Informationen

Technische Konformitätsprüfungen beinhalten die Untersuchung der betrieblichen Systeme, um sicherzustellen, dass die hardware- und softwarebezogenen Kontrollmaßnahmen ordnungsnach implementiert wurden. Eine Konformitätsprüfung dieser Art erfordert spezialisierte technische Fachkompetenzen.

Die Konformitätsprüfungen umfassen z. B. auch Penetrationstests und Schwachstellenuntersuchungen, die von unabhängigen, eigens damit beauftragten Experten durchgeführt werden können. Dies kann hilfreich zur Erkennung von Schwachstellen im System sein sowie zur Überprüfung der Wirksamkeit der Maßnahmen zur Verhinderung eines diese Schwachstellen ausnutzenden, nicht autorisierten Zugriffs.

Penetrationstests und Schwachstellenuntersuchungen bieten die Momentaufnahme eines Systems in einem bestimmten Zustand zu einem bestimmten Zeitpunkt. Diese Momentaufnahme beschränkt sich auf jene Bereiche des Systems, in denen die Penetrationsversuche stattgefunden haben. Penetrationstests und Schwachstellenuntersuchungen sind zur Risikoeinschätzung nicht geeignet.

ISO/IEC TR 27008 enthält spezifische Anleitungen zur Durchführung von technischen Konformitätsprüfungen.

101

E DIN ISO/IEC 27002:2014-02   *— Entwurf —*

Literaturhinweise

[1] ISO/IEC Directives, Part 2, *Rules for the structure and drafting of International Standards*

[2] ISO/IEC 11770, *Information technology Security techniques — Key management — Part 1: Framework*

[3] ISO/IEC 11770, *Information technology Security techniques — Key management — Part 2: Mechanisms using symmetric techniques*

[4] ISO/IEC 11770, *Information technology Security techniques — Key management — Part 3: Mechanisms using asymmetric techniques*

[5] ISO 15489-1, *Information and documentation — Records management — Part 1: General*

[6] ISO/IEC 2000-1:2012 *Information technology — Service management — Part 1: Service management system requirements*

[7] ISO/IEC 20000-2:2005 *Information technology — Service management — Part 2: Code of practice*

[8] ISO/IEC 22301, *Societal security — Business continuity management systems — Requirements*

[9] ISO/IEC 22313:2012, *Societal security — Business continuity management systems — Guidance*

[10] ISO/IEC 27001, *Information technology — Security techniques — Information security management systems — Requirements*

[11] ISO/IEC 27005, *Information technology — Security techniques — Information security risk management*

[12] ISO/IEC 27007, *Information technology — Security techniques — Guidelines for information security management systems auditing*

[13] ISO/IEC TR 27008, *Information technology — Security techniques — Guidelines for auditors on information security controls*

[14] ISO/IEC 27031, *Information technology — Security techniques — Guidelines for information and communication technology readiness for business continuity*

[15] ISO/IEC 27033, *Information technology — Security techniques — Network security — Part 1: Overview and concepts*

[16] ISO/IEC 27033, *Information technology — Security techniques — Network security — Part 2: Guidelines for the design and implementation of network security*

[17] ISO/IEC 27033, *Information technology — Security techniques — Network security — Part 3: Reference networking scenarios — Threats, design techniques and control issues*

[18] *ISO/IEC 27033, Information technology — Security techniques — Network security — Part 4: Securing communications between networks using security gateways*

[19] ISO/IEC 27033, *Information technology — Security techniques — Network security — Part 5: Securing communications across networks using Virtual Private Network (VPNs)*

[20] ISO/IEC 27035, *Information technology — Security techniques — Information security incident management*

102

[21] ISO/IEC 27036, *Information technology — Security techniques — Information security for supplier relationships — Part 1: Overview and concepts*

[22] ISO/IEC 27036, *Information technology — Security techniques — Information security for supplier relationships — Part 2: Common requirements*

[23] ISO/IEC 27036, *Information technology — Security techniques — Information security for supplier relationships — Part 3: Guidelines for ICT supply chain security*

[24] ISO/IEC 27037, *Information technology — Security techniques — Guidelines for identification, collection, acquisition, and preservation of digital evidence*

[25] ISO/IEC 29100, *Information technology — Security techniques — Privacy framework*

[26] ISO/IEC 29101, *Information technology — Security techniques — Privacy architecture framework*

[27] ISO 31000, *Risk management — Principles and guidelines*

103

Bundesamt
für Sicherheit in der
Informationstechnik

Zertifizierung nach ISO 27001 auf der Basis von IT-Grundschutz

Zertifizierungsschema

Version 1.2

Zertifizierungsschema für ISO 27001-Zertifizierung auf der Basis von IT-Grundschutz

Bundesamt für Sicherheit in der Informationstechnik
Postfach 20 03 63
53133 Bonn

E-Mail: gs-zert@bsi.bund.de
Internet: https://www.bsi.bund.de

© Bundesamt für Sicherheit in der Informationstechnik 2014

Bundesamt für Sicherheit in der Informationstechnik

Zertifizierungsschema für ISO 27001-Zertifizierung auf der Basis von IT-Grundschutz

Inhaltsverzeichnis

Vorwort

ISO 27001-Zertifizierungen auf der Basis von IT-Grundschutz geben Behörden und Unternehmen die Möglichkeit, ihre Bemühungen um Informationssicherheit und die erfolgreiche Umsetzung internationaler Normen unter Anwendung der IT-Grundschutz-Methodik nach innen und außen zu dokumentieren.

Rechtliche Grundlagen des Verfahrens sind das Gesetz über das Bundesamt für Sicherheit in der Informationstechnik (BSI-Gesetz – BSIG, [BSIG]) und die Zertifizierungsverordnung zum BSI-Gesetz [ZVO].

Die für ISO 27001-Zertifizierungsverfahren auf der Basis von IT-Grundschutz relevanten Kriterienwerke sind ISO/IEC 27001 "Information technology - Security techniques - Information security management systems – Requirements", die BSI-Standards 100-2 „IT-Grundschutz-Vorgehensweise" [1002] und BSI-Standard 100-3 „Risikoanalyse auf Basis von IT-Grundschutz" [1003] sowie die IT-Grundschutz-Kataloge des BSI. Für weitere Informationen sei auf Kap. 1.6 verwiesen.

Grundlage dieses Dokumentes bilden ferner die Normen DIN EN ISO 19011 "Leitfaden für Audits von Qualitätsmanagement- und/oder Umweltmanagementsystemen", ISO/IEC 27006 „Information technology - Security techniques - Requirements for bodies providing audit and certification of information security management systems" sowie DIN EN ISO/IEC 17021 "Konformitätsbewertung - Anforderungen an Stellen, die Managementsysteme auditieren und zertifizieren", welche Anleitungen und Anforderungen für den Ablauf und die Durchführung von Audits und Zertifizierungsverfahren enthalten.

---

1. Einleitung

1.1 Versionshistorie

Datum	Version	Verfasser	Bemerkungen
29.03.2011	1.0	BSI	1. veröffentlichte Version
12.03.2013	1.1	BSI	**Überarbeitung Kapitel 2.6** Vertraulichkeit von Informationen: Ergänzung der Verschlüsselungsprogramme GnuPG, Pretty Good Privacy (PGP) und TrueCrypt
18.06.2013	1.11	BSI	**Editorelle Änderungen** (Referatsbezeichnungen)
13.03.2014	1.12	BSI	**Editorelle Änderungen** (E-Mail-Adresse, Referatsbezeichnung)
22.05.2014	1.2	BSI	**Editorelle Änderungen** (Kontaktadressen, Mailpostfächer, Ersetzung Erfüllungsgehilfe durch Fachexperte) Ergänzung Kapitel 2.4, Unabhängigkeitserklärung **Kapitel 2.8.3**: Konkretisierung der Meldung ggü. BSI bei wesentlichen Änderungen des Informationsverbundes **Kapitel 2.6**: Streichung Verschlüsselungsprogramm TrueCrypt

1.2 Zielsetzung

Das vorliegende Zertifizierungsschema beschreibt die grundsätzliche Vorgehensweise und die Voraussetzungen für eine ISO 27001-Zertifizierung auf der Basis von IT-Grundschutz. Das Dokument gibt insbesondere Informationen zu den am Zertifizierungsverfahren beteiligten Parteien und deren Verantwortlichkeiten, Aufgaben, Aktivitäten und Zusammenwirken.

1.3 Adressatenkreis

Dieses Dokument richtet sich an Institutionen, die eine ISO 27001-Zertifizierung auf der Basis von IT-Grundschutz anstreben, sowie an ISO 27001-Auditoren auf der Basis von IT-Grundschutz, die ein unabhängiges Audit durchführen, um die Konformität eines Managementsystems für Informationssicherheit gemäß ISO 27001 auf der Basis von IT-Grundschutz in einer Einrichtung oder Institution zu bestätigen. Insbesondere können sich Einrichtungen und Institutionen und deren IT-Sicherheitsverantwortliche sowie Auditoren einen Überblick über die grundsätzlichen Anforderungen an eine ISO 27001-Zertifizierung auf der Basis von IT-Grundschutz verschaffen und über die Vorgehensweise einer ISO 27001-Zertifizierung auf der Basis von IT-Grundschutz informieren.

1.4 Anwendungshinweise

Im folgenden Dokument werden die grundsätzliche Vorgehensweise und die Voraussetzungen für eine ISO 27001-Zertifizierung auf der Basis von IT-Grundschutz beschrieben.

Detaillierte Informationen zur Zielsetzung und Durchführung von ISO 27001-Audits auf der Basis von IT-Grundschutz und insbesondere eine detaillierte Beschreibung des Auditprozesses und seiner Phasen, der Auditprinzipien, der Verantwortlichkeiten der Mitglieder des Auditteams und der im einzelnen vom Auditteam durchzuführenden Prüfaufgaben und -aktivitäten sowie der Mitwirkung des

Zertifizierungsschema für ISO 27001-Zertifizierung auf der Basis von IT-Grundschutz

Antragstellers werden im Rahmen eines eigenen Schemadokuments zum Auditierungsschema für ISO 27001-Audits auf der Basis von IT-Grundschutz gegeben (siehe [AUD]).

1.5 Begriffe und Definitionen

Ein Informationsverbund stellt nicht nur den Verbund der betrachteten IT-Systeme dar, sondern umfasst auch das damit verbundene Informationssicherheits-Managementsystem (ab hier ISMS abgekürzt). Der Informationsverbund ist der Geltungsbereich der Zertifizierung (sog. Untersuchungsgegenstand).

Audits können von einem oder mehreren Auditoren durchgeführt werden, die vom Bundesamt für Sicherheit in der Informationstechnik zertifiziert[1] sind. Der für die Durchführung eines Audits verantwortliche Auditor wird in diesem Dokument Auditteamleiter genannt. Einem Auditteam können auch Fachexperten angehören, die spezielle Branchenkenntnisse oder solide Kenntnisse und Erfahrungen hinsichtlich der im Informationsverbund eingesetzten Informations- und Kommunikationstechnik besitzen. Die Rollen der beteiligten Parteien im Zertifizierungsaudit sind in Kap. 2.2 näher ausgeführt.

1.6 Literaturverzeichnis

[AUD]	Zertifizierung nach ISO 27001 auf der Basis von IT-Grundschutz, Auditierungsschema mit Anlagen, Version 1.0, [LINK]
[PRÜFGR]	Prüfgrundlage für Zertifizierungen nach ISO 27001 auf der Basis von IT-Grundschutz in der jeweils veröffentlichten Version, [LINK]
[REFDOK]	Hinweise zur Bereitstellung der Referenzdokumente im Rahmen der Zertifizierung nach ISO 27001 auf der Basis von IT-Grundschutz, Version 1.0
[ZERTAUD]	Verfahrensbeschreibung zur Kompetenzfeststellung und Zertifizierung von Personen [LINK]
[17021]	DIN EN ISO/IEC 17021:2011 "Konformitätsbewertung - Anforderungen an Stellen, die Managementsysteme auditieren und zertifizieren"
[19011]	DIN EN ISO 19011:2011 „Leitfaden für Audits von Qualitätsmanagement- und/oder Umweltmanagementsystemen"
[27001]	DIN EN ISO/IEC 27001:2005 „Informationstechnik - IT-Sicherheitsverfahren - Informationssicherheits-Managementsysteme - Anforderungen "
[27002]	DIN EN ISO/IEC 27002:2005 "Informationstechnik - IT-Sicherheitsverfahren - Leitfaden für das Informationssicherheits-Management"
[27006]	ISO/IEC 27006:2011 „Information technology - Security techniques - Requirements for bodies providing audit and certification of information security management systems"
[1002]	BSI-Standard 1002 „IT-Grundschutz-Vorgehensweise" [LINK]
[1003]	BSI-Standard 1003 „Risikoanalyse auf Basis von IT-Grundschutz" [LINK]
[GSK]	IT-Grundschutzkataloge - Standard-Sicherheitsmaßnahmen, BSI, [LINK]
[BSIG]	Gesetz über das Bundesamt für Sicherheit in der Informationstechnik (BSI-Gesetz – BSIG), 20. August 2009
[ZVO]	Verordnung über das Verfahren der Erteilung eines Sicherheitszertifikats durch das Bundesamt für Sicherheit in der Informationstechnik (BSI-Zertifizierungsverordnung-BSIZertV) vom 7. Juli 1992, Bundesgesetzblatt I S. 1230

---

[1] In diesem Dokument wird nicht unterschieden zwischen zertifizierten und den nach dem früheren Lizenzierungsschema lizenzierten Auditoren, beide werden hier als zertifizierte Auditoren bezeichnet.

---

6   Bundesamt für Sicherheit in der Informationstechnik

1.7 Kontakt, Fragen und Anregungen

Bei Fragen zum Zertifizierungsprozess, Anregungen zur Verbesserung und Weiterentwicklung des Zertifizierungsschemas, und für die Zusendung von Zertifizierungsunterlagen (z. B. Zertifizierungsantrag, Unabhängigkeitserklärung, abgenommener Auditbericht in Schriftform) verwenden Sie bitte die nachfolgenden Kontaktdaten:

Bundesamt für Sicherheit in der Informationstechnik
Referat S24
Postfach 20 03 63
53133 Bonn
Telefon: 0228 99 9582-5924 oder -5130
E-Mail: gs-zert@bsi.bund.de

Wenn Sie Fragen oder Anregungen zur Durchführung von Audits, zum Auditierungsschema und der Prüfbegleitung haben, wenden Sie sich bitte an:

Bundesamt für Sicherheit in der Informationstechnik
Referat C28
Postfach 20 03 63
53133 Bonn
Telefon: 0228 99 9582-6222
E-Mail: gs-zert-pruef@bsi.bund.de

Fragen und Anregungen rund um IT-Grundschutz können Sie richten an:

Bundesamt für Sicherheit in der Informationstechnik
Referat C28
Postfach 20 03 63
53133 Bonn
Telefon: 0228 99 9582-5369
E-Mail: grundschutz@bsi.bund.de

Auditberichte zur Abnahme durch BSI schicken Sie bitte verschlüsselt (siehe Kapitel 2.6) an:
E-Mail: gs-zert-pruef@bsi.bund.de

Zertifizierungsschema für ISO 27001-Zertifizierung auf der Basis von IT-Grundschutz

2. Zertifizierung nach ISO 27001 auf der Basis von IT-Grundschutz

2.1 Überblick über den Zertifizierungsprozess

Die IT-Grundschutz-Vorgehensweise stellt zusammen mit den IT-Grundschutz-Katalogen und dessen Empfehlungen von Standard-Sicherheitsmaßnahmen inzwischen einen De-Facto-Standard für Informationssicherheit dar. Der Wunsch vieler Institutionen nach einer Bestätigung, dass IT-Grundschutz umgesetzt wurde, führte zu der Einführung einer Zertifizierung nach ISO 27001 auf der Basis von IT-Grundschutz.

Voraussetzung für die Vergabe eines ISO 27001-Zertifikats auf der Basis von IT-Grundschutz ist eine Überprüfung des Untersuchungsgegenstandes durch einen vom BSI zertifizierten Auditor für ISO 27001-Audits auf der Basis von IT-Grundschutz. Im Rahmen des Audits werden von der Institution erstellte Referenzdokumente gesichtet, eine Vor-Ort-Prüfung durchgeführt und ein Auditbericht erstellt. Für die Vergabe eines ISO 27001-Zertifikats auf der Basis von IT-Grundschutz wird dieser Auditbericht von der Zertifizierungsstelle im BSI geprüft. Während der Gültigkeit des daraufhin ausgestellten Zertifikats werden jährlich Überwachungsaudits durchgeführt.

In den folgenden Kapiteln wird der Zertifizierungsprozess detaillierter betrachtet.

2.2 Rollen und Zuständigkeiten im Zertifizierungsverfahren

In das Zertifizierungsverfahren für die ISO 27001-Zertifizierung auf der Basis von IT-Grundschutz sind die folgenden drei Rollen involviert:

- Antragsteller,
- Auditor bzw. Auditteamleiter als befugter Vertreter des Auditteams
- Zertifizierungsstelle

Folgende Abbildung zeigt schematisch die den Rollen zugeordneten Aufgaben und das Zusammenwirken der Rollen im Zertifizierungsverfahren:

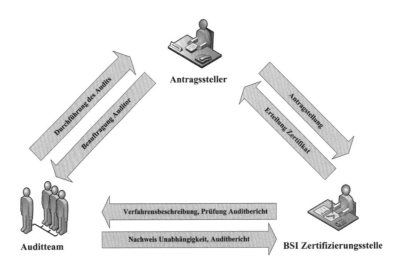

Abbildung 1: Rollen im Zertifizierungsverfahren

Hat eine Institution ein ISMS nach ISO 27001 auf Basis der IT-Grundschutz-Methodik umgesetzt und liegen alle erforderlichen Nachweise der Umsetzung (sog. Referenzdokumente [REFDOK]) vor, kann die Institution ein Zertifizierungsverfahren für eine ISO 27001-Zertifizierung auf der Basis von IT-Grundschutz bei der Zertifizierungsstelle initiieren und einen Zertifizierungsantrag stellen. Die Institution beauftragt ein Auditteam, auf Grundlage des vorliegenden Zertifizierungsschemas und des zugehörigen Auditierungsschemas für ISO 27001-Audits auf der Basis von IT-Grundschutz den Informationsverbund, sein ISMS und seine Sicherheitsstruktur zu überprüfen.

Der **Antragsteller** ist Initiator des Zertifizierungsverfahrens und unterstützt das Auditteam bei der Sichtung der Referenzdokumente und der Vor-Ort-Prüfung des Informationsverbundes. Das Auditteam dokumentiert seine Prüfergebnisse in einem Auditbericht, der zusammen mit dem Zertifizierungsantrag der Zertifizierungsstelle als Grundlage für ein ISO 27001-Zertifikat auf der Basis von IT-Grundschutz dient.

Auditoren dürfen nur Themengebiete prüfen, für die sie das notwendige Fachwissen und ausreichend Erfahrung mitbringen. Falls weder der Auditteamleiter noch die anderen Auditoren des Teams über das nötige Spezialwissen verfügen, muss der Auditteamleiter zur Unterstützung der Prüftätigkeiten und zur Absicherung der Prüfaussagen einen oder mehrere Fachexperten hinzuziehen.

Zwei oder mehr Auditoren können sich zu einem Auditteam zusammenschließen, um ein gemeinsames Audit durchzuführen. In einem solchen Fall wird ein Auditteamleiter (Auditverantwortlicher) bestimmt. Die Rollen und Zuständigkeiten der Teammitglieder sind zu Beginn des Zertifizierungsverfahrens festzulegen. Ein Auditteam kann darüber hinaus noch Fachexperten zur Unterstützung hinzuziehen. Fachexperten müssen ebenso wie die Auditoren Fachwissen sowie Erfahrung im Bereich Informationssicherheit besitzen und sind Teil des Auditteams. Jedes Mitglied des Auditteams muss vor Beginn des Verfahrens, d. h. mit dem Zertifizierungsantrag, sowie vor einem Überwachungsaudit eine Unabhängigkeitserklärung bei der Zertifizierungsstelle einreichen. Die Zertifizierungsstelle des BSI muss dem Einsatz des Auditors bzw. des Auditteams zustimmen. Alle Mitglieder des Auditteams müssen im Auditbericht aufgeführt sein.

Der Ansprechpartner der Zertifizierungsstelle ist der Auditteamleiter. Dieser sendet den Auditbericht verschlüsselt an die Zertifizierungsstelle des BSI und ergänzt Nachforderungen. Je nach Vertragsinhalt kann der Auditor dem Antragsteller den Auditbericht jederzeit zur Verfügung stellen.

Hilfskräfte für reine Verwaltungstätigkeiten, beispielsweise Schreibkräfte, können eingesetzt werden, wenn diese vom Auditteamleiter entsprechend überwacht und kontrolliert werden. Für Hilfskräfte gelten keine einschränkenden Bedingungen; sie müssen auch nicht im Auditbericht genannt werden. Die Verantwortung für die Prüftätigkeiten verbleibt in jedem Fall beim Auditteamleiter.

Die **Zertifizierungsstelle** des BSI übernimmt die Rolle einer unabhängigen dritten Instanz, die die Gleichwertigkeit der Prüfungen und der Auditberichte gewährleistet. Sie veröffentlicht die Schemata und Interpretationen zum Zertifizierungsverfahren. Die Zertifizierungsstelle prüft den Zertifizierungsantrag des Antragstellers und den eingereichten Auditbericht des Auditteams auf Grundlage des vorliegenden Zertifizierungsschemas und des zugehörigen Auditierungsschemas für ISO 27001-Audits auf der Basis von IT-Grundschutz. Bei positivem Prüfergebnis erteilt die Zertifizierungsstelle für den Informationsverbund des Antragstellers ein ISO 27001-Zertifikat auf der Basis von IT-Grundschutz.

Antragsteller und Auditteamleiter sollten bei der Planung von Zertifizierungsverfahren darauf achten, dass genügend Zeit und Ressourcen (Budget, Personal, ...) für Kommentierungszyklen von Auditberichten und eventuelle Nachbesserungen bzw. Nachforderungen eingeplant werden.

2.3 Zertifizierungsantrag

Zur Initiierung des Zertifizierungsverfahrens ist vom Antragsteller ein Antrag auf eine ISO 27001-Zertifizierung auf der Basis von IT-Grundschutz bei der Zertifizierungsstelle des BSI zu stellen. Hierbei sind folgende Anforderungen zu erfüllen:

- Der Zertifizierungsstelle des BSI muss der vollständige Zertifizierungsantrag mindestens 1 Monat vor Beginn des Audits (d. h. vor Beginn der Sichtung der Referenzdokumente) vorliegen. In Einzelfällen kann die Prüfung länger dauern, sodass evtl. Audittermine angepasst werden müssen.

- Der Zertifizierungsantrag enthält Angaben zum Antragsteller und verschiedene weitere Informationen zum Untersuchungsgegenstand (d. h. zum zu zertifizierenden Informationsverbund) sowie zur Auditierungstätigkeit. Insbesondere müssen die im folgenden genannten Angaben vollständig sein:

  - Der zu zertifizierende Untersuchungsgegenstand ist zu beschreiben sowie ein bereinigter Netzplan vorzulegen. Ferner ist ein kurzes Behörden- bzw. Firmenprofil zu geben, aus dem u. a. die wesentlichen Tätigkeitsfelder der Institution sowie die Größe und Bedeutung des Untersuchungsgegenstandes für die Institution deutlich werden.

  - Bei einer Re-Zertifizierung sind die Änderungen im Informationsverbund im Vergleich zum Informationsverbund der Erst-Zertifizierung anzugeben und kurz zu beschreiben. Bei der Verwendung überarbeiteter oder neuer Bausteine sind diese im Antrag mit anzugeben und zu beschreiben. Dabei werden nur große / gravierende Änderungen aufgeführt.

  - Im Zertifizierungsantrag sind Angaben zur Abgabe des Auditberichts an die Zertifizierungsstelle des BSI zu machen. Der Zeitplan ist mit der Zertifizierungsstelle des BSI abzustimmen. Terminänderungen sind dem BSI rechtzeitig schriftlich mitzuteilen.

  - Teil des Zertifizierungsantrags ist die Unabhängigkeitserklärung der Auditteammitglieder (s. nächstes Kapitel).

Formulare zur Antragstellung sowie für die Unabhängigkeitserklärung sind auf den Webseiten des BSI zu finden. Als Prüfungsgrundlage für Auditierungen im Rahmen der ISO 27001-Zertifizierung auf der Basis von IT-Grundschutz müssen die in „Prüfgrundlage für Zertifizierungen nach ISO 27001 auf der Basis von IT-Grundschutz" [PRÜFGR] aufgeführten Dokumente in der dort genannten Version verwendet werden.

Die Zertifizierungsstelle prüft den eingereichten Zertifizierungsantrag auf Vollständigkeit, Konsistenz und Erfüllung der o. g. Anforderungen. Ferner wird im Rahmen der Antragsprüfung die prinzipielle Zertifizierbarkeit des Untersuchungsgegenstandes, also die sinnvolle Abgrenzung des Informationsverbunds geprüft und wenn nötig abgestimmt. Bei positiver Prüfung des Zertifizierungsantrags wird das Zertifizierungsverfahren offiziell eröffnet und eine Zertifizierungskennung vergeben. Die Verfahrenseröffnung und die Zertifizierungskennung werden dem Antragsteller schriftlich und dem Auditteamleiter per E-Mail bzw. telefonisch mitgeteilt und wenn gewünscht auf der BSI-Webseite veröffentlicht. Mit der Sichtung der Referenzdokumente darf nicht vor Verfahrenseröffnung begonnen werden, d. h. das Audit darf erst nach Mitteilung der Zertifizierungskennung beginnen.

2.4 Unabhängigkeitserklärung

Jedes Mitglied des Auditteams (Auditteamleiter, Auditoren, Fachexperten) muss der Zertifizierungsstelle des BSI gegenüber eine Unabhängigkeitserklärung mit Begründung abgeben.

Wenn ein Mitglied des Auditteams (Auditteamleiter, Auditor, Fachexperten) oder die Firma, für die der Betreffende tätig ist, in Beziehung zu der zu auditierenden Institution oder Teilen davon bzw. zu beratenden Institutionen oder Personen steht, die einen Interessenskonflikt hervorrufen kann, ist diese Unabhängigkeit in der Regel nicht mehr gegeben. Eine solche Gefährdung kann z. B. bei folgenden Konstellationen auftreten:

- vorhergehende Beratung der Institution durch den Auditor selbst oder einen Kollegen / Vorgesetzten / Mitarbeiter des Auditors

- andere geschäftliche Verbindungen des Auditors oder des Arbeitgebers des Auditors und der auditierten Institution

- Verwandtschaftsverhältnis des Auditors mit Mitgliedern / verantwortlichen Personen der auditierten Institution oder eines Beraters

- Geschäftsanbahnung (z.B. nicht erfolgreiche Bewerbung um eine Beratung)

Diese Unabhängigkeitserklärung muss der Zertifizierungsstelle des BSI bei einer Erst- oder Re-Zertifizierung mindestens 1 Monat vor Beginn der Auditierungstätigkeit vorliegen. Die Unabhängigkeitserklärung sollte vom Antragsteller mit dem Zertifizierungsantrag eingereicht werden. Wenn der Nachweis nicht oder nicht rechtzeitig vorliegt oder ungenügend ist, kann dieses Mitglied des Auditteams für das beantragte Verfahren nicht eingesetzt werden.

Die Zertifizierungsstelle des BSI behält sich vor, zusätzliche Informationen zum Verhältnis zwischen Auditor und Antragsteller bzw. beratender Institution einzufordern. Sieht sie die Unabhängigkeit von Mitgliedern des Auditteams nicht gewährleistet, widerspricht sie der Teilnahme dieser Auditteammitglieder am Audit. Mit Vergabe der Zertifizierungskennung wird das im Antrag aufgeführte Auditteam akzeptiert.

Stellt das Auditteam z. B. bei der Vorbereitung auf die Phase 2 des Audits (Vor-Ort-Prüfung) fest, dass weitere Auditteammitglieder benötigt werden, so müssen diese Unabhängigkeitserklärungen nachreichen[2]. Das neue Auditteammitglied darf erst eingesetzt werden, nachdem die Unabhängigkeit durch das BSI bestätigt wurde. Dies geschieht in der Regel durch E-Mail an den Auditteamleiter mit Kopie an Antragsteller und das neue Auditteammitglied.

Für Überwachungsaudits ist ebenfalls eine (erneute) Unabhängigkeitserklärung für jedes Mitglied des Auditteams einzureichen. Diese Unabhängigkeitserklärung muss der Zertifizierungsstelle mindestens 1 Monat vor Beginn der Auditierungstätigkeit vorliegen. Die Bestätigung der Unabhängigkeit erfolgt in der Regel durch E-Mail an den Auditteamleiter mit Kopie an den Antragsteller und alle anderen Auditteammitglieder.

Formulare zur Antragstellung sowie für die Unabhängigkeitserklärung sind auf den Webseiten des BSI zu finden.

2.5 Auswahl des Auditteams

Für die Auditierung des Informationsverbundes der Institution beauftragt diese ein Auditteam damit, in einer unabhängigen Prüfung den Status der Informationssicherheit im Informationsverbund zu prüfen und zu verifizieren. Mindestens der Auditteamleiter muss eine gültige BSI-Zertifizierung (s. [ZERTAUD]) besitzen. Kontaktadressen der zugelassenen Auditoren finden sich im Internet auf den Webseiten des BSI unter dem [LINK].

Das Auditteam wird von der antragstellenden Institution beauftragt und der Zertifizierungsstelle des BSI im Zertifizierungsantrag bekannt gegeben. Bei der Auswahl des Auditteams müssen Besonderheiten im Aufbau und in den Prozessen und Gegebenheiten der beauftragenden Institution berücksichtigt werden. Die Mitglieder des Auditteams müssen die Fachkenntnisse besitzen, die sie zur Auditierung der Institution benötigen. Da der Auditteamleiter durch sein positives oder negatives

---

[2] Die Unabhängigkeitserklärung ist unverzüglich der Zertifizierungsstelle des BSI einzureichen. Eine Frist von 1 Monat vor Auditweiterführung ist nicht einzuhalten.

Zertifizierungsschema für ISO 27001-Zertifizierung auf der Basis von IT-Grundschutz

Votum für das Ergebnis des Zertifizierungsaudits verantwortlich ist, muss er die Auditteammitglieder nach Qualifikation und Erfahrung auswählen und einsetzen.

Die Mitglieder des Auditteams müssen der Zertifizierungsstelle des BSI frühzeitig einen ausführlichen Nachweis vorlegen, dass ihre Unabhängigkeit in den geplanten Audits nicht gefährdet ist. Die Zertifizierungsstelle des BSI behält sich das Recht vor, von der antragstellenden Institution gewählte Auditoren abzulehnen.

Für eine optimale Prozessgestaltung empfiehlt es sich, für die beiden während der Zertifikatslaufzeit erforderlichen Überwachungsaudits das Auditteam aus dem Zertifizierungsaudit zu wählen. Wechselt das Auditteam, ist von der antragstellenden Institution dafür Sorge zu sorgen, dass (mindestens) die Referenzdokumente sowie alle vorhergehenden Auditberichte aus der zugrunde liegenden Zertifizierung (Auditbericht aus dem Zertifizierungsprozess selbst sowie ggf. der Auditbericht aus dem ersten Überwachungsaudit, falls bereits erfolgt) dem Auditteam für das Überwachungsaudit zur Verfügung stehen. Außerdem ist damit zu rechnen, dass die Aufwände des Auditteams wegen der erneuten Einarbeitung deutlich höher sein können.

2.6 Vertraulichkeit von Informationen

Zur Gewährleistung der Vertraulichkeit zum Beispiel bei der Übergabe der Referenzdokumente müssen geeignete Maßnahmen ergriffen werden. Zertifizierte Auditoren sind durch vertragliche Vereinbarungen mit dem BSI verpflichtet, Details zum Auditierungs- und Zertifizierungsverfahren und zu im Rahmen des Audits gewonnenen Informationen streng vertraulich zu behandeln sowie Kollegen und Dritten Informationen nur zu geben, soweit ihre Kenntnis unbedingt notwendig und mit den vertraglichen Vereinbarungen mit dem BSI und der auditierten Organisation vereinbar ist.

Die elektronische Übermittlung des Auditberichts durch den Auditteamleiter erfolgt aus Gründen der Vertraulichkeit unbedingt verschlüsselt. Er wird unter Verweis auf die entsprechende Zertifizierungskennnummer (BSI-IGZ-0xxx) an das Postfach gs-zert-pruef@bsi.bund.de geschickt, optional kann er auch in Kopie an den zuständigen Zertifizierer gesandt werden.

Zur Verschlüsselung können nachfolgende Programme eingesetzt werden:

- Chiasmus
- GnuPG
- Pretty Good Privacy (PGP)

Eine kostenlose Version von Chiasmus wird dem Auditteam auf Anfrage zur Verfügung gestellt, eine Nutzung der o.g. Verschlüsselungsprogramme im GS-Tool ist nicht möglich.

2.7 Ziel eines Audits und Auditphasen

Ziel des Audits ist die unabhängige Überprüfung des ISMS nach ISO 27001 auf der Basis von IT-Grundschutz in einem fest definierten Geltungsbereich einer Organisation.

Jedes Audit setzt sich grundsätzlich aus zwei getrennten, aufeinander aufbauenden Phasen zusammen:

- Phase 1: Dokumentenprüfung
  Phase 1 umfasst zunächst die Dokumentenprüfung, d. h. die Prüfung der Referenzdokumente, die von der zu auditierenden Institution erstellt und für die Zertifizierung eingereicht werden.

- Phase 2: Umsetzungsprüfung vor Ort
  Auf der Grundlage der Dokumentenprüfung bereitet sich das Auditteam auf die Vor-Ort-Prüfung vor. In Phase 2 schließt sich eine Vor-Ort-Prüfung des Informationsverbundes durch das Auditteam an, in der im realen Informationsverbund die praktische Umsetzung der in den Referenzdokumenten dokumentierten

Sicherheitsmaßnahmen bzgl. ISO 27001 und IT-Grundschutz auf ihre Angemessenheit, Korrektheit und die Wirksamkeit des ISMS hin überprüft wird (Umsetzungsprüfung).

Details zur Planung und Durchführung von Audits sowie der Anfertigung von Auditberichten sind in den Dokumenten [AUD] nachzulesen.

2.8 Audittypen

Für die ISO 27001-Zertifizierung auf der Basis von IT-Grundschutz sind – bezogen auf die dreijährige Laufzeit eines Zertifikates – verschiedene Typen von Audits zu unterscheiden:

- Erst-Zertifizierungsaudit: Im Rahmen eines Erst-Zertifizierungsaudits wird erstmalig der betreffende Informationsverbund der Institution unter ISO 27001- und IT-Grundschutz-Aspekten auditiert. Im Rahmen des Erst-Zertifizierungsaudits kann ein sogenanntes Voraudit (s. Kap. 2.8.1) durchgeführt werden.

- Überwachungsaudit: In die dreijährige Laufzeit eines Zertifikates integriert sind jährliche Überwachungsaudits des zertifizierten Informationsverbundes, die auf die Kontrolle der für das Zertifikat nachgewiesenen Informationssicherheit im Informationsverbund zielen. Das Audit dient dem Nachweis, dass der zertifizierte Informationsverbund weiterhin den Anforderungen bzgl. ISO 27001 und IT-Grundschutz genügt.

- Re-Zertifizierungsaudit: Nach Ablauf der Zertifikatslaufzeit von drei Jahren wird eine Re-Zertifizierung des Informationsverbundes erforderlich, sofern weiter eine Zertifizierung des Informationsverbundes angestrebt ist. Diese umfasst insbesondere ein Re-Zertifizierungsaudit des Informationsverbundes, das zum großen Teil identisch zum Erst-Zertifizierungsaudit abläuft.

Erst-Zertifizierungsaudit, Überwachungsaudit und Re-Zertifizierungsaudit unterscheiden sich hinsichtlich ihrer Zielsetzung und ihres Umfangs voneinander. Bei jedem Typ von Audit findet aber eine Initialisierung (wie z. B. Antragstellung, Klärung von Zuständigkeiten und Befugnissen, Abstimmungen) und eine Bewertung (Schreiben des Auditberichts durch das Auditteam, Sicherstellen der Vergleichbarkeit von Zertifizierungsverfahren durch die Zertifizierungsstelle) statt.

Ein Voraudit ist im Rahmen des Erst-Zertifizierungsaudits zulässig. Im Rahmen eines Re-Zertifizierungsaudits ist ein Voraudit nur bei einer wesentlichen Erweiterung oder Veränderung des Geltungsbereichs der Zertifizierung, also des Informationsverbundes, zulässig.

2.8.1 Erst-Zertifizierung

Ein ErstZertifizierungsverfahren wird mit der Annahme des Zertifizierungsantrags durch die Zertifizierungsstelle des BSI eröffnet. Erst nach Beginn des Zertifizierungsverfahrens und Vergabe der Zertifizierungskennung kann mit der Prüfung begonnen werden.

Im Rahmen eines Erst-Zertifizierungsverfahrens kann ein sogenannten Voraudit durchgeführt werden. Dabei kann das Auditteam gezielt einzelne Aspekte aus Phase 1 und 2 auswählen und stichprobenartig prüfen. Außer intensiven Gesprächen mit dem Antragsteller hat das Auditteam die Möglichkeit, sich Dokumente, Prozeduren und Implementierungen anzusehen, um einen Eindruck davon zu bekommen, ob ein Zertifizierungsaudit prinzipiell zu einem positiven Ergebnis führen könnte.

In der Dokumentenprüfung werden die vom Antragsteller vorgelegten Referenzdokumente durch das Auditteam geprüft. Nach Abschluss der Dokumentenprüfung entscheidet das Auditteam auf Grundlage der Ergebnisse aus dieser Auditphase, ob eine Fortsetzung des Audits mit der Umsetzungsprüfung vor Ort sinnvoll ist und erweitert ggf. das Auditteam. Anschließend begutachtet das Auditteam in der Umsetzungsprüfung vor Ort auf Basis seines Auditplans stichprobenartig die Umsetzung der dokumentierten Sachverhalte. Die Prüfergebnisse werden im Auditbericht festgehalten. Teil des Auditberichts ist der Auditplan, welcher eine erste, grobe Planung der Überwachungsaudits enthält.

Zertifizierungsschema für ISO 27001-Zertifizierung auf der Basis von IT-Grundschutz

Sobald der Auditbericht zu einem Erst-Zertifizierungsaudit in vollständiger Fassung bei der Zertifizierungsstelle vorliegt und die Rechnung für die Zertifizierung vom Antragsteller beglichen wurde, prüft die Zertifizierungsstelle diesen Auditbericht auf Einhaltung aller Vorgaben des Auditierungsschemas für ISO 27001-Audits auf der Basis von IT-Grundschutz. Die Prüfung gegen das Auditierungsschema erfolgt mit der Zielsetzung, ein einheitliches Niveau aller ISO 27001-Zertifizierungen auf der Basis von IT-Grundschutz und die Vergleichbarkeit von Zertifizierungsaussagen zu gewährleisten.

Der Auditbericht darf sich nur auf Prüfungen des Auditteams (Dokumentenprüfungen und Umsetzungsprüfung) stützen, die zum Zeitpunkt der Übergabe des Auditberichts an die Zertifizierungsstelle nicht älter als drei Monate sind. Nachforderungen der Zertifizierungsstelle müssen innerhalb von einem Monat durch das Auditteam erfüllt werden, diese dürfen maximal eine Nachbesserung durch den Antragsteller nach sich ziehen. Dagegen sind mehrere Nachforderungen an den Auditbericht durch die Zertifizierungsstelle des BSI möglich. Wenn drei Monate nach Abgabe des ersten Auditberichts das Verfahren noch nicht abgeschlossen ist, prüft die Zertifizierungsstelle des BSI, ob auf der Basis des vorliegenden Berichts noch ein Zertifikat erteilt werden kann.

Ist im Rahmen der Zertifizierung vom Antragsteller eine Pressemitteilung geplant, so sollte diese rechtzeitig vor Veröffentlichung der Zertifizierungsstelle des BSI zur Kommentierung zur Verfügung gestellt werden.

Ein im Rahmen einer Erst-Zertifizierung erteiltes Zertifikat ist drei Jahre gültig und mit jährlichen Überwachungsaudits verbunden. Treten während der Zertifikatslaufdauer wesentliche Änderungen am zertifizierten Informationsverbund auf (wie z. B. größere Änderungen im Managementsystem, Änderungen in der Organisation, Änderungen im Outsourcing, Standortwechsel, Änderungen von Tätigkeitsfeldern), muss der Antragsteller diese der Zertifizierungsstelle des BSI schriftlich mitteilen, s. Kapitel 2.8.3.

2.8.2 Überwachungsaudits

Die Überwachungsaudits sind Teil des Erst- bzw. Re-Zertifizierungsverfahrens. Aus diesem Grund ist kein erneuter Antrag notwendig. Eine erneute Unabhängigkeitserklärung aller Auditteammitglieder muss der Zertifizierungsstelle des BSI 1 Monat vor Beginn des Audits vorliegen.

Das Überwachungsaudit sowie der zugehörige Auditbericht und dessen Prüfung durch die Zertifizierungsstelle des BSI müssen 1 Jahr bzw. 2 Jahre nach Ausstellung des Zertifikates abgeschlossen sein. Dabei ist vom Auditteamleiter darauf zu achten, dass genügend Raum für die Beseitigung von im Überwachungsaudit festgestellten Abweichungen sowie für die Erstellung des Auditberichts eingeplant wird.

Die Prüfungen des Überwachungsaudits dürfen nicht früher als 3 Monate vor Ablauf des 1. bzw. 2. Jahres nach Zertifikatserteilung beginnen und der Auditbericht darf nicht später als 2 Monate vor diesem Zeitpunkt bei der Zertifizierungsstelle eingetroffen sein (Vergleich zusammenfassende Darstellung in Kap. 3.3). Ausnahmen sind rechtzeitig mit dem zuständigen Zertifizierer abzustimmen. Andere Rahmenbedingungen wie z. B. ein Wechsel des Auditteams im Vergleich zum Erst-Audit oder zum 1. Überwachungsaudit müssen frühzeitig (mind. 1 Monat vorher) mit der Zertifizierungsstelle abgestimmt werden. Nachforderungen der Zertifizierungsstelle müssen innerhalb von einem Monat durch das Auditteam erfüllt werden, diese dürfen maximal eine Nachbesserung durch den Antragsteller nach sich ziehen.

Kommt das Auditteam insgesamt über beide Auditphasen zu einem positiven Prüfergebnis, sendet der Auditteamleiter den finalen Auditbericht an die Zertifizierungsstelle des BSI. Bei einem negativen Ergebnis muss das BSI ebenfalls hierüber informiert werden. Die Zertifizierungsstelle des BSI überprüft den finalen Auditbericht auf Vollständigkeit, Nachvollziehbarkeit und Reproduzierbarkeit der Prüfergebnisse. Nachforderungen oder Nachfragen werden an den Auditteamleiter gestellt, der die ggf. bestehenden Unklarheiten beseitigt. Nur bei positivem Abschluss des Prüfprozesses bleibt das vom BSI erteilte ISO 27001-Zertifikat auf der Basis von IT-Grundschutz weiterhin gültig.

Nach einem Überwachungsaudit erfolgt keine Neuausstellung der Zertifikatsurkunde oder Ergänzung des zugehörigen Anhangs durch die Zertifizierungsstelle. Der Antragsteller erhält nach positiver Prüfung durch Auditteam und Zertifizierungsstelle ein Schreiben über diese Tatsache, welches die Zertifikatsurkunde ergänzt.

Bei nicht fristgerechter Einreichung des Auditberichts oder negativem Abschluss des Überwachungsaudits behält sich die Zertifizierungsstelle das Recht vor, das bestehende Zertifikat auszusetzen oder ggf. zu entziehen, s. Kap. 2.12.

Außer den planmäßigen Überwachungsaudits, welche zweimal im Zertifizierungsverfahren durchgeführt werden, können außerplanmäßige Überwachungsaudits notwendig werden. Ein außerplanmäßiges Überwachungsaudit kann beispielsweise zur Überprüfung der Behebung schwerwiegender Abweichungen oder durch die Änderung des Untersuchungsgegenstandes notwendig werden. Die Kosten, die in der Zertifizierungsstelle durch außerplanmäßige Überwachungsaudits entstehen, sind nicht in die Pauschale für die Zertifizierung eingerechnet und werden zusätzlich nach Kostenverordnung abgerechnet.

2.8.3   Re-Zertifizierung

Die Gültigkeit von ISO 27001-Zertifikaten auf der Basis von IT-Grundschutz ist auf drei Jahre begrenzt. Sind in dieser Zeit wesentliche Änderungen (wie z. B. größere Änderungen im Managementsystem, Änderungen in der Organisation, Änderungen im Outsourcing, Standortwechsel, Änderungen von Tätigkeitsfeldern) am zertifizierten Informationsverbund geplant, muss der Antragsteller diese der Zertifizierungsstelle des BSI unverzüglich schriftlich mitteilen. Das BSI entscheidet dann, ob eine vorzeitige Re-Zertifizierung erforderlich ist. Im Falle einer Re-Zertifizierung ist immer ein Zertifizierungsantrag zu stellen.

Vor Ablauf des Gültigkeitszeitraums eines Zertifikats ist im Falle, dass der Antragsteller weiterhin ein ISO 27001-Zertifikat auf der Basis von IT-Grundschutz für seinen Informationsverbund wünscht, stets eine erneute Zertifizierung des Untersuchungsgegenstands erforderlich, um zu dokumentieren, dass die Voraussetzungen für die Erfüllung der ISO 27001-Zertifizierung auf der Basis von IT-Grundschutz noch erfüllt sind. Dieses Zertifizierungsverfahren läuft als Re-Zertifizierungsverfahren, sofern sich der ursprüngliche Untersuchungsgegenstand nicht grundlegend geändert hat und die Re-Zertifizierung sich nahtlos an die Zertifizierung anschließt oder innerhalb angemessener Zeit nach Ablauf der Gültigkeit gestartet wird (ca. ein halbes Jahr). Um eine lückenlose Zertifizierung eines Untersuchungsgegenstands zu erreichen, muss die Re-Zertifizierung vor Ablauf des Gültigkeitszeitraums des Erstzertifikats abgeschlossen sein. Ein Antrag auf Re-Zertifizierung oder ein laufendes Re-Zertifizierungsverfahren verlängert die Gültigkeit des Erstzertifikats nicht.

Das Re-Zertifizierungsverfahren, sein Ablauf und seine Rahmenbedingungen sind einer Erst-Zertifizierung vergleichbar und sind sinngemäß zu übertragen, wobei der Bezug zum ablaufenden Zertifikat deutlich gemacht werden muss (z. B. Erläuterung Bausteinauswahl, Darstellung Änderungen). Ein Voraudit darf bei einer Re-Zertifizierung nur bei einer wesentlichen Erweiterung oder Veränderung des Geltungsbereichs der Zertifizierung, also des Informationsverbundes, erfolgen. Ein Re-Zertifizierungsaudit darf frühestens vier Monate vor Ablauf des Zertifikates beginnen, der Auditbericht muss der Zertifizierungsstelle des BSI spätestens zwei Monate vor Ablauf des Zertifikates vorliegen (Vergleich zusammenfassende Darstellung in Kap. 3.3). Nachforderungen der Zertifizierungsstelle müssen innerhalb von einem Monat durch das Auditteam erfüllt werden, diese dürfen maximal eine Nachbesserung durch den Antragsteller nach sich ziehen.

Ein im Rahmen einer Re-Zertifizierung erteiltes Zertifikat ist wie ein Erst-Zertifikat für drei Jahre gültig und ebenfalls mit jährlichen Überwachungsaudits verknüpft.

2.9 Prüf- und Auditbegleitung der Zertifizierungsstelle des BSI

Das BSI hat ein Zertifizierungs- bzw. Anerkennungsschema [ZERTAUD] aufgebaut, das die Vergleichbarkeit von Zertifizierungsverfahren und die Kompetenz der zertifizierten Auditoren sicherstellt.

Die Prüfbegleitung durch die Zertifizierungsstelle erfolgt durch die intensive Prüfung des Auditberichts. Dabei wird vor allem auf die Vergleichbarkeit zwischen den Zertifizierungsverfahren geachtet.

Die Zertifizierungsstelle kann in Absprache mit dem Antragsteller einen Teil des Audits begleiten. Die Reisekosten werden dem Antragsteller in diesem Fall gemäß Kostenverordnung in Rechnung gestellt.

Ergänzender Hinweis: Nicht Thema dieses Dokuments ist die Begleitung eines Mitgliedes des Auditteams durch die Personenzertifizierungsstelle des BSI im Rahmen seines Vertrages mit dem BSI. Diese ist in der Verfahrensbeschreibung zur Anerkennung von Prüfstellen und Zertifizierung von IT-Sicherheitsdienstleistern und dem Programm zur Kompetenzfeststellung von Zertifizierung von Personen im Detail geregelt [ZERTAUD].

2.10 Auditbericht

Für jedes Audit ist zur Dokumentation aller Prüfaktivitäten und -ergebnisse vom Auditteamleiter ein Auditbericht zu erstellen. Das Format und die Inhalte eines Auditberichts sind im Detail im Auditierungsschema für ISO 27001-Audits auf der Basis von IT-Grundschutz [AUD] definiert. Die Referenzdokumente des Antragstellers sind als Anlagen dem Auditbericht beizufügen und gelten als Bestandteil des Auditberichts. Vorversionen des Auditberichts, welchen z. B. nur die Prüfergebnisse für Phase 1 enthalten, sind in der Regel nicht an die Zertifizierungsstelle zu übersenden.

Der Auditbericht richtet sich ausschließlich an den Antragsteller und die Zertifizierungsstelle des BSI. Die Ergebnisse des Auditberichts werden vom Auditteam und von der Zertifizierungsstelle des BSI vertraulich behandelt und nicht an Dritte weitergegeben. Sofern ein anderes Auditteam als das im Zertifizierungsaudit eingesetzte ein Überwachungsaudit durchführt, müssen vom Antragsteller die Auditdokumente, darunter auch der Auditbericht des Zertifizierungsaudits und im Falle des zweiten Überwachungsaudits auch der Auditbericht des ersten Überwachungsaudits an den neuen Auditteamleiter weitergegeben werden.

Im Falle eines Erst- oder Re-Zertifizierungsaudits dient der zugehörige Auditbericht der Zertifizierungsstelle als Grundlage für die Erteilung eines Zertifikats. Ein Auditbericht im Rahmen eines Überwachungsaudits bildet für die Zertifizierungsstelle die Grundlage für die Aufrechterhaltung eines bereits erteilten Zertifikates.

Alle an die Zertifizierungsstelle des BSI gesandten Versionen des Auditberichts werden zur einfacheren Bearbeitung in elektronischer Form zur Verfügung gestellt. Dabei müssen mindestens das Drucken und das Entnehmen von Inhalt zulässig sein. Bei Aktualisierungen des Auditberichts müssen Änderungen zur Vorversion kenntlich gemacht sein. Die abgenommene Version des Auditberichts wird der Zertifizierungsstelle zusätzlich in Papierform mit den Unterschriften der Mitglieder des Auditteams zugesandt (s. Kap. 1.7). Der Auditbericht muss der Zertifizierungsstelle verschlüsselt zugesandt werden (s. Kap. 2.6).

2.11 Zertifikatserteilung

Nach positiver Bewertung des Auditprozesses durch die Zertifizierungsstelle des BSI erteilt das BSI auf der Grundlage des Zertifizierungsantrags und des abgenommenen Auditberichts für den vorliegenden Informationsverbund ein ISO 27001-Zertifikat auf der Basis von IT-Grundschutz. Sie fertigt ein Zertifikat und einen Zertifizierungsreport mit zusätzlichen Informationen zum Zertifizierungsverfahren (z. B. Auflagen) sowie - falls gewünscht - einen Zertifikatsbutton für Werbezwecke an. Diese Dokumente werden mit dem Zertifizierungsbescheid, dem

16   Bundesamt für Sicherheit in der Informationstechnik

Widerspruchsverzicht und ggf. den Verwendungsbedingungen für den Zertifikatsbutton an den Antragsteller gesandt.

Sofern der Antragsteller einer Veröffentlichung des Zertifikates nicht explizit widersprochen hat, wird die Tatsache der Zertifizierung einen Monat nach Zustellung des Zertifikats oder nach Rücksendung des Widerspruchsverzichts auf den Internetseiten des BSI veröffentlicht. Auf Nachfrage muss die Zertifizierungsstelle des BSI jedoch Auskünfte zu allen erteilten Zertifikaten geben.

Die zertifizierte Institution darf das Zertifikat sowie einen vom BSI zur Verfügung gestellten Zertifikatsbutton nur unter der Bedingung verwenden, dass das Zertifikat und der zugehörige Zertifizierungsreport jederzeit auf Nachfrage zur Verfügung gestellt werden sowie die mit dem Zertifikatsbutton verbundenen und der zertifizierten Institution mitgeteilten Verwendungsbedingungen für den Button beachtet werden. Ist das Zertifikat nicht mehr gültig oder ist das Zertifikat ausgesetzt, darf weder mit dem Zertifikatsbutton noch mit dem Zertifikat (weiter) geworben werden.

2.12 Aussetzung und Zurückziehung von Zertifikaten

2.12.1 Aussetzung von Zertifikaten

Die Zertifizierungsstelle des BSI behält sich vor, erteilte Zertifikate auszusetzen. Mögliche Gründe hierfür können sein:

- Das Überwachungsaudit wird nicht fristgerecht durchgeführt, die Zertifizierungsstelle des BSI ist über die Planung informiert.

- Der Auditbericht zum Überwachungsaudit wird zu spät bei der Zertifizierungsstelle eingereicht, die Zertifizierungsstelle des BSI ist über die Planung informiert.

- Im Überwachungsaudit werden schwerwiegende Abweichungen im Informationsverbund bzgl. seiner Dokumentation und/oder Realisierung erkannt, die vom Antragsteller innerhalb der vom Auditteam gesetzten Frist noch nicht behoben sind, sich aber in Umsetzung befinden.

Ausgesetzte Zertifikate werden aus der Liste der ISO 27001-Zertifikate auf der Basis von IT-Grundschutz auf den Internetseiten des BSI entfernt. Mit ausgesetzten Zertifikaten und dem zugehörigen Zertifikatsbutton darf keine Werbung mehr betrieben werden.

Die Zertifizierungsstelle macht Vorgaben bezüglich des Umgangs mit den für die Aussetzung eines Zertifikates festgestellten Gründen und bestimmt das weitere Vorgehen. Sind die Ursachen, die zur Aussetzung eines Zertifikates geführt haben, den Vorgaben der Zertifizierungsstelle entsprechend beseitigt, erhält das betreffende Zertifikat seine Gültigkeit zurück und wird unverändert wieder in die Liste der ISO 27001-Zertifikate auf der Basis von IT-Grundschutz auf den Internetseiten des BSI aufgenommen.

2.12.2 Zurückziehung von Zertifikaten

Die Zertifizierungsstelle des BSI hat die Möglichkeit, Zertifikate zurückzuziehen. Mögliche Gründe hierfür können sein:

- Das Überwachungsaudit wird nicht durchgeführt.

- Im Überwachungsaudit werden gravierende Abweichungen im Informationsverbund bzgl. seiner Dokumentation und / oder Realisierung erkannt, die vom Antragsteller nicht in einem angemessenen Zeitraum behoben werden können.

- Ein Überwachungsaudit ergibt, dass der Informationsverbund die Anforderungen an ein ISMS nicht mehr erfüllt bzw. den Anforderungen des IT-Grundschutzes nicht mehr gerecht wird.

- Der Verstoß gegen Auflagen aus der Zertifizierung wird bekannt (beispielsweise ein Verstoß gegen die Verwendungsbedingungen für das Zertifikat, die Nichteinhaltung von Auflagen, die sich aus dem Zertifizierungsreport oder Zertifizierungsbescheid ergeben, wie etwa wesentliche

Veränderungen am zertifizierten Informationsverbund ohne Information an die Zertifizierungsstelle, Irreführungen und Täuschungen der Institution gegenüber dem Auditteam bzw. dem BSI, begründete Beschwerden beim BSI über die Institution).

- Abweichungen und Empfehlungen aus dem Auditbericht werden ohne ausreichende Begründung nicht behoben bzw. beachtet.

Zurückgezogene Zertifikate werden aus der Liste der ISO 27001-Zertifikate auf der Basis von IT-Grundschutz (auch auf den Internetseiten des BSI) entfernt. Die Zertifikatsurkunde und der Zertifizierungsreport werden vom Zertifikatsinhaber im Original zurückgefordert und sind an die Zertifizierungsstelle zurückzugeben. Mit zurückgezogenen Zertifikaten und dem zugehörigen Zertifikatsbutton darf keine Werbung mehr betrieben werden.

Ein zurückgezogenes Zertifikat kann nicht wieder aktiviert und in einen gültigen Zustand versetzt werden. Für den betreffenden Informationsverbund ist, falls vorgesehen, ein neues Zertifizierungsverfahren aufzusetzen.

Hält das BSI es z. B. nach Beschwerden über die Institution für erforderlich, kurzfristig ein außerplanmäßiges Audit durchzuführen oder durch ein Auditteam durchführen zu lassen, so läuft dies nach den Vorgaben dieses Dokumentes und dem Auditierungsschema für ISO 27001-Audits auf der Basis von IT-Grundschutz ab. Bei begründeten Beschwerden ist die Durchführung dieses Audits kostenpflichtig.

2.13 Beschwerdeverfahren

Beschwerden zum Zertifizierungsverfahren ISO 27001 auf der Basis von IT-Grundschutz können formlos per Post oder elektronisch an das

Bundesamt für Sicherheit in der Informationstechnik
Referat S24
Postfach 200363
53133 Bonn
gs-zert@bsi.bund.de

adressiert eingehen.

Eingang und Termin der Bearbeitung werden dem Beschwerdeführer daraufhin kurzfristig mitgeteilt. Die Beschwerde wird registriert und anschließend geprüft. Sofern die Beschwerde nach Prüfung berechtigt ist, werden entsprechende Korrektur- und Vorbeugungsmaßnahmen ergriffen, über die der Beschwerdeführer benachrichtigt wird.

Sollte die Prüfung zum Ergebnis haben, dass die Beschwerde ungerechtfertigt ist, so wird der Beschwerdeführer auch hierüber unterrichtet.

Gegen Bescheide der Zertifizierungsstelle ist das Rechtsmittel des Widerspruchs gegeben, der schriftlich oder zur Niederschrift an das Bundesamt für Sicherheit in der Informationstechnik zu richten ist.

Zertifizierungsschema für ISO 27001-Zertifizierung auf der Basis von IT-Grundschutz

3. Formulare und Übersichten

3.1 Anträge

Alle Anträge und Formulare zur ISO 27001-Zertifizierung auf der Basis von IT-Grundschutz sind auf den Webseiten des BSI unter [LINK] veröffentlicht. Dort findet sich insbesondere der Zertifizierungsantrag für ISO 27001-Zertifizierungen auf der Basis von IT-Grundschutz und eine Auflistung, welche Dokumente zum jeweiligen Zeitpunkt Grundlage der Zertifizierung sind. Alle Auditoren, die ISO 27001-Audits auf der Basis von IT-Grundschutz durchführen dürfen, sind unter [LINK] aufgelistet.

3.2 Unabhängigkeitserklärung der Mitglieder des Auditteams

Zu Beginn eines ISO 27001-Zertifizierungsverfahrens auf der Basis von IT-Grundschutz und vor jedem Überwachungsaudit ist eine Unabhängigkeitserklärung aller am Verfahren beteiligten Auditteammitglieder bei der Zertifizierungsstelle einzureichen. Ein Formular dafür ist auf den Webseiten des BSI unter [LINK] veröffentlicht.

3.3 Übersicht über den Zeitverlauf der Zertifizierung

Diese Zusammenfassung des Zeitverlaufs der Zertifizierung mit einzuhaltenden Fristen soll Antragsteller und Auditteam einen Überblick geben über die in der Zertifizierung einzuhaltenden Zeiten. In diesem Kapitel sind keine neuen Informationen enthalten, sondern nur in diesem Dokument bereits aufgeführte Fristen noch einmal zusammengestellt.

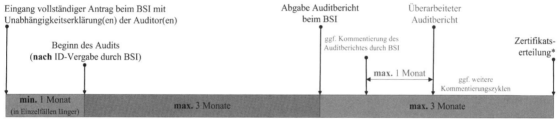

Abbildung 2: Antrags- und Auditierungsphase

Der vollständige Antrag inklusive der Unabhängigkeitserklärung der Auditteammitglieder muss der Zertifizierungsstelle des BSI mindestens 1 Monat vor Beginn des Audits, d. h. vor Beginn der Sichtung der Referenzdokumente, vorliegen. In Einzelfällen kann die Prüfung länger dauern, sodass evtl. Audittermine angepasst werden müssen.

Spätestens 3 Monate nach dem Beginn der Sichtung der Referenzdokumente muss der Auditbericht der Zertifizierungsstelle vorliegen. Nachforderungen der Zertifizierungsstelle müssen jeweils nach spätestens 1 Monat erfüllt sein. Wenn drei Monate nach Abgabe des ersten Auditberichts das Verfahren noch nicht abgeschlossen ist, prüft die Zertifizierungsstelle des BSI, ob auf der Basis des vorliegenden Berichts noch ein Zertifikat erteilt werden kann.

Zertifizierungsschema für ISO 27001-Zertifizierung auf der Basis von IT-Grundschutz

Abbildung 3: Fristen Überwachungsaudit

Das Überwachungsaudit sowie der zugehörige Auditbericht und dessen Prüfung durch die Zertifizierungsstelle des BSI müssen 1 Jahr bzw. 2 Jahre nach Ausstellung des Zertifikates abgeschlossen sein. Dabei sollten die Prüfungen nicht früher als 3 Monate vor Ablauf des 1. bzw. 2. Jahres nach Zertifikatserteilung beginnen und der Auditbericht sollte nicht später als 2 Monate vor diesem Zeitpunkt bei der Zertifizierungsstelle eingetroffen sein.

Die Unabhängigkeitserklärungen für das Überwachungsaudit müssen der Zertifizierungsstelle mindestens 1 Monat vor Beginn der Auditierungstätigkeit vorliegen.

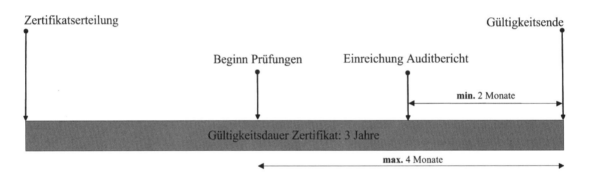

Abbildung 4: Fristen Re-Zertifizierung

Bei einer Re-Zertifizierung darf mit der Sichtung der Referenzdokumente frühestens 4 Monate vor Auslaufen des Zertifikates begonnen werden. Der Auditbericht muss der Zertifizierungsstelle des BSI mindestens 2 Monate vor dem Gültigkeitsende des Zertifikates vorliegen. Darüber hinaus gelten die gleichen Fristen wie für ein Erst-Zertifizierungsaudit (s. Abbildung 2: Antrags- und Auditierungsphase)

Bundesamt
für Sicherheit in der
Informationstechnik

BSI-Standard 100-1

Managementsysteme für Informationssicherheit (ISMS)

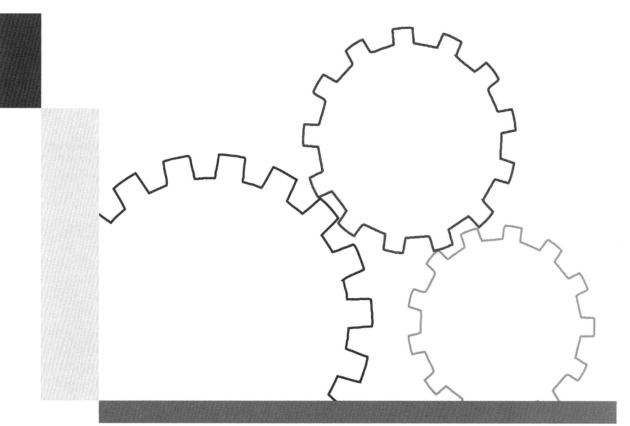

www.bsi.bund.de/gshb

Version 1.5

Bundesanzeiger Verlag

Inhaltsverzeichnis

Inhaltsverzeichnis

BSI-Standard 100-1: Managementsysteme für Informationssicherheit (ISMS)

Bundesanzeiger Verlag

1   Einleitung

1.1   Versionshistorie

Stand	Version	Änderungen
Dezember 2005	1.0	BSI
Mai 2008	1.5	- Stärkere Betonung der Informationssicherheit statt IT-Sicherheit, daher auch verschiedene Begriffe angepasst - Anpassungen an Fortschreibung der ISO-Standards

1.2   Zielsetzung

Informationen sind wichtige Werte für Unternehmen und Behörden und müssen daher angemessen geschützt werden. Die meisten Informationen werden heutzutage zumindest teilweise mit Informationstechnik (IT) erstellt, gespeichert, transportiert oder weiterverarbeitet. In Wirtschaft und Verwaltung bestreitet niemand mehr die Notwendigkeit, seine IT-Landschaft angemessen zu schützen. Daneben müssen aber auch Informationen in allen anderen Phasen von Geschäftsprozessen adäquat geschützt werden. Sicherheitsvorfälle wie die Offenlegung oder Manipulation von Informationen können weitreichende geschäftsschädigende Auswirkungen haben oder die Erfüllung von Aufgaben behindern und somit hohe Kosten verursachen.

Die Praxis hat gezeigt, dass eine Optimierung des Sicherheitsmanagements oftmals die Informationssicherheit effektiver und nachhaltiger verbessert als Investitionen in Sicherheitstechnik. Maßnahmen, die ursprünglich zur Verbesserung der Informationssicherheit umgesetzt wurden, können aber auch außerhalb des Sicherheitszusammenhangs positive Auswirkungen haben und sich als gewinnbringend erweisen. Investitionen in Informationssicherheit können in vielen Fällen sogar mittelfristig zu Kosteneinsparungen beitragen. Als positive Nebeneffekte sind eine höhere Arbeitsqualität, Steigerung des Kundenvertrauens, Optimierung der IT-Landschaft und organisatorischer Abläufe sowie die Nutzung von Synergieeffekten durch bessere Integration des Informationssicherheitsmanagements in bestehende Strukturen zu erwarten.

Ein angemessenes Sicherheitsniveau ist in erster Linie abhängig vom systematischen Vorgehen und erst in zweiter Linie von einzelnen technischen Maßnahmen. Die folgenden Überlegungen verdeutlichen diese These:

- Die Leitungsebene trägt die Verantwortung, dass gesetzliche Regelungen und Verträge mit Dritten eingehalten werden und dass wichtige Geschäftsprozesse störungsfrei ablaufen.

- Informationssicherheit hat Schnittstellen zu vielen Bereichen einer Institution und betrifft wesentliche Geschäftsprozesse und Aufgaben. Nur die Leitungsebene kann daher für eine reibungslose Integration des Informationssicherheitsmanagements in bestehende Organisationsstrukturen und Prozesse sorgen.

- Die Leitungsebene ist zudem für den wirtschaftlichen Einsatz von Ressourcen verantwortlich.

Der Leitungsebene kommt daher eine hohe Verantwortung für die Informationssicherheit zu. Fehlende Steuerung, eine ungeeignete Sicherheitsstrategie oder falsche Entscheidungen können sowohl durch Sicherheitsvorfälle als auch durch verpasste Chancen und Fehlinvestitionen weitreichende negative Auswirkungen haben.

Dieser Standard beschreibt daher Schritt für Schritt, was ein erfolgreiches Informationssicherheitsmanagement ausmacht und welche Aufgaben der Leitungsebene in Behörden und Unternehmen dabei zukommen.

1.3   Adressatenkreis

Dieses Dokument richtet sich an Verantwortliche für den IT-Betrieb und die Informationssicherheit, Sicherheitsbeauftragte, -experten, -berater und alle Interessierte, die mit dem Management von Informationssicherheit betraut sind.

Das effektive und effiziente Management von Informationssicherheit ist nicht nur für große Institutionen, sondern auch für kleine und mittlere Behörden und Unternehmen sowie Selbständige ein wichtiges Thema. Wie ein geeignetes Managementsystem für Informationssicherheit aussieht, hängt natürlich von der Größe der Institution ab. Dieser Standard und vor allem die sehr konkreten Empfehlungen des IT-Grundschutzes helfen jedem Verantwortlichen, der die Informationssicherheit in seinem Einflussbereich verbessern möchte. Im Folgenden werden immer wieder Hinweise gegeben, wie die Empfehlungen dieses Standards je nach Größe einer Institution bedarfsgerecht angepasst werden können.

1.4   Anwendungsweise

Der vorliegende Standard beschreibt, wie ein Informationssicherheitsmanagementsystem (ISMS) aufgebaut werden kann. Ein Managementsystem umfasst alle Regelungen, die für die Steuerung und Lenkung für die Zielerreichung der Institution sorgen. Ein Managementsystem für Informationssicherheit legt somit fest, mit welchen Instrumenten und Methoden die Leitungsebene einer Institution die auf Informationssicherheit ausgerichteten Aufgaben und Aktivitäten nachvollziehbar lenkt.

Dieser BSI-Standard beantwortet unter anderem folgende Fragen:

- Was sind die Erfolgsfaktoren beim Management von Informationssicherheit?

- Wie kann der Sicherheitsprozess vom verantwortlichen Management gesteuert und überwacht werden?

- Wie werden Sicherheitsziele und eine angemessene Sicherheitsstrategie entwickelt?

- Wie werden Sicherheitsmaßnahmen ausgewählt und ein Sicherheitskonzept erstellt?

- Wie kann ein einmal erreichtes Sicherheitsniveau dauerhaft erhalten und verbessert werden?

Dieser Management-Standard stellt kurz und übersichtlich die wichtigsten Aufgaben des Sicherheitsmanagements dar. Bei der Umsetzung dieser Empfehlungen hilft das BSI mit der Methodik des IT-Grundschutzes. Der IT-Grundschutz gibt eine Schritt-für-Schritt-Anleitung für die Entwicklung eines Informationssicherheitsmanagements in der Praxis und nennt sehr konkrete Maßnahmen für alle Aspekte der Informationssicherheit. Die Vorgehensweise nach IT-Grundschutz wird im BSI-Standard 100-2 (siehe [BSI2]) beschrieben und ist so gestaltet, dass möglichst kostengünstig ein angemessenes Sicherheitsniveau erreicht werden kann. Ergänzend dazu werden in den IT-Grundschutz-Katalogen Standard-Sicherheitsmaßnahmen für die praktische Implementierung des angemessenen Sicherheitsniveaus empfohlen.

1.5   Literaturverzeichnis

[BSI1]   Managementsysteme für Informationssicherheit (ISMS), BSI-Standard 100-1, Version 1.5, Mai 2008, www.bsi.bund.de

[BSI2]   IT-Grundschutz-Vorgehensweise, BSI-Standard 100-2, Version 2.0, Mai 2008, www.bsi.bund.de

[BSI3]   Risikoanalyse auf der Basis von IT-Grundschutz, BSI-Standard 100-3, Version 2.5, Mai 2008, www.bsi.bund.de

[COBIT]   CobiT (Control Objectives for Information and Related Technology), Version 4.1, ISACA, http://www.isaca.org/cobit

1   Einleitung

[GSK]   IT-Grundschutz-Kataloge - Standard-Sicherheitsmaßnahmen, BSI, jährlich neu,
             http://www.bsi.bund.de/gshb

[ITIL]   IT Infrastructure Library, Service Management - ITIL (IT Infrastructure Library)
             http://www.ogc.gov.uk/guidance_itil.asp, Januar 2008

[OECD]   Organisation for Economic Co-operation and Development (OECD), Guidelines for the
             Security of Information Systems and Networks, 2002, www.oecd.org/sti/security-
             privacy

[SHB]   IT-Sicherheitshandbuch - Handbuch für die sichere Anwendung der
             Informationstechnik, BSI, Version 1.0 - März 1992, Bundesdruckerei

[ZERT]   Zertifizierung nach ISO 27001 auf der Basis von IT-Grundschutz - Prüfschema für ISO
             27001-Audits, BSI, Version 1.2, März 2008, www.bsi.bund.de/gshb/zert

[ZERT2]   Zertifizierungsschema für Auditteamleiter für ISO 27001-Audits auf der Basis von IT-
             Grundschutz, BSI, März 2008, www.bsi.bund.de/gshb/zert

[27000]   ISO/IEC 27000 (3rd CD, 2008) "Information technology - Security techniques - ISMS –
             Overview and vocabulary", ISO/IEC JTC1/SC27

[27001]   ISO/IEC 27001:2005 "Information technology - Security techniques - Information
             security management systems requirements specification", ISO/IEC JTC1/SC27

[27002]   ISO/IEC 27002:2005 "Information technology - Security techniques - Code of practice
             for information security management", ISO/IEC JTC1/SC27

[27005]   ISO/IEC 27005 (2nd FCD, 2008) "Information technology - Security techniques -
             Information security risk management", ISO/IEC JTC1/SC27

[27006]   ISO/IEC 27006:2007 "Information technology - Security techniques - Requirements for
             bodies providing audit and certification of information security management systems",
             ISO/IEC JTC1/SC27

2   Einführung in Informationssicherheit

Was ist Informationssicherheit?

Informationssicherheit hat als Ziel den Schutz von Informationen jeglicher Art und Herkunft. Dabei können Informationen sowohl auf Papier, in Rechnersystemen oder auch in den Köpfen der Nutzer gespeichert sein. IT-Sicherheit beschäftigt sich an erster Stelle mit dem Schutz elektronisch gespeicherter Informationen und deren Verarbeitung.

Die klassischen Grundwerte der Informationssicherheit sind Vertraulichkeit, Integrität und Verfügbarkeit. Viele Anwender ziehen in ihre Betrachtungen weitere Grundwerte mit ein. Dieses kann je nach den individuellen Anwendungsfällen auch sehr hilfreich sein. Weitere generische Oberbegriffe der Informationssicherheit sind beispielsweise Authentizität, Verbindlichkeit, Zuverlässigkeit und Nichtabstreitbarkeit.

Die Sicherheit von Informationen wird nicht nur durch vorsätzliche Handlungen bedroht (z. B. Computer-Viren, Abhören der Kommunikation, Diebstahl von Rechnern). Die folgenden Beispiele verdeutlichen dies:

- Durch höhere Gewalt (z. B. Feuer, Wasser, Sturm, Erdbeben) werden Datenträger und IT-Systeme in Mitleidenschaft gezogen oder der Zugang zum Rechenzentrum versperrt. Dokumente, IT-Systeme oder Dienste stehen damit nicht mehr wie gewünscht zur Verfügung.

- Nach einem missglückten Software-Update funktionieren Anwendungen nicht mehr oder Daten wurden unbemerkt verändert.

- Ein wichtiger Geschäftsprozess verzögert sich, weil die einzigen Mitarbeiter, die mit der Anwendungssoftware vertraut sind, erkrankt sind.

- Vertrauliche Informationen werden versehentlich von einem Mitarbeiter an Unbefugte weitergegeben, weil Dokumente oder Dateien nicht als "vertraulich" gekennzeichnet waren.

Wortwahl: IT-Sicherheit versus Informationssicherheit

In der deutschen Literatur werden die Begriffe "Informationstechnik", "Informations- und Kommunikationstechnik" oder "Informations- und Telekommunikationstechnik" häufig synonym benutzt. Aufgrund der Länge dieser Begriffe haben sich die jeweiligen Abkürzungen eingebürgert, so dass meist von IT gesprochen wird. Da die elektronische Verarbeitung von Informationen in nahezu allen Lebensbereichen allgegenwärtig ist, ist die Unterscheidung, ob Informationen mit Informationstechnik, mit Kommunikationstechnik oder auf Papier verarbeitet werden, nicht mehr zeitgemäß. Der Begriff Informationssicherheit statt IT-Sicherheit ist daher umfassender und besser geeignet. Da aber in der Literatur überwiegend noch der Begriff "IT-Sicherheit" verwendet wird (unter anderem, weil er kürzer ist), wird er auch in dieser Publikation sowie in anderen Publikationen des IT-Grundschutzes weiterhin verwendet, allerdings werden die Texte sukzessive stärker auf die Betrachtung von Informationssicherheit ausgerichtet.

2.1   Überblick über Standards zur Informationssicherheit

Im Bereich der Informationssicherheit haben sich verschiedene Standards entwickelt, bei denen teilweise andere Zielgruppen oder Themenbereiche im Vordergrund stehen. Der Einsatz von Sicherheitsstandards in Unternehmen oder Behörden verbessert nicht nur das Sicherheitsniveau, er erleichtert auch die Abstimmung zwischen verschiedenen Institutionen darüber, welche Sicherheitsmaßnahmen in welcher Form umzusetzen sind. Der folgende Überblick zeigt die Ausrichtungen der wichtigsten Standards auf.

2.1.1 ISO-Standards zur Informationssicherheit

In den internationalen Normungsorganisationen ISO und IEC wurde beschlossen, die Standards zur Informationssicherheit in der 2700x-Reihe zusammenzuführen, die stetig wächst. Die wesentlichen Standards sind hier:

- ISO 27000

  Dieser Standard gibt einen allgemeinen Überblick über Managementsysteme für Informationssicherheit (ISMS) und über die Zusammenhänge der verschiedenen Standards der ISO-2700x-Familie. Hier finden sich außerdem die grundlegenden Prinzipien, Konzepte, Begriffe und Definitionen für ISMS.

- ISO 27001

  Aufgrund der Komplexität von Informationstechnik und der Nachfrage nach Zertifizierungen sind in den letzten Jahren zahlreiche Anleitungen, Standards und nationale Normen zur Informationssicherheit entstanden. Der ISO-Standard 27001 "Information technology - Security techniques - Information security management systems requirements specification" ist der erste internationale Standard zum Management von Informationssicherheit, der auch eine Zertifizierung ermöglicht. ISO 27001 gibt auf ca. 10 Seiten allgemeine Empfehlungen unter anderem zur Einführung, dem Betrieb und der Verbesserung eines dokumentierten Informationssicherheitsmanagementsystems auch unter Berücksichtigung der Risiken. In einem normativen Anhang wird auf die Controls aus ISO/IEC 27002 verwiesen. Die Leser erhalten allerdings keine Hilfe für die praktische Umsetzung.

- ISO 27002

  Das Ziel von ISO 27002 (bisher ISO 17799:2005) "Information technology – Code of practice for information security management" ist es, ein Rahmenwerk für das Informationssicherheitsmanagement zu definieren. ISO 27002 befasst sich daher hauptsächlich mit den erforderlichen Schritten, um ein funktionierendes Sicherheitsmanagement aufzubauen und in der Organisation zu verankern. Die erforderlichen Sicherheitsmaßnahmen werden auf den circa 100 Seiten des ISO-Standards ISO/IEC 27002 nur kurz beschrieben. Die Empfehlungen sind in erster Linie für die Management-Ebene gedacht und enthalten daher kaum konkrete technische Hinweise. Die Umsetzung der Sicherheitsempfehlungen der ISO 27002 ist eine von vielen Möglichkeiten, die Anforderungen des ISO-Standards 27001 zu erfüllen.

  Hinweis: Der Standard ISO 17799 wurde Anfang des Jahres 2007 ohne weitere inhaltliche Änderungen in die ISO 27002 überführt, um die Zugehörigkeit zur ISO-2700x-Reihe zu unterstreichen.

- ISO 27005

  Dieser ISO-Standard "Information security risk management" enthält Rahmenempfehlungen zum Risikomanagement für Informationssicherheit. Unter anderem unterstützt er bei der Umsetzung der Anforderungen aus ISO/IEC 27001. Hierbei wird allerdings keine spezifische Methode für das Risikomanagement vorgegeben. ISO/IEC 27005 löst den bisherigen Standard ISO 13335-2 ab. Dieser Standard, ISO 13335 "Management of information and communications technology security, Part 2: Techniques for information security risk management", gab Anleitungen zum Management von Informationssicherheit.

- ISO 27006

  Der ISO-Standard 27006 "Information technology - Security techniques - Requirements for the accreditation of bodies providing certification of information security management systems" spezifiziert Anforderungen an die Akkreditierung von Zertifizierungsstellen für ISMS und behandelt auch Spezifika der ISMS-Zertifizierungsprozesse.

- Weitere Standards der ISO-2700x-Reihe

  Die Normenreihe ISO 2700x wird voraussichtlich langfristig aus den ISO-Standards 27000–27019 und 27030–27044 bestehen. Alle Standards dieser Reihe behandeln verschiedene Aspekte des Sicherheitsmanagements und beziehen sich auf die Anforderungen der ISO 27001. Die weiteren Standards sollen zum besseren Verständnis und zur praktischen Anwendbarkeit der ISO 27001 beitragen. Diese beschäftigen sich beispielsweise mit der praktischen Umsetzung der ISO 27001, also der Messbarkeit von Risiken oder mit Methoden zum Risikomanagement.

2   Einführung in Informationssicherheit

2.1.2 Ausgewählte BSI-Publikationen und Standards zur Informationssicherheit

IT-Grundschutz-Kataloge

Die bekannteste Publikation des BSI zur Informationssicherheit war bis 2005 das IT-Grundschutzhandbuch, das seit 1994 sehr ausführlich nicht nur das Management von Informationssicherheit, sondern auch detailliert Sicherheitsmaßnahmen aus den Bereichen Technik, Organisation, Personal und Infrastruktur beschrieb. Das IT-Grundschutzhandbuch ist 2005 nicht nur aktualisiert, sondern auch umstrukturiert worden. Dabei sind die Beschreibung der Vorgehensweise nach IT-Grundschutz und die IT-Grundschutz-Kataloge voneinander getrennt worden.

Abbildung 1: Übersicht über BSI-Publikationen zum Sicherheitsmanagement

Die IT-Grundschutz-Kataloge sind modular aufgebaut und enthalten für typische Prozesse, Anwendungen und IT-Komponenten Bausteine. Zu jedem Thema werden nicht nur Sicherheitsmaßnahmen empfohlen, sondern auch die wichtigsten Gefährdungen beschrieben, vor denen sich eine Institution schützen sollte. Anwender können sich somit gezielt auf die Bausteine konzentrieren, die tatsächlich für ihren Bereich relevant sind. Die Bausteine der IT-Grundschutz-Kataloge werden regelmäßig aktualisiert und erweitert und dabei auch neue technische Entwicklungen berücksichtigt. Daher werden sie als Loseblatt-Sammlung, auf CD bzw. DVD und außerdem im Internet veröffentlicht. Die IT-Grundschutz-Vorgehensweise beschreibt, wie auf der Basis von Standard-Sicherheitsmaßnahmen Sicherheitslösungen ausgewählt, aufgebaut und geprüft werden können. Diese Methode ist als BSI-Standard 100-2 in der Standardreihe des BSI zur Informationssicherheit veröffentlicht worden.

BSI-Standardreihe zur Informationssicherheit: Thema IS-Management

100-1   Managementsysteme für Informationssicherheit (ISMS)

Der vorliegende Standard definiert allgemeine Anforderungen an ein ISMS. Er ist vollständig kompatibel zum ISO-Standard 27001 und berücksichtigt weiterhin die Empfehlungen der ISO-Standards 27000 und 27002. Er bietet Lesern eine leicht verständliche und systematische Anleitung, unabhängig davon, mit welcher Methode sie die Anforderungen umsetzen möchten.

Das BSI stellt den Inhalt dieser ISO-Standards in einem eigenen BSI-Standard dar, um einige Themen ausführlicher beschreiben zu können und so eine didaktischere Darstellung der Inhalte zu ermöglichen. Zudem wurde die Gliederung so gestaltet, dass sie mit der IT-Grundschutz-Vorgehensweise kompatibel ist. Durch die einheitlichen Überschriften in den zuvor genannten Dokumenten ist eine Orientierung für die Leser sehr einfach möglich.

100-2   IT-Grundschutz-Vorgehensweise

Die IT-Grundschutz-Vorgehensweise beschreibt Schritt für Schritt, wie ein Managementsystem für Informationssicherheit in der Praxis aufgebaut und betrieben werden kann. Die Aufgaben des

Informationssicherheitsmanagements und der Aufbau einer Organisationsstruktur für Informationssicherheit sind dabei wichtige Themen. Die IT-Grundschutz-Vorgehensweise geht sehr ausführlich darauf ein, wie ein Sicherheitskonzept in der Praxis erstellt werden kann, wie angemessene Sicherheitsmaßnahmen ausgewählt werden können und was bei der Umsetzung des Sicherheitskonzeptes zu beachten ist. Auch die Frage, wie die Informationssicherheit im laufenden Betrieb aufrechterhalten und verbessert werden kann, wird ausführlich beantwortet.

IT-Grundschutz in Verbindung mit dem BSI-Standard 100-2 interpretiert damit die sehr allgemein gehaltenen Anforderungen der zuvor genannten ISO-Standards 27000, 27001 und 27002 und hilft den Anwendern in der Praxis bei der Umsetzung mit vielen Hinweisen, Hintergrund-Informationen und Beispielen. Die IT-Grundschutz-Kataloge erklären nicht nur, *was* gemacht werden sollte, sondern geben sehr konkrete Hinweise, *wie* eine Umsetzung (auch auf technischer Ebene) aussehen kann. Ein Vorgehen nach IT-Grundschutz ist somit eine erprobte und effiziente Möglichkeit, allen Anforderungen der oben genannten ISO-Standards nachzukommen.

100-3   Risikoanalyse auf der Basis von IT-Grundschutz

Das BSI hat eine Methodik zur Risikoanalyse auf der Basis des IT-Grundschutzes erarbeitet. Diese Vorgehensweise bietet sich an, wenn Unternehmen oder Behörden bereits erfolgreich mit dem IT-Grundschutz arbeiten und möglichst nahtlos eine ergänzende Sicherheitsanalyse an die IT-Grundschutz-Analyse anschließen möchten.

100-4   Notfallmanagement

Im BSI-Standard 100-4 wird eine Methodik zur Etablierung und Aufrechterhaltung eines behörden- bzw. unternehmensweiten Notfallmanagements erläutert. Die hier beschriebene Methodik baut dabei auf der in BSI-Standard 100-2 beschriebenen IT-Grundschutz-Vorgehensweise auf und ergänzt diese sinnvoll.

ISO 27001 Zertifizierung auf der Basis von IT-Grundschutz

Das BSI zertifiziert Informationsverbünde, also das Zusammenspiel von infrastrukturellen, organisatorischen, personellen und technischen Komponenten, die zur Umsetzung von Geschäftsprozessen und Fachaufgaben dienen. Die BSI-Zertifizierung umfasst sowohl eine Prüfung des Managementsystems für Informationssicherheit als auch die Prüfung der konkreten Sicherheitsmaßnahmen auf Basis von IT-Grundschutz. Die BSI-Zertifizierung beinhaltet dabei immer eine offizielle ISO-Zertifizierung nach ISO 27001, ist aber aufgrund der zusätzlich geprüften technischen Aspekte wesentlich aussagekräftiger als eine reine ISO-Zertifizierung. Die wesentlichen Anforderungen zur Prüfung des Sicherheitsmanagements im Rahmen eines Audits ergeben sich aus den Maßnahmen des Grundschutz-Bausteins B 1.0 Sicherheitsmanagement. Die Maßnahmen dieses Bausteins sind so geschrieben, dass die wesentlichen Anforderungen des BSI-Standards für Informationssicherheitsmanagementsysteme sofort identifiziert werden können. Abbildung 1 veranschaulicht die einheitliche Gliederung der BSI-Dokumente.

Zur Anpassung an ISO 27001 wurden auch Anpassungen am Zertifizierungsschema für Informationsverbünde und am Zertifizierungsschema für Auditoren vorgenommen (siehe [ZERT] bzw. [ZERT2]).

2.1.3 Weitere Standards

COBIT

COBIT (Control Objectives for Information and related Technology) beschreibt eine Methode zur Kontrolle von Risiken, die sich durch den IT-Einsatz zur Unterstützung geschäftsrelevanter Abläufe ergeben. Die COBIT-Dokumente werden herausgegeben vom IT Governance Institute (ITGI) der Information Systems Audit and Control Association (ISACA). Bei der Entwicklung von COBIT orientierten sich die Autoren an bestehenden Standards zum Thema Sicherheitsmanagement wie ISO 27002.

ITIL

Die IT Infrastructure Library (ITIL) ist eine Sammlung mehrerer Bücher zum Thema IT-Service-Management. Sie wurde vom United Kingdom's Office Of Government Commerce (OGC) entwickelt. ITIL befasst sich mit dem Management von IT-Services aus Sicht des IT-Dienstleisters. Der IT-Dienstleister kann dabei sowohl eine interne IT-Abteilung als auch ein externer Service-Provider sein. Übergreifendes Ziel ist die Optimierung beziehungsweise Verbesserung der Qualität von IT-Services und der Kosteneffizienz.

3   ISMS-Definition und Prozessbeschreibung

3.1   Komponenten eines Managementsystems für Informationssicherheit

Jedes Unternehmen und jede Behörde hat ein Management, das im Folgenden mit "Leitungsebene" bezeichnet wird, wenn die verantwortlichen Führungskräfte gemeint sind und Verwechslungsgefahr zum "Management" als Leitungsprozess (Leiten, Lenken und Planen) besteht.

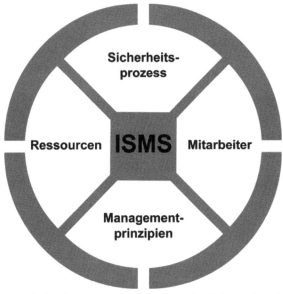

Abbildung 2: Bestandteile eines Managementsystems für Informationssicherheit (ISMS)

Ein Managementsystem umfasst alle Regelungen, die für die Steuerung und Lenkung zur Zielerreichung der Institution sorgen. Der Teil des Managementsystems, der sich mit Informationssicherheit beschäftigt, wird als Informationssicherheitsmanagementsystem (ISMS) bezeichnet. Das ISMS legt fest, mit welchen Instrumenten und Methoden das Management die auf Informationssicherheit ausgerichteten Aufgaben und Aktivitäten nachvollziehbar lenkt (plant, einsetzt, durchführt, überwacht und verbessert). Zu einem ISMS gehören folgende grundlegende Komponenten (siehe Abbildung 2):

- Management-Prinzipien

- Ressourcen

- Mitarbeiter

- Sicherheitsprozess

  - Leitlinie zur Informationssicherheit, in der die Sicherheitsziele und die Strategie zu ihrer Umsetzung dokumentiert sind

  - Sicherheitskonzept

  - Informationssicherheitsorganisation

3   ISMS-Definition und Prozessbeschreibung

Abbildung 3: Strategie zur Informationssicherheit als zentrale Komponente des ISMS

Informationssicherheitsorganisation und Sicherheitskonzept sind dabei die Werkzeuge des Managements zur Umsetzung ihrer Sicherheitsstrategie. Abbildung 3 und Abbildung 4 machen diesen Zusammenhang deutlich. Die Kernpunkte der Sicherheitsstrategie werden in der Leitlinie zur Informationssicherheit dokumentiert. Die Sicherheitsleitlinie ist von zentraler Bedeutung, da sie das sichtbare Bekenntnis der Leitungsebene zu ihrer Strategie enthält.

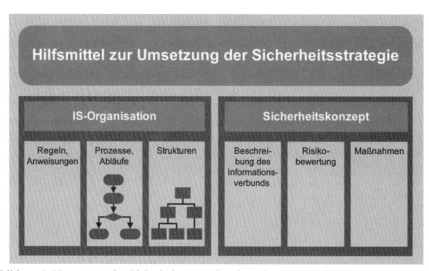

Abbildung 4: Umsetzung der Sicherheitsstrategie mit Hilfe des Sicherheitskonzeptes und einer Informationssicherheitsorganisation

3.2   Prozessbeschreibung und Lebenszyklus-Modell

3.2.1 Der Lebenszyklus in der Informationssicherheit

Sicherheit ist kein unveränderbarer Zustand, der einmal erreicht wird und sich niemals wieder ändert. Jede Institution ist ständigen dynamischen Veränderungen unterworfen. Viele dieser Veränderungen betreffen über Änderungen der Geschäftsprozesse, Fachaufgaben, Infrastruktur, Organisationsstrukturen und der IT auch die Informationssicherheit. Neben den unübersehbaren Änderungen innerhalb einer Institution können sich außerdem externe Rahmenbedingungen ändern, z. B. gesetzliche oder vertragliche Vorgaben, aber auch die verfügbare Informations- oder

---

Kommunikationstechnik kann sich einschneidend ändern. Daher ist es notwendig, Sicherheit aktiv zu managen, um ein einmal erreichtes Sicherheitsniveau dauerhaft aufrechtzuerhalten.

Es reicht beispielsweise nicht aus, die Umsetzung von Geschäftsprozessen oder die Einführung eines neuen IT-Systems nur einmalig zu planen und die beschlossenen Sicherheitsmaßnahmen umzusetzen. Nach der Umsetzung müssen die Sicherheitsmaßnahmen regelmäßig auf Wirksamkeit und Angemessenheit, aber auch deren Anwendbarkeit und die tatsächliche Anwendung untersucht werden. Finden sich Schwachpunkte oder Verbesserungsmöglichkeiten, müssen die Maßnahmen angepasst und verbessert werden. Diese durch die notwendigen Anpassungen erforderlichen Änderungen müssen erneut geplant und umgesetzt werden. Werden Geschäftsprozesse beendet oder Komponenten bzw. IT-Systeme ersetzt oder außer Betrieb gestellt, sind auch dabei Sicherheitsaspekte zu beachten (z. B. Entzug von Berechtigungen oder sicheres Löschen von Festplatten). In den IT-Grundschutz-Katalogen werden die Sicherheitsmaßnahmen daher zur besseren Übersicht für die Leser in folgende Phasen eingeteilt:

- Planung und Konzeption,

- Beschaffung (falls erforderlich),

- Umsetzung,

- Betrieb (Maßnahmen zur Aufrechterhaltung der Informationssicherheit im Betrieb, dazu gehört auch die Überwachung und Erfolgskontrolle),

- Aussonderung (falls erforderlich) und

- Notfallvorsorge.

3.2.2 Beschreibung des Prozesses Informationssicherheit

Nicht nur Geschäftsprozesse und IT-Systeme haben einen solchen "Lebenszyklus". Auch ein Sicherheitskonzept, eine Informationssicherheitsorganisation und letztendlich der gesamte Sicherheitsprozess unterliegt einem Lebenszyklus. Um die Dynamik des Sicherheitsprozesses möglichst einfach beschreiben zu können, wird der Sicherheitsprozess in der Literatur häufig in die folgenden Phasen eingeteilt:

1. Planung,

2. Umsetzung der Planung bzw. Durchführung des Vorhabens,

3. Erfolgskontrolle bzw. Überwachung der Zielerreichung und

4. Beseitigung von erkannten Mängeln und Schwächen bzw. Optimierung sowie Verbesserung.

Phase 4 beschreibt die umgehende Beseitigung kleinerer Mängel. Bei grundlegenden oder umfangreichen Veränderungen ist natürlich wieder mit der Planungsphase zu beginnen.

Dieses Modell wird nach der englischen Benennung der einzelnen Phasen ("Plan", "Do", "Check", "Act") auch als PDCA-Modell bezeichnet.

3   ISMS-Definition und Prozessbeschreibung

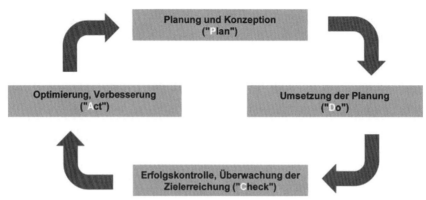

Abbildung 5: Lebenszyklus nach Deming (PDCA-Modell)

Das PDCA-Modell findet sich auch im ISO-Standard 27001. Es lässt sich prinzipiell auf alle Aufgaben innerhalb des Sicherheitsprozesses anwenden. Auch der Lebenszyklus des Sicherheitskonzepts und der Informationssicherheitsorganisation lässt sich so sehr übersichtlich beschreiben. Die entsprechenden Kapitel dieses Dokuments sind daher an die vier Phasen dieses Lebenszyklus-Modells angelehnt.

In der Planungsphase des Prozesses Informationssicherheit werden die Rahmenbedingungen analysiert, die Sicherheitsziele bestimmt und eine Sicherheitsstrategie ausgearbeitet, die grundlegende Aussagen enthält, wie die gesetzten Ziele erreicht werden sollen. Umgesetzt wird die Sicherheitsstrategie mit Hilfe des Sicherheitskonzepts und einer geeigneten Struktur für die Informationssicherheitsorganisation. Sicherheitskonzept und Informationssicherheitsorganisation müssen dann wiederum geplant und umgesetzt sowie einer Erfolgskontrolle unterzogen werden. Bei der Erfolgskontrolle des übergeordneten Sicherheitsprozesses wird dann regelmäßig überprüft, ob sich Rahmenbedingungen (zum Beispiel Gesetze oder Unternehmensziele) geändert haben und ob Sicherheitskonzept und Informationssicherheitsorganisation sich als wirksam und effizient erwiesen haben.

Da unterschiedliche Institutionen jedoch verschiedene Ausgangsbedingungen, Sicherheitsanforderungen und finanzielle Mittel haben, bietet diese Vorgehensweise zwar eine gute Orientierung, muss aber von jeder Behörde und jedem Unternehmen auf die eigenen Bedürfnisse angepasst werden. Jede Institution muss individuell festlegen oder konkretisieren, welche Ausprägung eines Lebenszyklus-Modells für sie angemessen ist.

Kleine Behörden und Unternehmen sollten sich hier nicht abschrecken lassen, da der Aufwand für den Sicherheitsprozess in der Regel von der Größe der Institution abhängt. So ist in einem sehr großen Unternehmen mit vielen beteiligten Abteilungen und Personen wahrscheinlich ein eher formaler Prozess notwendig, der genau festlegt, welche internen und externen Audits notwendig sind, wer an wen berichtet, wer Entscheidungsvorlagen erstellt, und wann die Leitung über den Sicherheitsprozess berät. In einem kleinen Unternehmen hingegen kann eine jährliche Besprechung zwischen dem Geschäftsführer und seinem IT-Dienstleister, in der über Probleme während des letzten Jahres, die entstandenen Kosten, neue technische Entwicklungen und andere Faktoren beraten wird, bereits angemessen sein, um den Erfolg des Sicherheitsprozesses kritisch zu hinterfragen.

4   Management-Prinzipien

Mit Informationssicherheitsmanagement oder kurz IS-Management wird die Planungs- und Lenkungsaufgabe bezeichnet, die zum sinnvollen Aufbau, zur praktischen Umsetzbarkeit und zur Sicherstellung der Effektivität eines durchdachten und planmäßigen Sicherheitsprozesses sowie aller dafür erforderlichen Sicherheitsmaßnahmen erforderlich ist. Dies umfasst auch die Erfüllung gesetzlicher Anforderungen und die Einhaltung aller relevanten Rechtsvorschriften. Es gibt verschiedene Konzepte, wie ein effizientes IS-Management aussehen kann und welche Organisationsstrukturen dafür sinnvoll sind. Unabhängig davon, wie die Ausprägung eines IS-Managementsystems aussieht, sind dafür einige grundlegende Prinzipien zu beachten.

Einige der hier vorgestellten Management-Prinzipien mögen banal klingen, ihre Umsetzung werden die meisten Führungskräfte als Selbstverständlichkeit ansehen. Paradoxerweise sind es aber gerade immer wieder die einfachen Dinge, die in der Praxis falsch gemacht oder unterlassen werden. Disziplin, Geduld, Übernahme von Verantwortung sowie realistische und sorgfältige Vorbereitung von Projekten sind in vielen Organisationen zwar theoretisch anerkannte Werte, werden aber in der Praxis nicht immer gelebt. Gerade wenig spektakuläre Maßnahmen wie Prozessoptimierung, Ausbildung und Motivation von Mitarbeitern oder das Anfertigen von verständlichen Dokumentationen verbessern das Sicherheitsniveau in der Praxis sehr deutlich. Komplexe und dadurch teure Maßnahmen, Großprojekte und Investitionen in Technik werden oftmals völlig zu Unrecht als wirksamer dargestellt und sind häufig für den schlechten Ruf von Sicherheitsmaßnahmen als Kostentreiber verantwortlich. Im Folgenden werden daher Management-Prinzipien vorgestellt, deren Beachtung eine gute Grundlage für ein erfolgreiches Informationssicherheitsmanagement ist.

4.1   Aufgaben und Pflichten des Managements

Die Aufgaben und Pflichten der Leitungsebene bezüglich Informationssicherheit lassen sich in folgenden Punkten zusammenfassen:

1.   Übernahme der Gesamtverantwortung für Informationssicherheit

Die oberste Managementebene jeder Behörde und jedes Unternehmens ist für das zielgerichtete und ordnungsgemäße Funktionieren der Institution verantwortlich und damit auch für die Gewährleistung der Informationssicherheit nach innen und außen. Dies kann auch je nach Land und nach Organisationsform in verschiedenen Gesetzen geregelt sein. Die Leitungsebene, aber auch jede einzelne Führungskraft, muss sich sichtbar zu ihrer Verantwortung bekennen und allen Mitarbeitern die Bedeutung der Informationssicherheit klar machen.

2.   Informationssicherheit integrieren

Informationssicherheit muss in alle Prozesse und Projekte der Institution integriert werden, bei denen Informationen verarbeitet und IT genutzt werden. Das heißt beispielsweise, dass Sicherheitsanforderungen nicht nur bei der Beschaffung von IT, sondern auch beim Design von Geschäftsprozessen mit zu berücksichtigen sind, ebenso wie bei der Ausbildung von Mitarbeitern.

3.   Informationssicherheit steuern und aufrechterhalten

Die Leitungsebene muss aktiv den Sicherheitsprozess initiieren, steuern und überwachen. Dazu gehören zum Beispiel folgende Aufgaben:

-    Eine Strategie zur Informationssicherheit sowie Sicherheitsziele müssen verabschiedet werden.

-    Die Auswirkungen von Sicherheitsrisiken auf die Geschäftstätigkeit bzw. Aufgabenerfüllung müssen untersucht werden.

-    Es müssen die organisatorischen Rahmenbedingungen für Informationssicherheit geschaffen werden.

-    Für Informationssicherheit müssen ausreichende Ressourcen bereitgestellt werden.

4   Management-Prinzipien

- Die Sicherheitsstrategie muss regelmäßig überprüft und die Zielerreichung überwacht werden. Erkannte Schwachpunkte und Fehler müssen korrigiert werden. Dazu muss ein "innovationsfreudiges" Arbeitsklima geschaffen und der Wille zur ständigen Verbesserung innerhalb der Institution demonstriert werden.

- Mitarbeiter müssen für Sicherheitsbelange motiviert werden und Informationssicherheit als wichtigen Aspekt ihrer Aufgaben betrachten. Hierfür sind unter anderem ausreichende Schulungs- und Sensibilisierungsmaßnahmen anzubieten.

4. Erreichbare Ziele setzen

    Projekte scheitern oft an unrealistischen oder zu ehrgeizigen Zielvorgaben. Dies ist im Bereich Informationssicherheit auch nicht anders. Daher muss die Sicherheitsstrategie mit den zur Verfügung stehenden Ressourcen in Einklang stehen. Um das angemessene Sicherheitsziel zu erreichen, können viele kleine Schritte und ein langfristiger, kontinuierlicher Verbesserungsprozess ohne hohe Investitionskosten zu Beginn effizienter als ein groß angelegtes Projekt sein. So kann es zweckmäßig sein, zunächst nur in ausgewählten Bereichen das erforderliche Sicherheitsniveau umzusetzen. Von diesen Keimzellen ausgehend muss dann aber die Sicherheit in der Institution zügig auf das angestrebte Niveau gebracht werden.

5. Sicherheitskosten gegen Nutzen abwägen

    Eine der schwierigsten Aufgaben ist es, die Kosten für Informationssicherheit gegenüber dem Nutzen und den Risiken abzuwägen. Es ist sehr wichtig, zunächst in Maßnahmen zu investieren, die besonders effektiv sind oder gegen besonders hohe Risiken schützen. Die effektivsten Maßnahmen sind dabei erfahrungsgemäß nicht immer die teuersten. Es ist daher unerlässlich, die Abhängigkeit der Geschäftsprozesse und Aufgaben von der Informationsverarbeitung zu kennen, um angemessene Sicherheitsmaßnahmen auswählen zu können.

    Dabei ist zu betonen, dass Informationssicherheit immer durch ein Zusammenspiel von technischen und organisatorischen Maßnahmen erreicht wird. Die Investitionen in Technik sind unmittelbar am Budget ablesbar. Damit diese Kosten gerechtfertigt sind, müssen die Sicherheitsprodukte so eingesetzt werden, dass sie optimalen Nutzen bieten. Dafür müssen sie aber auch zweckgerichtet ausgewählt worden sein und geeignet bedient werden, also beispielsweise müssen sie in die ganzheitliche Sicherheitskonzeption integriert sein und die Mitarbeiter in deren Nutzung geschult sein. Häufig können technische Lösungen auch durch organisatorische Sicherheitsmaßnahmen ersetzt werden. Erfahrungsgemäß ist es aber schwieriger sicherzustellen, dass organisatorische Maßnahmen konsequent umgesetzt werden. Außerdem steigt dadurch der personelle Aufwand und belastet somit auch die Ressourcen.

6. Vorbildfunktion

    Die Leitungsebene muss auch im Bereich der Informationssicherheit eine Vorbildfunktion übernehmen. Dazu gehört unter anderem, dass auch die Leitungsebene alle vorgegebenen Sicherheitsregeln beachtet und selbst an Schulungsveranstaltungen teilnimmt.

4.2 Aufrechterhaltung der Informationssicherheit und kontinuierliche Verbesserung

Die Schaffung von Informationssicherheit ist kein zeitlich begrenztes Projekt, sondern ein kontinuierlicher Prozess. Die Angemessenheit und Wirksamkeit aller Elemente des Managementsystems für Informationssicherheit muss ständig überprüft werden. Das bedeutet, dass nicht nur einzelne Sicherheitsmaßnahmen überprüft werden müssen, sondern auch die Sicherheitsstrategie regelmäßig überdacht werden muss.

Die Umsetzung der Sicherheitsmaßnahmen sollte in regelmäßigen Abständen mit Hilfe von internen Audits ausgewertet werden. Diese dienen auch dazu, die Erfahrungen aus der täglichen Praxis zusammenzutragen und auszuwerten. Neben Audits ist die Durchführung von Übungen und Sensibilisierungsmaßnahmen notwendig, da nur so festgestellt werden kann, ob alle vorgesehenen Abläufe und das Verhalten in Notfallsituationen auch tatsächlich funktionieren. Erkenntnisse über Schwachstellen und Verbesserungsmöglichkeiten müssen ohne Ausnahme zu Konsequenzen in der Informationssicherheitsorganisation führen. Wichtig ist es außerdem, zukünftige Entwicklungen sowohl bei der eingesetzten Technik als auch in Geschäftsprozessen und Organisationsstrukturen frühzeitig zu erkennen, um rechtzeitig potentielle Gefährdungen identifizieren, Vorkehrungen treffen und Sicherheitsmaßnahmen umsetzen zu können. Wenn sich wesentliche Änderungen in Geschäftsprozessen oder Organisationsstrukturen abzeichnen, muss hier das Informationssicherheitsmanagement eingebunden werden. Auch wenn dies genau so in den Organisationsverfügungen vorgesehen ist, sollte es nicht darauf warten, dass es wie geplant involviert wird, sondern sollte sich rechtzeitig eigenständig in die entsprechenden Prozesse einbinden.

Bei allen Audits sollte darauf geachtet werden, dass sie nicht von denjenigen durchgeführt werden, die an der Planung oder Konzeption von Sicherheitsvorgaben beteiligt waren, da es schwierig ist, eigene Fehler zu finden. Je nach Größe der Institution kann es hilfreich sein, für Audits Externe hinzuzuziehen, um Betriebsblindheit zu vermeiden.

Auch für kleine und mittlere Behörden und Unternehmen ist die Aufrechterhaltung der Informationssicherheit ein wichtiger Punkt. Die Audits werden zwar weniger umfangreich als in großen Institutionen sein, dürfen aber auf keinen Fall unterbleiben. Im Rahmen der jährlichen Managementbewertung muss von der obersten Leitungsebene auch überprüft werden, ob es neue gesetzliche Vorgaben gibt, die beachtet werden müssen, oder ob sich sonstige Rahmenbedingungen geändert haben.

Die Überprüfung des Sicherheitsprozesses dient letztendlich dessen Verbesserung. Die Ergebnisse sollten daher dazu genutzt werden, die Wirksamkeit und Effizienz der gewählten Sicherheitsstrategie zu beurteilen und eventuell anzupassen. Auch bei Veränderung der Sicherheitsziele oder der Rahmenbedingungen muss die Sicherheitsstrategie entsprechend überarbeitet werden. Dieses Thema wird detailliert in Kapitel 7 dieses Standards behandelt.

4.3   Kommunikation und Wissen

In allen Phasen des Sicherheitsprozesses ist Kommunikation ein wesentlicher Eckpfeiler, um die gesteckten Sicherheitsziele zu erreichen. Missverständnisse und Wissensmängel sind mit die häufigsten Ursachen für auftretende Sicherheitsprobleme. Daher muss auf allen Ebenen und in allen Bereichen einer Institution für einen reibungslosen Informationsfluss über Sicherheitsvorkommnisse und -maßnahmen gesorgt werden. Dazu gehören die folgenden Punkte:

- Berichte an die Leitungsebene

  Das obere Management muss sich regelmäßig über Probleme, Ergebnisse von Überprüfungen und Audits, aber auch über neue Entwicklungen, geänderte Rahmenbedingungen oder Verbesserungsmöglichkeiten informieren lassen, um seiner Steuerungsfunktion nachkommen zu können.

- Informationsfluss

  Durch mangelhafte Kommunikation und fehlende Informationen kann es zu Sicherheitsproblemen, aber auch zu Fehlentscheidungen oder überflüssigen Arbeitsschritten kommen. Dies muss durch geeignete Maßnahmen und organisatorische Regelungen vermieden werden. Mitarbeiter müssen über Sinn und Zweck von Sicherheitsmaßnahmen aufgeklärt werden, vor allem, wenn diese zusätzliche Arbeit verursachen oder Komforteinbußen zur Folge haben. Des Weiteren sollten Mitarbeiter über die mit ihrer Arbeit verbundenen Rechtsfragen zu Informationssicherheit wie auch zu Datenschutz aufgeklärt werden. Anwender sollten außerdem in die Umsetzungsplanung von Maßnahmen einbezogen werden, um eigene Ideen einzubringen und die Praxistauglichkeit zu beurteilen.

- Dokumentation

  Um die Kontinuität und Konsistenz des gesamten Sicherheitsprozesses sicherzustellen, ist es unabdingbar, diesen zu dokumentieren. Nur so bleiben die verschiedenen Prozessschritte und

Entscheidungen nachvollziehbar. Außerdem stellen aussagekräftige Dokumentationen sicher, dass gleichartige Arbeiten auf vergleichbare Weise durchgeführt werden, also Prozesse messbar und wiederholbar werden. Zusätzlich helfen Dokumentationen dabei, grundsätzliche Schwächen im Prozess zu erkennen und die Wiederholung von Fehlern zu vermeiden. Die erforderlichen Dokumentationen erfüllen bei den verschiedenen Sicherheitsaktivitäten unterschiedliche Funktionen und sind an unterschiedliche Zielgruppen gerichtet. Folgende Dokumentationsarten lassen sich unterscheiden:

1. Technische Dokumentation und Dokumentation von Arbeitsabläufen (Zielgruppe: Experten)

    Es muss bei Störungen oder Sicherheitsvorfällen möglich sein, den gewünschten Soll-Zustand in Geschäftsprozessen sowie der zugehörigen IT wiederherstellen zu können. Technische Einzelheiten und Arbeitsabläufe sind daher so zu dokumentieren, dass dies in angemessener Zeit möglich ist.

    Beispiele hierfür sind Anleitungen zur Installation von IT-Anwendungen, zur Durchführung von Datensicherungen, zum Rückspielen einer Datensicherung, zur Konfiguration der TK-Anlage, zum Wiederanlauf eines Anwendungsservers nach einem Stromausfall, ebenso wie die Dokumentation von Test- und Freigabeverfahren und Anweisungen für das Verhalten bei Störungen und Sicherheitsvorfällen.

2. Anleitungen für IT-Anwender (Zielgruppe: IT-Anwender)

    Arbeitsabläufe, organisatorische Vorgaben und technische Sicherheitsmaßnahmen müssen so dokumentiert werden, dass Sicherheitsvorfälle durch Unkenntnis oder Fehlhandlungen vermieden werden. Beispiele hierfür sind Sicherheitsrichtlinien für die Nutzung von E-Mail und Internet, Hinweise zur Verhinderung von Virenvorfällen oder zum Erkennen von Social Engineering sowie Verhaltensregeln für Benutzer beim Verdacht eines Sicherheitsvorfalls.

3. Reporte für Managementaufgaben (Zielgruppe: Leitungsebene, Sicherheitsmanagement)

    Alle Informationen, die das Management benötigt, um seinen Lenkungs- und Steuerungsaufgaben nachkommen zu können, sind im erforderlichen Detaillierungsgrad aufzuzeichnen (zum Beispiel Ergebnisse von Audits, Effektivitätsmessungen, Berichte über Sicherheitsvorfälle).

4. Aufzeichnung von Managemententscheidungen (Zielgruppe: Leitungsebene)

    Die Leitungsebene muss die gewählte Sicherheitsstrategie aufzeichnen und begründen. Außerdem müssen auch auf allen anderen Ebenen Entscheidungen, die sicherheitsrelevante Aspekte betreffen, ebenso aufgezeichnet werden, damit diese jederzeit nachvollziehbar und wiederholbar sind.

    In den folgenden Kapiteln ist daher jede Aktion, die geeignet dokumentiert bzw. aufgezeichnet werden muss, mit "[DOK]" gekennzeichnet.

*   Formale Anforderungen an Dokumentationen:

    Dokumentationen müssen nicht zwingend in Papierform vorliegen. Das Dokumentationsmedium sollte je nach Bedarf gewählt werden. Beispielsweise kann für das Notfallmanagement der Einsatz eines Softwaretools hilfreich sein, mit dem vorab alle Notfallmaßnahmen und Ansprechpartner erfasst werden und das im Krisenfall mobil eingesetzt werden kann. Dann muss natürlich auch im Notfall dieses Tool, alle erforderlichen Informationen und die benötigten IT-Systeme verfügbar sein, beispielsweise auf einem Laptop. Je nach Krisenfall kann es aber sinnvoller sein, alle Informationen in einem praktischen Handbuch in Papierform griffbereit zu haben.

    Es kann gesetzliche oder vertragliche Anforderungen an Dokumentationen geben, die zu beachten sind, z. B. zu Aufbewahrungsfristen und Detaillierungstiefe. Dokumentationen erfüllen nur dann ihren Zweck, wenn sie regelmäßig erstellt und aktuell gehalten werden. Außerdem müssen sie so bezeichnet und abgelegt werden, dass sie im Bedarfsfall auch nutzbar sind. Es muss klar erkennbar sein, wer wann welche Teile der Dokumentation erstellt hat. Dort, wo auf andere Dokumente verwiesen wird, müssen die Quellen beschrieben sein. Weiterführende Dokumente müssen außerdem im Bedarfsfall ebenfalls verfügbar sein.

Sicherheitsrelevante Dokumentationen können schutzbedürftige Informationen enthalten und müssen daher angemessen geschützt werden. Neben dem Schutzbedarf müssen die Aufbewahrungsart und -dauer und Optionen für die Vernichtung von Informationen festgelegt werden. In den Prozessbeschreibungen muss beschrieben sein, ob und wie Dokumentationen auszuwerten sind.

- Nutzung verfügbarer Informationsquellen und Erfahrungen

Informationssicherheit ist ein komplexes Thema, so dass die hierfür Verantwortlichen sich sorgfältig einarbeiten müssen. Es gibt eine Vielzahl verfügbarer Informationsquellen, die dazu genutzt werden können. Hierzu gehören unter anderem bestehende Normen und Standards, Internet-Veröffentlichungen und sonstige Publikationen. Außerdem sollte die Kooperation mit Verbänden, Partnern, Gremien, anderen Unternehmen oder Behörden sowie CERTs zum Erfahrungsaustausch über erfolgreiche Sicherheitsaktionen genutzt werden. Da das Thema Informationssicherheit sehr umfangreich ist, ist es wichtig, die für die jeweilige Institution und Rahmenbedingungen passenden Informationsquellen und Kooperationspartner zu identifizieren und zu dokumentieren.

5   Ressourcen für Informationssicherheit

Die Einhaltung eines bestimmten Sicherheitsniveaus erfordert immer finanzielle, personelle und zeitliche Ressourcen, die von der Leitungsebene ausreichend bereitgestellt werden müssen. Wenn Zielvorgaben aufgrund fehlender Ressourcen nicht erreichbar sind, sind hierfür nicht die mit der Umsetzung betrauten Personen verantwortlich, sondern die Vorgesetzten, die unrealistische Ziele gesetzt bzw. die erforderlichen Ressourcen nicht bereitgestellt haben. Um die gesetzten Ziele nicht zu verfehlen, ist es wichtig, schon bei der Festlegung der Ziele eine erste Kosten-Nutzen-Schätzung durchzuführen. Im Laufe des Sicherheitsprozesses sollte dieser Aspekt weiterhin eine entscheidende Rolle spielen, einerseits, um keine Ressourcen zu verschwenden, und andererseits, um die notwendigen Investitionen zur Erreichung des angemessenen Sicherheitsniveaus zu gewährleisten.

Oft werden mit IT-Sicherheit ausschließlich technische Lösungen verbunden. Dies ist ein weiterer Grund, anstatt IT-Sicherheit besser den Begriff Informationssicherheit zu benutzen. Vor allem ist es aber wichtig, darauf hinzuweisen, dass Investitionen in personelle Ressourcen häufig effektiver sind als Investitionen in Sicherheitstechnik. Technik alleine löst keine Probleme, sie muss immer in organisatorische Rahmenbedingungen eingebunden werden. Auch die Überprüfung von Wirksamkeit und Eignung von Sicherheitsmaßnahmen muss durch ausreichende Ressourcen sichergestellt werden.

In der Praxis fehlt den internen Sicherheitsexperten häufig die Zeit, um alle sicherheitsrelevanten Einflussfaktoren und Rahmenbedingungen (z. B. gesetzliche Anforderungen oder technische Fragen) zu analysieren. Teilweise fehlen ihnen auch die entsprechenden Grundlagen. Es ist immer dann sinnvoll, auf externe Experten zurückzugreifen, wenn Fragen und Probleme nicht mit eigenen Mitteln zu klären sind. Dies muss von den internen Sicherheitsexperten dokumentiert werden, damit die Leitungsebene die erforderlichen Ressourcen bereitstellt.

Grundvoraussetzung für einen sicheren IT-Betrieb ist ein gut funktionierender IT-Betrieb. Für den IT-Betrieb müssen daher ausreichende Ressourcen zur Verfügung gestellt werden. Typische Probleme des IT-Betriebs (knappe Ressourcen, überlastete Administratoren oder eine unstrukturierte und schlecht gewartete IT-Landschaft) müssen in der Regel gelöst werden, damit die eigentlichen Sicherheitsmaßnahmen wirksam und effizient umgesetzt werden können.

6   Einbindung der Mitarbeiter in den Sicherheitsprozess

Informationssicherheit betrifft ohne Ausnahme alle Mitarbeiter. Jeder Einzelne kann durch verantwortungs- und qualitätsbewusstes Handeln Schäden vermeiden und zum Erfolg beitragen. Sensibilisierung für Informationssicherheit und entsprechende Schulungen der Mitarbeiter sowie aller Führungskräfte sind daher eine Grundvoraussetzung für Informationssicherheit. Um Sicherheitsmaßnahmen wie vorgesehen umsetzen zu können, müssen bei den Mitarbeitern die erforderlichen Grundlagen vorhanden sein. Dazu gehört neben den Kenntnissen, wie Sicherheitsmechanismen bedient werden müssen, auch das Wissen über Sinn und Zweck von Sicherheitsmaßnahmen. Auch Arbeitsklima, gemeinsame Wertvorstellungen und das Engagement der Mitarbeiter beeinflussen die Informationssicherheit entscheidend.

Werden Mitarbeiter neu eingestellt oder erhalten neue Aufgaben, ist eine gründliche Einarbeitung und Ausbildung notwendig. Die Vermittlung sicherheitsrelevanter Aspekte des jeweiligen Arbeitsplatzes muss dabei berücksichtigt werden. Wenn Mitarbeiter die Institution verlassen oder sich ihre Zuständigkeiten verändern, muss dieser Prozess durch geeignete Sicherheitsmaßnahmen begleitet werden (z. B. Entzug von Berechtigungen, Rückgabe von Schlüsseln und Ausweisen).

Mitarbeiter sind auf die Einhaltung aller im jeweiligen Umfeld relevanten Gesetze, Vorschriften und Regelungen zu verpflichten. Dazu müssen sie natürlich mit den bestehenden Regelungen zur Informationssicherheit vertraut gemacht und gleichzeitig zu deren Einhaltung motiviert werden. Des Weiteren sollten die Mitarbeiter wissen, dass jeder erkannte (oder vermutete) Sicherheitsvorfall dem Sicherheitsmanagement gemeldet werden muss und an wen und wie dies zu erfolgen hat.

7   Der Informationssicherheitsprozess

Die Leitungsebene muss die Sicherheitsziele in Kenntnis aller relevanten Rahmenbedingungen und basierend auf den Geschäftszielen des Unternehmens bzw. dem Auftrag der Behörde festlegen und die Voraussetzungen für deren Umsetzung schaffen. Mit einer Sicherheitsstrategie wird das Vorgehen geplant, um einen kontinuierlichen Sicherheitsprozess zu etablieren. Umgesetzt wird die Strategie mit Hilfe eines Sicherheitskonzepts und einer Informationssicherheitsorganisation. Im Folgenden werden daher für jede Lebenszyklusphase die relevanten Managementtätigkeiten beschrieben. Aufgrund des Umfangs und der besseren Übersicht werden die Tätigkeiten rund um das Sicherheitskonzept in einem eigenen Kapitel beschrieben.

7.1   Planung des Sicherheitsprozesses

Festlegung des Geltungsbereichs, in dem das ISMS gelten soll [DOK]

Ein Managementsystem für Informationssicherheit muss nicht zwangsläufig für eine ganze Institution eingeführt werden. Zunächst muss daher der Geltungsbereich festgelegt werden, für den das ISMS zuständig sein soll. Der Geltungsbereich umfasst häufig die gesamte Institution, kann sich aber z. B. auch auf eine oder mehrere Fachaufgaben oder Geschäftsprozess oder eine Organisationseinheit beziehen. Hierbei ist es wichtig, dass die betrachteten Fachaufgaben und Geschäftsprozesse im gewählten Geltungsbereich vollständig enthalten sind. Im Rahmen des IT-Grundschutzes wird für den Geltungsbereich der Begriff "Informationsverbund" verwendet. Er umfasst dann auch alle infrastrukturellen, organisatorischen, personellen und technischen Komponenten, die der Aufgabenerfüllung in diesem Anwendungsbereich der Informationsverarbeitung dienen.

Ermittlung von Rahmenbedingungen

Die Schaffung von Informationssicherheit ist kein Selbstzweck. Aktuelle und zuverlässige Informationen sind die Grundlage der meisten Geschäftsprozesse. Informations- und Kommunikationstechnik soll die Ziele einer Institution sinnvoll unterstützen und dient zur Unterstützung von Geschäftsprozessen. Folgende Themen sollten bei der Entwicklung der Informationssicherheitsstrategie mindestens berücksichtigt werden:

- Ziele des Unternehmens bzw. Aufgaben der Behörde,

- gesetzliche Anforderungen und Vorschriften, wie z. B. zum Datenschutz,

- Kundenanforderungen und bestehende Verträge,

- interne Rahmenbedingungen (z. B. organisationsweites Risikomanagement oder IT-Infrastruktur),

- (IT-gestützte) Geschäftsprozesse und Fachaufgaben und

- globale Bedrohungen der Geschäftstätigkeit durch Sicherheitsrisiken (z. B. Imageschäden, Verstöße gegen Gesetze und vertragliche Verpflichtungen, Diebstahl von Forschungsergebnissen).

Formulierung von Sicherheitszielen und einer Leitlinie zur Informationssicherheit [DOK]

Es müssen Sicherheitsziele festgelegt und strategische Vorgaben gemacht werden, wie die Ziele erreicht werden sollen. Die Kernaussagen werden in einer Leitlinie zur Informationssicherheit (englisch: information security policy oder IT security policy) dokumentiert. Die Sicherheitsleitlinie sollte mindestens Aussagen zu den folgenden Themen enthalten:

- Sicherheitsziele der Behörde oder des Unternehmens,
- Beziehung der Sicherheitsziele zu den Geschäftszielen oder Aufgaben der Institution,
- angestrebtes Sicherheitsniveau,
- Leitaussagen, wie das angestrebte Sicherheitsniveau erreicht werden soll und
- Leitaussagen, ob und wodurch das Sicherheitsniveau nachgewiesen werden soll.

Die Leitlinie wird vom Management verabschiedet und in der Institution bekannt gegeben.

Aufbau einer Informationssicherheitsorganisation [DOK]

Zur Planung einer Informationssicherheitsorganisation gehört die Festlegung von Organisationsstrukturen (z. B. Abteilungen, Gruppen, Kompetenzzentren) und die Definition von Rollen und Aufgaben. Es muss ein für Informationssicherheit verantwortlicher Manager der obersten Leitungsebene benannt werden, z. B. ein Mitglied der Geschäftsführung. Außerdem muss mindestens ein IT-Sicherheitsbeauftragter benannt werden. Dieser muss regelmäßig und unabhängig der obersten Leitungsebene berichten können.

7.2   Umsetzung der Leitlinie zur Informationssicherheit

Um die gesetzten Sicherheitsziele zu erreichen, muss ein Sicherheitskonzept erstellt werden. Zur besseren Übersichtlichkeit wird in einem eigenen Kapitel dargestellt, wie ein Sicherheitskonzept geplant, umgesetzt und das Informationssicherheitsniveau aufrechterhalten und verbessert werden kann. Die Ergebnisse der Überprüfung der Sicherheitsmaßnahmen gehen dann in die Erfolgskontrolle des Sicherheitsprozesses ein und werden von der Leitungsebene bewertet.

7.3   Erfolgskontrolle im Sicherheitsprozess

Eine Erfolgskontrolle und Bewertung des Sicherheitsprozesses durch die Leitungsebene sollte regelmäßig stattfinden (Managementbewertung). Bei Bedarf (z. B. bei der Häufung von Sicherheits-vorfällen oder gravierenden Änderung der Rahmenbedingungen) muss auch zwischen den Routineterminen getagt werden. Alle Ergebnisse und Beschlüsse müssen nachvollziehbar dokumentiert werden [DOK].

Bei der Diskussion sollten unter anderem folgende Fragen betrachtet werden:

- Haben sich Rahmenbedingungen geändert, die dazu führen, dass das Vorgehen in Bezug auf Informationssicherheit geändert werden muss?

- Sind die Sicherheitsziele noch angemessen?

- Ist die Leitlinie zur Informationssicherheit noch aktuell?

Der Schwerpunkt bei der Erfolgskontrolle des Sicherheitsprozesses liegt dabei nicht auf der Über-prüfung einzelner Sicherheitsmaßnahmen oder organisatorischer Regelungen, sondern auf einer Gesamtbetrachtung. Beispielsweise könnte sich der sichere Betrieb eines Internetportals als zu teuer für ein kleines Unternehmen herausstellen. Die Leitungsebene könnte dann als Alternative einen Dienstleister mit der Betreuung des Portals beauftragen.

Hierbei ist es hilfreich zu prüfen, wie sich das Sicherheitskonzept und die Informationssicherheitsorganisation bisher bewährt haben. Im Kapitel zum Sicherheitskonzept werden verschiedene Aktivitäten für die Erfolgskontrolle einzelner Sicherheitsmaßnahmen beschrieben. Die dort gesammelten Ergebnisse sollten bei der Erfolgskontrolle der Sicherheitsstrategie berücksichtigt werden. Stellt sich z. B. heraus, dass die Sicherheitsmaßnahmen unwirksam oder ausgesprochen teuer sind, kann dies ein Anlass sein, die gesamte Sicherheitsstrategie zu überdenken und anzupassen. Folgende Fragen sollten gestellt werden:

- Ist die Sicherheitsstrategie noch angemessen?

- Ist das Sicherheitskonzept geeignet, um die gesteckten Ziele zu erreichen? Werden z. B. die gesetzlichen Anforderungen erfüllt?

- Ist die Informationssicherheitsorganisation geeignet, um die Ziele zu erreichen? Muss deren Position in der Institution gestärkt werden oder sie stärker in interne Abläufe eingebunden werden?

- Steht der Aufwand - also Kosten, Personal, Material -, der zur Erreichung der Sicherheitsziele betrieben wird, in einem sinnvollen Verhältnis zum Nutzen für die Institution?

Die Ergebnisse der Erfolgskontrolle müssen konsequent zu angemessenen Korrekturen genutzt werden. Dies kann bedeuten, dass die Sicherheitsziele, die Sicherheitsstrategie oder das Sicherheitskonzept geändert werden müssen und die Informationssicherheitsorganisation den Erfordernissen angepasst werden muss. Unter Umständen ist es sinnvoll, grundlegende Änderungen an Geschäftsprozessen oder der IT-Landschaft vorzunehmen oder Geschäftsprozesse aufzugeben oder auszulagern, wenn z. B. der sichere Betrieb mit den zur Verfügung stehenden Ressourcen nicht gewährleistet werden kann. Wenn größere Veränderungen vorgenommen und umfangreiche Verbesserungen umgesetzt werden, schließt sich der Management-Kreislauf wieder durch erneuten Beginn der Planungsphase.

8   Sicherheitskonzept

8.1   Erstellung des Sicherheitskonzepts

Um die Informationssicherheitsziele zu erfüllen und das angestrebte Sicherheitsniveau zu erreichen, muss zunächst verstanden werden, wie die Erfüllung von Aufgaben und Geschäftsprozessen von der Vertraulichkeit, Integrität und Verfügbarkeit von Informationen abhängt. Dazu muss auch betrachtet werden, durch welche Schadensursachen wie höhere Gewalt, organisatorische Mängel, menschliche Fehlhandlungen oder auch IT-Risiken Geschäftsprozesse bedroht werden. Danach muss entschieden werden, wie mit diesen Risiken umgegangen werden soll. Im Einzelnen sind folgende Teilschritte notwendig:

Auswahl einer Methode zur Risikobewertung [DOK]

Mögliche Schäden für die Geschäftstätigkeit und Aufgaben einer Institution durch Sicherheitsvorfälle müssen analysiert und bewertet werden. Eine Methode zur Risikobewertung ist daher Bestandteil jedes Managementsystems für Informationssicherheit. Um ein Risiko bestimmen zu können, müssen die Bedrohungen ermittelt und deren Schadenspotential und Eintrittswahrscheinlichkeit bewertet werden. Je nach Anwendungsfall, organisatorischen Randbedingungen, Branchenzugehörigkeit sowie angestrebtem Sicherheitsniveau kommen unterschiedliche Methoden zur Risikobewertung in Frage. Das Informationssicherheitsmanagement muss eine Methode auswählen, die für die Art und Größe der Institution angemessen ist. Die Methodenwahl beeinflusst entscheidend den Arbeitsaufwand für die Erstellung des Sicherheitskonzepts.

Verschiedene Arten der Risikobewertung sind in der Norm ISO/IEC 27005 beschrieben. Das BSI hat hieraus abgeleitet ebenfalls mehrere Methoden entwickelt und in der Praxis erprobt. In der IT-Grundschutz-Vorgehensweise wird dabei eine sehr praxisnahe Methode der Risikobewertung beschrieben, die mit Hilfe der IT-Grundschutz-Kataloge umgesetzt werden kann. Ergänzt wird dieser Ansatz durch den BSI-Standard 100-3 "Risikoanalyse basierend auf IT-Grundschutz".

Die Anwendung von IT-Grundschutz oder anderer Best-Practice-Ansätze hat den Vorteil, dass der eigene Arbeitsaufwand deutlich reduziert wird, weil die Autoren bereits eine konkrete Methode beschreiben und geeignete Sicherheitsmaßnahmen vorschlagen.

8   Sicherheitskonzept

Abbildung 6: Überblick über den Lebenszyklus eines Sicherheitskonzepts

Klassifikation von Risiken bzw. Schäden [DOK]

Das Informationssicherheitsmanagement muss in Abhängigkeit der gewählten Methode zur Risikobewertung festlegen, wie Bedrohungen, Schadenspotentiale, Eintrittswahrscheinlichkeiten und die daraus resultierenden Risiken klassifiziert und bewertet werden.

Es ist allerdings schwierig, aufwendig und zudem fehleranfällig, für Schäden und Eintrittswahrscheinlichkeiten individuelle Werte zu ermitteln. Es empfiehlt sich, nicht zu viel Zeit in die aufwendige (und fehlerträchtige) exakte Bestimmung von Eintrittswahrscheinlichkeiten und möglichen Schäden zu stecken. In den meisten Fällen ist es praktikabler, sowohl für die Eintrittswahrscheinlichkeit als auch für die potentielle Schadenshöhe mit Kategorien zu arbeiten. Hierbei sollten nicht mehr als 3 bis 5 Kategorien verwendet werden, z. B.

- Eintrittswahrscheinlichkeit: selten, häufig, sehr häufig

- Potentielle Schadenshöhe: mittel, hoch, sehr hoch

Nachdem solche Kategorien in geeigneter Weise in der Institution definiert wurden, können diese als Grundlage für eine qualitative Risikobetrachtung verwendet werden.

Risikobewertung [DOK]

Jede Risikobewertung muss die folgenden Schritte umfassen:

- Die zu schützenden Informationen und Geschäftsprozesse müssen identifiziert werden.

- Alle relevanten Bedrohungen für die zu schützenden Informationen und Geschäftsprozesse müssen identifiziert werden.

- Schwachstellen, durch die die Bedrohungen wirken könnten, müssen identifiziert werden.

- Die möglichen Schäden durch Verlust von Vertraulichkeit, Integrität oder Verfügbarkeit müssen identifiziert und bewertet werden.

- Die anzunehmenden Auswirkungen auf die Geschäftstätigkeit oder die Aufgabenerfüllung durch Sicherheitsvorfälle müssen analysiert werden.

- Das Risiko, durch Sicherheitsvorfälle Schäden zu erleiden, muss bewertet werden.

Die hier verwendeten Begriffe "Bedrohung", "Schwachstelle" und "Risiko" werden im Glossar der IT-Grundschutz-Kataloge definiert.

Entwicklung einer Strategie zur Behandlung von Risiken [DOK]

Die oberste Leitungsebene muss vorgeben, wie die erkannten Risiken behandelt werden sollen. Diese müssen dafür vom Informationssicherheitsmanagement entsprechend aufbereitet werden. Dazu gibt es folgende Optionen:

- Risiken können vermindert werden, indem adäquate Sicherheitsmaßnahmen ergriffen werden.

- Risiken können vermieden werden, z. B. indem Geschäftsprozesse oder Fachaufgaben umstrukturiert oder aufgegeben werden.

- Risiken können übertragen werden, z. B. durch Outsourcing oder Versicherungen.

- Risiken können akzeptiert werden.

Die Art des Umgangs mit Risiken muss dokumentiert und von der obersten Leitungsebene genehmigt werden. Die notwendigen Ressourcen zur Umsetzung der Strategie müssen geplant und zur Verfügung gestellt werden.

Bei der Ausgestaltung der Strategie ist neben den Kosten das verbleibende Restrisiko ein wesentliches Entscheidungskriterium, das von der Leitungsebene berücksichtigt werden muss. Das Restrisiko muss daher bewertet und ebenfalls dokumentiert werden.

Auswahl von Sicherheitsmaßnahmen [DOK]

Aus den allgemeinen Sicherheitszielen und Sicherheitsanforderungen, die die Leitungsebene vorgegeben hat, leiten sich konkrete Sicherheitsmaßnahmen ab. Bei der Auswahl von Sicherheitsmaßnahmen sind neben den Auswirkungen auf das Sicherheitsniveau auch Kosten-Nutzen-Aspekte und die Praxistauglichkeit zu beachten.

Neben technischen Sicherheitsmaßnahmen müssen auch organisatorische Abläufe und Prozesse (wie Benutzerrichtlinien, Rechtevergaben, Sicherheitsschulungen, Test- und Freigabeverfahren) eingerichtet werden. Es müssen dabei unter anderem die folgenden Themen geregelt werden:

- Organisation (inklusive Festlegung von Zuständigkeiten, Aufgabenverteilung und Funktionstrennung, Regelung des Umgangs mit Informationen, Anwendungen und IT-Komponenten, Hard- und Software-Management, Änderungsmanagement etc.),

- Personal (z. B. Einweisung neuer Mitarbeiter, Vertretungsregelungen etc.),

- Schulung und Sensibilisierung zur Informationssicherheit,

- Datensicherung (für alle Informationen, Anwendungen und IT-Komponenten),

- Datenschutz,

- Computer-Virenschutz,

- Schutz von Informationen bei Verarbeitung, Übertragung und Speicherung (z. B. durch Einsatz von Kryptographie),

- Hard- und Softwareentwicklung,

- Verhalten bei Sicherheitsvorfällen (englisch: incident handling),

- Notfallvorsorge und Aufrechterhaltung der Geschäftstätigkeit im Notfall (englisch: business continuity) und

- Outsourcing.

Es muss nachvollziehbar dokumentiert sein, warum die ausgewählten Maßnahmen geeignet sind, die Sicherheitsziele und -anforderungen zu erreichen.

8.2 Umsetzung des Sicherheitskonzepts

Nach der Auswahl von Sicherheitsmaßnahmen müssen diese nach einem Realisierungsplan umgesetzt werden. Bei der Umsetzung sollten die folgenden Schritte eingehalten werden:

Erstellung eines Realisierungsplans für das Sicherheitskonzept [DOK]

Ein Realisierungsplan muss folgende Themen enthalten:

- Festlegung von Prioritäten (Umsetzungsreihenfolge),

- Festlegung von Verantwortlichkeiten für Initiierung,

- Bereitstellung von Ressourcen durch das Management und

- Umsetzungsplanung einzelner Maßnahmen (Festlegung von Terminen, Kosten sowie Festlegung von Verantwortlichen für die Realisierung und von Verantwortlichen für die Kontrolle der Umsetzung bzw. der Effektivität von Maßnahmen).

Umsetzung der Sicherheitsmaßnahmen

Die geplanten Sicherheitsmaßnahmen müssen gemäß des Realisierungsplans umgesetzt werden. Informationssicherheit muss dabei in die organisationsweiten Abläufe und Prozesse integriert werden. Falls sich bei der Umsetzung Schwierigkeiten ergeben, sollten diese sofort kommuniziert werden, damit überlegt werden kann, wie diese behoben werden können. Als typische Lösungswege können beispielsweise sowohl Kommunikationswege oder Rechtezuweisungen geändert als auch technische Verfahren angepasst werden.

Steuerung und Kontrolle der Umsetzung [DOK]

Die Einhaltung der Zielvorgaben muss regelmäßig überprüft werden. Falls Zielvorgaben nicht eingehalten werden können, ist das für Informationssicherheit zuständige Mitglied der Leitungsebene zu informieren, um auf Probleme rechtzeitig reagieren zu können.

8.3 Erfolgskontrolle und Verbesserung des Sicherheitskonzepts

Zur Aufrechterhaltung des Sicherheitsniveaus müssen einerseits die als angemessen identifizierten Sicherheitsmaßnahmen korrekt angewendet werden und andererseits muss das Sicherheitskonzept fortlaufend aktualisiert werden. Darüber hinaus müssen Sicherheitsvorfälle rechtzeitig entdeckt sowie schnell und angemessen auf diese reagiert werden. Es muss regelmäßig eine Erfolgskontrolle des Sicherheitskonzepts durchgeführt werden. Die Effektivität und Effizienz der umgesetzten Maßnahmen sollte im Rahmen von internen Audits überprüft werden. Wenn nicht genügend Ressourcen zur Verfügung stehen, um solche Audits von erfahrenen internen Mitarbeitern durchführen zu lassen, sollten externe Experten mit der Durchführung von Prüfungsaktivitäten beauftragt werden.

Da der Aufwand bei Audits von der Komplexität und Größe des Informationsverbunds abhängt, sind die Prüfanforderungen für kleine Behörden und Unternehmen entsprechend niedriger als für große und komplexe Institutionen und damit normalerweise sehr gut umzusetzen. Ein jährlicher technischer Check von IT-Systemen, eine Durchsicht vorhandener Dokumentationen, um die Aktualität zu prüfen, und ein Workshop, bei dem Probleme und Erfahrungen mit dem Sicherheitskonzept besprochen werden, kann unter Umständen in kleinen Institutionen schon ausreichend sein.

Im Einzelnen sollten die folgenden Aktivitäten durchgeführt werden:

Reaktion auf Änderungen im laufenden Betrieb

Bei Änderungen im laufenden Betrieb (z. B. der Einführung neuer Geschäftsprozesse, Organisationsänderungen oder beim Einsatz neuer IT-Systeme) müssen das Sicherheitskonzept sowie

---

Seite 30   **BSI-Standard 100-1: Managementsysteme für Informationssicherheit (ISMS)**

die damit verbundenen Dokumente (wie auch die Liste der Zuständigkeiten oder der IT-Systeme) aktualisiert werden.

Detektion von Sicherheitsvorfällen im laufenden Betrieb [DOK]

Es müssen Maßnahmen umgesetzt sein, die es erlauben, Fehler in der Informationsverarbeitung (die die Vertraulichkeit, Verfügbarkeit oder Integrität beeinträchtigen können), sicherheitskritische Fehlhandlungen und Sicherheitsvorfälle möglichst zu verhindern, in ihrer Auswirkung zu begrenzen oder zumindest frühzeitig zu bemerken. Zur frühzeitigen Erkennung von Sicherheitsproblemen können beispielsweise Tools zu Systemüberwachungen, Integritätsprüfungen, Protokollierung von Zugriffen, Aktionen oder Fehlern, Kontrolle des Zutritts zu Gebäuden und Räumen oder Brand-, Wasser- bzw. Klimasensoren beitragen.

Die Aufzeichnungen und Protokolle der Detektionsmaßnahmen müssen regelmäßig ausgewertet werden.

Überprüfung der Einhaltung von Vorgaben [DOK]

Es muss regelmäßig geprüft werden, ob alle Sicherheitsmaßnahmen wie im Sicherheitskonzept vorgesehen angewendet und durchgeführt werden. Hierbei müssen sowohl die Einhaltung der technischen Sicherheitsmaßnahmen (z. B. hinsichtlich der Konfiguration) als auch die der organisatorischen Regelungen (z. B. Prozesse, Verfahren und Abläufe) kontrolliert werden. Es sollte auch überprüft werden, ob die notwendigen Ressourcen zur korrekten Umsetzung der Maßnahmen zur Verfügung stehen und alle Personen, denen bestimmte Rollen zur Umsetzung von Sicherheitsmaßnahmen zugewiesen wurden, ihren Verpflichtungen nachkommen.

Überprüfung der Eignung und Wirksamkeit von Sicherheitsmaßnahmen [DOK]

Es muss regelmäßig geprüft werden, ob die Sicherheitsmaßnahmen geeignet sind, die gesetzten Sicherheitsziele zu erreichen. Zur Überprüfung auf ihre Eignung können z. B. zurückliegende Sicherheitsvorfälle ausgewertet, Mitarbeiter befragt oder Penetrationstests durchgeführt werden. Dazu gehört es auch, relevante Entwicklungen im Umfeld der Geschäftsprozesse oder Fachaufgaben des Unternehmens oder der Behörde zu verfolgen. Beispielsweise können sich technische oder regulatorische Rahmenbedingungen geändert haben. Um sich auf dem aktuellen Stand zu halten, sollten die Sicherheitsverantwortlichen beispielsweise externe Wissensquellen nutzen, Fachkonferenzen besuchen sowie Standards und Fachliteratur und Informationen aus dem Internet auswerten. Wenn intern nicht das erforderliche Wissen oder die Zeit dazu vorhanden ist, sollten externe Experten hinzugezogen werden.

In diesem Zusammenhang ist es sinnvoll, zu hinterfragen, ob die eingesetzten Sicherheitsmaßnahmen effizient sind oder die Sicherheitsziele mit anderen Maßnahmen ressourcenschonender erreicht werden könnten. Dabei ist auch zu prüfen, ob Prozesse und organisatorische Regelungen praxistauglich und effizient sind. Häufig ergibt sich hieraus die Gelegenheit, notwendige Organisationsverbesserungen und Restrukturierungen vorzunehmen.

Managementbewertungen

Die Leitungsebene muss vom Informationssicherheitsmanagement regelmäßig in angemessener Form über die Ergebnisse der Überprüfungen informiert werden. Dabei sollten Probleme, Erfolge und Verbesserungsmöglichkeiten aufgezeigt werden.

Die Management-Berichte müssen alle für die Leitungsebene notwendigen Informationen zur Steuerung des Sicherheitsprozesses beinhalten. Solche Informationen sind beispielsweise:

- Übersicht über den aktuellen Status im Sicherheitsprozess,

- Begutachtung von Folgemaßnahmen vorangegangener Managementbewertungen,

- Rückmeldungen von Kunden und Mitarbeitern und

- Überblick über neu aufgetretene Bedrohungen und Sicherheitslücken.

8   Sicherheitskonzept

Die Leitungsebene nimmt die Management-Berichte zur Kenntnis und trifft die notwendigen Entscheidungen, wie beispielsweise zur Verbesserung des Sicherheitsprozesses, zum Ressourcenbedarf sowie zu den Ergebnissen von Sicherheitsanalysen (z. B. Minimierung, Übernahme oder Akzeptanz von Risiken).

Die regelmäßige Erfolgskontrolle des Sicherheitsprozesses dient dazu, erkannte Fehler und Schwachstellen abzustellen und die Sicherheitsmaßnahmen in Bezug auf Effizienz zu optimieren.

Die Aktivitäten sollten sich dabei nicht auf technische Maßnahmen beschränken. Unter Umständen ist es notwendig, die Mitarbeiter zu schulen und zu sensibilisieren. Ein wichtiger Punkt ist auch die Verbesserung der Praxistauglichkeit von technischen Maßnahmen und organisatorischen Abläufen, um die Akzeptanz der Sicherheitsmaßnahmen zu erhöhen.

9   Das ISMS des BSI: IT-Grundschutz

9.1   Einleitung

Die Beschreibungen eines Managementsystems für Informationssicherheit sind in diesem Dokument und auch in den ISO-Standards 27000, 27001 und 27002 sehr generisch gehalten und geben lediglich einen Rahmen vor. In der Praxis besteht daher ein großer Gestaltungsspielraum bei der praktischen Umsetzung der generischen Vorgaben. Die große Herausforderung besteht darin, in der eigenen Institution ein ISMS zu etablieren, das nicht nur hilft, die gesteckten Sicherheitsziele zu erreichen, sondern auch noch möglichst kostengünstig und wirtschaftlich ist.

Dabei ist die Frage, wie ein Sicherheitskonzept für die Institution zu erstellen ist, meist am schwierigsten zu lösen. Die zentralen Arbeitsschritte bei der Erstellung eines Sicherheitskonzepts sind dabei die Risikobewertung und die Auswahl der richtigen Sicherheitsmaßnahmen. Der Wahl der Methode zur Risikobewertung kommt dabei eine besondere Bedeutung zu, da die Methodenwahl den Arbeitsaufwand für die Erstellung des Sicherheitskonzepts entscheidend beeinflusst. Die Vorgehensweise nach IT-Grundschutz beschreibt eine Methode, die für die meisten Anwendungsfälle geeignet ist. Sie ist dabei im Vergleich zur klassischen quantitativen Risikoanalyse weitaus kostengünstiger sowie seit vielen Jahren praxiserprobt. Als Mehrwert wird in der IT-Grundschutz-Vorgehensweise nicht nur beschrieben, wie ein ISMS grundsätzlich funktioniert, sondern zusammen mit den IT-Grundschutz-Katalogen wird auch geschildert, wie die Umsetzung von konkreten Maßnahmen in der Praxis aussehen kann.

Dieses Kapitel gibt eine Einführung in die wesentlichen Elemente der IT-Grundschutz-Vorgehensweise und zeigt auf, dass ein Vorgehen nach IT-Grundschutz vollständig kompatibel zum Standard ISO 27001 ([27001]) ist. Eine ausführliche Darstellung der Vorgehensweise nach IT-Grundschutz ist im BSI-Standard 100-2 ([BSI2]) enthalten.

Die IT-Grundschutz-Vorgehensweise beschreibt einen Anwendungsansatz für die Etablierung und Aufrechterhaltung eines Managementsystems für Informationssicherheit basierend auf der IT-Grundschutz-Methodik und den IT-Grundschutz-Katalogen. Dort werden die hier erwähnten Themen ausführlicher und praxisbezogener dargestellt als im vorliegenden Dokument. Jeder Baustein der IT-Grundschutz-Kataloge folgt zudem einem Lebenszyklus-Modell und enthält spezielle Maßnahmen von der Planung bis zur Aussonderung.

9.2   Der Sicherheitsprozess nach IT-Grundschutz

Alle gängigen Methoden, Best-Practice-Beispiele und Standards zum Management von Informationssicherheit unterscheiden sich kaum in den Ausführungen, die sich mit dem Sicherheitsprozess oder den Aufgaben des leitenden Managements beschäftigen. Die größten Unterschiede bestehen in der Art und Weise, wie ein Sicherheitskonzept konkret erstellt wird, also bei der Ausgestaltung der Risikobewertung und der Auswahl der Sicherheitsmaßnahmen. Aus diesem Grund wird an dieser Stelle das grundsätzliche Vorgehen bei der Erstellung eines Sicherheitskonzeptes nach IT-Grundschutz dargestellt.

9.2.1 Risikobewertung

Risikobewertung in der Informationssicherheit

Eine Risikobewertung in der Informationssicherheit unterscheidet sich in wesentlichen Punkten von klassischen Methoden der Versicherungsmathematik oder des Controllings. Die exakte Berechnung von Schadenshöhen und Eintrittswahrscheinlichkeiten bei einer "klassischen" oder quantitativen Risikoanalyse ist meistens nicht möglich, da geeignetes Zahlenmaterial fehlt. Selbst wenn eine Berechnung möglich ist, bleibt die Interpretation der Ergebnisse sehr schwierig.

Beispiel: Bei der klassischen Risikoanalyse berechnet sich das Risiko aus der Schadenshöhe multipliziert mit der Eintrittswahrscheinlichkeit. Wenn also die Zerstörung eines Rechenzentrums durch einen Flugzeugabsturz 20 Millionen Euro kostet und statistisch einmal in 20.000 Jahren passiert, beträgt das theoretische Risiko 1.000 Euro pro Jahr. Das gleiche Risiko ergibt sich, wenn der Schaden bei Diebstahl eines Notebooks (ohne Datenverlust) mit 2.000 Euro angesetzt wird und dieser rechnerisch einmal in zwei Jahren eintritt. Obwohl das Risiko rein rechnerisch im Wert übereinstimmt, müssen diese beiden Schadensszenarien im Rahmen des Risikomanagements völlig unterschiedlich behandelt werden.

Für viele Szenarien fehlen zudem ausreichende Erfahrungswerte, um die Eintrittswahrscheinlichkeiten fundiert bestimmen zu können, beispielsweise weil neue Technologien eingesetzt werden bzw. wenig fundiertes Basismaterial vorhanden ist. Selbst wenn genügend Daten vorliegen, um Eintrittswahrscheinlichkeiten und Schadenshöhen bestimmter Schadensereignisse einigermaßen seriös bestimmen zu können, ist die Erstellung eines Sicherheitskonzepts auf Basis einer klassischen Risikoanalyse extrem aufwendig und teuer. Eine individuelle Analyse von Schwachstellen für alle wesentlichen Geschäftsprozesse und der damit verknüpften IT-Komponenten und die Zusammenstellung der möglichen Schadensereignisse mit Zuordnung der Parameter Eintrittswahrscheinlichkeit und Schadensausmaß erfordern ein fundiertes Fachwissen und die Verarbeitung großer Datenmengen.

In der Vorgehensweise nach IT-Grundschutz ist daher bereits eine qualitative Methode zur Risikobewertung enthalten, die die notwendigen Informationen zur Beurteilung von geschäftsschädigenden Sicherheitsvorfällen liefert. Bei der Vorgehensweise nach IT-Grundschutz wird davon ausgegangen, dass unabhängig von der Art und Ausrichtung einer Institution überall geschäftsrelevante Informationen sicher verarbeitet werden müssen, gängige und damit verwandte IT-Systeme eingesetzt werden und vergleichbare Umfeldbedingungen existieren. Damit liegen meistens vergleichbare Bedrohungen vor. Die Sicherheitsanforderungen der Geschäftsprozesse und Fachanwendungen sind zwar individuell und können unterschiedlich sein, in der Praxis führen sie jedoch meist zu ähnlichen und vergleichbaren Sicherheitsanforderungen.

Das BSI analysiert für die Vorgehensweise nach IT-Grundschutz in den IT-Grundschutz-Katalogen Schwachstellen und Bedrohungen für typische Einsatzfelder und Komponenten und ermittelt daraus die resultierenden Gefährdungen. Es werden nur solche Gefährdungen betrachtet, die nach sorgfältiger Analyse eine so hohe Eintrittswahrscheinlichkeit oder so einschneidende Auswirkungen haben, dass Sicherheitsmaßnahmen ergriffen werden müssen. Typische Gefährdungen, gegen die sich jeder schützen muss, sind z. B. Schäden durch Feuer, Einbrecher, Computer-Viren oder Hardware-Defekte. Dieser Ansatz hat den Vorteil, dass Anwender des IT-Grundschutzes für einen Großteil des Informationsverbundes keine Bedrohungs- und Schwachstellenanalyse durchführen oder Eintrittswahrscheinlichkeiten berechnen müssen, weil ihnen damit eine staatliche Stelle diese Arbeit abgenommen hat.

Auf Basis der ermittelten Gefährdungen beschreiben die IT-Grundschutz-Kataloge bewährte technische, infrastrukturelle, personelle und organisatorische Standard-Sicherheitsmaßnahmen für typische Objekte.

Für Informationen und Geschäftsprozesse mit einem hohen oder sehr hohen Schutzbedarf oder für Einsatzumgebungen, die im IT-Grundschutz nicht behandelt werden, muss eine ergänzende Sicherheitsanalyse und gegebenenfalls eine Risikoanalyse durchgeführt werden. Eine vereinfachte Risikoanalyse nach der IT-Grundschutz-Methodik wird in [BSI3] beschrieben.

Sowohl die Risikobewertung nach IT-Grundschutz als auch die in [BSI3] dargestellte Risikoanalyse sind deutlich einfacher und kostengünstiger als eine quantitative Risikoanalyse. Die Risikobewertung nach IT-Grundschutz bietet zudem den Vorteil, dass auch Institutionen aus den verschiedensten Branchen, die nach dieser Methode vorgehen, eine gemeinsame und klar definierte Grundlage für ihre Risikobewertung vorweisen können.

Klassifikation von Risiken

Die allgemeine Anforderung, Risiken zu klassifizieren, wird im IT-Grundschutz in folgenden Schritten durchgeführt:

1.   Orientierung an Schadensszenarien

Um Schäden und negative Auswirkungen von Sicherheitsvorfällen möglichst anschaulich zu beschreiben, sollten verschiedene Schadensszenarien betrachtet werden, z. B.:

- Verstöße gegen Gesetze, Vorschriften oder Verträge,
- Beeinträchtigung des informationellen Selbstbestimmungsrechts,
- Beeinträchtigung der persönlichen Unversehrtheit,
- Beeinträchtigung der Aufgabenerfüllung,
- negative Innen- oder Außenwirkung und
- finanzielle Auswirkungen.

Beim Durchspielen der Szenarien sollte dabei untersucht werden, welche Schäden beim Verlust von Vertraulichkeit, Integrität oder Verfügbarkeit entstehen können.

Beispielsweise sollte für das Szenario "Verstoß gegen Gesetze" unter anderem erörtert werden, welche Daten aufgrund gesetzlicher Auflagen vertraulich behandelt werden müssen und welche Konsequenzen ein fahrlässiger Verstoß gegen diese Auflagen hätte.

2.   Klassifizierung von Schäden: Definition von Schutzbedarfskategorien

Meist ist eine exakte Berechnung von potentiellen Schäden nicht sinnvoll oder sogar unmöglich und für die Auswahl geeigneter Sicherheitsmaßnahmen auch nicht nötig. Daher empfiehlt sich eine Einteilung von Schäden in wenige Klassen. Der Versuch einer "exakten" Schadensberechnung gefährdet in vielen Fällen sogar die Sicherheit, da eine nicht zutreffende Genauigkeit suggeriert wird und die Verantwortlichen dadurch nur von einer "Scheinsicherheit" ausgehen.

Ausgehend von möglichen Schäden werden im Rahmen des IT-Grundschutzes drei Schutzbedarfskategorien definiert, in die später die Schutzobjekte (z. B. IT-Systeme) eingeordnet werden:

"normaler Schutzbedarf":   Die Schadensauswirkungen sind begrenzt und überschaubar.

"hoher Schutzbedarf":   Die Schadensauswirkungen können beträchtlich sein.

"sehr hoher Schutzbedarf":   Die Schadensauswirkungen können ein existentiell bedrohliches, katastrophales Ausmaß erreichen.

Jede Institution muss für jedes Schadensszenario individuell festgelegen, wie "normal", "hoch" und "sehr hoch" zu interpretieren sind, welche Rahmenbedingungen für die Einteilung in die Schutzbedarfskategorien also zugrunde zu legen sind. Da dies unmittelbare Auswirkungen auf den Umgang mit Risiken und den Bedarf an Ressourcen hat, muss diese Festlegung durch die oberste Leitungsebene der Institution erfolgen. Die Festlegung der Schutzbedarfskategorien kann je nach Art und Größe der Institution sehr unterschiedlich sein und nur die oberste Leitungsebene kann diese in Zusammenarbeit mit dem Sicherheitsmanagement konkret festlegen. Das BSI kann daher nur Beispiele für entsprechende Werte nennen, die an die jeweiligen Bedingungen anzupassen sind.

Beispiel für die Klassifizierung finanzieller Schäden:

Ein normaler Schutzbedarf ist gegeben, wenn ein finanzieller Schaden für die Institution tolerabel ist. Bei einem kleinen Betrieb kann dies bedeuten, dass durch Sicherheitsvorfälle keine Schäden über 10.000 Euro entstehen dürfen. Ein hoher Schutzbedarf besteht, wenn ein Schaden beachtliche finanzielle Verluste nach sich zieht, jedoch nicht existenzbedrohend ist. Bei einem kleinen Betrieb kann dies zwischen 10.000 Euro und 100.000 Euro bedeuten. Ein sehr hoher Schutzbedarf liegt dann vor, wenn der finanzielle Schaden für die Institution existenzbedrohend ist. Bei einem kleinen Betrieb könnte dies bereits bei einem Schadenspotential von über 100.000 Euro gegeben sein. Bei einer großen Geschäftsbank ergeben sich hier natürlich andere Werte.

Risikobewertung

1.   Strukturanalyse: Identifikation von Schutzobjekten [DOK]

9   Das ISMS des BSI: IT-Grundschutz

Im Rahmen der Strukturanalyse werden die für den betrachteten Informationsverbund, also Geltungsbereich oder Geschäftsprozess, relevanten Schutzobjekte wie Informationen, Anwendungen, IT-Systeme, Netze, Räume und Gebäude, aber auch zuständige Mitarbeiter ermittelt.

Bei der Strukturanalyse müssen zusätzlich die Beziehungen und Abhängigkeiten zwischen den einzelnen Schutzobjekten dargestellt werden. Die Erfassung von Abhängigkeiten dient vor allem dazu, die Auswirkungen von Sicherheitsvorfällen auf die Geschäftstätigkeit zu erkennen, um dann angemessen reagieren zu können.

Beispiel: Wenn der "Server xy" von einem Sicherheitsvorfall betroffen wird, muss schnell erkannt werden, welche Anwendungen oder Geschäftsprozesse davon betroffen sind.

2.   Schutzbedarfsfeststellung: Auswirkungen von Sicherheitsvorfällen auf die betrachteten Geschäftsprozesse analysieren

Für jeden bei der Strukturanalyse ermittelten Wert wird das Maß an Schutzbedürftigkeit bestimmt.

Beispiel: Kann der Ausfall eines IT-Systems einen hohen Schaden verursachen, ist der ermittelte Wert hoch, da das IT-System einen dementsprechend hohen Schutzbedarf hat.

Zuerst muss dazu der Schutzbedarf der Geschäftsprozesse ermittelt werden. Anschließend kann darauf aufbauend der Schutzbedarf der Anwendungen bestimmt werden, die bei der Strukturanalyse erfasst wurden. Dabei muss berücksichtigt werden, welche Informationen mit diesen Anwendungen verarbeitet werden. In den allermeisten Institutionen reicht es an dieser Stelle aus, sehr wenige Informationsgruppen zu betrachten. Beispiele hierfür sind Kundendaten, öffentlich zugängliche Informationen (z. B. Adresse, Öffnungszeiten) oder strategische Daten für die Geschäftsführung. Danach wird betrachtet, welche Informationen wo und mit welchen IT-Systemen verarbeitet werden, um die Geschäftsprozesse erfüllen zu können.

Der Schutzbedarf der Anwendungen überträgt sich auf die IT-Systeme, die die jeweiligen Anwendungen unterstützen. Der Schutzbedarf der Räume leitet sich aus dem Schutzbedarf der Anwendungen und IT-Systeme, die dort betrieben werden, ab.

Beispiel: Der Geschäftsprozess Kundendatenverwaltung ist essentiell für die Aufrechterhaltung des Geschäftsbetriebs. Dieser Geschäftsprozess läuft auf dem Server xy, der damit einen hohen Schutzbedarf hat. Der Raum, in dem der Server untergebracht ist, hat daher auch mindestens einen hohen Schutzbedarf.

3.   Ergänzende Sicherheitsanalyse [DOK]

Die Anwendung der Vorgehensweise nach IT-Grundschutz ermöglicht es, ein Sicherheitsniveau zu schaffen, das für den normalen Schutzbedarf ausreichend und angemessen ist. Wenn der Schutzbedarf für einen bestimmten Bereich (beispielsweise eine Anwendung oder IT-System) höher ist oder wenn für einen Bereich keine IT-Grundschutzmaßnahmen existieren, sollte nach der Umsetzung von IT-Grundschutz eine ergänzende Sicherheitsanalyse durchgeführt werden.

Das BSI hat eine eigene Methode zur Risikoanalyse entwickelt, die auf die Umsetzung von IT-Grundschutz aufbaut. Sie wird in dem BSI-Standard 100-3 [BSI3] beschrieben. Als Methode kann aber auch eine klassische quantitative Risikoanalyse für die betroffenen Bereiche gewählt werden. Wenn nur ein kleiner Bereich der Informationsverarbeitung betroffen ist, ist der Aufwand für eine zusätzliche Risikoanalyse meistens gering. Ist z. B. nur ein spezielles IT-System, für das kein IT-Grundschutz-Baustein vorliegt, betroffen, kann die hierauf beschränkte Beratung durch den Hersteller oder unabhängige Sicherheitsberater in der Regel schon helfen, das Risiko abzuschätzen und geeignete Sicherheitsmaßnahmen auszuwählen.

Die Kombination aus Standard-Sicherheitsmaßnahmen und Risikoanalyse für die Bereiche, deren Schutzbedürftigkeit über normalen Schutzbedarf hinausgeht, ist wesentlich effizienter als eine vollständige quantitative Risikoanalyse. Anschließend müssen dann die jeweils identifizierten Maßnahmen wieder in den restlichen Sicherheitsprozess eingebracht und konsolidiert werden.

9.2.2 Erstellung der Sicherheitskonzeption

Die IT-Grundschutz-Kataloge enthalten Kataloge zu typischen Bausteinen, Gefährdungen und Maßnahmen. In den Bausteinen werden für typische Aufgaben des Informationssicherheitsmanagements und Bereiche des IT-Einsatzes Gefährdungen und Standard-Sicherheitsmaßnahmen beschrieben. Dabei werden jeweils organisatorische, personelle, infrastrukturelle und technische Aspekte der Informationssicherheit betrachtet.

Die IT-Grundschutz-Kataloge beinhalten Bausteine aus folgenden Bereichen:

- Übergeordnete Aspekte der Informationssicherheit (z. B. Organisation, Personal, Notfallvorsorge),

- Sicherheit der Infrastruktur (z. B. Gebäude, Rechenzentrum),

- Sicherheit der IT-Systeme (z. B. Server, Clients, Netzkomponenten),

- Sicherheit im Netz (z. B. Netz- und Systemmanagement) und

- Sicherheit in Anwendungen (z. B. E-Mail).

Nach der Strukturanalyse kann somit der Geschäftsbetrieb mit Hilfe dieser Bausteine modelliert werden. Dabei wird dem betrachteten Geltungsbereich eine Sammlung von relevanten IT-Grundschutz-Bausteinen (Informationsverbund) zugeordnet. Daraus resultiert eine Sammlung an Maßnahmenempfehlungen, die als Grundlage für die Erstellung der Sicherheitskonzeption dienen kann.

Bei den in den IT-Grundschutz-Katalogen enthaltenen Maßnahmen handelt es sich sowohl um konkrete Implementierungshilfen zu den generischen Anforderungen aus ISO 27001 bzw. ISO 27002 als auch um zahlreiche technische Maßnahmen für den sicheren Betrieb von typischen IT-Systemen und Anwendungen. Eine genaue Anleitung zur Auswahl der Bausteine (Modellierung nach Grundschutz) hilft dabei, alle sicherheitsrelevanten Aspekte zu berücksichtigen. Mit dieser Hilfe ist es Unternehmen und Behörden möglich, auch ohne oder mit deutlich weniger Hilfe von externen Beratern die angestrebten Sicherheitsziele zu erreichen.

Bundesamt
für Sicherheit in der
Informationstechnik

BSI-Standard 100-2

IT-Grundschutz-Vorgehensweise

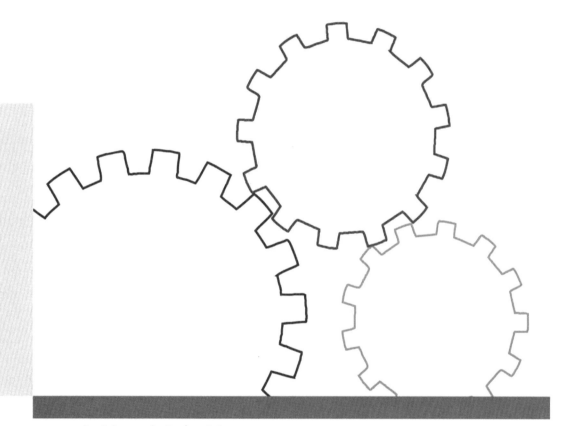

www.bsi.bund.de/gshb

Version 2.0

Inhaltsverzeichnis

1   Einleitung

1   Einleitung

1   Einleitung

1.1 Versionshistorie

Stand	Version	Änderungen
Dezember 2005	1.0	
Mai 2008	2.0	• Stärkere Betonung der Informationssicherheit statt IT-Sicherheit, daher auch verschiedene Begriffe angepasst • Ergänzung von Datenschutz-Aspekten • Anpassungen an Fortschreibung der ISO-Standards • Verbesserte Gliederung • Bei der Strukturanalyse wurde die Reihenfolge der Erfassung geändert. • Klare Trennung der Aufgaben im Sicherheitsprozess in vorbereitende Aufgaben in Kapitel 3 und Umsetzung in Kapiteln 4 bis 6

1.2 Zielsetzung

Das BSI hat mit der Vorgehensweise nach IT-Grundschutz eine Methodik für ein effektives Management der Informationssicherheit entwickelt, die einfach auf die Gegebenheiten einer konkreten Institution angepasst werden kann.

Die in den nächsten Kapiteln beschriebene Methodik baut auf den BSI-Standard 100-1 "Managementsysteme für die Informationssicherheit (ISMS)" (siehe [BSI1]) auf und erläutert die dort vorgestellte Vorgehensweise des IT-Grundschutzes. Ein Managementsystem für die Informationssicherheit (ISMS) ist das geplante und organisierte Vorgehen, um ein angemessenes Sicherheitsniveau für die Informationssicherheit zu erzielen und aufrechtzuerhalten. Zu diesem Zweck wird für jede einzelne Phase, die im BSI-Standard 100-1 beschrieben wird, die vom IT-Grundschutz vorgeschlagene Umsetzung explizit dargestellt.

Der IT-Grundschutz repräsentiert einen Standard für die Etablierung und Aufrechterhaltung eines angemessenen Schutzes aller Informationen einer Institution. Diese vom BSI seit 1994 eingeführte und weiterentwickelte Methode bietet sowohl eine Vorgehensweise für den Aufbau eines Managementsystems für Informationssicherheit als auch eine umfassende Basis für die Risikobewertung, die Überprüfung des vorhandenen Sicherheitsniveaus und die Implementierung der angemessenen Informationssicherheit.

Eines der wichtigsten Ziele des IT-Grundschutzes ist es, den Aufwand im Informationssicherheitsprozess zu reduzieren, indem bekannte Vorgehensweisen zur Verbesserung der Informationssicherheit gebündelt und zur Wiederverwendung angeboten werden. So enthalten die IT-Grundschutz-Kataloge Standard-Gefährdungen und -Sicherheitsmaßnahmen für typische Geschäftsprozesse und IT-Systeme, die nach Bedarf in der eigenen Institution eingesetzt werden können. Durch die geeignete Anwendung der vom IT-Grundschutz empfohlenen organisatorischen, personellen, infrastrukturellen und technischen Standard-Sicherheitsmaßnahmen wird ein Sicherheitsniveau für die betrachteten Geschäftsprozesse erreicht, das für den normalen Schutzbedarf angemessen und ausreichend ist, um geschäftsrelevante Informationen zu schützen. Darüber hinaus bilden die Maßnahmen der IT-Grundschutz-Kataloge nicht nur eine Basis für hochschutzbedürftige IT-Systeme und Anwendungen, sondern liefern an vielen Stellen bereits höherwertige Sicherheit.

1.3 Adressatenkreis

Dieses Dokument richtet sich primär an Sicherheitsverantwortliche, -beauftragte, -experten, -berater und alle Interessierte, die mit dem Management von Informationssicherheit betraut sind. Es bietet aber auch eine sinnvolle Grundlage für IT-Verantwortliche, Führungskräfte und Projektmanager, die dafür Sorge tragen, dass Sicherheitsaspekte in ihrer Institution bzw. in ihren Projekten ausreichend berücksichtigt werden.

Die Vorgehensweise des IT-Grundschutzes richtet sich an Institutionen aller Größen und Arten, die eine kosteneffektive und zielführende Methode zum Aufbau und zur Umsetzung der für sie angemessenen Informationssicherheit benötigen. Der Begriff „Institution" wird in diesem Zusammenhang für Unternehmen, Behörden und sonstige öffentliche oder private Organisationen verwendet. IT-Grundschutz kann hierbei sowohl von kleinen als auch großen Institutionen eingesetzt werden. Dabei sollte aber beachtet werden, dass alle Empfehlungen unter dem Kontext der jeweiligen Institution betrachtet und angemessen umgesetzt werden sollten.

1.4 Anwendungsweise

Im BSI-Standard 100-1 "Managementsysteme für Informationssicherheit" wird beschrieben, mit welchen Methoden Informationssicherheit in einer Institution generell initiiert und gesteuert werden kann. Die Vorgehensweise nach IT-Grundschutz bietet nun konkrete Hilfestellungen, wie ein Managementsystem für die Informationssicherheit Schritt für Schritt eingeführt werden kann. Es wird dabei auf die einzelnen Phasen dieses Prozesses eingegangen und es werden vorbildliche Lösungen aus der Praxis, so genannte "Best Practice"-Ansätze, zur Bewältigung der Aufgaben vorgestellt.

Diese Vorgehensweise bietet ein umfangreiches Gerüst für ein ISMS und muss nur auf die individuellen Rahmenbedingungen einer Institution entsprechend angepasst werden, damit ein geeignetes Managementsystem für die Informationssicherheit aufgebaut werden kann. Für die erfolgreiche Etablierung eines kontinuierlichen und effektiven Prozesses für Informationssicherheit müssen eine ganze Reihe von Aktionen durchgeführt werden. Hierfür bieten die IT-Grundschutz-Vorgehensweise und die IT-Grundschutz-Kataloge Hinweise zur Methodik und praktische Umsetzungshilfen.

Des Weiteren bietet die IT-Grundschutz-Vorgehensweise einen Standard, nach dem eine Institution die Qualität des eigenen ISMS mit Hilfe eines Zertifikates publik machen kann, sowie ein Kriterium, um sich über den Reifegrad der ISMS anderer Institutionen informieren zu können.

Eine Zertifizierung nach ISO 27001 auf der Basis von IT-Grundschutz kann auch als Sicherheitsanforderung für mögliche Kooperationspartner verwendet werden, um das erforderliche Niveau an Informationssicherheit bei dem Partner zu definieren. Auch wenn als Grundlage für das ISMS eine andere Methodik angewendet wird, ist es trotzdem möglich, von der IT-Grundschutz-Vorgehensweise zu profitieren. So bietet der IT-Grundschutz auch Lösungsansätze für verschiedene, die Informationssicherheit betreffende Aufgabenstellungen, beispielsweise für die Erstellung von Konzepten oder die Durchführung von Revisionen und Zertifizierungen im Bereich Informationssicherheit. Abhängig von der vorliegenden Aufgabenstellung sind dabei unterschiedliche Anwendungsweisen des IT-Grundschutzes zweckmäßig, indem beispielsweise einzelne Aspekte davon genutzt werden. Je nach Anwendungsbereich bilden bereits einzelne Bausteine, die Gefährdungs- und Maßnahmen-Kataloge und weitere Hilfsmittel, die der IT-Grundschutz zur Verfügung stellt, hilfreiche Grundlagen für die Arbeit des Sicherheitsmanagements.

Kapitel 2 gibt eine Übersicht der wichtigen Schritte für die Einführung eines ISMS und der Vorgehensweise für die Erstellung einer Sicherheitskonzeption.

In Kapitel 3 wird beschrieben, wie die grundlegende Phase der Initiierung des Informationssicherheitsprozesses aussehen kann und welche Organisationsstrukturen dafür sinnvoll sind. Es wird außerdem ein systematischer Weg aufgezeigt, wie ein funktionierendes Sicherheitsmanagement eingerichtet und im laufenden Betrieb weiterentwickelt werden kann.

1   Einleitung

Kapitel 4 beschreibt die IT-Grundschutz-Vorgehensweise zur Erstellung einer Sicherheitskonzeption. Dabei wird aufgezeigt, wie zunächst die Grundinformationen über einen Informationsverbund erhoben werden und diese durch Gruppenbildung reduziert werden können. Anschließend muss ausgehend von den Geschäftsprozessen der Schutzbedarf für Anwendungen, IT-Systeme, Kommunikationsverbindungen und Räume festgestellt werden. Aus den Empfehlungen der IT-Grundschutz-Kataloge müssen ferner die für den jeweiligen Informationsverbund passenden Bausteine und Maßnahmen ausgewählt, also die Modellierung nach IT-Grundschutz durchgeführt werden. Vor der Realisierung von Sicherheitsmaßnahmen müssen vorhandene und zusätzliche Sicherheitsmaßnahmen, die beispielsweise durch die ergänzende Sicherheitsanalyse und die daran angeschlossene Risikoanalyse auf der Basis von IT-Grundschutz gemäß BSI-Standard 100-3 (siehe [BSI3]) erkannt und definiert wurden, in die IT-Grundschutz-Vorgehensweise integriert werden.

Wie die Umsetzung der erkannten und konsolidierten Sicherheitsmaßnahmen durchgeführt werden sollte, wird anschließend in Kapitel 5 beschrieben.

Die wesentliche Aufgabe eines ISMS ist es, die Aufrechterhaltung der Informationssicherheit zu gewährleisten. Dieses Thema wird im Kapitel 6 angegangen und ergänzend dazu wird die Möglichkeit dargestellt, das erreichte Sicherheitsniveau in Form einer Zertifizierung publik zu machen.

Die IT-Grundschutz-Vorgehensweise, aber vor allem die IT-Grundschutz-Kataloge werden regelmäßig erweitert und an aktuelle Entwicklungen angepasst. Durch den ständigen Erfahrungsaustausch mit Anwendern des IT-Grundschutzes ist eine bedarfsgerechte Weiterentwicklung möglich. Diese Bemühungen zielen letztlich darauf, aktuelle Empfehlungen zu typischen Sicherheitsproblemen aufzeigen zu können.

1.5   Literaturverzeichnis

[BSI1]	Managementsysteme für Informationssicherheit (ISMS), BSI-Standard 100-1, Version 1.5, Mai 2008, www.bsi.bund.de
[BSI2]	IT-Grundschutz-Vorgehensweise, BSI-Standard 100-2, Version 2.0, Mai 2008, www.bsi.bund.de
[BSI3]	Risikoanalyse auf der Basis von IT-Grundschutz, BSI-Standard 100-3, Version 2.5, Mai 2008, www.bsi.bund.de
[GSK]	IT-Grundschutz-Kataloge - Standard-Sicherheitsmaßnahmen, BSI, jährlich neu, http://www.bsi.bund.de/gshb
[SHB]	IT-Sicherheitshandbuch - Handbuch für die sichere Anwendung der Informationstechnik, BSI, Version 1.0 - März 1992, Bundesdruckerei
[OECD]	Organisation for Economic Co-operation and Development (OECD), Guidelines for the Security of Information Systems and Networks, 2002, www.oecd.org/sti/security-privacy
[ZERT]	Zertifizierung nach ISO 27001 auf der Basis von IT-Grundschutz - Prüfschema für ISO 27001-Audits, BSI, Version 1.2, März 2008, www.bsi.bund.de/gshb/zert
[ZERT2]	Zertifizierungsschema für Auditteamleiter für ISO 27001-Audits auf der Basis von IT-Grundschutz, BSI, März 2008, www.bsi.bund.de/gshb/zert
[27000]	ISO/IEC 27000 (3rd CD, 2008) "ISMS – Overview and vocabulary", ISO/IEC JTC1/SC27
[27001]	ISO/IEC 27001:2005 "Information technology - Security techniques - Information security management systems requirements specification", ISO/IEC JTC1/SC27
[27002]	ISO/IEC 27002:2005 "Information technology - Code of practice for information security management", ISO/IEC JTC1/SC27

1   Einleitung

| [27005] | ISO/IEC 27005 (2nd FCD, 2008) "Information security risk management", ISO/IEC JTC1/SC27 |

2   Informationssicherheitsmanagement mit IT-Grundschutz

Informationen sind ein wesentlicher Wert für Unternehmen und Behörden und müssen daher angemessen geschützt werden. Die meisten Informationen werden heutzutage zumindest teilweise mit Informationstechnik (IT) erstellt, gespeichert, transportiert oder weiterverarbeitet. Moderne Geschäftsprozesse sind heute in Wirtschaft und Verwaltung ohne IT-Unterstützung längst nicht mehr vorstellbar. Eine zuverlässig funktionierende Informationsverarbeitung ist für die Aufrechterhaltung des Betriebes unerlässlich. Unzureichend geschützte Informationen stellen einen häufig unterschätzten Risikofaktor dar, der für manche Institution existenzbedrohend sein kann. Dabei ist ein vernünftiger Informationsschutz ebenso wie eine Grundsicherung der IT schon mit verhältnismäßig geringen Mitteln zu erreichen.

Um zu einem bedarfsgerechten Sicherheitsniveau für alle Geschäftsprozesse, Informationen und auch der IT-Systeme einer Institution zu kommen, ist allerdings mehr als das bloße Anschaffen von Antivirensoftware, Firewalls oder Datensicherungssystemen notwendig. Ein ganzheitliches Konzept ist wichtig. Dazu gehört vor allem ein funktionierendes und in die Institution integriertes Sicherheitsmanagement. Informationssicherheitsmanagement (oder kurz IS-Management) ist jener Teil des allgemeinen Risikomanagements, der die Vertraulichkeit, Integrität und Verfügbarkeit von Informationen, Anwendungen und IT-Systemen gewährleisten soll. Dabei handelt es sich um einen kontinuierlichen Prozess, dessen Strategien und Konzepte ständig auf ihre Leistungsfähigkeit und Wirksamkeit zu überprüfen und bei Bedarf fortzuschreiben sind.

Informationssicherheit ist nicht nur eine Frage der Technik, sondern hängt in erheblichem Maße von den organisatorischen und personellen Rahmenbedingungen ab. Die Vorgehensweise nach IT-Grundschutz und die IT-Grundschutz-Kataloge des BSI tragen dem seit langem Rechnung, indem sie sowohl technische als auch nicht-technische Standard-Sicherheitsmaßnahmen für typische Geschäftsbereiche, Anwendungen und IT-Systeme empfehlen. Im Vordergrund stehen dabei praxisnahe und handlungsorientierte Hinweise mit dem Ziel, die Einstiegshürde in den Sicherheitsprozess so niedrig wie möglich zu halten und hochkomplexe Vorgehensweisen zu vermeiden.

In der IT-Grundschutz-Vorgehensweise wird dargestellt, wie ein effizientes Managementsystem für die Informationssicherheit aufgebaut werden kann und wie die IT-Grundschutz-Kataloge im Rahmen dieser Aufgabe verwendet werden können. Die Vorgehensweise nach IT-Grundschutz in Kombination mit den IT-Grundschutz-Katalogen bietet eine systematische Methodik zur Erarbeitung von Sicherheitskonzepten und praxiserprobten Standard-Sicherheitsmaßnahmen, die bereits in zahlreichen Behörden und Unternehmen erfolgreich eingesetzt werden.

Die schon seit 1994 veröffentlichten, mittlerweile ca. 4000 Seiten starken IT-Grundschutz-Kataloge beschreiben detailliert mögliche Gefahren und Schutzvorkehrungen. Die IT-Grundschutz-Kataloge werden ständig weiterentwickelt und bedarfsgerecht um aktuelle Fachthemen ergänzt. Alle Informationen rund um IT-Grundschutz sind kostenfrei über die Webseiten des BSI abrufbar. Um die internationale Zusammenarbeit von Behörden und Unternehmen zu unterstützen, werden alle Dokumente rund um IT-Grundschutz auch in englischer Sprache und in elektronischer Form zur Verfügung gestellt.

Immer mehr Geschäftsprozesse werden über die Informations- und Kommunikationstechnik miteinander verknüpft. Dies geht einher mit einer steigenden Komplexität der technischen Systeme und mit einer wachsenden Abhängigkeit vom korrekten Funktionieren der Technik. Daher ist ein geplantes und organisiertes Vorgehen aller Beteiligten notwendig, um ein angemessenes und ausreichendes Sicherheitsniveau durchzusetzen und aufrechtzuerhalten. Eine Verankerung dieses Prozesses in allen Geschäftsbereichen kann nur gewährleistet werden, wenn dieser zur Aufgabe der obersten Managementebene wird. Die oberste Managementebene ist verantwortlich für das zielgerichtete und ordnungsgemäße Funktionieren einer Organisation und damit auch für die Gewährleistung der Informationssicherheit nach innen und außen. Daher muss diese den Sicherheitsprozess initiieren, steuern und kontrollieren. Dazu gehören strategische Leitaussagen zur Informationssicherheit, konzeptionelle Vorgaben und auch organisatorische Rahmenbedingungen, um Informationssicherheit innerhalb aller Geschäftsprozesse erreichen zu können.

Die Verantwortung für Informationssicherheit verbleibt in jedem Fall bei der obersten Managementebene, die Aufgabe "Informationssicherheit" wird allerdings typischerweise an einen Beauftragten für Informationssicherheit delegiert. In den IT-Grundschutz-Dokumenten wird diese Rolle häufig als IT-Sicherheitsbeauftragter bezeichnet, auch wenn deren Aufgaben über pure IT-Sicherheit hinausgehen.

Wenn diese Randbedingungen in einer konkreten Situation nicht gegeben sind, so sollte zunächst versucht werden, die Umsetzung der fehlenden Sicherheitsmaßnahmen auf Arbeitsebene durchzuführen. In jedem Fall sollte aber darauf hingewirkt werden, die Leitungsebene für die Belange der Informationssicherheit zu sensibilisieren, so dass sie zukünftig ihrer Verantwortung Rechnung trägt. Der vielfach zu beobachtende sich selbst auf Arbeitsebene initiierende Informationssicherheitsprozess führt zwar zu einer punktuellen Verbesserung der Sicherheitssituation, garantiert jedoch kein dauerhaftes Fortentwickeln des Informationssicherheitsniveaus.

Die Vorgehensweise nach IT-Grundschutz beschreibt einen Weg, wie ein IS-Management in einer Institution aufgebaut und integriert werden kann. Wenn eine Institution ein effektives und in die Geschäftsprozesse integriertes IS-Management hat, kann davon ausgegangen werden, dass dieses sowohl in der Lage ist, das angestrebte Sicherheitsniveau zu erreichen und wo notwendig zu verbessern, aber auch neue Herausforderungen zu meistern.

Ein fundiertes und gut funktionierendes Sicherheitsmanagement ist die unerlässliche Basis für die zuverlässige und kontinuierliche Umsetzung von Sicherheitsmaßnahmen in einer Institution. Daher findet sich neben der ausführlichen Behandlung in diesem Dokument in den IT-Grundschutz-Katalogen ein Baustein *Sicherheitsmanagement*. Dies dient sowohl dazu, eine einheitliche Methodik bei der Anwendung des IT-Grundschutzes zu erreichen, als auch dazu, das Sicherheitsmanagement seiner Bedeutung angemessen in die Zertifizierung nach ISO 27001 auf Basis von IT-Grundschutz einbeziehen zu können.

Ergänzend zu der Vorgehensweise nach IT-Grundschutz werden in den IT-Grundschutz-Katalogen Implementierungshilfen für den Sicherheitsprozess in Form von praxiserprobten Standard-Sicherheitsmaßnahmen zur Verfügung gestellt. IT-Grundschutz verfolgt dabei einen ganzheitlichen Ansatz. Durch die geeignete Anwendung von organisatorischen, personellen, infrastrukturellen und technischen Standard-Sicherheitsmaßnahmen wird ein Sicherheitsniveau erreicht, das für den normalen Schutzbedarf angemessen und ausreichend ist, um geschäftsrelevante Informationen zu schützen. Darüber hinaus bilden diese Maßnahmen nicht nur eine Basis für hochschutzbedürftige IT-Systeme und Anwendungen, sondern liefern an vielen Stellen bereits höherwertige Sicherheit.

In den IT-Grundschutz-Katalogen wird beschrieben, wie auf der Basis von Standard-Sicherheitsmaßnahmen Sicherheitskonzepte erstellt und geprüft werden können. Für typische Prozesse, Anwendungen und Komponenten in der Informationstechnik finden sich außerdem geeignete Bündel ("Bausteine") von Standard-Sicherheitsmaßnahmen. Diese Bausteine sind entsprechend ihrem jeweiligen Fokus in folgende fünf Schichten aufgeteilt:

- Schicht 1 umfasst sämtliche übergreifenden Aspekte der Informationssicherheit. Beispiele sind die Bausteine Personal, Datensicherungskonzept und Outsourcing.

- Schicht 2 befasst sich mit den baulich-technischen Gegebenheiten. Beispiele sind die Bausteine Gebäude, Serverraum und häuslicher Arbeitsplatz.

- Schicht 3 betrifft die einzelnen IT-Systeme. Beispiele sind die Bausteine Allgemeiner Client, Allgemeiner Server, TK-Anlage, Laptop und Mobiltelefon.

- Schicht 4 betrachtet die Vernetzungsaspekte der IT-Systeme. Beispiele sind die Bausteine Heterogene Netze, WLAN, VoIP sowie Netz- und Systemmanagement.

- Schicht 5 schließlich beschäftigt sich mit den eigentlichen Anwendungen. Beispiele sind die Bausteine E-Mail, Webserver und Datenbanken.

Jeder Baustein enthält eine kurze Beschreibung der Thematik, eine Liste mit Verweisen auf die jeweils relevanten Gefährdungen und eine Liste mit Verweisen auf die jeweils relevanten Standard-Sicherheitsmaßnahmen. Die Gefährdungen und Maßnahmen sind wiederum getrennt voneinander in entsprechende Gefährdungs- und Maßnahmenkataloge gegliedert. Hierbei unterteilen sich die Gefährdungen in Kataloge zu Höherer Gewalt, Organisatorische Mängel, Menschliche Fehlhandlungen, Technisches Versagen und Vorsätzliche Handlungen. Die Maßnahmen gruppieren sich in die Kataloge Infrastruktur, Organisation, Personal, Hardware und Software, Kommunikation und Notfallvorsorge.

2.1 Thematische Abgrenzung

Informationssicherheit hat den Schutz von Informationen als Ziel. Dabei können Informationen sowohl auf Papier, in Rechnern oder auch in Köpfen gespeichert sein. IT-Sicherheit beschäftigt sich an erster Stelle mit dem Schutz elektronisch gespeicherter Informationen und deren Verarbeitung. Der Begriff "Informationssicherheit" statt IT-Sicherheit ist daher umfassender und wird zunehmend verwendet. IT-Grundschutz verfolgt seit langem einen ganzheitlichen Ansatz, mit dem auch geschäftsrelevante Informationen und Geschäftsprozesse geschützt werden, die nicht oder nur teilweise mit IT unterstützt werden. Da aber in der Literatur noch überwiegend der Begriff "IT-Sicherheit" zu finden ist, wird er auch in dieser sowie in anderen Publikationen des IT-Grundschutzes weiterhin verwendet, allerdings werden die Texte sukzessive stärker auf die Betrachtung von Informationssicherheit ausgerichtet.

Aufgabe der Informationssicherheit ist der angemessene Schutz der Grundwerte Vertraulichkeit, Integrität (Unverfälschtheit) und Verfügbarkeit von Informationen. Dazu gehört auch die Absicherung der Informationsverarbeitung, also insbesondere der IT. Außerdem schließt dies auch die Authentizität und Nicht-Abstreitbarkeit von Informationen und Nachrichten als Spezialfälle der Integrität ein.

Die Planungs- und Lenkungsaufgabe, die erforderlich ist, um einen durchdachten und wirksamen Prozess zur Herstellung von Informationssicherheit aufzubauen und kontinuierlich umzusetzen, wird als Informationssicherheitsmanagement bezeichnet. Aus den gleichen Gründen, die oben für die Begriffe "Informationssicherheit" und "IT-Sicherheit" genannt sind, wird in vielen BSI-Dokumenten statt Informationssicherheitsmanagement (oder der Kurzform IS-Management) meistens noch der kürzere Begriff "IT-Sicherheitsmanagement" verwendet.

2.2 Übersicht über den Informationssicherheitsprozess

Die Vorgehensweise nach IT-Grundschutz bietet Hilfestellung beim Aufbau und bei der Aufrechterhaltung des Prozesses Informationssicherheit in einer Institution, indem Wege und Methoden für das generelle Vorgehen, aber auch für die Lösung spezieller Probleme aufgezeigt werden.

Für die Gestaltung des Sicherheitsprozesses ist ein systematisches Vorgehen erforderlich, damit ein angemessenes Sicherheitsniveau erreicht werden kann. Im Rahmen des IT-Grundschutzes besteht der Sicherheitsprozess aus folgenden Phasen:

- Initiierung des Sicherheitsprozesses
  - Übernahme der Verantwortung durch die Leitungsebene
  - Konzeption und Planung des Sicherheitsprozesses
  - Erstellung der Leitlinie zur Informationssicherheit
  - Aufbau einer geeigneten Organisationsstruktur für das Informationssicherheitsmanagement
  - Bereitstellung von finanziellen, personellen und zeitlichen Ressourcen
  - Einbindung aller Mitarbeiter in den Sicherheitsprozess
- Erstellung einer Sicherheitskonzeption
- Umsetzung der Sicherheitskonzeption
- Aufrechterhaltung der Informationssicherheit im laufenden Betrieb und kontinuierliche Verbesserung

2   Informationssicherheitsmanagement mit IT-Grundschutz

Informationssicherheitsverantwortliche können die Vorgehensweise nach IT-Grundschutz und die IT-Grundschutz-Kataloge aus verschiedenen Gründen und Zielsetzungen anwenden. Dementsprechend ist auch die Reihenfolge und Intensität der einzelnen Phasen abhängig vom bereits vorhandenen Sicherheitsumfeld und dem jeweiligen Blickwinkel der Anwender. Beispielsweise werden bei einer regulären Überarbeitung des Sicherheitskonzepts häufig andere Schwerpunkte als bei der Integration neuer Geschäftsprozesse gesetzt.

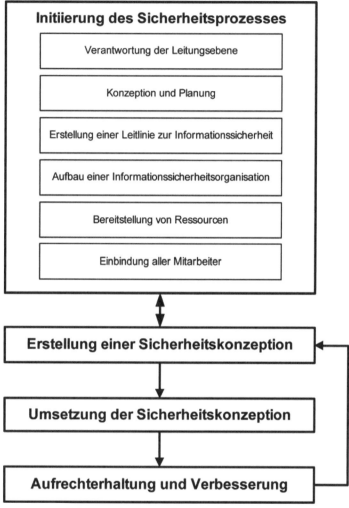

Abbildung 1: Phasen des Sicherheitsprozesses

Einige dieser Phasen können auch parallel durchgeführt werden, z. B. kann die Konzeption und Planung des Sicherheitsprozesses gleichzeitig zur Etablierung der Informationssicherheitsorganisation erfolgen oder die Schulung und Sensibilisierung kann während des gesamten Prozesses angelegt werden. In diesem Fall müssen die vorgezogenen Phasen mit den neuen Ergebnissen zeitnah aktualisiert werden.

Im Folgenden wird eine kurze Darstellung über die Phasen des Sicherheitsprozesses gegeben.

Initiierung des Sicherheitsprozesses

Die Leitungsebene muss den Sicherheitsprozess initiieren, steuern und kontrollieren. Hierfür sind einerseits strategische Leitaussagen zur Informationssicherheit und andererseits organisatorische Rahmenbedingungen erforderlich. Wie ein funktionierender Sicherheitsprozess aufgebaut und welche Organisationsstrukturen dafür sinnvoll sind, wird in Kapitel 3 beschrieben.

Erstellung einer Sicherheitskonzeption

Um eine Sicherheitskonzeption nach IT-Grundschutz zu erstellen, sind eine Reihe von Schritten notwendig, die im Detail in Kapitel 4 beschrieben sind. Die wichtigsten Schritte sind:

- Strukturanalyse

- Schutzbedarfsfeststellung

- Auswahl und Anpassung von Maßnahmen

- Basis-Sicherheitscheck

- Ergänzende Sicherheitsanalyse

Umsetzung von Sicherheitskonzepten

Ein ausreichendes Sicherheitsniveau lässt sich nur erreichen, wenn bestehende Schwachstellen ermittelt, der Status quo in einem Sicherheitskonzept festgehalten, erforderliche Maßnahmen identifiziert und diese Maßnahmen insbesondere auch konsequent umgesetzt werden. In Kapitel 5 wird beschrieben, was bei der Umsetzungsplanung von Sicherheitsmaßnahmen beachtet werden muss.

Aufrechterhaltung und kontinuierliche Verbesserung der Informationssicherheit

Ziel des Sicherheitsmanagements ist es, das angestrebte Sicherheitsniveau zu erreichen und dieses auch dauerhaft aufrechtzuerhalten und zu verbessern. Daher müssen der Sicherheitsprozess und die Organisationsstrukturen für Informationssicherheit regelmäßig daraufhin überprüft werden, ob sie angemessen, wirksam und effizient sind. Ebenso ist zu überprüfen, ob die Maßnahmen des Sicherheitskonzepts praxisnah sind und ob sie korrekt umgesetzt wurden. In Kapitel 6 wird überblicksartig dargestellt, welche Aktionen für die Aufrechterhaltung und Verbesserung der Informationssicherheit ergriffen werden sollten.

Zertifizierung nach ISO 27001 auf Basis von IT-Grundschutz

Die Vorgehensweise nach IT-Grundschutz und die IT-Grundschutz-Kataloge werden nicht nur für die Sicherheitskonzeption, sondern auch zunehmend als Referenz im Sinne eines Sicherheitsstandards verwendet. Durch eine Zertifizierung nach ISO 27001 auf Basis von IT-Grundschutz kann eine Institution nach innen und außen hin dokumentieren, dass sie sowohl ISO 27001 als auch IT-Grundschutz in der erforderlichen Tiefe umgesetzt hat. Kapitel 7 liefert einen kurzen Überblick, welche Schritte hierfür notwendig sind und welche Bedingungen für eine erfolgreiche Zertifizierung erfüllt werden müssen.

2.3 Anwendung der IT-Grundschutz-Kataloge

Nachdem die Leitungsebene mit der Erstellung der Leitlinie zur Informationssicherheit und den Aufbau der Informationssicherheitsorganisation den Sicherheitsprozess auf der strategischen Ebene definiert hat, wird dieser mit Hilfe der Sicherheitskonzeption auf der operativen Ebene fortgeführt. Somit ist die Erstellung einer Sicherheitskonzeption eine der zentralen Aufgaben des Informationssicherheitsmanagements. Aufbauend auf den Ergebnissen der vorherigen Phase werden hier die erforderlichen Sicherheitsmaßnahmen identifiziert und im Sicherheitskonzept dokumentiert.

Um den sehr heterogenen Bereich der IT einschließlich der Einsatzumgebung besser strukturieren und aufbereiten zu können, verfolgt der IT-Grundschutz das Baukastenprinzip. Die einzelnen Bausteine, die in den IT-Grundschutz-Katalogen beschrieben werden, spiegeln typische Bereiche und Aspekte der Informationssicherheit in einer Institution wider, von übergeordneten Themen, wie dem IS-Management, der Notfallvorsorge oder der Datensicherungskonzeption bis hin zu speziellen Komponenten einer IT-Umgebung. Die IT-Grundschutz-Kataloge umfassen die Gefährdungslage und die Maßnahmenempfehlungen für verschiedene Komponenten, Vorgehensweisen und IT-Systeme, die jeweils in einem Baustein zusammengefasst werden. Das BSI überarbeitet und aktualisiert regelmäßig die bestehenden Bausteine, um die Empfehlungen auf dem Stand der Technik zu halten. Darüber hinaus wird das bestehende Werk regelmäßig um weitere Bausteine erweitert.

Die Bausteine spielen eine zentrale Rolle in der Methodik des IT-Grundschutzes. Sie sind einheitlich aufgebaut, um ihre Anwendung zu vereinfachen. Jeder Baustein beginnt mit einer kurzen Beschreibung der betrachteten Komponente, der Vorgehensweise bzw. des IT-Systems. Im Anschluss daran wird die Gefährdungslage dargestellt. Die Gefährdungen sind dabei nach den Bereichen höhere Gewalt, organisatorische Mängel, menschliche Fehlhandlungen, technisches Versagen und vorsätzliche Handlungen unterteilt.

Bei den in den IT-Grundschutz-Katalogen aufgeführten Maßnahmen handelt es sich um Standard-Sicherheitsmaßnahmen, also um diejenigen Maßnahmen, die für die jeweiligen Bausteine nach dem Stand der Technik umzusetzen sind, um eine angemessene Basis-Sicherheit zu erreichen. Dabei stellen die Maßnahmen, die für die Zertifizierung nach ISO 27001 auf der Basis von IT-Grundschutz gefordert werden, das Minimum dessen dar, was in jedem Fall vernünftigerweise an Sicherheitsvorkehrungen umzusetzen ist. Diese Maßnahmen werden in den IT-Grundschutz-Katalogen mit A, B und C gekennzeichnet. Die als "zusätzlich" gekennzeichneten Maßnahmen haben sich ebenfalls in der Praxis bewährt, sie richten sich jedoch an Anwendungsfälle mit erhöhten Sicherheitsanforderungen. Darüber hinaus gibt es auch noch mit "W" gekennzeichnete Maßnahmen, die dem Wissenstransfer dienen.

Sicherheitskonzepte, die mit Hilfe des IT-Grundschutzes erstellt werden, sind kompakt, da innerhalb des Konzepts jeweils nur auf die entsprechenden Maßnahmen in den IT-Grundschutz-Katalogen referenziert werden muss. Dies fördert die Verständlichkeit und die Übersichtlichkeit. Um die Maßnahmenempfehlungen leichter umsetzen zu können, sind die Sicherheitsmaßnahmen in den Katalogen detailliert beschrieben. Bei der verwendeten Fachterminologie wird darauf geachtet, dass die Beschreibungen für diejenigen verständlich sind, die die Maßnahmen realisieren müssen.

Um die Realisierung der Maßnahmen zu vereinfachen, werden die Texte der IT-Grundschutz-Kataloge konsequent auch in elektronischer Form zur Verfügung gestellt. Darüber hinaus wird die Realisierung der Maßnahmen auch durch Hilfsmittel und Musterlösungen unterstützt, die teilweise durch das BSI und teilweise auch von Anwendern des IT-Grundschutzes bereitgestellt werden.

Weiterführende Informationen finden sich in den einleitenden Kapiteln der IT-Grundschutz-Kataloge sowie in Kapitel 4.4 dieses Standards.

3   Initiierung des Sicherheitsprozesses

Um ein angemessenes und ausreichendes Niveau der Informationssicherheit in der Institution zu erzielen bzw. dieses aufrechtzuerhalten, ist einerseits ein geplantes Vorgehen und andererseits eine adäquate Organisationsstruktur erforderlich. Darüber hinaus ist es notwendig, Sicherheitsziele und eine Strategie zur Erreichung dieser Ziele zu definieren sowie einen kontinuierlichen Sicherheitsprozess einzurichten. Aufgrund der Bedeutung, der weit reichenden Konsequenzen der zu treffenden Entscheidungen und der Verantwortung muss dieses Thema von der obersten Leitungsebene initiiert werden.

3.1   Übernahme von Verantwortung durch die Leitungsebene

Die oberste Leitungsebene jeder Behörde und jedes Unternehmens ist dafür verantwortlich, dass alle Geschäftsbereiche zielgerichtet und ordnungsgemäß funktionieren und dass Risiken frühzeitig erkannt und minimiert werden. Dies kann auch, je nach Organisationsform und Geschäftsbereich, in verschiedenen Gesetzen geregelt sein. Mit der steigenden Abhängigkeit der Geschäftsprozesse von der Informationstechnik steigen also auch die Anforderungen, dass die Informationssicherheit nach innen und außen gewährleistet ist.

Die Leitungsebene muss den Sicherheitsprozess initiieren, steuern und kontrollieren. Die Verantwortung für Informationssicherheit verbleibt dort, die Aufgabe "Informationssicherheit" wird allerdings typischerweise an einen IT-Sicherheitsbeauftragten delegiert. Dabei ist eine intensive Beteiligung der Führungsebene im "Managementprozess Informationssicherheit" erforderlich. Nur so kann das Informationssicherheitsmanagement sicherstellen, dass keine untragbaren Risiken bestehen und Ressourcen an der richtigen Stelle investiert werden. Die oberste Leitungsebene ist somit diejenige Instanz, die die Entscheidung über den Umgang mit Risiken treffen und die entsprechenden Ressourcen zur Verfügung stellen muss.

Die Tatsache, dass die Leitungsebene hinsichtlich der Prävention und Behandlung von Sicherheitsrisiken die Verantwortung trägt, wird leider oft nicht in allen Führungskreisen rechtzeitig erkannt. Dementsprechend sind die Zuständigkeiten und Verantwortlichkeiten bezüglich Informationssicherheitsthemen häufig nicht geklärt. Rechtzeitige Information über mögliche Risiken beim Umgang mit Informationen, Geschäftsprozessen und IT kann von der Geschäftsführung oder Behördenleitung nach einem Sicherheitsvorfall als Bringschuld der IT- oder Sicherheitsexperten gesehen werden. Aus diesem Grund ist es für diese empfehlenswert, die oberste Leitungsebene über mögliche Risiken und Konsequenzen aufgrund fehlender Informationssicherheit aufzuklären. Auf jeden Fall ist aber die Leitungsebene dafür verantwortlich, sicherzustellen, dass die Informationen sie rechtzeitig und im nötigen Umfang erreichen. Zu den sicherheitsrelevanten Themen gehören beispielsweise:

- Die Sicherheitsrisiken für die Institution und deren Informationen sowie die damit verbundenen Auswirkungen und Kosten sollten aufgezeigt werden.

- Die Auswirkungen von Sicherheitsvorfällen auf die kritischen Geschäftsprozesse sollten dargestellt werden.

- Die Sicherheitsanforderungen, die sich aus gesetzlichen und vertraglichen Vorgaben ergeben, müssen beschrieben werden.

- Die für die Branche typischen Standard-Vorgehensweisen zur Informationssicherheit sollten vorgestellt werden.

- Die Vorteile einer Zertifizierung, um gegenüber Kunden, Geschäftspartnern und Aufsichtsstellen den Grad der erreichten Informationssicherheit nachzuweisen, sollten erläutert werden.

Da häufig den Aussagen unbeteiligter Dritter mehr Gewicht bemessen wird als denen eigener Mitarbeiter, kann es oft sinnvoll sein, für die Sensibilisierung der Geschäftsleitung bzw. der Behördenleitung hinsichtlich der Informationssicherheit externe Berater hinzuzuziehen.

Die Leitungsebene trägt zwar die Verantwortung für die Erreichung der Sicherheitsziele, der Sicherheitsprozess muss aber von allen Beschäftigten in einer Organisation mitgetragen und mitgestaltet werden. Idealerweise sollten dabei folgende Prinzipien eingehalten werden:

- Die Initiative für Informationssicherheit geht von der Behörden- bzw. Unternehmensleitung aus.

- Die Gesamtverantwortung für Informationssicherheit verbleibt bei der obersten Leitungsebene.

- Die Aufgabe "Informationssicherheit" wird durch die Behörden- bzw. Unternehmensleitung aktiv unterstützt.

- Die Behörden- bzw. Unternehmensleitung benennt die für Informationssicherheit zuständigen Mitarbeiter und stattet diese mit den erforderlichen Kompetenzen und Ressourcen aus.

- Die Leitungsebene übernimmt auch im Bereich Informationssicherheit eine Vorbildfunktion. Dazu gehört unter anderem, dass auch die Leitungsebene alle vorgegebenen Sicherheitsregeln beachtet.

Die Leitungsebene muss sich vor allem dafür einsetzen, dass Informationssicherheit in alle relevanten Geschäftsprozesse bzw. Fachverfahren und Projekte integriert wird. Der IT-Sicherheitsbeauftragte braucht hierbei erfahrungsgemäß die volle Unterstützung der Behörden- oder Unternehmensleitung, um unter dem überall herrschenden Erfolgsdruck von den jeweiligen Fachverantwortlichen in jede wesentliche Aktivität eingebunden zu werden.

Die Leitungsebene muss die Ziele sowohl für das Informationssicherheitsmanagement als auch für alle anderen Bereiche so setzen, dass das angestrebte Sicherheitsniveau in allen Bereichen mit den bereitgestellten Ressourcen (Personal, Zeit, Finanzmittel) erreichbar ist.

Aktionspunkt zu 3.1 Übernahme von Verantwortung durch die Leitungsebene

- Die Leitungsebene wird über mögliche Risiken und Konsequenzen aufgrund fehlender Informationssicherheit aufgeklärt.

- Die Leitungsebene übernimmt die Gesamtverantwortung für Informationssicherheit.

- Die Leitungsebene initiiert den Informationssicherheitsprozess innerhalb der Institution.

3.2   Konzeption und Planung des Sicherheitsprozesses

Um ein angemessenes Sicherheitsniveau erreichen und aufrechterhalten zu können, ist es notwendig, einen kontinuierlichen Informationssicherheitsprozess zu etablieren und eine angemessene Strategie für Informationssicherheit (IS-Strategie) festzulegen. Eine IS-Strategie dient der Planung des weiteren Vorgehens, um die gesetzten Sicherheitsziele zu erreichen. Sie wird vom Management vorgegeben und basiert auf den Geschäftszielen eines Unternehmens bzw. dem Auftrag einer Behörde. Das Management gibt grundlegende Sicherheitsziele vor und legt fest, welches Informationssicherheitsniveau im Hinblick auf die Geschäftsziele und Fachaufgaben angemessen ist. Die dafür erforderlichen Mittel müssen ebenfalls von der Leitungsebene zur Verfügung gestellt werden.

3.2.1 Ermittlung von Rahmenbedingungen

Die grundsätzlichen Ziele und Aufgaben einer Institution sind die Grundlage für alle Geschäftsprozesse bzw. Fachverfahren und Aktivitäten, einschließlich der Informationssicherheit. Um eine angemessene IS-Strategie festzulegen, sollte daher jede Institution ihre wichtigsten Geschäftsprozesse und Fachaufgaben sowie deren Bedarf an Informationssicherheit ermitteln. Mittlerweile gibt es kaum noch Bereiche, in denen wesentliche Geschäftsprozesse ohne IT-Unterstützung funktionsfähig sind. Die Zusammenhänge zwischen Geschäftsabläufen und den dort verarbeiteten Informationen sowie der eingesetzten Informationstechnik bilden die Basis für die Entscheidung, welches Sicherheitsniveau zum Schutz der Informationen und für die Informationstechnik jeweils angemessen ist. Im Folgenden wird dieser Entscheidungsprozess näher erläutert.

Zu jedem Geschäftsprozess und jeder Fachaufgabe muss ein Ansprechpartner benannt werden, der als sogenannter Informationseigentümer für alle Fragen der Informationsverarbeitung im Rahmen dieses Geschäftsprozesses verantwortlich ist. Die Fachverantwortlichen oder Informationseigentümer sind beispielsweise zuständig für die Delegation von Aufgaben und den Umgang mit Informationen im Rahmen der von ihnen betreuten Geschäftsprozesse. Zu jedem Geschäftsprozess und jeder Fachaufgabe muss festgelegt werden, wie kritisch, also wie schutzbedürftig, die verarbeiteten Informationen sind. Dem Schutzbedarf jedes Geschäftsprozesses muss abschließend von der Geschäftsleitung bzw. der Behördenleitung zugestimmt werden, da sich hieraus Sicherheitsanforderungen ableiten und dafür Ressourcen gebunden werden müssen.

Über die Analyse der Geschäftsprozesse lassen sich Aussagen über die Auswirkungen von Sicherheitsvorfällen auf die Geschäftstätigkeit ableiten. In vielen Fällen wird es ausreichen, mit einer sehr groben Beschreibung der Geschäftsprozesse zu arbeiten.

Folgende Fragen sollten sich beantworten lassen:

- Welche Geschäftsprozesse gibt es in der Organisation und wie hängen diese mit den Geschäftszielen zusammen?

- Welche Geschäftsprozesse hängen von einer funktionierenden, also einer ordnungsgemäß und anforderungsgerecht arbeitenden Informationstechnik ab?

- Welche Informationen werden für diese Geschäftsprozesse verarbeitet?

- Welche Informationen sind besonders wichtig und damit in Bezug auf Vertraulichkeit, Integrität und Verfügbarkeit schützenswert und warum (z. B. personenbezogene Daten, Kundendaten, strategische Informationen, Geheimnisse wie Entwicklungsdaten, Patente, Verfahrensbeschreibungen)?

Eine Vielzahl interner Rahmenbedingungen können Auswirkungen auf die Informationssicherheit haben und müssen ermittelt werden. Es geht zu diesem frühen Zeitpunkt nicht darum, detailliert die Informationstechnik zu beschreiben. Es sollte aber eine grobe Übersicht vorliegen, welche Informationen für einen Geschäftsprozess mit welchen Anwendungen und IT-Systemen verarbeitet werden.

Daneben müssen ebenso alle externen Rahmenbedingungen ermittelt werden, die Auswirkungen auf die Informationssicherheit haben, wie beispielsweise

- gesetzliche Rahmenbedingungen (nationale und internationale Gesetze und Bestimmungen),

- Umwelteinflüsse, beispielsweise aufgrund der geografischen Lage oder aufgrund von sozialen und kulturellen Rahmenbedingungen,

- Anforderungen von Kunden, Lieferanten und Geschäftspartnern, aktuelle Marktlage, Wettbewerbssituation und weitere relevante marktspezifische Abhängigkeiten,

- branchenspezifische Sicherheitsstandards.

Um alle relevanten Rahmenbedingungen für jeden wesentlichen Geschäftsprozess möglichst schnell und umfassend zu ermitteln, empfiehlt es sich, dass ein kurzes Sicherheitsgespräch (Brainstorming) zu jedem Geschäftsprozess durchgeführt wird. Diese Sicherheitsgespräche sollten unter der Leitung des IT-Sicherheitsbeauftragten mit dem jeweiligen Informationseigentümer bzw. Fachverantwortlichen sowie dem entsprechenden IT-Verantwortlichen durchgeführt werden. Die Ergebnisse sollten nach einem vorher festgelegten Schema dokumentiert werden.

3.2.2 Formulierung von allgemeinen Informationssicherheitszielen

Zu Beginn jedes Sicherheitsprozesses sollten die Informationssicherheitsziele sorgfältig bestimmt werden. Anderenfalls besteht die Gefahr, dass Sicherheitsstrategien und -konzepte erarbeitet werden, die die eigentlichen Anforderungen der Institution verfehlen. Dies kann bedeuten, dass ungewollte Risiken eingegangen werden, aber auch, dass zu viele Ressourcen in nicht passende oder zu aufwendige Sicherheitsmaßnahmen investiert werden.

Aus den grundsätzlichen Zielen der Institution und den allgemeinen Rahmenbedingungen sollten daher zunächst allgemeine Sicherheitsziele abgeleitet werden. Aus diesen werden später bei der Erstellung des Sicherheitskonzeptes und bei der Ausgestaltung der Informationssicherheitsorganisation konkrete Sicherheitsanforderungen an den Umgang mit Informationen und den IT-Betrieb abgeleitet. Mögliche allgemeine Sicherheitsziele einer Institution könnten z. B. sein:

- Hohe Verlässlichkeit des Handelns, auch in Bezug auf den Umgang mit Informationen (Verfügbarkeit, Integrität, Vertraulichkeit),

- Gewährleistung des guten Rufs der Institution in der Öffentlichkeit,

- Erhaltung der in Technik, Informationen, Arbeitsprozesse und Wissen investierten Werte,

- Sicherung der hohen, möglicherweise unwiederbringlichen Werte der verarbeiteten Informationen,

- Sicherung der Qualität der Informationen, z. B. wenn sie als Basis für weitreichende Entscheidungen dienen,

- Gewährleistung der aus gesetzlichen Vorgaben resultierenden Anforderungen,

- Reduzierung der im Schadensfall entstehenden Kosten (sowohl durch Schadensvermeidung wie Schadensverhütung) und

- Sicherstellung der Kontinuität der Arbeitsabläufe innerhalb der Institution.

Um die Sicherheitsziele definieren zu können, sollte zunächst abgeschätzt werden, welche Geschäftsprozesse bzw. Fachverfahren und Informationen für die Aufgabenerfüllung notwendig sind und welcher Wert diesen beigemessen wird. Dabei ist es wichtig, klarzustellen, wie stark die Aufgabenerfüllung innerhalb der Institution von der Vertraulichkeit, Integrität und Verfügbarkeit von Informationen und von der eingesetzten IT und deren sicheren Funktionieren abhängt. Für die Definition der Sicherheitsziele ist es sinnvoll, die zu schützenden Grundwerte Verfügbarkeit, Integrität und Vertraulichkeit ausdrücklich zu benennen und eventuell zu priorisieren. Diese Aussagen werden im Lauf des Sicherheitsprozesses bei der Wahl der Sicherheitsmaßnahmen und Strategien eine entscheidende Rolle spielen.

Die Bestimmung der Informationssicherheitsziele und des angestrebten Sicherheitsniveaus ist jedoch nur der Anfang des Informationssicherheitsprozesses. Konkrete Entscheidungen über Ressourcen und Investitionen, die sich im Laufe des Sicherheitsprozesses ergeben, müssen in einem späteren Schritt auch von der obersten Leitungsebene bewilligt werden. Dies bedeutet, dass an dieser Stelle keine detaillierte Analyse des Informationsverbundes und der möglichen Kosten von Sicherheitsmaßnahmen erfolgen muss, sondern lediglich die Aussage, was für die Institution von besonderer Bedeutung ist und warum.

3.2.3 Bestimmung des angemessenen Sicherheitsniveaus der Geschäftsprozesse

Zur besseren Verständlichkeit der Informationssicherheitsziele kann das angestrebte Sicherheitsniveau für einzelne, besonders hervorgehobene Geschäftsprozesse bzw. Bereiche der Institution in Bezug auf die Grundwerte der Informationssicherheit (Vertraulichkeit, Integrität, Verfügbarkeit) dargestellt werden. Dies ist für die spätere Formulierung der detaillierten Sicherheitskonzeption hilfreich.

Nachstehend sind einige beispielhafte Kriterien zur Bestimmung eines angemessenen Sicherheitsniveaus aufgeführt. Anhand derjenigen Aussagen, die am ehesten zutreffen, lässt sich das Sicherheitsniveau (normal, hoch oder sehr hoch) bestimmen. In dieser Phase des Sicherheitsprozesses geht es um die Formulierung der ersten richtungweisenden Aussagen, die in den späteren Phasen als Grundlage dienen werden und nicht um eine detaillierte Schutzbedarfsfeststellung.

Sehr hoch:

- Der Schutz vertraulicher Informationen muss unbedingt gewährleistet sein und in sicherheitskritischen Bereichen strengen Vertraulichkeitsanforderungen genügen.

- Die Informationen müssen im höchsten Maße korrekt sein.

- Die zentralen Aufgaben der Institution sind ohne IT-Einsatz nicht durchführbar. Knappe Reaktionszeiten für kritische Entscheidungen fordern ständige Präsenz der aktuellen Informationen, Ausfallzeiten sind nicht akzeptabel.

- Der Schutz personenbezogener Daten muss unbedingt gewährleistet sein. Anderenfalls kann es zu einer Gefahr für Leib und Leben oder für die persönliche Freiheit des Betroffenen kommen.

Insgesamt gilt: Der Ausfall der IT führt zum totalen Zusammenbruch der Institution oder hat schwerwiegende Folgen für breite gesellschaftliche oder wirtschaftliche Bereiche.

Hoch:

- Der Schutz vertraulicher Informationen muss hohen Anforderungen genügen und in sicherheitskritischen Bereichen stärker ausgeprägt sein.

- Die verarbeiteten Informationen müssen korrekt sein, auftretende Fehler müssen erkennbar und vermeidbar sein.

- In zentralen Bereichen der Institution laufen zeitkritische Vorgänge oder es werden dort Massenaufgaben wahrgenommen, die ohne IT-Einsatz nicht zu erledigen sind. Es können nur kurze Ausfallzeiten toleriert werden.

- Der Schutz personenbezogener Daten muss hohen Anforderungen genügen. Anderenfalls besteht die Gefahr, dass der Betroffene in seiner gesellschaftlichen Stellung oder in seinen wirtschaftlichen Verhältnissen erheblich beeinträchtigt wird.

Insgesamt gilt: Im Schadensfall tritt Handlungsunfähigkeit zentraler Bereiche der Institution ein; Schäden haben erhebliche Beeinträchtigungen der Institution selbst oder betroffener Dritter zur Folge.

Normal:

- Der Schutz von Informationen, die nur für den internen Gebrauch bestimmt sind, muss gewährleistet sein.

- Kleinere Fehler können toleriert werden. Fehler, die die Aufgabenerfüllung erheblich beeinträchtigen, müssen jedoch erkenn- oder vermeidbar sein.

- Längere Ausfallzeiten, die zu Terminüberschreitungen führen, sind nicht zu tolerieren.

- Der Schutz personenbezogener Daten muss gewährleistet sein. Anderenfalls besteht die Gefahr, dass der Betroffene in seiner gesellschaftlichen Stellung oder in seinen wirtschaftlichen Verhältnissen beeinträchtigt wird.

Insgesamt gilt: Schäden haben Beeinträchtigungen der Institution zur Folge.

Für die Formulierung der Informationssicherheitsziele ist die Mitwirkung der Leitungsebene unbedingt notwendig. Für diesen im Sicherheitsprozess grundlegenden Schritt kann auch die Einbeziehung eines externen Informationssicherheitsexperten sinnvoll sein. Zur Bestimmung des angestrebten Sicherheitsniveaus müssen die Ziele der Institution in Bezug auf ihre Sicherheitsanforderungen betrachtet werden, jedoch unter Berücksichtigung der Tatsache, dass in der Regel begrenzte Ressourcen für die Implementierung von Sicherheitsmaßnahmen zur Verfügung stehen. Aus diesem Grund ist es von besonderer Bedeutung, den tatsächlichen Bedarf an Verfügbarkeit, Integrität und Vertraulichkeit zu identifizieren, da ein hohes Sicherheitsniveau in der Regel auch mit hohem Implementierungsaufwand verbunden ist. Es ist außerdem empfehlenswert, die formulierten Anforderungen zu priorisieren, wenn dies zu diesem Zeitpunkt bereits möglich ist. Dies wird bei der Ressourcenplanung in späteren Phasen des Sicherheitsprozesses eine Entscheidungsgrundlage bilden.

Hinweis zur Beschreibungstiefe

In dieser frühen Phase des Informationssicherheitsprozesses geht es nicht um eine detaillierte Betrachtung aller Anwendungen und IT-Systeme oder eine aufwendige Risikoanalyse. Wichtig ist, eine

Übersicht zu haben, welche Sicherheitsanforderungen aufgrund der Geschäftsprozesse oder Fachverfahren an die Informationstechnik gestellt werden. Zum Beispiel sollten sich nach der Bestimmung des angestrebten Sicherheitsniveaus die folgenden Fragen beantworten lassen:

- Welche Informationen sind in Bezug auf Vertraulichkeit, Integrität und Verfügbarkeit besonders kritisch für die Institution?

- Welche kritischen Aufgaben der Institution können ohne Unterstützung durch IT nicht, nur unzureichend oder mit erheblichem Mehraufwand ausgeführt werden?

- Welche wesentlichen Entscheidungen der Institution beruhen auf Vertraulichkeit, Integrität und Verfügbarkeit von Informationen und Informationsverarbeitungssystemen?

- Welche Auswirkungen können absichtliche oder ungewollte Sicherheitszwischenfälle haben?

- Werden mit der eingesetzten IT Informationen verarbeitet, deren Vertraulichkeit besonders zu schützen ist?

- Hängen wesentliche Entscheidungen von der Korrektheit, Aktualität und Verfügbarkeit von Informationen ab, die mit IT verarbeitet werden?

- Welche gesetzlichen Anforderungen (z. B. Datenschutz) haben besondere Maßnahmen zur Folge?

Die Beschreibungen des angestrebten Sicherheitsniveaus sollten auf das jeweilige Umfeld angepasst sein. Kurze Begründungen sind für die Motivation darauf aufbauender Maßnahmen hilfreich. Dies könnte beispielsweise für ein Krankenhaus heißen: "In der Röntgenabteilung ist ein sehr hohes Informationssicherheitsniveau notwendig, weil von der korrekten Funktion der IT-Systeme Menschenleben abhängen."

Aktionspunkte zu 3.2 Konzeption und Planung des Sicherheitsprozesses

- Ansprechpartner für alle Geschäftsprozesse und Fachaufgaben benennen

- Grobeinschätzung der Wertigkeit von Informationen, Geschäftsprozesse und Fachaufgaben durchführen

- Rahmenbedingungen ermitteln

- Bedeutung der Geschäftsprozesse, Fachaufgaben und Informationen abschätzen

- Allgemeine Informationssicherheitsziele festlegen

- Zustimmung der Leitungsebene einholen

3.3 Erstellung einer Leitlinie zur Informationssicherheit

Die Leitlinie zur Informationssicherheit beschreibt allgemeinverständlich, für welche Zwecke, mit welchen Mitteln und mit welchen Strukturen Informationssicherheit innerhalb der Institution hergestellt werden soll. Sie beinhaltet die von der Institution angestrebten Informationssicherheitsziele sowie die verfolgte Sicherheitsstrategie. Die Sicherheitsleitlinie beschreibt damit auch über die Sicherheitsziele das angestrebte Sicherheitsniveau in einer Behörde oder einem Unternehmen. Sie ist somit Anspruch und Aussage zugleich, dass dieses Sicherheitsniveau auf allen Ebenen der Institution erreicht werden soll.

Die Erstellung der Sicherheitsleitlinie sollte in folgenden Schritten vollzogen werden:

3.3.1 Verantwortung der Behörden- bzw. Unternehmensleitung für die Sicherheitsleitlinie

Mit der Leitlinie zur Informationssicherheit wird dokumentiert, welche strategische Position die Institutionsleitung zur Erreichung der Informationssicherheitsziele auf allen Ebenen der Organisation einnimmt.

Da die Sicherheitsleitlinie ein zentrales Strategiepapier für die Informationssicherheit einer Institution darstellt, muss sie so gestaltet sein, dass sich alle adressierten Organisationseinheiten mit ihrem Inhalt identifizieren können. An ihrer Erstellung sollten daher möglichst viele Bereiche beteiligt werden. Jede Institution muss letztendlich aber selbst entscheiden, welche Abteilungen und Hierarchieebenen an der Formulierung der Sicherheitsleitlinie mitwirken.

Es empfiehlt sich, bei der Erarbeitung der Sicherheitsleitlinie das Fachwissen der folgenden Organisationseinheiten zu nutzen: Fachverantwortliche für wichtige Anwendungen, IT-Betrieb, Sicherheit (Informations-, IT- und Infrastruktur-Sicherheit), Datenschutzbeauftragter, Personalabteilung, Personal- bzw. Betriebsrat, Revision, Vertreter für Finanzfragen, Rechtsabteilung.

3.3.2 Festlegung des Geltungsbereichs und Inhalt der Sicherheitsleitlinie

In der Informationssicherheitsleitlinie muss beschrieben werden, für welche Bereiche diese gelten soll. Der Geltungsbereich kann die gesamte Institution umfassen oder aus Teilbereichen dieser bestehen. Wichtig ist jedoch dabei, dass die betrachteten Geschäftsaufgaben und –prozesse in dem Geltungsbereich komplett enthalten sind. Insbesondere bei größeren Organisationen ist die Festlegung des Geltungsbereichs keine triviale Aufgabe. Eine Orientierung nach Verantwortlichkeiten kann dabei behilflich sein.

Die Sicherheitsleitlinie sollte kurz und bündig formuliert sein, da sich mehr als 20 Seiten in der Praxis nicht bewährt haben. Sie sollte mindestens die folgenden Informationen beinhalten:

- Stellenwert der Informationssicherheit und Bedeutung der wesentlichen Informationen und der IT für die Aufgabenerfüllung,

- Bezug der Informationssicherheitsziele zu den Geschäftszielen oder Aufgaben der Institution,

- Sicherheitsziele und die Kernelemente der Sicherheitsstrategie für die eingesetzte IT,

- Zusicherung, dass die Sicherheitsleitlinie von der Institutionsleitung durchgesetzt wird, und Leitaussagen zur Erfolgskontrolle und

- Beschreibung der für die Umsetzung des Informationssicherheitsprozesses etablierten Organisationsstruktur.

Zusätzlich können z. B. noch folgende Aussagen hinzukommen:

- Zur Motivation können einige, für die Geschäftsprozesse wichtige, Gefährdungen angerissen und die wichtigsten gesetzlichen Regelungen und sonstige wichtige Rahmenbedingungen (wie vertragliche Vereinbarungen) genannt werden.

- Die wesentlichen Aufgaben und Zuständigkeiten im Sicherheitsprozess sollten aufgezeigt werden (insbesondere für das IS-Management-Team, den IT-Sicherheitsbeauftragten, die IT-Anwender und die IT-Administratoren). Außerdem sollten die Organisationseinheiten oder Rollen benannt werden, die als Ansprechpartner für Sicherheitsfragen fungieren.

- Programme zur Förderung der Informationssicherheit durch Schulungs- und Sensibilisierungsmaßnahmen können angekündigt werden.

Abbildung 2: Inhalte der Sicherheitsleitlinie

3.3.3 Einberufung einer Entwicklungsgruppe für die Sicherheitsleitlinie

Falls es innerhalb der Institution bereits ein IS-Management-Team gibt, so sollte dieses die Informationssicherheitsleitlinie entwickeln bzw. überprüfen und überarbeiten. Danach wird dieser Entwurf der Behörden- bzw. Unternehmensleitung zur Genehmigung vorgelegt.

Befindet sich das Informationssicherheitsmanagement erst im Aufbau, so sollte eine Entwicklungsgruppe zur Erarbeitung der Sicherheitsleitlinie eingerichtet werden. Diese Gruppe kann im Laufe des Sicherheitsprozesses die Funktion des IS-Management-Teams übernehmen. Sinnvollerweise sollten in dieser Entwicklungsgruppe Vertreter der IT-Anwender, Vertreter des IT-Betriebs und ein oder mehrere in Sachen Informationssicherheit ausreichend vorgebildete Mitarbeiter mitwirken. Idealerweise sollte zeitweise auch ein Mitglied der Leitungsebene, das die Bedeutung der Informationsverarbeitung für die Institution einschätzen kann, hinzugezogen werden.

3.3.4 Bekanntgabe der Sicherheitsleitlinie

Es ist wichtig, dass die Behörden- bzw. Unternehmensleitung ihre Zielsetzungen und Erwartungshaltungen durch Bekanntgabe der Sicherheitsleitlinie unterstreicht und den Stellenwert sowie die Bedeutung der Informationssicherheit in der gesamten Organisation verdeutlicht. Alle Mitarbeiter sollten daher die Inhalte der Sicherheitsleitlinie kennen und nachvollziehen können. Neuen Mitarbeitern sollte die Sicherheitsleitlinie erläutert werden, bevor sie Zugang zur Informationsverarbeitung erhalten.

Da die Verantwortung der Behörden- bzw. Unternehmensleitung in Bezug auf die Sicherheitsleitlinie entscheidend ist, sollte die Leitlinie schriftlich fixiert sein. Die Behörden- bzw. Unternehmensleitung sollte ihr formell zugestimmt haben. Die Inhalte der Sicherheitsleitlinie sollten also innerhalb der Institution nicht nur bekannt sein, sondern auch möglichst einfach zugreifbar sein, z. B. im Intranet der Institution. Wenn diese vertrauliche Aussagen enthält, sollten diese in eine Anlage zur Leitlinie verlagert werden, die deutlich als vertraulich gekennzeichnet ist.

Schließlich sollten alle Mitarbeiter darauf aufmerksam gemacht werden, dass nicht nur bei der Aufgabenerfüllung allgemein, sondern auch bei der Erfüllung der Aufgabe "Informationssicherheit" von jedem Mitarbeiter ein engagiertes, kooperatives sowie verantwortungsbewusstes Handeln erwartet wird.

3.3.5 Aktualisierung der Sicherheitsleitlinie

Die Leitlinie zur Informationssicherheit sollte in regelmäßigen Abständen auf ihre Aktualität hin überprüft und gegebenenfalls angepasst werden. Hierbei sollte beispielsweise überlegt werden, ob sich Geschäftsziele oder Aufgaben und damit Geschäftsprozesse geändert haben, ob wesentliche IT-Verfahren geändert worden sind, ob die Organisationsstruktur neu ausgerichtet wurde oder ob neue IT-Systeme eingeführt worden sind. Bei den häufig rasanten Entwicklungen im Bereich der IT einerseits und der Sicherheitslage andererseits empfiehlt es sich, die Sicherheitsleitlinie spätestens alle zwei Jahre zu überdenken.

Aktionspunkte zu 3.3 Erstellung einer Sicherheitsleitlinie
• Auftrag der Leitungsebene zur Erarbeitung einer Sicherheitsleitlinie einholen
• Geltungsbereich festlegen
• Entwicklungsgruppe für die Sicherheitsleitlinie einberufen
• Inkraftsetzung der Sicherheitsleitlinie durch die Leitungsebene veranlassen
• Sicherheitsleitlinie bekannt geben
• Sicherheitsleitlinie regelmäßig überprüfen und gegebenenfalls aktualisieren

3.4   Organisation des Sicherheitsprozesses

Das angestrebte Sicherheitsniveau kann nur erreicht werden, wenn der Informationssicherheitsprozess institutionsweit umgesetzt wird. Dieser übergreifende Charakter des Sicherheitsprozesses macht es notwendig, Rollen innerhalb der Institution festzulegen und den Rollen die entsprechenden Aufgaben zuzuordnen. Diese Rollen müssen dann qualifizierten Mitarbeitern übertragen und von diesen ausgeführt werden. Nur so kann gewährleistet werden, dass alle wichtigen Aspekte berücksichtigt und sämtliche anfallenden Aufgaben effizient und effektiv erledigt werden.

Die Aufbauorganisation, die zur Förderung und Durchsetzung des Informationssicherheitsprozesses erforderlich ist, wird als Informationssicherheitsorganisation oder kurz IS-Organisation bezeichnet.

Wie viele Personen, in welcher Organisationsstruktur und mit welchen Ressourcen mit Informationssicherheit beschäftigt sind, hängt von der Größe, Beschaffenheit und Struktur der jeweiligen Institution ab. Auf jeden Fall sollte als zentraler Ansprechpartner für die Koordination, Verwaltung und Kommunikation des Prozesses Informationssicherheit ein IT-Sicherheitsbeauftragter benannt sein. In größeren Institutionen gibt es darüber hinaus typischerweise weitere Personen, die verschiedene Teilaufgaben für Informationssicherheit wahrnehmen. Um deren Tätigkeiten aufeinander abzustimmen, sollte ein IS-Management-Team aufgebaut werden, das sämtliche übergreifenden Belange der Informationssicherheit regelt und Pläne, Vorgaben und Richtlinien erarbeitet.

Um den direkten Zugang zur Institutionsleitung sicherzustellen, sollten diese Rollen als Stabsstelle organisiert sein. Auf Leitungsebene sollte die Aufgabe Informationssicherheit eindeutig einem verantwortlichen Manager zugeordnet sein, an den der IT-Sicherheitsbeauftragte berichtet.

Unabhängig davon, wie eine optimale Struktur für die eigene IS-Organisation zu gestalten ist, sind die drei folgenden Grundregeln dabei unbedingt zu beachten.

Grundregeln bei der Definition von Rollen im Informationssicherheitsmanagement

- Die Gesamtverantwortung für die ordnungsgemäße und sichere Aufgabenerfüllung (und damit für die Informationssicherheit) verbleibt bei der Leitungsebene.

- Es ist mindestens eine Person (typischerweise als IT-Sicherheitsbeauftragter) zu benennen, die den Informationssicherheitsprozess fördert und koordiniert.

- Jeder Mitarbeiter ist gleichermaßen für seine originäre Aufgabe wie für die Aufrechterhaltung der Informationssicherheit an seinem Arbeitsplatz und in seiner Umgebung verantwortlich.

3.4.1 Integration der Informationssicherheit in organisationsweite Abläufe und Prozesse

Das Management der Informationssicherheit ist zwar nur eine von vielen wichtigen Managementaufgaben, hat jedoch Einfluss auf nahezu alle Bereiche einer Institution. Daher muss das Informationssicherheitsmanagement vernünftig in bestehende Organisationsstrukturen integriert und Ansprechpartner festgelegt werden. Aufgaben und Zuständigkeiten müssen klar voneinander abgegrenzt sein. Es muss dabei gewährleistet sein, dass nicht nur bei einzelnen Maßnahmen, sondern bei allen strategischen Entscheidungen die notwendigen Sicherheitsaspekte berücksichtigt werden (zum Beispiel beim Thema Outsourcing oder bei der Nutzung neuer elektronischer Vertriebskanäle). Um dies sicherzustellen, ist es wichtig, dass die IS-Organisation bei allen Projekten, die Auswirkungen auf die Informationssicherheit haben könnten, rechtzeitig beteiligt wird.

Vor allem in größeren Organisationen existiert bereits häufig ein übergreifendes Risikomanagementsystem. Da IT-Risiken zu den wichtigsten operationellen Risiken gehören, sollten die Methoden zum Management von IT-Risiken mit den bereits etablierten Methoden abgestimmt werden.

3.4.2 Aufbau der Informationssicherheitsorganisation

In Abhängigkeit von der Institutionsgröße bieten sich verschiedene Möglichkeiten für die Aufbauorganisation des Informationssicherheitsmanagements an.

In den nachstehenden Abbildungen werden drei davon aufgezeigt. Die erste Abbildung zeigt die Struktur für die IS-Organisation in einer großen Institution. Die zweite Abbildung zeigt den Aufbau in einer mittelgroßen Institution, in der das IS-Management-Team und der IT-Sicherheitsbeauftragte zusammengefasst wurden. Die dritte Abbildung zeigt eine Struktur für die IS-Organisation in einer kleinen Institution, in der alle Aufgaben vom IT-Sicherheitsbeauftragten wahrgenommen werden.

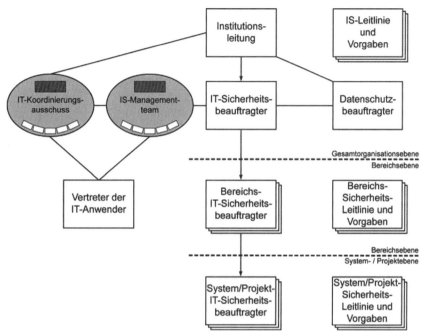

Abbildung 3.1: Aufbau einer IS-Organisation in einer großen Institution

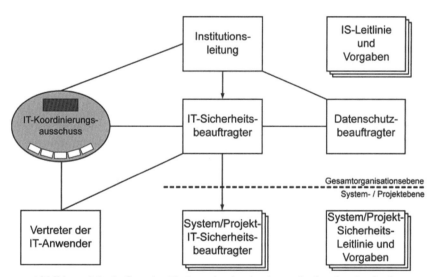

Abbildung 3.2: Aufbau der IS-Organisation in einer mittelgroßen Institution

3   Initiierung des Sicherheitsprozesses

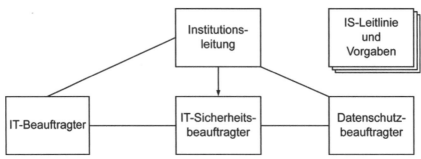

Abbildung 3.3: Aufbau der IS-Organisation in einer kleinen Institution

An dieser Stelle sei deutlich darauf hingewiesen, dass die in den Abbildungen dargestellten zentralen Rollen nicht unbedingt von verschiedenen Personen wahrgenommen werden müssen. Die personelle Ausgestaltung richtet sich nach der Größe der jeweiligen Institution, den vorhandenen Ressourcen und dem angestrebten Sicherheitsniveau. Die Ressourcenplanung für die Unterstützung der Informationssicherheit muss so erfolgen, dass das beschlossene Sicherheitsniveau auch tatsächlich erreicht werden kann.

3.4.3 Aufgaben, Verantwortungen und Kompetenzen in der IS-Organisation

IT-Sicherheitsbeauftragte und IS-Management-Team müssen klar definierte Aufgaben, Verantwortungen und Kompetenzen haben, die von der Leitungsebene festzulegen sind. Um ihre Aufgabe wahrnehmen zu können, sollten sie bei allen relevanten Verfahren und Entscheidungen beteiligt werden. Die Rollen sind so in die Organisationsstruktur einzubinden, dass alle Beteiligten untereinander kommunizieren können. Mit der Wahrnehmung der Aufgaben als IT-Sicherheitsbeauftragte bzw. im IS-Management-Team sollte qualifiziertes Personal betraut werden. Bei Bedarf können unterstützend Aufgaben an Bereichs-IT-Sicherheitsbeauftragte, Projekt- sowie IT-System-Sicherheitsbeauftragte delegiert werden.

3.4.4 Der IT-Sicherheitsbeauftragte

Informationssicherheit wird häufig vernachlässigt, so dass es hinter dem Tagesgeschäft zurücksteckt. Dadurch besteht bei unklarer Aufteilung der Zuständigkeiten die Gefahr, dass Informationssicherheit grundsätzlich zu einem "Problem anderer Leute" wird. Damit wird die Verantwortung für Informationssicherheit so lange hin und her geschoben, bis keiner sie mehr zu haben glaubt. Um dies zu vermeiden, sollte ein Haupt-Ansprechpartner für alle Aspekte rund um Informationssicherheit, ein IT-Sicherheitsbeauftragter, ernannt werden, der die Aufgabe "Informationssicherheit" koordiniert und innerhalb der Institution vorantreibt. Ob es neben diesem weitere Personen mit Sicherheitsaufgaben gibt und wie die Informationssicherheit organisiert ist, hängt von der Art und Größe der Institution ab.

Die Rolle des Verantwortlichen für Informationssicherheit wird je nach Art und Ausrichtung der Institution anders genannt. Häufige Titel sind IT-Sicherheitsbeauftragter oder kurz IT-SiBe, Chief Security Officer (CSO), Chief Information Security Officer (CISO) oder Information Security Manager. Mit dem Titel "Sicherheitsbeauftragter" werden dagegen häufig die Personen bezeichnet, die für Arbeitsschutz, Betriebssicherheit oder Werkschutz zuständig sind.

Um einen Sicherheitsprozesses erfolgreich planen, umsetzen und aufrechterhalten zu können, müssen die Verantwortlichkeiten klar definiert werden. Es müssen also Rollen definiert sein, die die verschiedenen Aufgaben für die Erreichung der Informationssicherheitsziele wahrnehmen müssen. Außerdem müssen Personen benannt sein, die qualifiziert sind und denen ausreichend Ressourcen zur Verfügung stehen, um diese Rollen auszufüllen.

Zuständigkeiten und Aufgaben

Der IT-Sicherheitsbeauftragte ist zuständig für die Wahrnehmung aller Belange der Informationssicherheit innerhalb der Institution. Die Hauptaufgabe des IT-Sicherheitsbeauftragten besteht darin, die Behörden- bzw. Unternehmensleitung bei deren Aufgabenwahrnehmung bezüglich der Informationssicherheit zu beraten und diese bei der Umsetzung zu unterstützen. Seine Aufgaben umfassen unter anderen:

- den Informationssicherheitsprozess zu steuern und bei allen damit zusammenhängenden Aufgaben mitzuwirken,

- die Leitungsebene bei der Erstellung der Leitlinie zur Informationssicherheit zu unterstützen,

- die Erstellung des Sicherheitskonzepts, des Notfallvorsorgekonzepts und anderer Teilkonzepte und System-Sicherheitsrichtlinien zu koordinieren sowie weitere Richtlinien und Regelungen zur Informationssicherheit zu erlassen,

- die Realisierung von Sicherheitsmaßnahmen zu initiieren und zu überprüfen,

- der Leitungsebene und dem IS-Management-Team über den Status quo der Informationssicherheit zu berichten,

- sicherheitsrelevante Projekte zu koordinieren,

- Sicherheitsvorfälle zu untersuchen und

- Sensibilisierungs- und Schulungsmaßnahmen zur Informationssicherheit zu initiieren und koordinieren.

Der IT-Sicherheitsbeauftragte ist außerdem bei allen größeren Projekten, die deutliche Auswirkungen auf die Informationsverarbeitung haben, sowie bei der Einführung neuer Anwendungen und IT-Systeme zu beteiligen, um die Beachtung von Sicherheitsaspekten in den verschiedenen Projektphasen zu gewährleisten.

Anforderungsprofil

Zur Erfüllung dieser Aufgaben ist es wünschenswert, dass der IT-Sicherheitsbeauftragte über Wissen und Erfahrung in den Gebieten Informationssicherheit und IT verfügt. Da diese Aufgabe eine Vielzahl von Fähigkeiten erfordert, sollte bei der Auswahl außerdem darauf geachtet werden, dass die folgenden Qualifikationen vorhanden sind:

- Identifikation mit den Zielsetzungen der Informationssicherheit, Überblick über Aufgaben und Ziele der Institution

- Kooperations- und Teamfähigkeit, aber auch Durchsetzungsvermögen (Kaum eine Aufgabe erfordert so viel Fähigkeit und Geschick im Umgang mit anderen Personen: Die Leitungsebene muss in zentralen Fragen des Sicherheitsprozesses immer wieder eingebunden werden. Entscheidungen müssen eingefordert werden und die Mitarbeiter müssen, eventuell mit Hilfe des Bereichs-IT-Sicherheitsbeauftragten, in den Sicherheitsprozess mit eingebunden werden.)

- Erfahrungen im Projektmanagement, idealerweise im Bereich der Systemanalyse und Kenntnisse über Methoden zur Risikobewertung

Ein IT-Sicherheitsbeauftragter muss außerdem die Bereitschaft mitbringen, sich in neue Gebiete einzuarbeiten und Entwicklungen in der IT zu verfolgen. Er sollte sich so aus- und fortbilden, dass er die erforderlichen Fachkenntnisse für die Erledigung seiner Aufgaben besitzt.

Kooperation und Kommunikation

Die Zusammenarbeit mit den Mitarbeitern ebenso wie mit Externen verlangt viel Geschick, da diese zunächst von der Notwendigkeit der (für sie manchmal etwas lästigen) Sicherheitsmaßnahmen überzeugt werden müssen. Ein ebenfalls sehr sensibles Thema ist die Befragung der Mitarbeiter nach sicherheitskritischen Vorkommnissen und Schwachstellen. Um den Erfolg dieser Befragungen zu garantieren, müssen die Mitarbeiter davon überzeugt werden, dass ehrliche Antworten nicht zu Problemen für sie selbst führen.

Die Kommunikationsfähigkeiten des IT-Sicherheitsbeauftragten sind nicht nur gegenüber den Mitarbeiter gefordert. Genauso wichtig ist es, dass der IT-Sicherheitsbeauftragte in der Lage ist, seine fachliche Meinung gegenüber der Behörden- oder Unternehmensleitung zu vertreten. Er muss so selbstbewusst und kommunikationsfähig sein, um gelegentlich auch Einspruch gegen eine Entscheidung einzulegen, die mit dem Ziel eines sicheren IT-Betriebs nicht vereinbar ist.

Unabhängigkeit

Es ist empfehlenswert, die Position des IT-Sicherheitsbeauftragten organisatorisch als Stabsstelle einzurichten, also als eine direkt der Leitungsebene zugeordnete Position, die von keinen anderen Stellen Weisungen bekommt. Es ist z. B. problematisch, wenn ein "aktiver" Administrator sie zusätzlich zu seinen normalen Aufgaben wahrnimmt, da es mit hoher Wahrscheinlichkeit zu Interessenskonflikten kommen wird. Die Personalunion kann dazu führen, dass er als IT-Sicherheitsbeauftragter Einspruch gegen Entscheidungen einlegen müsste, die ihm sein Leben als Administrator wesentlich erleichtern würden oder die gar von seinem Fachvorgesetzten stark favorisiert werden. In jedem Fall muss der IT-Sicherheitsbeauftragte das direkte und jederzeitige Vorspracherecht bei der Behörden- bzw. Unternehmensleitung haben, um diese über Sicherheitsvorfälle, -risiken und –maßnahmen informieren zu können. Er muss aber auch über das Geschehen in der Institution, soweit es einen Bezug zu seiner Tätigkeit hat, umfassend und frühzeitig unterrichtet werden.

Personalunion mit dem Datenschutzbeauftragten

Eine häufige Frage ist, ob die Position des IT-Sicherheitsbeauftragten gleichzeitig vom Datenschutzbeauftragten wahrgenommen werden kann (zu dessen Aufgaben siehe unten). Die beiden Rollen schließen sich nicht grundsätzlich aus, es sind allerdings einige Aspekte im Vorfeld zu klären:

* Die Schnittstellen zwischen den beiden Rollen sollten klar definiert und dokumentiert werden. Außerdem sollten auf beiden Seiten direkte Berichtswege zur Leitungsebene existieren. Weiterhin sollte überlegt werden, ob konfliktträchtige Themen zusätzlich noch nachrichtlich an die Revision weitergeleitet werden sollten.

* Es muss sichergestellt sein, dass der IT-Sicherheitsbeauftragte ausreichend Ressourcen für die Wahrnehmung beider Rollen hat. Gegebenenfalls muss er durch entsprechende Erfüllungsgehilfen unterstützt werden.

Es darf nicht vergessen werden, dass auch der IT-Sicherheitsbeauftragte einen qualifizierten Vertreter benötigt.

3.4.5 Das IS-Management-Team

Das IS-Management-Team unterstützt den IT-Sicherheitsbeauftragten, indem es übergreifende Maßnahmen in der Gesamtorganisation koordiniert, Informationen zusammenträgt und Kontrollaufgaben durchführt. Die genaue Ausprägung hängt von der Größe der jeweiligen Institution, dem angestrebten Sicherheitsniveau und den vorhandenen Ressourcen ab. Im Extremfall besteht das IS-Management-Team nur aus einer einzigen Person, dem IT-Sicherheitsbeauftragten, dem in diesem Fall sämtliche Aufgaben im Sicherheitsprozess obliegen.

Aufgaben des IS-Management-Teams sind insbesondere:

* Informationssicherheitsziele und -strategien zu bestimmen sowie die Leitlinie zur Informationssicherheit zu entwickeln,

* die Umsetzung der Sicherheitsleitlinie zu überprüfen,

* den Sicherheitsprozess zu initiieren, zu steuern und zu kontrollieren,

* bei der Erstellung des Sicherheitskonzepts mitzuwirken,

* zu überprüfen, ob die im Sicherheitskonzept geplanten Sicherheitsmaßnahmen wie beabsichtigt funktionieren sowie geeignet und wirksam sind,

* die Schulungs- und Sensibilisierungsprogramme für Informationssicherheit zu konzipieren sowie

* den IT-Koordinierungsausschuss und die Leitungsebene in Fragen der Informationssicherheit zu beraten.

Zusammensetzung des Teams

Um seine Aufgaben erfüllen zu können, sollte sich das IS-Management-Team aus Personen zusammensetzen, die Kenntnisse in Informationssicherheit, technische Kenntnisse über IT-Systeme sowie Erfahrung mit Organisation und Verwaltung haben. Darüber hinaus sollte das IS-Management-Team die unterschiedlichen Aufgabenbereiche einer Organisation widerspiegeln. Im IS-Management-Team sollten mindestens folgende Rollen vertreten sein: ein IT-Verantwortlicher, der IT-Sicherheitsbeauftragte und ein Vertreter der Anwender. Da häufig auch personenbezogene Daten betroffen sind, sollte der Datenschutzbeauftragte ebenfalls Mitglied des IS-Management-Teams sein. Gibt es in der Organisation bereits ein ähnliches Gremium, könnten dessen Aufgaben entsprechend erweitert werden. Um die Bedeutung der Informationssicherheit zu unterstreichen, ist es jedoch ratsam, ein IS-Management-Team einzurichten und dieses mit angemessenen Ressourcen auszustatten.

3.4.6 Bereichs-IT-Sicherheitsbeauftragte, Projekt- bzw. IT-System-Sicherheitsbeauftragte

Bei großen Organisationen kann es erforderlich sein, in den verschiedenen Bereichen eigene IT-Sicherheitsbeauftragte einzusetzen. Der Bereichs-IT-Sicherheitsbeauftragte ist für alle Sicherheitsbelange der Geschäftsprozesse, Anwendungen und IT-Systeme in seinem Bereich (z. B. Abteilung oder Außenstelle) verantwortlich. Je nach Größe des zu betreuenden Bereiches kann die Aufgabe des Bereichs-IT-Sicherheitsbeauftragten von einer Person übernommen werden, die bereits mit ähnlichen Aufgaben betraut ist, z. B. dem Bereichs-IT-Beauftragten (falls vorhanden). Auf jeden Fall ist bei der Auswahl des Bereichs-IT-Sicherheitsbeauftragten darauf zu achten, dass er die Aufgaben, Gegebenheiten und Arbeitsabläufe in dem zu betreuenden Bereich gut kennt.

Die verschiedenen Geschäftsprozesse, Anwendungen und IT-Systeme einer Institution haben oft verschiedene Sicherheitsanforderungen, die unter Umständen in spezifischen Sicherheitsleitlinien zusammengefasst sind und unterschiedlicher Sicherheitsmaßnahmen bedürfen. Analoges trifft für den Projekt-Sicherheitsbeauftragten zu, mit dem Unterschied, dass es sich bei den Aufgaben um projektspezifische statt IT-systemspezifische handelt.

Als Aufgaben der Projekt-, IT-System- bzw. Bereichs-Sicherheitsbeauftragten sind festzuhalten:

- die Vorgaben des IT-Sicherheitsbeauftragten umsetzen,

- die Sicherheitsmaßnahmen gemäß IT-System-Sicherheitsleitlinie oder anderer spezifischer Sicherheitsleitlinien umsetzen,

- projekt- oder IT-systemspezifische Informationen zusammenfassen und an den IT-Sicherheitsbeauftragten weiterleiten,

- als Ansprechpartner der Mitarbeiter vor Ort dienen,

- bei der Auswahl der Sicherheitsmaßnahmen zur Umsetzung der spezifischen Sicherheitsleitlinien mitwirken,

- Information über Schulungs- und Sensibilisierungsbedarf von Beschäftigten ermitteln,

- Protokolldateien regelmäßig kontrollieren und auswerten sowie

- eventuell auftretende sicherheitsrelevante Zwischenfälle an den IT-Sicherheitsbeauftragten melden.

Anforderungsprofil

Folgende Qualifikationen sollten vorhanden sein:

- detaillierte IT-Kenntnisse, da diese die Gespräche mit Mitarbeitern vor Ort erleichtern und bei der Suche nach Sicherheitsmaßnahmen für die speziellen IT-Systeme von Nutzen sind, sowie

- Kenntnisse im Projektmanagement, die bei der Organisation von Benutzerbefragungen und der Erstellung von Plänen zur Umsetzung und der Kontrolle von Sicherheitsmaßnahmen hilfreich sind.

3.4.7 IT-Koordinierungsausschuss

Der IT-Koordinierungsausschuss ist in der Regel keine Dauereinrichtung in einer Institution, sondern wird bei Bedarf (z. B. zur Planung größerer IT-Projekte) einberufen. Er hat die Aufgabe, das Zusammenspiel zwischen dem IS-Management-Team, dem Vertreter der IT-Anwender, dem IT-Sicherheitsbeauftragten und der Behörden- bzw. Unternehmensleitung zu koordinieren.

3.4.8 Der Datenschutzbeauftragte

Der Datenschutz wird oft nachrangig behandelt, da er vermeintlich die effektive Informationsverarbeitung behindert, obwohl er in Deutschland und in vielen anderen Ländern auf gesetzlichen Vorschriften beruht und Verletzungen des damit verbundenen informationellen Selbstbestimmungsrechts empfindliche Geldbußen und Freiheitsstrafen nach sich ziehen kann.

Oft werden die Aufgaben des Datenschutzbeauftragten Personen übertragen, die aber bereits eine andere Rolle innehaben, mit der in der neuen Funktion auch eine Interessenkollision auftreten kann, indem sie sich beispielsweise in ihrer ursprünglichen Funktion selbst kontrollieren (z. B. IT-Leiter).

Um dies zu vermeiden, sollte ein kompetenter und qualifizierter Ansprechpartner für Datenschutzfragen ernannt werden, der alle Aspekte des Datenschutzes innerhalb der Institution begleitet und für eine angemessene Umsetzung und ausreichende Kontrolle sorgt. In dieser Funktion arbeitet er eng mit dem IT-Sicherheitsbeauftragten zusammen, gehört zum IS-Management-Team, ist weisungsunabhängig und berichtet direkt der Behörden- bzw. Unternehmensleitung.

Bei angemessener Verwirklichung wird der Datenschutz Arbeitsabläufe im Ergebnis eher fördern als erschweren. Wenn nämlich eine Behörde bzw. ein Unternehmen zu viele personenbezogene Daten sammelt, personenbezogene Daten zu spät löscht oder unberechtigt übermittelt, verstößt sie nicht nur gegen Datenschutzrecht, sondern verursacht auch erhöhten Verwaltungsaufwand und Mehrkosten. Vor allem ist der Datenschutz ein wichtiges Element eines bürger- und kundenfreundlichen Verhaltens, weil er die Verfahrensabläufe transparent macht.

Jede Institution sollte einen Datenschutzbeauftragten ernennen. In vielen Bereichen ist die Bestellung eines Datenschutzbeauftragten sogar gesetzlich vorgeschrieben. Auch in Institutionen, die keinen Datenschutzbeauftragten benannt haben, muss die Einhaltung der datenschutzrechtlichen Anforderungen sichergestellt sein. Dies kann auch durch das IS-Management-Team oder die interne Revision erfolgen.

Anforderungsprofil

Zum Datenschutzbeauftragten kann nur bestellt werden, wer die zur Erfüllung seiner Aufgaben erforderliche Fachkunde und Zuverlässigkeit besitzt. Zur Aufgabenerfüllung gehören technische, organisatorische und rechtliche Kenntnisse. Der Datenschutzbeauftragte muss die jeweiligen gesetzlichen Regelungen, bereichsspezifische datenschutzrechtliche Regelungen und die für die Institution einschlägigen Spezialvorschriften kennen und sicher anwenden können. Eine wichtige Rechtsnorm ist in Deutschland insbesondere das Bundesdatenschutzgesetz. Der Datenschutzbeauftragte sollte ferner gute Kenntnisse der Organisation und vertiefte Kenntnisse der Informationstechnik besitzen. Soweit ihm die fachliche Qualifikation in Teilbereichen noch fehlt, ist ihm Gelegenheit zu geben, sich entsprechend weiterzubilden. Mit den Aufgaben und der Arbeitsweise seiner Behörde bzw. seines Unternehmens sollte der Datenschutzbeauftragte möglichst aus eigener Erfahrung gut vertraut sein, um seinen Kontroll- und Beratungsaufgaben nachkommen zu können.

Der Datenschutzbeauftragte muss nicht ausschließlich mit diesen Funktionen betraut sein. Je nach Art und Umfang der personenbezogenen Datenverarbeitung und der damit verbundenen Datenschutzprobleme kann es angebracht sein, ihm daneben weitere Aufgaben zu übertragen. Dies wird besonders bei kleineren Institutionen in Betracht kommen. Besonders ist darauf zu achten, dass keine Interessenkonflikte oder Abhängigkeiten entstehen, die seine Aufgabenerfüllung gefährden. Möglich ist auch die Zusammenlegung der Funktionen des Datenschutzbeauftragten mit denen des IT-Sicherheitsbeauftragten.

Einbeziehungspflicht

Der Datenschutzbeauftragte muss das direkte und jederzeitige Vortragsrecht bei der Behörden- bzw. Unternehmensleitung haben und über das Geschehen in der Behörde bzw. dem Unternehmen, soweit es einen Bezug zu seiner Tätigkeit hat, umfassend und frühzeitig unterrichtet werden. Er ist an datenschutzrelevanten Vorgängen zu beteiligen, und Planungen, die den Umgang mit personenbezogenen Daten betreffen, sind ihm bekannt zu geben. Bei Bedarf muss er von anderen Mitarbeitern mit weitergehenden rechtlichen oder technischen Kenntnissen unterstützt werden.

Zuständigkeiten und Aufgaben

Der Datenschutzbeauftragte soll dazu beitragen, dass seine Institution den Erfordernissen des Datenschutzes umfassend Rechnung trägt. Er hat die Einhaltung der Vorschriften des Datenschutzes in allen Bereichen zu überwachen. Er nimmt seine Aufgaben im Wesentlichen durch Beratung und Kontrollen wahr. Seine vorrangige Aufgabe ist die Beratung. Für die Mitarbeiter sollte der Datenschutzbeauftragte Ansprechpartner in allen Fragen des Datenschutzes sein, an den sie sich jederzeit vertrauensvoll wenden können. Bei Schwachstellen und Versäumnissen sollte er zunächst gemeinsam mit den Beteiligten nach konstruktiven Lösungen suchen.

Der Datenschutzbeauftragte hilft der Behörden- bzw. Unternehmensleitung, ihre Verantwortung für die Wahrung des Persönlichkeitsschutzes wahrzunehmen und Zwischenfälle zu vermeiden, die dem Ansehen der Institution abträglich wären. Er sollte auch Kontakt zum Personal- bzw. Betriebsrat halten. Eine gute Zusammenarbeit ist nicht nur wegen der Sensibilität der Personaldatenverarbeitung wünschenswert.

Der spezielle Zuschnitt der Aufgaben des Datenschutzbeauftragten richtet sich im Einzelfall nach den zu erfüllenden Aufgaben, aber auch nach Größe, dem Aufbau und der Gliederung der jeweiligen Behörde bzw. des Unternehmens.

Aktionspunkte zu 3.4 Aufbau einer IS-Organisation

- Rollen für die Gestaltung des Informationssicherheitsprozesses festlegen

- Aufgaben und Verantwortungsbereiche den Rollen zuordnen

- Personelle Ausstattung der Rollen festlegen

- IS-Organisation dokumentieren

- Informationssicherheitsmanagement in die organisationsweiten Abläufe und Prozesse integrieren

---

3.5   Bereitstellung von Ressourcen für die Informationssicherheit

Bedrohungen können Schäden und damit Kosten verursachen, Risikovorsorge kostet aber auch Ressourcen – ein effektives Risikomanagement hilft, diese Kosten zu steuern. Ein angemessenes Maß an Informationssicherheit ist immer nur mit einem entsprechenden Aufwand zu erreichen und aufrechtzuerhalten. Deshalb ist beim Festlegen des Sicherheitsniveaus und bei der Formulierung konkreter Sicherheitsanforderungen für die jeweilige Institution darauf zu achten, dass das angestrebte Sicherheitsniveau auch wirtschaftlich sinnvoll ist.

3.5.1 Kosteneffiziente Sicherheitsstrategie

Bei der Ausgestaltung der Sicherheitsstrategie sind von vornherein Wirtschaftlichkeitsaspekte zu berücksichtigen. Stellt sich heraus, dass die notwendigen Sicherheitsmaßnahmen mit den zur Verfügung stehenden Ressourcen nicht umzusetzen sind, muss die Strategie geändert werden. Wenn Anspruch und finanzielle Möglichkeiten zu weit auseinander liegen, müssen Geschäftsprozesse oder die Art und Weise des IT-Betriebs grundsätzlich überdacht werden.

Die Erfahrung zeigt, dass das Verhältnis zwischen dem Aufwand, der zur Erhöhung des Sicherheitsniveaus erforderlich ist, und dem dadurch erreichten Sicherheitsgewinn immer ungünstiger wird, je höher das angestrebte Sicherheitsniveau ist. Absolut perfekte Informationssicherheit ist nicht erreichbar. Das nachstehende Diagramm soll verdeutlichen, wie viel Aufwand in Relation zum angestrebten Sicherheitsniveau zu betreiben ist. Dieser Aufwand bietet eine Orientierung für die personellen, zeitlichen und monetären Ressourcen, die zur Erreichung dieses Sicherheitsniveaus notwendig sind.

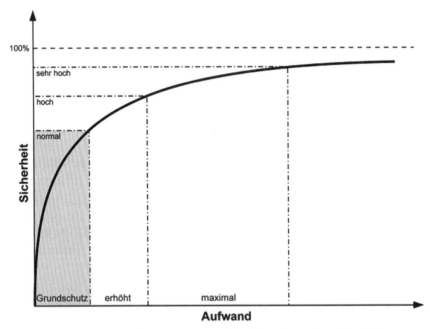

Abbildung 4: Aufwand-Nutzen-Relation für Informationssicherheit

Es ist unbedingt notwendig, bei der Auswahl der einzelnen Schritte im Sicherheitsprozess auf die Kosten-Nutzen-Aspekte jeder Maßnahme genau zu achten. Zur erheblichen Verbesserung des Sicherheitsniveaus tragen oft einfache organisatorische Regelungen bei, die ohne viel Aufwand oder zusätzliche technische Ausrüstung zu implementieren sind. Erst nachdem diese elementaren Sicherheitsmaßnahmen realisiert wurden, ist die Investition in technische und aufwendige Sicherheitsinfrastrukturen sinnvoll.

Informationssicherheit erfordert finanzielle, personelle und zeitliche Ressourcen, die vom Management den formulierten Anforderungen entsprechend bereitgestellt werden müssen. Häufig werden mit IT-Sicherheit ausschließlich technische Lösungen verbunden. Auch dies ist ein Grund, besser den Begriff Informationssicherheit zu benutzen. Vor allem ist es aber wichtig, darauf hinzuweisen, dass Investitionen in personelle Ressourcen und organisatorische Regelungen häufig effektiver sind als Investitionen in Sicherheitstechnik. Technik alleine löst keine Probleme, technische Maßnahmen müssen immer in einen geeigneten organisatorischen Rahmen eingebunden werden.

3.5.2 Ressourcen für die IS-Organisation

Umfragen zur Informationssicherheit zeigen, dass die Berufung eines IT-Sicherheitsbeauftragten häufig die effektivste Sicherheitsmaßnahme ist. Nach der Bestellung eines IT-Sicherheitsbeauftragten geht in den meisten Institutionen die Anzahl an Sicherheitsvorfällen signifikant zurück. Damit der IT-Sicherheitsbeauftragte seinen Aufgaben nachkommen kann, muss er vor allem ausreichend Zeit für seine Arbeit zugebilligt bekommen. In kleineren Institutionen ist es möglich, dass ein Mitarbeiter die Aufgaben des IT-Sicherheitsbeauftragten in Personalunion neben seinen eigentlichen Tätigkeiten wahrnimmt.

Nur wenige Institutionen, entweder sehr große oder solche mit einem hohen Bedarf an Informationssicherheit, werden die Möglichkeit haben, hauptamtliche Stellen für ein IS-Management-Team bereitstellen zu können. Im Allgemeinen werden diese Aufgaben von den Mitarbeitern neben den originären Aufgaben wahrzunehmen sein. Eine Ausnahme stellt hier jedoch die erstmalige Einrichtung des Sicherheitsprozesses dar. Wenn möglich, sollten die Mitglieder des IS-Management-Teams während dieser Phase weitgehend von ihren sonstigen Aufgaben freigestellt werden. Es hängt von der Aufgabenverteilung zwischen dem IS-Management-Team und dem IT-Sicherheitsbeauftragten ab, ob und inwieweit diese Freistellung auch danach noch sinnvoll ist. Die letztendliche Entscheidung hierfür liegt bei der Behörden- bzw. Unternehmensleitung. In jedem Fall sollte das IS-Management-Team regelmäßig tagen, um eine kontinuierliche Steuerung des Sicherheitsprozesses zu gewährleisten.

Die Einrichtung eines IS-Management-Teams hat den Vorteil, dass verschiedene Organisationseinheiten in den Sicherheitsprozess einbezogen und Kompetenzen gebündelt werden. Dadurch kann Informationssicherheit schneller in allen Organisationseinheiten umgesetzt werden und es entstehen weniger Reibungsverluste. Beispielsweise könnten die folgenden Organisationseinheiten beteiligt werden und die Sicherheitsaktivitäten koordinieren: Informationssicherheit, Revision, IT-Administration, IT-Leitung, Datenschutz, Personal-/Betriebsrat, Fachabteilung, Haus- und Gebäudetechnik, Rechtsabteilung, Finanzabteilung.

Zugriff auf externe Ressourcen

In der Praxis fehlt den internen Sicherheitsexperten häufig die Zeit, um alle sicherheitsrelevanten Einflussfaktoren und Rahmenbedingungen (z. B. gesetzliche Anforderungen oder technische Fragen) zu analysieren. Teilweise fehlen ihnen auch die entsprechenden Grundlagen. In diesen Fällen ist es sinnvoll, auf externe Experten zurückzugreifen. Dies muss von den internen Sicherheitsexperten dokumentiert werden, damit die Leitungsebene die erforderlichen Ressourcen bereitstellt.

Auch das Auslagern von Teilen des IT-Betriebs oder bestimmter Dienstleistungen, wie beispielsweise dem Firewall-Betrieb, kann die Informationssicherheit erhöhen, wenn dadurch auf Spezialisten zurückgegriffen werden kann, die intern nicht zur Verfügung stehen. Der Baustein B 1.11 Outsourcing der IT-Grundschutz-Kataloge gibt Empfehlungen, was hierbei aus Sicherheitssicht zu beachten ist.

3.5.3 Ressourcen für die Überprüfung der Informationssicherheit

Weiterhin müssen ausreichend Ressourcen bereitgestellt werden, damit die Wirksamkeit und Eignung von Sicherheitsmaßnahmen systematisch überprüft werden können. Nach Möglichkeit sollte auch geprüft werden, ob die eingesetzten Ressourcen in einem sinnvollen Verhältnis zum Sicherheitsnutzen stehen. Stellt sich z. B. heraus, dass die Sicherung bestimmter IT-Systeme unwirtschaftlich hohe Kosten verursacht, sollten alternative Maßnahmen gesucht werden. Es kann beispielsweise sinnvoll sein, bestimmte IT-Systeme nicht an unsichere Netze anzuschließen, wenn der Aufwand zur Sicherung zu hoch ist.

3.5.4 Ressourcen für den IT-Betrieb

Grundvoraussetzung für einen sicheren IT-Betrieb ist, dass dieser reibungslos funktioniert, also vernünftig geplant und organisiert ist. Für den IT-Betrieb müssen daher ausreichende Ressourcen zur Verfügung gestellt werden. Typische Probleme des IT-Betriebs (knappe Ressourcen, überlastete Administratoren oder eine unstrukturierte und schlecht gewartete IT-Landschaft) müssen in der Regel gelöst werden, damit die eigentlichen Sicherheitsmaßnahmen wirksam und effizient umgesetzt werden können.

Aktionspunkte zu 3.5 Bereitstellung von Ressourcen für die Informationssicherheit

- Angemessenheit und Wirtschaftlichkeit im gesamten Sicherheitsprozess berücksichtigen

- Gleichgewicht zwischen organisatorischer und technischer Informationssicherheit sicherstellen

- Angemessene Ressourcen für den IT-Betrieb, das Informationssicherheitsmanagement und die Überprüfung der Informationssicherheit einfordern

- Gegebenenfalls auf externe Ressourcen zurückgreifen

3.6   Einbindung aller Mitarbeiter in den Sicherheitsprozess

Informationssicherheit betrifft ohne Ausnahme alle Mitarbeiter. Jeder Einzelne kann durch verant-wortungs- und sicherheitsbewusstes Handeln dabei helfen, Schäden zu vermeiden und zum Erfolg beitragen. Sensibilisierung für Informationssicherheit und fachliche Schulungen der Mitarbeiter sind daher eine Grundvoraussetzung für Informationssicherheit. Auch das Arbeitsklima, gemeinsame Wertvorstellungen und das Engagement der Mitarbeiter beeinflussen entscheidend die Informationssi-cherheit.

Bei allen Mitarbeitern, internen wie externen, müssen von der Personalauswahl bis zum Weggang der Mitarbeiter ebenfalls Aspekte der Informationssicherheit beachtet werden.

3.6.1 Schulung und Sensibilisierung

Alle Mitarbeiter müssen in Hinblick auf die Bedeutung von Sicherheitsmaßnahmen und ihre Anwen-dung geschult und sensibilisiert werden. Dafür müssen Schulungskonzepte für verschiedene Zielgrup-pen (z. B. Administratoren, Manager, Anwender, Wachpersonal) erstellt werden. Die Schulungen zu Informationssicherheit müssen dabei in bestehende Schulungskonzepte integriert werden.

Grundsätzlich müssen alle Mitarbeiter, die neu eingestellt oder denen neue Aufgaben zugewiesen wurden, gründlich eingearbeitet und ausgebildet werden. Bei der Gestaltung bzw. Auswahl der entsprechenden Schulungsmaßnahmen sollten alle relevanten Sicherheitsaspekte integriert werden. Auch erfahrene IT-Benutzer sollten in regelmäßigen Abständen ihr Wissen auffrischen und ergänzen.

Mitarbeiter müssen regelmäßig für Informationssicherheit sensibilisiert werden, um das Bewusstsein für die Risiken im alltäglichen Umgang mit Informationen zu schärfen. Um eine wirksame Sensibili-sierung für Informationssicherheit zu erreichen, ist es beispielsweise sinnvoll, ein Sicherheitsforum im Intranet einzurichten, in dem Tipps zu Sicherheitsmaßnahmen und aktuelle Schadensfälle veröf-fentlicht werden, den Mitarbeitern Workshops oder Vorträge zu Informationssicherheit anzubieten oder Fachzeitschriften verfügbar zu machen.

3.6.2 Kommunikation, Einbindung und Meldewege

Damit die Mitarbeiter auch nach den Schulungs- und Sensibilisierungsmaßnahmen den Bezug zu Sicherheitsthemen behalten, ist es wichtig, Ansprechpartner zu Sicherheitsfragen festzulegen und diese Zuständigkeiten bekannt zu machen. Nur so können die Mitarbeiter aktiv unterstützt werden und Sicherheitsrichtlinien und -konzepte in der Praxis und auf Dauer umsetzen. Dazu gehört auch die Definition von Melde- und Eskalationswegen für Sicherheitsvorfälle. Jeder Mitarbeiter muss wissen, wie er sich bei Verdacht auf einen Sicherheitsvorfall verhalten muss und wer der zuständige Ans-prechpartner ist. Zusätzlich muss es möglich sein, diese Informationen schnell und unter allen Um-ständen in Erfahrung zu bringen, beispielsweise auch, wenn keine IT mehr zur Verfügung steht.

Mitarbeiter müssen über den Sinn von Sicherheitsmaßnahmen aufgeklärt werden. Dies ist besonders wichtig, wenn sie Komfort- oder Funktionseinbußen zur Folge haben. Im Einzelfall können gerade Sicherheitsmaßnahmen mitbestimmungspflichtig sein, so dass eine Beteiligung von Personal- oder Betriebsrat sogar vorgeschrieben ist.

Werden Mitarbeiter frühzeitig bei Planung von Sicherheitsmaßnahmen oder der Gestaltung organisa-torischer Regelungen beteiligt, hat dies mehrere Vorteile:

- Das vorhandene Wissen und Ideen aus der eigenen Institution werden besser ausgenutzt.

- Die Praxistauglichkeit und Effizienz von Sicherheitsmaßnahmen oder organisatorischen Regelun-gen wird erhöht.

- Die Bereitschaft, Vorgaben und Maßnahmen im Alltagsbetrieb tatsächlich zu befolgen, steigt.

- Das Arbeitsklima wird positiv beeinflusst, wenn Mitarbeiter sich in die Entscheidungen des Managements eingebunden fühlen.

3.6.3 Aufgabenwechsel oder Weggang von Mitarbeitern

Wenn Mitarbeiter die Institution verlassen, andere Aufgaben übernehmen oder Zuständigkeiten verlieren, muss dies durch geeignete Sicherheitsmaßnahmen begleitet und dokumentiert werden. In der Regel müssen mehrere Stellen in einer Institution über den Aufgabenwechsel oder den Weggang eines Mitarbeiters informiert werden und entsprechende Aktionen durchführen, wie z. B. die Rückgabe von Schlüsseln und Ausweisen einfordern, die Zugriffsrechte auf Anwendungen und Informationen anpassen, die Pförtner und weiteres Personal informieren usw. Damit keine Sicherheitsrisiken entstehen, sollte das Identitäts- und Berechtigungsmanagement als Prozess klar definiert sein, z. B. in Form einer Anleitung oder Checkliste. Wenn der Mitarbeiter Funktionen im Sicherheitsprozess hatte, so müssen hier auch die entsprechenden Unterlagen wie beispielsweise der Notfallplan aktualisiert werden.

Des Weiteren ist es sinnvoll, die Mitarbeiter im Vorfeld (z. B. im Rahmen einer Dienstvereinbarung) über ihre Verpflichtungen bei einem Aufgabenwechsel oder bei der Beendung des Arbeitsverhältnisses zu informieren. Hierzu gehört unter anderem ein Hinweis auf ihre Verschwiegenheitspflichten.

Aktionspunkte zu 3.6 Einbindung aller Mitarbeiter in den Sicherheitsprozess
• Frühzeitig die Mitarbeiter und den Personal- bzw. Betriebsrat bei der Planung und Gestaltung von Sicherheitsmaßnahmen und Regelungen beteiligen
• Alle Mitarbeiter für die sie betreffenden Aspekte der Informationssicherheit schulen und regelmäßig sensibilisieren
• Alle Mitarbeiter über den Sinn von Sicherheitsmaßnahmen aufklären
• Ansprechpartner zu Sicherheitsfragen festlegen und Zuständigkeiten bekannt geben
• Melde- und Eskalationswege für Sicherheitsvorfälle festlegen und bekannt geben
• Sicherstellen, dass bei Ausscheiden oder Aufgabenwechsel von Mitarbeitern die erforderlichen Sicherheitsmaßnahmen eingehalten werden

4   Erstellung einer Sicherheitskonzeption nach IT-Grundschutz

Eines der Ziele des IT-Grundschutzes ist es, eine pragmatische und effektive Vorgehensweise zur Erzielung eines normalen Sicherheitsniveaus anzubieten, das auch als Basis für ein höheres Sicherheitsniveau dienen kann. Nachdem ein Informationssicherheitsprozess initiiert wurde und die Sicherheitsleitlinie und Informationssicherheitsorganisation definiert wurden, wird die Sicherheitskonzeption für die Institution erstellt. Zu diesem Zweck werden in den IT-Grundschutz-Katalogen für typische Komponenten von Geschäftsprozessen, Anwendungen und IT-Systeme organisatorische, personelle, infrastrukturelle und technische Standard-Sicherheitsmaßnahmen empfohlen. Diese sind in Bausteinen strukturiert, so dass sie modular aufeinander aufsetzen.

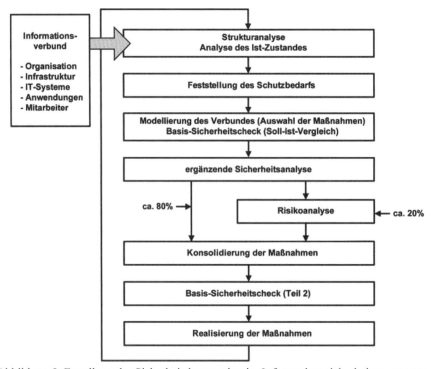

Abbildung 5: Erstellung der Sicherheitskonzeption im Informationssicherheitsmanagement

Die Methodik des IT-Grundschutzes

Bei der traditionellen Risikoanalyse werden zunächst die Bedrohungen ermittelt und mit Eintrittswahrscheinlichkeiten bewertet, um dann die geeigneten Sicherheitsmaßnahmen auszuwählen und anschließend noch das verbleibende Restrisiko bewerten zu können. Diese Schritte sind beim IT-Grundschutz bereits für jeden Baustein durchgeführt und die für typische Einsatzszenarien passenden Sicherheitsmaßnahmen ausgewählt worden. Bei Anwendung des IT-Grundschutzes reduziert sich die Analyse auf einen Soll-Ist-Vergleich zwischen den in den IT-Grundschutz-Katalogen empfohlenen und den bereits realisierten Maßnahmen. Dabei festgestellte fehlende oder nur unzureichend umgesetzte Maßnahmen zeigen die Sicherheitsdefizite auf, die es durch die empfohlenen Maßnahmen zu beheben gilt. Erst bei einem signifikant höheren Schutzbedarf muss zusätzlich eine ergänzende Sicherheitsanalyse unter Beachtung von Kosten- und Wirksamkeitsaspekten durchgeführt werden. In der Regel reicht es hierbei aus, die Maßnahmenempfehlungen der IT-Grundschutz-Kataloge durch entsprechende individuelle, qualitativ höherwertige Maßnahmen zu ergänzen. Hierzu ist im BSI-Standard 100-3 "Risikoanalyse auf der Basis von IT-Grundschutz" [BSI3] eine im Vergleich zu traditionellen Risikoanalyse-Methoden einfachere Vorgehensweise beschrieben.

Die Erstellung einer Sicherheitskonzeption nach IT-Grundschutz gliedert sich grob in folgende Bereiche:

Definition des Geltungsbereichs

Die Umsetzung von IT-Grundschutz in einem einzelnen großen Schritt ist oft ein zu ehrgeiziges Ziel. Viele kleine Schritte und ein langfristiger, kontinuierlicher Verbesserungsprozess ohne hohe Investitionskosten zu Beginn sind oft Erfolg versprechender. So kann es besser sein, zunächst nur in ausgewählten Bereichen das erforderliche Sicherheitsniveau umzusetzen. Von diesen Keimzellen ausgehend sollte dann kontinuierlich die Sicherheit in der Gesamtorganisation verbessert werden.

Zunächst muss daher der Bereich festgelegt werden, für den die Sicherheitskonzeption erstellt und umgesetzt werden soll. Dies können beispielsweise bestimmte Organisationseinheiten einer Institution sein. Es könnten aber auch Bereiche sein, die definierte Geschäftsprozesse oder Fachaufgaben bearbeiten, inklusive der dafür notwendigen Infrastruktur.

Im IT-Grundschutz wird der Geltungsbereich für die Sicherheitskonzeption auch als "Informationsverbund" bezeichnet.

Strukturanalyse

Für die Erstellung eines Sicherheitskonzepts und insbesondere für die Anwendung der IT-Grundschutz-Kataloge ist es erforderlich, das Zusammenspiel der Geschäftsprozesse, der Anwendungen und der vorliegenden Informationstechnik zu analysieren und zu dokumentieren. Aufgrund der heute üblichen starken Vernetzung von IT-Systemen bietet sich ein Netztopologieplan als Ausgangsbasis für die weitere technische Analyse an. Die folgenden Aspekte müssen berücksichtigt werden:

- im Informationsverbund betriebene Anwendungen und die dadurch gestützten Geschäftsprozesse,

- die organisatorischen und personellen Rahmenbedingungen für den Informationsverbund,

- im Informationsverbund eingesetzte vernetzte und nicht-vernetzte IT-Systeme,

- die Kommunikationsverbindungen zwischen den IT-Systemen und nach außen,

- die vorhandene Infrastruktur.

Die einzelnen Schritte der Strukturanalyse werden im Detail in Kapitel 4.2 dieses Dokuments in Form einer Handlungsanweisung beschrieben.

Schutzbedarfsfeststellung

Zweck der Schutzbedarfsfeststellung ist es, zu ermitteln, welcher Schutz für die Geschäftsprozesse, die dabei verarbeiteten Informationen und die eingesetzte Informationstechnik ausreichend und angemessen ist. Hierzu werden für jede Anwendung und die verarbeiteten Informationen die zu erwartenden Schäden betrachtet, die bei einer Beeinträchtigung von Vertraulichkeit, Integrität oder Verfügbarkeit entstehen können. Wichtig ist es dabei auch, die möglichen Folgeschäden realistisch einzuschätzen. Bewährt hat sich eine Einteilung in die drei Schutzbedarfskategorien "normal", "hoch" und "sehr hoch".

Die einzelnen Schritte der Schutzbedarfsfeststellung werden im Detail in Kapitel 4.3 dieses Dokuments erläutert.

Auswahl und Anpassung von Maßnahmen

Voraussetzung für die Anwendung der IT-Grundschutz-Kataloge auf einen Informationsverbund sind detaillierte Unterlagen über seine Struktur und den Schutzbedarf der darin enthaltenen Zielobjekte. Diese Informationen sollten über die zuvor beschriebenen Arbeitsschritte ermittelt werden. Um geeignete Sicherheitsmaßnahmen für den vorliegenden Informationsverbund identifizieren zu können, müssen anschließend die Bausteine der IT-Grundschutz-Kataloge auf die Zielobjekte und Teilbereiche abgebildet werden.

Dieser Vorgang der Modellierung wird in Kapitel 4.4 detailliert beschrieben.

Basis-Sicherheitscheck

Der Basis-Sicherheitscheck ist ein Organisationsinstrument, welches einen schnellen Überblick über das vorhandene Sicherheitsniveau bietet. Mit Hilfe von Interviews wird der Status quo eines bestehenden (nach IT-Grundschutz modellierten) Informationsverbunds in Bezug auf den Umsetzungsgrad von Sicherheitsmaßnahmen des IT-Grundschutzes ermittelt. Als Ergebnis liegt ein Katalog vor, in dem für jede relevante Maßnahme der Umsetzungsstatus "entbehrlich", "ja", "teilweise" oder "nein" erfasst ist. Durch die Identifizierung von noch nicht oder nur teilweise umgesetzten Maßnahmen werden Verbesserungsmöglichkeiten für die Sicherheit der betrachteten Geschäftsprozesse und der Informationstechnik aufgezeigt.

Kapitel 4.5 beschreibt einen Aktionsplan für die Durchführung eines Basis-Sicherheitschecks. Dabei wird sowohl den organisatorischen Aspekten als auch den fachlichen Anforderungen bei der Projektdurchführung Rechnung getragen.

Weiterführende Sicherheitsmaßnahmen

Die Standard-Sicherheitsmaßnahmen nach IT-Grundschutz bieten im Normalfall einen angemessenen und ausreichenden Schutz. Bei hohem oder sehr hohem Schutzbedarf kann es jedoch sinnvoll sein, zu prüfen, ob zusätzlich oder ersatzweise höherwertige Sicherheitsmaßnahmen erforderlich sind. Dies gilt auch, wenn besondere Einsatzbedingungen vorliegen oder wenn Komponenten verwendet werden, die nicht mit den existierenden Bausteinen der IT-Grundschutz-Kataloge abgebildet werden können. Hierzu ist zunächst im Rahmen einer *ergänzenden Sicherheitsanalyse* zu entscheiden, ob für die jeweils betroffenen Bereiche eine Risikoanalyse durchgeführt werden muss.

Eine Methode für Risikoanalysen ist die im BSI-Standard 100-3 "Risikoanalyse auf der Basis von IT-Grundschutz" beschriebene Vorgehensweise. In Kapitel 4.6 wird diese Methode überblicksartig dargestellt. Die erfolgreiche Durchführung einer Risikoanalyse hängt entscheidend von den Fachkenntnissen des Projektteams ab. Daher ist es häufig sinnvoll, fachkundiges externes Personal hinzuzuziehen.

4.1   Definition des Geltungsbereichs

Vor der Erstellung einer Sicherheitskonzeption muss zuerst festgelegt werden, welchen Bereich der Institution sie abdecken soll, also welchen Geltungsbereich sie haben soll. Dieser kann identisch mit dem Geltungsbereich der Leitlinie zur Informationssicherheit sein, es kann jedoch auch sinnvoll sein, Sicherheitskonzeptionen für kleinere Bereiche zu entwickeln. Dies kann beispielsweise der Fall sein, wenn der Aufwand für eine Gesamterstellung im ersten Schritt als zu hoch eingeschätzt wird und bestimmte Geschäftsprozesse gemäß der Sicherheitsleitlinie priorisiert behandelt werden müssen.

Es sollten nicht nur technische, sondern auch organisatorische Aspekte bei der Abgrenzung des Geltungsbereichs berücksichtigt werden, damit die Verantwortung und die Zuständigkeiten eindeutig festgelegt werden können. In jedem Fall sollte klar sein, welche Informationen, Fachaufgaben oder Geschäftsprozesse in der Sicherheitskonzeption explizit betrachtet werden.

Bei der Abgrenzung des Geltungsbereichs für die Sicherheitskonzeption müssen folgende Faktoren berücksichtig werden:

- Der Geltungsbereich sollte möglichst alle Bereiche, Aspekte und Komponenten umfassen, die zur Unterstützung der Fachaufgaben, Geschäftsprozesse oder Organisationseinheiten dienen und deren Verwaltung innerhalb der Institution stattfindet.

- Wenn dies nicht möglich ist, weil Teile der betrachteten Fachaufgaben oder Geschäftsprozesse organisatorisch von externen Partnern abhängig sind, beispielsweise im Rahmen von Outsourcing, sollten die Schnittstellen klar definiert werden, damit dies im Rahmen der Sicherheitskonzeption berücksichtigt werden kann.

Informationsverbund

Der Geltungsbereich für die Erstellung der Sicherheitskonzeption wird im Folgenden "Informationsverbund" genannt (oder auch "IT-Verbund"). Die Bezeichnung IT-Verbund beschreibt die eher technische Sicht auf den Geltungsbereich. Einem IT-Verbund werden aber nicht nur IT-Komponenten zugeordnet, sondern auch Informationen, organisatorische Regelungen, Aufgabenbereiche und Zuständigkeiten sowie physische Infrastruktur. Daher ist der Begriff Informationsverbund treffender.

Somit umfasst ein Informationsverbund die Gesamtheit von infrastrukturellen, organisatorischen, personellen und technischen Komponenten, die der Aufgabenerfüllung in einem bestimmten Anwendungsbereich der Informationsverarbeitung dienen. Ein Informationsverbund kann dabei als Ausprägung die gesamte Informationsverarbeitung einer Institution oder auch einzelne Bereiche, die durch organisatorische oder technische Strukturen (z. B. Abteilungsnetz) oder gemeinsame Geschäftsprozesse bzw. Anwendungen (z. B. Personalinformationssystem) gegliedert sind, umfassen.

Für die Erstellung der Sicherheitskonzeption werden die Bestandteile des betrachteten Informationsverbundes erfasst und seine Struktur analysiert. Ein systematisches Vorgehen für diese Strukturanalyse wird im nächsten Abschnitt beschrieben.

Aktionspunkte zu 4.1 Definition des Geltungsbereichs für die Sicherheitskonzeption

- Festlegen, welche kritischen Geschäftsprozesse, Fachaufgaben oder Teile der Institution der Geltungsbereich beinhalten soll

- Den Geltungsbereich eindeutig abgrenzen

- Schnittstellen zu externen Partnern beschreiben

4.2 Strukturanalyse

Die Strukturanalyse dient der Vorerhebung von Informationen, die für die weitere Vorgehensweise in der Erstellung eines Sicherheitskonzepts nach IT-Grundschutz benötigt werden. Dabei geht es um die Erfassung der Bestandteile (Informationen, Anwendungen, IT-Systeme, Räume, Kommunikationsnetze), die zur Erfüllung der im Geltungsbereich festgelegten Geschäftsprozesse oder Fachaufgaben benötigt werden.

Dazu müssen geschäftskritische Informationen und Anwendungen ermittelt und die betroffen IT-Systeme, Räume und Netze erfasst werden. Die klassische Vorgehensweise ist, zuerst die Anwendungen und ausgehend davon die weiteren betroffenen Objekte zu ermitteln. Dieser Ansatz hat den Nachteil, dass es häufig schwierig ist, abstrakte Anwendungen losgelöst von konkreten technischen Komponenten zu erfassen. Daher kann es in einigen Fällen zweckmäßig sein, abweichend von der hier dargestellten Reihenfolge zunächst die IT-Systeme zu erheben, da sich die Anwendungen häufig anhand der betrachteten IT-Systeme leichter ermitteln lassen.

Zu beachten ist, dass die Objekte und Daten, die im Rahmen einer Strukturanalyse erfasst werden, meist nicht nur für den Sicherheitsprozess, sondern auch für betriebliche Aspekte und die Verwaltung erforderlich sind. Es sollte daher geprüft werden, ob bereits Datenbanken oder Übersichten gepflegt werden, die im Rahmen der Strukturanalyse als Datenquellen genutzt werden können. In vielen Institutionen werden beispielsweise Datenbanken für die Inventarisierung, das Konfigurationsmanagement oder die Gestaltung von Geschäftsprozessen betrieben. Dadurch können sich Synergien ergeben.

Die Strukturanalyse gliedert sich in folgende Teilaufgaben:

- Erfassung der zum Geltungsbereich zugehörigen Geschäftsprozesse, Anwendungen und Informationen

- Netzplanerhebung

- Erhebung von IT-Systemen und ähnlichen Objekten

- Erfassung der Räume

Bei allen Teilaufgaben ist zu beachten, dass es häufig nicht zweckmäßig ist, jedes Objekt einzeln zu erfassen. Stattdessen sollten ähnliche Objekte zu Gruppen zusammengefasst werden.

4.2.1 Komplexitätsreduktion durch Gruppenbildung

Die Strukturanalyse liefert wichtige Grunddaten für den gesamten Sicherheitsprozess. Der Informationsverbund setzt sich meist aus vielen Einzelobjekten zusammen, die bei der Konzeption berücksichtigt werden müssen. Wenn alle logischen und technischen Objekte einzeln erfasst werden, besteht jedoch die Gefahr, dass die Ergebnisse der Strukturanalyse aufgrund der Datenmenge und der Komplexität nicht handhabbar sind. Ähnliche Objekte sollten deshalb sinnvoll zu Gruppen zusammengefasst werden.

Bei technischen Komponenten hat eine konsequente Gruppenbildung zudem den Vorteil, dass die Administration wesentlich vereinfacht wird, wenn es nur wenige Grundkonfigurationen gibt. Durch eine möglichst hohe Standardisierung innerhalb einer IT-Umgebung wird außerdem die Zahl potentieller Sicherheitslücken reduziert und die Sicherheitsmaßnahmen für diesen Bereich können ohne Unterscheidung verschiedenster Schwachstellen umgesetzt werden. Dies kommt nicht nur der Informationssicherheit zugute, sondern spart auch Kosten.

Objekte können dann ein und derselben Gruppe zugeordnet werden, wenn die Objekte alle

- vom gleichen Typ sind,

- ähnlich konfiguriert sind,

- ähnlich in das Netz eingebunden sind (im Fall von IT-Systemen z. B. am gleichen Switch),

- ähnlichen administrativen und infrastrukturellen Rahmenbedingungen unterliegen,

- ähnliche Anwendungen bedienen und

- den gleichen Schutzbedarf aufweisen.

Aufgrund der genannten Voraussetzungen für die Gruppenbildung kann bezüglich Informationssicherheit davon ausgegangen werden, dass eine Stichprobe aus einer Gruppe in der Regel den Sicherheitszustand der Gruppe repräsentiert.

Wichtigstes Beispiel für die Gruppierung von Objekten ist sicherlich die Zusammenfassung von Clients. In der Regel gibt es in einer Institution eine große Anzahl von Clients, die sich jedoch gemäß obigem Schema in eine überschaubare Anzahl von Gruppen aufteilen lassen. Dies gilt analog auch für Räume und andere Objekte. In großen Informationsverbünden, wo aus Gründen der Redundanz oder des Durchsatzes viele Server die gleiche Aufgabe wahrnehmen, können durchaus auch Server zu Gruppen zusammengefasst werden.

Die Teilaufgaben der Strukturanalyse werden nachfolgend beschrieben und durch ein begleitendes Beispiel erläutert. Eine ausführliche Version des Beispiels findet sich in den Hilfsmitteln zum IT-Grundschutz auf den BSI-Webseiten. Bei allen Teilaufgaben sollten jeweils Objekte zu Gruppen zusammengefasst werden, wenn dies sinnvoll und zulässig ist.

Aktionspunkte zu 4.2.1 Komplexitätsreduktion durch Gruppenbildung

- Bei allen Teilaufgaben der Strukturanalyse gleichartige Objekte zu Gruppen zusammenfassen

- Typ und Anzahl der jeweils zusammengefassten Objekte vermerken

---

4.2.2 Erfassung der Anwendungen und der zugehörigen Informationen

Ausgehend von jedem Geschäftsprozess bzw. jeder Fachaufgabe, die im Informationsverbund enthalten ist, müssen in dieser Phase die damit zusammenhängenden Anwendungen und Informationen identifiziert werden. Anwendungen sind Verfahren, die zur Unterstützung von Geschäftsprozessen und Fachaufgaben in Behörden und Unternehmen dienen.

Die geeignete Granularität für die betrachteten Anwendungen muss in jeder Institution individuell gewählt werden. Ziel sollte dabei sein, eine optimale Transparenz und Effizienz bei der Strukturana-

---

lyse und der Schutzbedarfsfeststellung zu erreichen. Auch die in den IT-Grundschutz-Katalogen betrachteten Bausteine aus der Schicht der Anwendungen können für diesen Schritt Aufschluss geben.

Zur weiteren Reduzierung des Aufwands kann die Strukturanalyse des Informationsverbundes auf die Anwendungen und Informationen beschränkt werden, die für die betrachteten Geschäftsprozesse oder Fachaufgaben erforderlich sind. Dabei sollte darauf geachtet werden, dass zumindest diejenigen Anwendungen und Informationen berücksichtigt werden, die aufgrund der Anforderungen der betrachteten Geschäftsprozesse oder Fachaufgaben ein Mindestniveau an

- Geheimhaltung (Vertraulichkeit) oder

- Korrektheit und Unverfälschtheit (Integrität) oder

- Verfügbarkeit

erfordern.

Um dies sicherzustellen, sollten bei der Erfassung der Anwendungen die Benutzer bzw. die für die Anwendung Verantwortlichen sowie die für den Geschäftsprozess Verantwortlichen nach ihrer Einschätzung befragt werden.

Aufgrund der steigenden Komplexität von Anwendungen ist es jedoch oft für die Fachverantwortlichen nicht klar, welche Abhängigkeiten zwischen einem Geschäftsprozess oder einer Fachaufgabe zu einer konkreten Anwendung bestehen. Es sollte also für jede einzelne Fachaufgabe festgestellt werden, welche Anwendungen für ihre Abwicklung notwendig sind und auf welche Daten dabei zugegriffen wird. In einer gemeinsamen Sitzung der Fachabteilung, der Verantwortlichen der einzelnen Anwendungen und der unterstützenden IT-Abteilung können diese Abhängigkeiten erfasst werden.

Falls abweichend von der hier vorgeschlagenen Reihenfolge zuerst die IT-Systeme erfasst wurden, ist es häufig hilfreich, die Anwendungen an erster Stelle orientiert an den IT-Systemen zusammenzutragen. Aufgrund ihrer Breitenwirkung sollte dabei mit den Servern begonnen werden. Um ein möglichst ausgewogenes Bild zu bekommen, kann anschließend diese Erhebung auf Seiten der Clients und Einzelplatz-Systeme vervollständigt werden. Abschließend sollte noch festgestellt werden, welche Netzkoppelelemente welche Anwendungen unterstützen.

Um die späteren Zuordnungen zu erleichtern, sollten die Anwendungen durchnummeriert werden. Da viele IT-Sicherheitsbeauftragte gleichzeitig auch als Datenschutzbeauftragte für den Schutz personenbezogener Daten zuständig sind, bietet es sich an, an dieser Stelle schon zu vermerken, ob die beschriebene Anwendung personenbezogene Daten speichert und/oder verarbeitet. Der Schutzbedarf einer Anwendung resultiert in der Regel aus dem Schutzbedarf der damit verarbeiteten Informationen. Daher sollte die Art dieser Informationen auch in der Tabelle dokumentiert werden.

Weiterhin empfiehlt es sich, bei den Anwendungen zu vermerken, welche Geschäftsprozesse sie unterstützen. Der Verantwortliche und die Benutzer der Anwendung sollten ebenfalls erfasst werden, um Ansprechpartner für Sicherheitsfragen leichter identifizieren bzw. betroffene Benutzergruppen schnell erreichen zu können.

Es empfiehlt sich, bei der Erfassung der Anwendungen auch Datenträger und Dokumente mitzubetrachten und diese ähnlich wie Anwendungen zu behandeln. Sofern sie nicht fest mit einer Anwendung oder einem IT-System verknüpft sind, müssen Datenträger und Dokumente gesondert in die Strukturanalyse integriert werden. Natürlich ist es dabei nicht zweckmäßig, alle Datenträger einzeln zu erfassen. Zum einen sollten nur Datenträger und Dokumente mit einem Mindest-Schutzbedarf betrachtet und zum anderen sollten möglichst Gruppen gebildet werden. Beispiele für Datenträger und Dokumente, die im Rahmen der Strukturanalyse gesondert erfasst werden sollten, sind

- Archiv- und Backup-Datenträger,

- Datenträger für den Austausch mit externen Kommunikationspartnern,

- USB-Sticks für den mobilen Einsatz,

- Notfallhandbücher, die in ausgedruckter Form vorgehalten werden,

- Mikrofilme,

- wichtige Verträge mit Partnern und Kunden.

Erfassung der Abhängigkeiten zwischen Anwendungen

Optional kann zur besseren Übersicht die Abhängigkeit von Anwendungen untereinander dargestellt werden. Beispielsweise können Bestellungen nicht abschließend bearbeitet werden, wenn keine Informationen über den Lagerbestand zur Verfügung stehen.

Zur Dokumentation der Ergebnisse bietet sich die Darstellung in tabellarischer Form oder die Nutzung entsprechender Software-Produkte an.

Beispiel: Bundesamt für Organisation und Verwaltung (BOV) - Teil 1

Im Folgenden wird anhand einer fiktiven Behörde, dem BOV, beispielhaft dargestellt, wie die erfassten Anwendungen dokumentiert werden können. Zu beachten ist, dass die Struktur des BOV im Hinblick auf Informationssicherheit keineswegs optimal ist. Sie dient lediglich dazu, die Vorgehensweise bei der Anwendung des IT-Grundschutzes zu illustrieren. Hier wird nur ein Überblick gegeben, das komplette Beispiel findet sich unter den Hilfsmitteln zum IT-Grundschutz.

Das BOV sei eine fiktive Behörde mit 150 Mitarbeitern, von denen 130 an Bildschirmarbeitsplätzen arbeiten. Räumlich besteht eine Aufteilung des Bundesamts in die Hauptstelle Bonn und eine Außenstelle in Berlin, wo unter anderem die Teilaufgaben Grundsatz, Normung und Koordinierung wahrgenommen werden. Von den insgesamt 130 Mitarbeitern mit IT-gestützten Arbeitsplätzen sind 90 in Bonn und 40 in Berlin tätig.

Um die Dienstaufgaben leisten zu können, sind alle Arbeitsplätze vernetzt worden. Die Außenstelle Berlin ist über eine angemietete Standleitung angebunden. Alle zu Grunde liegenden Richtlinien und Vorschriften sowie Formulare und Textbausteine sind ständig für jeden Mitarbeiter abrufbar. Alle relevanten Arbeitsergebnisse werden in eine zentrale Datenbank eingestellt. Entwürfe werden ausschließlich elektronisch erstellt, weitergeleitet und unterschrieben. Zur Realisierung und Betreuung aller benötigten Funktionalitäten ist in Bonn ein IT-Referat installiert worden.

Die Geschäftsprozesse des BOV werden elektronisch gepflegt und sind nach einem zweistufigen Schema benannt. Hinter dem Kürzel GP wird die Nummer des Hauptprozesses angegeben, die Nummer des Unterprozesses folgt nach einem Bindestrich, zum Beispiel GP0-2.

Nachfolgend wird ein Auszug aus der Erfassung der Anwendungen und der zugehörigen Informationen für das fiktive Beispiel BOV dargestellt:

Nr.	Anwendung	Art der Information *	Verantwortlich	Benutzer	Geschäftsprozesse
A1	Personaldatenverarbeitung	P	Z1	Z1	GP0-1, GP0-2
A2	Beihilfeabwicklung	P	Z2	alle	GP0-2
A3	Reisekostenabrechnung	P/V/F	Z2	alle	GP0-1, GP0-3
A4	Benutzer-Authentisierung	P/S	IT1	alle	GP0, GP5, GP6
A5	Systemmanagement	S	IT3	IT3	alle
A6	Bürokommunikation	P/V/F/S	IT3	alle	alle
A7	zentrale Dokumentenverwaltung	P/V/F/S	Z1	alle	GP0, GP5
A8	USB-Sticks zum Datenträgeraustausch	P/V/F	IT3	IT3	GP0-1, GP0-3

* Legende:

- P = personenbezogene Daten

- V = verwaltungsspezifische Informationen des BOV, beispielsweise Organisationsstrukturen und Dienstanweisungen

4   Erstellung einer Sicherheitskonzeption nach IT-Grundschutz

- F = fachliche Informationen des BOV, beispielsweise Korrespondenz mit den Kunden

- S = systemspezifische/technische Informationen, beispielsweise Konfigurationsdateien von IT-Systemen

Die Art der Information wird hier für jede Anwendung kurz miterfasst, um schneller einschätzen zu können, welcher Schutzbedarf sich für die jeweiligen Anwendungen ergibt, die diese Informationen verarbeiten. Die für die Art der Informationen in obiger Tabelle benutzten Kategorien sind Beispiele und keine Empfehlungen für die Kategorisierung von Informationen.

Aktionspunkte zu 4.2.2 Erfassung der Anwendungen und der zugehörigen Informationen
- Mit Einbeziehung der Fachabteilung, der Verantwortlichen für die Anwendungen und der unterstützenden IT-Abteilung herausfinden, welche Anwendungen für die betrachteten Geschäftsprozesse oder Fachaufgaben erforderlich sind
- Übersicht über die Anwendungen erstellen und mit eindeutigen Nummern oder Kürzeln kennzeichnen
- Für jede Anwendung die entsprechenden Geschäftsprozesse, verarbeitete Informationen, Verantwortliche und gegebenenfalls Benutzer vermerken
- Für jede Anwendung vermerken, inwieweit personenbezogene Daten mit ihr verarbeitet werden

4.2.3 Netzplanerhebung

Einen geeigneten Ausgangspunkt für die weitere technische Analyse stellt ein Netzplan (beispielsweise in Form eines Netztopologieplans) dar. Ein Netzplan ist eine graphische Übersicht über die im betrachteten Bereich der Informations- und Kommunikationstechnik eingesetzten Komponenten und deren Vernetzung. Netzpläne oder ähnliche graphische Übersichten sind auch aus betrieblichen Gründen in den meisten Institutionen vorhanden. Im Einzelnen sollte der Plan in Bezug auf die Informationssicherheit mindestens folgende Objekte darstellen:

- IT-Systeme, d. h. Client- und Server-Computer, aktive Netzkomponenten (wie Switches, Router, WLAN Access Points), Netzdrucker etc.

- Netzverbindungen zwischen diesen Systemen, d. h. LAN-Verbindungen (wie Ethernet, Token-Ring), WLANs, Backbone-Techniken (wie FDDI, ATM) etc.

- Verbindungen des betrachteten Bereichs nach außen, d. h. Einwahl-Zugänge über ISDN oder Modem, Internet-Anbindungen über analoge Techniken oder Router, Funkstrecken oder Mietleitungen zu entfernten Gebäuden oder Liegenschaften etc.

Zu jedem der dargestellten Objekte gehört weiterhin ein Minimalsatz von Informationen, die einem zugeordneten Katalog zu entnehmen sind. Für jedes IT-System sollten zumindest

- eine eindeutige Bezeichnung (beispielsweise der vollständige Hostname oder eine Identifikationsnummer),

- Typ und Funktion (beispielsweise Datenbank-Server für Anwendung X),

- die zugrunde liegende Plattform (d. h. Hardware-Plattform und Betriebssystem),

- der Standort (beispielsweise Gebäude- und Raumnummer),

- der zuständige Administrator,

- die vorhandenen Kommunikationsschnittstellen (z. B. Internet-Anschluss, Bluetooth, WLAN-Adapter) sowie

- die Art der Netzanbindung und die Netzadresse

vermerkt sein. Nicht nur für die IT-Systeme selbst, sondern auch für die Netzverbindungen zwischen den Systemen und für die Verbindungen nach außen sind bestimmte Informationen erforderlich, nämlich

- die Art der Verkabelung bzw. Kommunikationsanbindung (z. B. Lichtwellenleiter oder WLAN basierend auf IEEE 802.11),

- die maximale Datenübertragungsrate (z. B. 100 Mbps),

- die auf den unteren Schichten verwendeten Netzprotokolle (z. B. Ethernet, TCP/IP),

- bei Außenanbindungen: Details zum externen Netz (z. B. Internet, Name des Providers).

Virtuelle IT-Systeme und virtuelle Netzverbindungen, beispielsweise Virtuelle LANs (VLANs) oder Virtuelle Private Netze (VPNs), sollten ebenfalls in einem Netzplan dargestellt werden, wenn die dadurch realisierten logischen (virtuellen) Strukturen wesentlich von den physischen Strukturen abweichen. Aus Gründen der Übersichtlichkeit kann es zweckmäßig sein, die logischen (virtuellen) Strukturen in einem separaten Netzplan darzustellen.

Es empfiehlt sich, Bereiche mit unterschiedlichem Schutzbedarf zu kennzeichnen.

Der Netzplan sollte möglichst in elektronischer Form erstellt und gepflegt werden. Hat die Informationstechnik in der Institution einen gewissen Umfang überschritten, bietet es sich an, bei der Erfassung und Pflege des Netzplans auf geeignete Hilfsprogramme zurückzugreifen, da die Unterlagen eine erhebliche Komplexität aufweisen können und ständigem Wandel unterzogen sind.

Aktualisierung des Netzplans

Da die IT-Struktur in der Regel ständig an die Anforderungen der Institution angepasst wird und die Pflege des Netzplans entsprechende Ressourcen bindet, ist der Netzplan der Institution nicht immer auf dem aktuellen Stand. Vielmehr werden in der Praxis oftmals nur größere Änderungen an der IT-Struktur einzelner Bereiche zum Anlass genommen, den Plan zu aktualisieren.

Im Hinblick auf die Verwendung des Netzplans für die Strukturanalyse besteht demnach der nächste Schritt darin, den vorliegenden Netzplan (bzw. die Teilpläne, wenn der Gesamtplan aus Gründen der Übersichtlichkeit aufgeteilt wurde) mit der tatsächlich vorhandenen IT-Struktur abzugleichen und gegebenenfalls auf den neuesten Stand zu bringen. Hierzu sind die IT-Verantwortlichen und Administratoren der einzelnen Anwendungen und Netze zu konsultieren. Falls Programme für ein zentralisiertes Netz- und Systemmanagement zum Einsatz kommen, sollte auf jeden Fall geprüft werden, ob diese Programme bei der Erstellung eines Netzplans Unterstützung anbieten. Zu beachten ist jedoch, dass Funktionen zur automatischen oder halbautomatischen Erkennung von Komponenten temporär zusätzlichen Netzverkehr erzeugen. Es muss sichergestellt sein, dass dieser Netzverkehr nicht zu Beeinträchtigungen des IT-Betriebs führt. Ebenso sollte das Ergebnis von automatischen bzw. halbautomatischen Erkennungen stets daraufhin geprüft werden, ob wirklich alle relevanten Komponenten ermittelt wurden.

Beispiel: Bundesamt für Organisation und Verwaltung (BOV) - Teil 2

Nachfolgend wird für die fiktive Behörde BOV beispielhaft dargestellt, wie ein Netzplan aussehen kann:

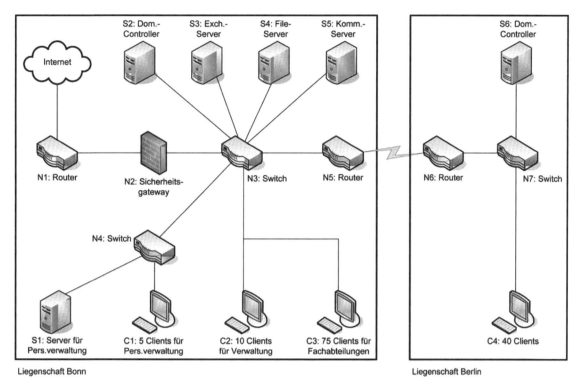

Abbildung 6: Beispiel eines Netzplans im Rahmen der Strukturanalyse

In dem dargestellten Netzplan sind die IT-Systeme durch eine Nummer (Server, Clients und aktive Netzkomponenten in der Form Sn, Cn bzw. Nn) und die Funktion gekennzeichnet.

Sowohl in Berlin als auch in Bonn wurden die Clients in geeignete Gruppen zusammengefasst. Zwar sind alle 130 Clients nahezu gleich konfiguriert, sie unterscheiden sich jedoch im Hinblick auf die zu verarbeitenden Informationen, die Anwendungen, die Einbindung in das Netz und die infrastrukturellen Rahmenbedingungen. Die Gruppe C1 repräsentiert die 5 Clients in der Personalabteilung. Diese haben Zugriff auf den Server S1 der Personalabteilung in Bonn. C2 und C3 fassen die 10 Clients der Verwaltungsabteilung bzw. die 75 Clients der Fachabteilungen in Bonn zusammen. Sie unterscheiden sich lediglich im Hinblick auf die genutzten Anwendungsprogramme. Schließlich werden durch die Gruppe C4 die Clients der Fachabteilungen in der Liegenschaft Berlin dargestellt. Von den Gruppen C1 bis C3 unterscheiden sie sich durch die umgebende Infrastruktur und die abweichende Einbindung in das Gesamtnetz.

Aktionspunkte zu 4.2.3 Netzplanerhebung:

- Existierende graphische Darstellungen des Netzes, beispielsweise Netztopologiepläne, sichten

- Netzpläne gegebenenfalls aktualisieren oder neu erstellen

- Existierende Zusatzinformationen über die enthaltenen IT-Systeme sichten und gegebenenfalls aktualisieren und vervollständigen

- Existierende Zusatzinformationen über die enthaltenen Kommunikationsverbindungen sichten und gegebenenfalls aktualisieren und vervollständigen

---

4.2.4 Erhebung der IT-Systeme

Im Hinblick auf die später durchzuführende Schutzbedarfsfeststellung und Modellierung des Informationsverbunds sollte eine Liste der vorhandenen und geplanten IT-Systeme in tabellarischer Form aufgestellt werden. Der Begriff IT-System umfasst dabei nicht nur Computer im engeren Sinn, sondern auch aktive Netzkomponenten, Netzdrucker, TK-Anlagen, etc. Die technische Realisierung eines IT-Systems steht im Vordergrund, beispielsweise Einzelplatz-PC, Windows Server 2003, Client unter Windows XP, Unix-Server, TK-Anlage usw. An dieser Stelle soll nur das System als solches erfasst werden (z. B. Unix-Server), nicht die einzelnen Bestandteile, aus denen das IT-System zusammengesetzt ist (also nicht Rechner, Tastatur, Bildschirm etc.).

Die vollständige und korrekte Erfassung der vorhandenen und geplanten IT-Systeme dient nicht nur der Erstellung eines Sicherheitskonzepts. Auch für die Überprüfung, Wartung, Fehlersuche und Instandsetzung von IT-Systemen ist sie notwendig.

Zu erfassen sind sowohl die vernetzten als auch die nicht vernetzten IT-Systeme, insbesondere also auch solche, die nicht im zuvor betrachteten Netzplan aufgeführt sind. IT-Systeme, die im Netzplan zu einer Gruppe zusammengefasst worden sind, können weiterhin als ein Objekt behandelt werden. Auch bei den IT-Systemen, die nicht im Netzplan aufgeführt sind, ist zu prüfen, ob sie sinnvoll zusammengefasst werden können. Möglich ist dies beispielsweise bei einer größeren Anzahl von nicht vernetzten Einzelplatz-PCs, die die im Abschnitt 4.2.1 genannten Bedingungen für eine Gruppierung erfüllen.

Bei dieser Erfassung sollten folgende Informationen vermerkt werden, die für die nachfolgende Arbeit nützlich sind:

- eine eindeutige Bezeichnung des IT-Systems,
- Beschreibung (Typ und Funktion),
- Plattform (z. B. Hardware-Architektur/Betriebssystem),
- bei Gruppen: Anzahl der zusammengefassten IT-Systeme,
- Aufstellungsort des IT-Systems,
- Status des IT-Systems (in Betrieb, im Test, in Planung) und
- Anwender bzw. Administratoren des IT-Systems.

Anschließend werden die Anwendungen jeweils denjenigen IT-Systemen zugeordnet, die für deren Ausführung benötigt werden. Dies können die IT-Systeme sein, auf denen die Anwendungen verarbeitet werden, oder auch diejenigen, die Daten dieser Anwendungen transferieren. Das Ergebnis ist eine Übersicht, in der die Zusammenhänge zwischen den wichtigen Anwendungen und den entsprechenden IT-Systemen dargestellt werden.

Beispiel: Bundesamt für Organisation und Verwaltung (BOV) - Teil 3

Als Beispiel ist in der folgenden Tabelle ein Auszug aus der Liste der IT-Systeme im BOV aufgeführt. Die vollständige Liste findet sich unter den Hilfsmitteln zum IT-Grundschutz auf der BSI-Webseite.

Nr.	Beschreibung	Plattform	Anzahl	Aufstellungsort	Status	Anwender
S1	Server für Personalverwaltung	Windows Server 2003	1	Bonn, R 1.01	in Betrieb	Personalreferat
S2	Domänen-Controller	Windows Server 2003	1	Bonn, R 3.10	in Betrieb	alle IT-Anwender
C1	Gruppe von Clients der Personaldatenverarbeitung	Windows Vista	5	Bonn, R 1.02 - R 1.06	in Betrieb	Personalreferat
C2	Gruppe von Clients in der Verwaltungsabteilung	Windows Vista	10	Bonn, R 1.07 - R 1.16	in Betrieb	Verwaltungsabteilung
C6	Gruppe der Laptops für den Standort Berlin	Laptop unter Windows Vista	2	Berlin, R 2.01	in Betrieb	alle IT-Anwender in der Außenstelle Berlin
N1	Router zum Internet-	Router	1	Bonn, R	in	alle IT-Anwen-

4   Erstellung einer Sicherheitskonzeption nach IT-Grundschutz

Nr.	Beschreibung	Plattform	Anzahl	Aufstellungsort	Status	Anwender
	Zugang			3.09	Betrieb	der
N2	Firewall	Application Gateway auf Unix	1	Bonn, R 3.09	in Betrieb	alle IT-Anwender
N3	Switch	Switch	1	Bonn, R 3.09	in Betrieb	alle IT-Anwender
T1	TK-Anlage für Bonn	ISDN-TK-Anlage	1	Bonn, B.02	in Betrieb	alle Mitarbeiter in der Hauptstelle Bonn

Die IT-Systeme bzw. Gruppen S1, S2, C1, C2, N1, N2 und N3 sind direkt dem Netzplan entnommen. Demgegenüber hinzugekommen sind die nicht vernetzten IT-Systeme C6 (Laptop) und T1 (TK-Anlage).

Nachfolgend wird ein Auszug aus der Zuordnung der Anwendungen zu den betroffenen IT-Systemen für das fiktive Beispiel BOV dargestellt:

Beschreibung der Anwendungen		IT-Systeme						
Nr.	Anwendung / Informationen	S1	S2	S3	S4	S5	S6	S7
A1	Personaldatenverarbeitung	X						
A2	Beihilfeabwicklung	X						
A3	Reisekostenabrechnung	X						
A4	Benutzer-Authentisierung		X				X	
A5	Systemmanagement		X					
A6	Bürokommunikation			X				
A7	zentrale Dokumentenverwaltung				X			
A8	USB-Sticks zum Datenträgeraustausch							

Legende: Ai X Sj = Die Ausführung der Anwendung Ai hängt vom IT-System Sj ab.

Aktionspunkte zu 4.2.4 Erhebung der IT-Systeme

- Prüfen, ob existierende Datenbanken oder Übersichten über die vorhandenen oder geplanten IT-Systeme als Ausgangsbasis für die weitere Vorgehensweise geeignet sind

- Liste der vernetzten und nicht-vernetzten IT-Systeme erstellen beziehungsweise aktualisieren und vervollständigen

- IT-Systeme beziehungsweise IT-System-Gruppen mit eindeutigen Nummern oder Kürzeln kennzeichnen

- Die Anwendungen den IT-Systemen (Servern, Clients, Netzkoppelelementen etc.) zuordnen, die für ihre Ausführung benötigt werden

---

4.2.5 Erfassung der Räume

Die betrachteten Geschäftsprozesse und Fachaufgaben werden nicht nur auf definierten IT-Systemen betrieben, sondern auch innerhalb der Grenzen der räumlichen Infrastruktur einer Institution. Je nach Größe der Institution und vielen anderen Faktoren kann sich eine Institution in einem allein genutzten Gebäude oder auch nur auf einer Etage befinden. Viele Institutionen nutzen Liegenschaften, die weit verstreut sind oder mit anderen Nutzern geteilt werden müssen. Häufig sind Geschäftsprozesse und Fachaufgaben auch in fremden Räumlichkeiten angesiedelt, zum Beispiel im Rahmen von Dienstleistungsverträgen.

In ein Sicherheitskonzept müssen alle Liegenschaften einbezogen werden, innerhalb derer die betrachteten Geschäftsprozesse und Fachaufgaben betrieben werden. Dazu gehören Betriebsgelände,

Gebäude, Etagen, Räume sowie die Wegstrecke zwischen diesen. Alle Kommunikationsverbindungen, die über für Dritte zugängliche Gelände verlaufen, müssen als Außenverbindungen behandelt werden. Dies gilt auch für drahtlose Kommunikationsverbindungen, wenn nicht ausgeschlossen werden kann, dass Dritte darauf zugreifen können.

Für die weitere Vorgehensweise der Modellierung nach IT-Grundschutz und für die Planung des Soll-Ist-Vergleichs ist es hilfreich, eine Übersicht über die Liegenschaften, vor allem die Räume, zu erstellen, in denen IT-Systeme aufgestellt oder die für den IT-Betrieb genutzt werden. Dazu gehören Räume, die ausschließlich dem IT-Betrieb dienen (wie Serverräume, Datenträgerarchive), solche, in denen unter anderem IT-Systeme betrieben werden (wie Büroräume), aber auch die Wegstrecken, über die Kommunikationsverbindungen laufen. Wenn IT-Systeme statt in einem speziellen Technikraum in einem Schutzschrank untergebracht sind, ist der Schutzschrank wie ein Raum zu erfassen.

Hinweis: Bei der Erhebung der IT-Systeme sind schon die Aufstellungsorte miterfasst worden.

Zusätzlich muss untersucht werden, ob schutzbedürftige Informationen in weiteren Räumen aufbewahrt werden. Diese Räume müssen dann ebenfalls erhoben werden. Hierbei müssen auch Räume erfasst werden, in denen nicht-elektronische schutzbedürftige Informationen aufbewahrt werden, also beispielsweise Aktenordner oder Mikrofilme. Die Art der verarbeiteten Informationen muss anhand dieser Dokumentation nachvollziehbar sein.

Beispiel: Bundesamt für Organisation und Verwaltung (BOV) - Teil 4

Im folgenden Ausschnitt wird anhand des fiktiven Beispiels BOV gezeigt, wie eine tabellarische Übersicht über die Räume aussehen könnte. Hier ist bereits Platz für die Schutzbedarfsermittlung der Räume vorgesehen, ausgefüllt werden diese Spalten aber erst in einem späteren Schritt.

Raum			IT / Informationen	Schutzbedarf		
Bezeich nung	Art	Lokation	IT-Systeme / Datenträger	Vertraul ichkeit	Integri tät	Verfüg barkeit
R U.02	Datenträger- archiv	Gebäude Bonn	Backup-Datenträger (Wochensicherung der Server S1 bis S5)			
R B.02	Technikraum	Gebäude Bonn	TK-Anlage			
R 1.01	Serverraum	Gebäude Bonn	S1, N4			
R 1.02 - R 1.06	Büroräume	Gebäude Bonn	C1			
R 3.11	Schutzschrank im Raum R 3.11	Gebäude Bonn	Backup-Datenträger (Tagessicherung der Server S1 bis S5)			
R E.03	Serverraum	Gebäude Berlin	S6, N6, N7			
R 2.01 - R 2.40	Büroräume	Gebäude Berlin	C4, einige mit Faxgeräten			

Aktionspunkte zu 4.2.4 Erfassung der Räume

- Liste aller bei der Erfassung der IT-Systeme notierten Liegenschaften, Gebäude und Räume erstellen

- Weitere Räume ergänzen, in denen schutzbedürftige Informationen aufbewahrt oder auf andere Weise verarbeitet werden

---

4.3   Schutzbedarfsfeststellung

Ziel der Schutzbedarfsfeststellung ist es, für die erfassten Objekte im Informationsverbund zu entscheiden, welchen Schutzbedarf sie bezüglich Vertraulichkeit, Integrität und Verfügbarkeit besitzen. Dieser Schutzbedarf orientiert sich an den möglichen Schäden, die mit einer Beeinträchtigung der betroffenen Anwendungen und damit der jeweiligen Geschäftsprozesse verbunden sind.

Die Schutzbedarfsfeststellung für den Informationsverbund gliedert sich in mehrere Schritte:

- Definition der Schutzbedarfskategorien

- Schutzbedarfsfeststellung für Anwendungen

- Schutzbedarfsfeststellung für IT-Systeme

- Schutzbedarfsfeststellung für Räume

- Schutzbedarfsfeststellung für Kommunikationsverbindungen

- Schlussfolgerungen aus den Ergebnissen der Schutzbedarfsfeststellung

Nach der Definition der Schutzbedarfskategorien wird anhand von typischen Schadensszenarien zunächst der Schutzbedarf der Geschäftsprozesse und Anwendungen bestimmt. Anschließend wird daraus der Schutzbedarf der einzelnen IT-Systeme, Räume und Kommunikationsverbindungen abgeleitet.

Die Vorgehensweise hierfür wird in den folgenden Abschnitten detailliert dargestellt.

4.3.1. Definition der Schutzbedarfskategorien

Da der Schutzbedarf meist nicht quantifizierbar ist, beschränkt sich der IT-Grundschutz im Weiteren auf eine qualitative Aussage, indem der Schutzbedarf in drei Kategorien unterteilt wird:

Schutzbedarfskategorien	
"normal"	Die Schadensauswirkungen sind begrenzt und überschaubar.
"hoch"	Die Schadensauswirkungen können beträchtlich sein.
"sehr hoch"	Die Schadensauswirkungen können ein existentiell bedrohliches, katastrophales Ausmaß erreichen.

Die nachfolgenden Schritte erläutern, wie für Geschäftsprozesse und die dahinter liegenden Anwendungen jeweils die adäquate Schutzbedarfskategorie ermittelt werden kann.

Die Schäden, die bei dem Verlust der Vertraulichkeit, Integrität oder Verfügbarkeit für einen Geschäftsprozess bzw. eine Anwendung einschließlich ihrer Daten entstehen können, lassen sich typischerweise folgenden Schadensszenarien zuordnen:

- Verstoß gegen Gesetze/Vorschriften/Verträge,

- Beeinträchtigung des informationellen Selbstbestimmungsrechts,

- Beeinträchtigung der persönlichen Unversehrtheit,

- Beeinträchtigung der Aufgabenerfüllung,

- negative Innen- oder Außenwirkung und

- finanzielle Auswirkungen.

Häufig treffen dabei für einen Schaden mehrere Schadensszenarien zu. So kann beispielsweise der Ausfall einer Anwendung die Aufgabenerfüllung beeinträchtigen, was direkte finanzielle Einbußen nach sich zieht und gleichzeitig auch zu einem Imageverlust führt.

Um die Schutzbedarfskategorien "normal", "hoch" und "sehr hoch" voneinander abgrenzen zu können, bietet es sich an, die Grenzen für die einzelnen Schadensszenarien zu bestimmen. Zur Orientierung, welchen Schutzbedarf ein potentieller Schaden und seine Folgen erzeugen, dienen die folgenden Tabellen. Die Tabellen sollten von der jeweiligen Institution auf ihre eigenen Gegebenheiten angepasst werden.

Schutzbedarfskategorie "normal"	
1. Verstoß gegen Gesetze/ Vorschriften/Verträge	• Verstöße gegen Vorschriften und Gesetze mit geringfügigen Konsequenzen • Geringfügige Vertragsverletzungen mit maximal geringen Konventionalstrafen
2. Beeinträchtigung des informationellen Selbstbestimmungsrechts	• Es handelt sich um personenbezogene Daten, durch deren Verarbeitung der Betroffene in seiner gesellschaftlichen Stellung oder in seinen wirtschaftlichen Verhältnissen beeinträchtigt werden kann.
3. Beeinträchtigung der persönlichen Unversehrtheit	• Eine Beeinträchtigung erscheint nicht möglich.
4. Beeinträchtigung der Aufgabenerfüllung	• Die Beeinträchtigung würde von den Betroffenen als tolerabel eingeschätzt werden. • Die maximal tolerierbare Ausfallzeit ist größer als 24 Stunden.
5. Negative Innen- oder Außenwirkung	• Eine geringe bzw. nur interne Ansehens- oder Vertrauensbeeinträchtigung ist zu erwarten.
6. Finanzielle Auswirkungen	• Der finanzielle Schaden bleibt für die Institution tolerabel.

4   Erstellung einer Sicherheitskonzeption nach IT-Grundschutz

Schutzbedarfskategorie "hoch"	
1. Verstoß gegen Gesetze/Vorschriften/Verträge	• Verstöße gegen Vorschriften und Gesetze mit erheblichen Konsequenzen • Vertragsverletzungen mit hohen Konventionalstrafen
2. Beeinträchtigung des informationellen Selbstbestimmungsrechts	• Es handelt sich um personenbezogene Daten, bei deren Verarbeitung der Betroffene in seiner gesellschaftlichen Stellung oder in seinen wirtschaftlichen Verhältnissen erheblich beeinträchtigt werden kann.
3. Beeinträchtigung der persönlichen Unversehrtheit	• Eine Beeinträchtigung der persönlichen Unversehrtheit kann nicht absolut ausgeschlossen werden.
4. Beeinträchtigung der Aufgabenerfüllung	• Die Beeinträchtigung würde von einzelnen Betroffenen als nicht tolerabel eingeschätzt. • Die maximal tolerierbare Ausfallzeit liegt zwischen einer und 24 Stunden.
5. Negative Innen- oder Außenwirkung	• Eine breite Ansehens- oder Vertrauensbeeinträchtigung ist zu erwarten.
6. Finanzielle Auswirkungen	• Der Schaden bewirkt beachtliche finanzielle Verluste, ist jedoch nicht existenzbedrohend.

Schutzbedarfskategorie "sehr hoch"	
1. Verstoß gegen Gesetze/Vorschriften/Verträge	• Fundamentaler Verstoß gegen Vorschriften und Gesetze • Vertragsverletzungen, deren Haftungsschäden ruinös sind
2. Beeinträchtigung des informationellen Selbstbestimmungsrechts	• Es handelt sich um personenbezogene Daten, bei deren Verarbeitung eine Gefahr für Leib und Leben oder die persönliche Freiheit des Betroffenen gegeben ist.
3. Beeinträchtigung der persönlichen Unversehrtheit	• Gravierende Beeinträchtigungen der persönlichen Unversehrtheit sind möglich. • Gefahr für Leib und Leben
4. Beeinträchtigung der Aufgabenerfüllung	• Die Beeinträchtigung würde von allen Betroffenen als nicht tolerabel eingeschätzt werden. • Die maximal tolerierbare Ausfallzeit ist kleiner als eine Stunde.
5. Negative Innen- oder Außenwirkung	• Eine landesweite Ansehens- oder Vertrauensbeeinträchtigung, eventuell sogar existenzgefährdender Art, ist denkbar.
6. Finanzielle Auswirkungen	• Der finanzielle Schaden ist für die Institution existenzbedrohend.

Wenn bei individuellen Betrachtungen festgestellt wird, dass über diese sechs Schadensszenarien hinaus weitere in Frage kommen, sollten diese entsprechend ergänzt werden. Für alle Schäden, die sich nicht in diese Szenarien abbilden lassen, muss ebenfalls eine Aussage getroffen werden, wo die Grenzen zwischen "normal", "hoch" oder "sehr hoch" zu ziehen sind.

Darüber hinaus sollten die individuellen Gegebenheiten der Institution berücksichtigt werden: Bedeutet in einem Großunternehmen ein Schaden in Höhe von 200.000,- Euro gemessen am Umsatz und am IT-Budget noch einen geringen Schaden, so kann für ein Kleinunternehmen schon ein Schaden in Höhe von 10.000,- Euro existentiell bedrohlich sein. Daher kann es sinnvoll sein, eine prozentuale Größe als Grenzwert zu definieren, der sich am Gesamtumsatz, am Gesamtgewinn oder an einer ähnlichen Bezugsgröße orientiert.

Ähnliche Überlegungen können bezüglich der Verfügbarkeitsanforderungen angestellt werden. So kann beispielsweise ein Ausfall von 24 Stunden Dauer in der Schutzbedarfskategorie "normal" als noch tolerabel eingeschätzt werden. Tritt jedoch eine Häufung dieser Ausfälle ein, z. B. mehr als einmal wöchentlich, so kann dies in der Summe nicht tolerierbar sein. Die anhand der Schutzbedarfs-kategorien festgelegten Verfügbarkeitsanforderungen sollten daher bei Bedarf konkretisiert werden.

Zur Einschätzung des Schutzbedarfs im Bereich "Beeinträchtigungen des informationellen Selbstbe-stimmungsrechts" gibt es auch von einigen deutschen Landesbeauftragten für den Datenschutz konkrete Beispiele, die in Schutzstufenkonzepten erläutert werden.

Bei der Festlegung der Grenze zwischen "normal" und "hoch" sollte berücksichtigt werden, dass für den normalen Schutzbedarf die Standard-Sicherheitsmaßnahmen des IT-Grundschutzes ausreichen sollten. Die getroffenen Festlegungen sind in geeigneter Weise im Sicherheitskonzept zu dokumentie-ren, da hiervon die Auswahl von Sicherheitsmaßnahmen und damit meist Folgekosten abhängen.

Aktionspunkte zu 4.3.1 Definition der Schutzbedarfskategorien

- Typische Schadensszenarien für die Definition von Schutzbedarfskategorien betrachten

- Schutzbedarfskategorien "normal", "hoch" und "sehr hoch" definieren beziehungsweise an die eigene Institution anpassen

---

4.3.2 Schutzbedarfsfeststellung für Anwendungen

Ausgehend von der Möglichkeit, dass Vertraulichkeit, Integrität oder Verfügbarkeit einer Anwendung oder der zugehörigen Informationen verloren gehen, werden die maximalen Schäden und Folgeschä-den betrachtet, die aus einer solchen Situation entstehen können. Unter der Fragestellung "Was wäre, wenn ... ?" werden *aus Sicht der Anwender* realistische Schadensszenarien entwickelt und die zu erwartenden materiellen oder ideellen Schäden beschrieben. Die Höhe dieser möglichen Schäden bestimmt letztendlich dann den Schutzbedarf der Anwendung. Dabei ist es unbedingt erforderlich, die jeweiligen Verantwortlichen und die Benutzer der betrachteten Anwendungen nach ihrer persönlichen Einschätzung zu befragen. Sie haben im Allgemeinen eine gute Vorstellung darüber, welche Schäden entstehen können, und können für die Erfassung wertvolle Hinweise geben.

In die Schutzbedarfsfeststellung müssen auch die in der Strukturanalyse erfassten Gruppen von Datenträgern und Dokumenten einbezogen werden.

Um die Ermittlung der möglichen Schäden und Auswirkungen zu vereinfachen, werden im Anhang dieses Standards entsprechende Fragestellungen vorgestellt. Diese Anregungen erheben nicht den Anspruch auf Vollständigkeit, sie dienen lediglich zur Orientierung. Um die individuelle Aufgaben-stellung und die Situation der Institution zu berücksichtigen, müssen diese Fragen gegebenenfalls entsprechend ergänzt und angepasst werden.

Die Festlegung des Schutzbedarfs der betrachteten Anwendungen ist eine Entscheidung im Rahmen des Risikomanagements und hat oft weitreichende Auswirkungen auf das Sicherheitskonzept für den betrachteten Informationsverbund. Der Schutzbedarf der Anwendungen fließt in die Schutzbedarfs-feststellung der betroffenen technischen und infrastrukturellen Objekte, wie zum Beispiel Server und Räume, ein.

Um die Ergebnisse der Schutzbedarfsfeststellung und die daraus resultierenden Entscheidungen im Rahmen des Informationssicherheitsmanagements später jederzeit nachvollziehen zu können, müssen die Ergebnisse der Schutzbedarfsfeststellung der Anwendungen gut dokumentiert werden. Dabei ist

---

darauf zu achten, dass nicht nur die Festlegung des Schutzbedarfs dokumentiert wird, sondern auch die entsprechenden Begründungen. Diese Begründungen erlauben es später, die Festlegungen zu überprüfen und weiter zu verwenden.

Beispiel: Bundesamt für Organisation und Verwaltung (BOV) - Teil 5

In der nachfolgenden Tabelle werden für das fiktive Beispiel BOV die wesentlichen Anwendungen, deren Schutzbedarf und die entsprechenden Begründungen erfasst.

Anwendung			Schutzbedarfsfeststellung		
Nr.	Bezeichnung	pers. Daten	Grundwert	Schutzbedarf	Begründung
A1	Personaldaten-verarbeitung	X	Vertrau-lichkeit	hoch	Personaldaten sind besonders schutz-bedürftige personenbezogene Daten, deren Bekanntwerden die Betroffenen erheblich beeinträchtigen können.
			Integrität	normal	Der Schutzbedarf ist normal, da Fehler rasch erkannt und die Daten nachträg-lich korrigiert werden können.
			Verfüg-barkeit	normal	Ausfälle bis zu einer Woche können mittels manueller Verfahren über-brückt werden.
A2	Beihilfeabwicklung	X	Vertrau-lichkeit	hoch	Beihilfedaten sind besonders schutz-bedürftige personenbezogene Daten, die zum Teil auch Hinweise auf Erkrankungen und ärztliche Befunde enthalten. Ein Bekanntwerden kann die Betroffenen erheblich beeinträch-tigen.
			Integrität	normal	Der Schutzbedarf ist normal, da Fehler rasch erkannt und die Daten nachträg-lich korrigiert werden können.
			Verfüg-barkeit	normal	Ausfälle bis zu einer Woche können mittels manueller Verfahren über-brückt werden.

An dieser Stelle kann es sinnvoll sein, über diese Informationen hinaus den Schutzbedarf auch aus einer gesamtheitlichen Sicht der Geschäftsprozesse oder Fachaufgaben zu betrachten. Dazu bietet es sich an, den Zweck einer Anwendung in einem Geschäftsprozess oder in einer Fachaufgabe zu beschreiben und daraus wiederum deren Bedeutung abzuleiten. Diese Bedeutung kann wie folgt klassifiziert werden:

Die Bedeutung der Anwendung ist für den Geschäftsprozess bzw. die Fachaufgabe:

- **normal:** Der Geschäftsprozess bzw. die Fachaufgabe kann mit tolerierbarem Mehraufwand mit anderen Mitteln (z. B. manuell) durchgeführt werden.

- **hoch:** Der Geschäftsprozess bzw. die Fachaufgabe kann nur mit deutlichem Mehraufwand mit anderen Mitteln durchgeführt werden.

- **sehr hoch:** Der Geschäftsprozess bzw. die Fachaufgabe kann ohne die Anwendung überhaupt nicht durchgeführt werden.

Der Vorteil, eine solche ganzheitliche Zuordnung vorzunehmen, liegt insbesondere darin, dass bei der Schutzbedarfsfeststellung die Leitungsebene als Regulativ für den Schutzbedarf der einzelnen Anwendungen agieren kann. So kann es sein, dass ein Verantwortlicher für eine Anwendung deren

Schutzbedarf aus seiner Sicht als "normal" einschätzt, die Leitungsebene aus Sicht des Geschäftsprozesses bzw. der Fachaufgabe diese Einschätzung jedoch nach oben korrigiert.

Diese optionalen Angaben sollten ebenfalls tabellarisch oder mit Hilfe entsprechender Software-Produkte dokumentiert werden.

Aktionspunkt zu 4.3.2 Schutzbedarfsfeststellung für Anwendungen

- Schutzbedarf der erfassten Anwendungen anhand von Schadensszenarien und Fragenkatalogen ermitteln

- Schutzbedarf der Anwendungen und die entsprechenden Begründungen tabellarisch dokumentieren

---

4.3.3 Schutzbedarfsfeststellung für IT-Systeme

Um den Schutzbedarf eines IT-Systems festzustellen, müssen zunächst die Anwendungen betrachtet werden, die in direktem Zusammenhang mit dem IT-System stehen. Eine Übersicht, welche Anwendungen für die unterschiedlichen IT-Systeme relevant sind, wurde im Rahmen der Strukturanalyse (siehe Kapitel 4.2.4) ermittelt. Der Schutzbedarf der Anwendungen (siehe Kapitel 4.3.2) fließt in die Schutzbedarfsfeststellung für die jeweils betroffenen IT-Systeme ein.

Zur Ermittlung des Schutzbedarfs des IT-Systems müssen nun die möglichen Schäden der relevanten Anwendungen in ihrer Gesamtheit betrachtet werden. Im Wesentlichen bestimmt der Schaden bzw. die Summe der Schäden mit den schwerwiegendsten Auswirkungen den Schutzbedarf eines IT-Systems **(Maximumprinzip)**.

Bei der Betrachtung der möglichen Schäden und ihrer Folgen muss auch beachtet werden, dass IT-Anwendungen eventuell Arbeitsergebnisse anderer Anwendungen als Input nutzen. Eine, für sich betrachtet, weniger bedeutende Anwendung A kann wesentlich an Wert gewinnen, wenn eine andere, wichtige Anwendung B auf ihre Ergebnisse angewiesen ist. In diesem Fall muss der ermittelte Schutzbedarf der Anwendung B auch auf die Anwendung A übertragen werden. Handelt es sich dabei um Anwendungen verschiedener IT-Systeme, dann müssen Schutzbedarfsanforderungen des einen IT-Systems auch auf das andere übertragen werden **(Beachtung von Abhängigkeiten)**.

Werden mehrere Anwendungen bzw. Informationen auf einem IT-System verarbeitet, so ist zu überlegen, ob durch Kumulation mehrerer (z. B. kleinerer) Schäden auf einem IT-System ein insgesamt höherer Gesamtschaden entstehen kann. Dann erhöht sich der Schutzbedarf des IT-Systems entsprechend **(Kumulationseffekt)**.

Beispiel: Auf einem Netz-Server befinden sich sämtliche für die Kundendatenerfassung benötigten Anwendungen einer Institution. Der Schaden bei Ausfall einer dieser Anwendungen wurde als gering eingeschätzt, da genügend Ausweichmöglichkeiten vorhanden sind. Fällt jedoch der Server (und damit alle Anwendungen, die diesen Server benötigen) aus, so ist der dadurch entstehende Schaden deutlich höher zu bewerten. Die Aufgabenerfüllung kann unter Umständen nicht mehr innerhalb der notwendigen Zeitspanne gewährleistet werden. Daher ist auch der Schutzbedarf dieser "zentralen" Komponente entsprechend höher zu bewerten.

Auch der umgekehrte Effekt kann eintreten. So ist es möglich, dass eine Anwendung einen hohen Schutzbedarf besitzt, ihn aber deshalb nicht auf ein betrachtetes IT-System überträgt, weil auf diesem IT-System nur unwesentliche Teilbereiche der Anwendung laufen. Hier ist der Schutzbedarf zu relativieren **(Verteilungseffekt)**.

Beispiele: Der Verteilungseffekt tritt hauptsächlich bezüglich des Grundwertes Verfügbarkeit auf. So kann bei redundanter Auslegung von IT-Systemen der Schutzbedarf der Einzelkomponenten niedriger sein als der Schutzbedarf der Gesamtanwendung. Auch im Bereich der Vertraulichkeit sind Verteilungseffekte vorstellbar: Falls sichergestellt ist, dass ein Client nur unkritische Daten einer hochvertraulichen Datenbankanwendung abrufen kann, so besitzt der Client im Vergleich zum Datenbank-Server unter Umständen einen geringeren Schutzbedarf.

Darstellung der Ergebnisse

Die Ergebnisse der Schutzbedarfsfeststellung der IT-Systeme sollten wiederum in einer Tabelle festgehalten werden. Darin sollte verzeichnet sein, welchen Schutzbedarf jedes IT-System bezüglich Vertraulichkeit, Integrität und Verfügbarkeit hat. Der Gesamt-Schutzbedarf eines IT-Systems leitet sich wiederum aus dem Maximum des Schutzbedarfs bezüglich der drei Grundwerte Vertraulichkeit, Integrität und Verfügbarkeit ab. Ein IT-System ist also hochschutzbedürftig, wenn es bezüglich eines oder mehrerer Grundwerte den Schutzbedarf "hoch" hat. Es ist im Allgemeinen aber sinnvoll, den Schutzbedarf eines IT-Systems für alle drei Grundwerte einzeln zu dokumentieren, da sich hieraus typischerweise verschiedene Arten von Sicherheitsmaßnahmen ergeben.

Bei einem IT-System kann sich beispielsweise der hohe Gesamt-Schutzbedarf daraus ableiten, dass der Schutzbedarf bezüglich Vertraulichkeit hoch ist, bezüglich Integrität und Verfügbarkeit allerdings normal. Dann kann zwar der Gesamt-Schutzbedarf mit hoch angegeben werden, dies zieht aber nicht nach sich, dass dadurch der Schutzbedarf bezüglich Integrität und Verfügbarkeit angehoben werden muss.

Die Festlegungen des Schutzbedarfs der IT-Systeme müssen begründet werden, damit die Entscheidungen auch für Außenstehende nachvollziehbar sind. Hier kann auf die Schutzbedarfsfeststellung der Anwendungen zurückverwiesen werden.

Beispiel: Bundesamt für Organisation und Verwaltung (BOV) - Teil 6

Die Ergebnisse der Schutzbedarfsfeststellung für die IT-Systeme können beispielsweise wie folgt dokumentiert werden (Auszug):

IT-System		**Schutzbedarfsfeststellung**		
Nr	**Beschreibung**	**Grundwert**	**Schutzbedarf**	**Begründung**
S1	Server für Personalverwaltung	Vertraulichkeit	hoch	Maximumprinzip
		Integrität	normal	Maximumprinzip
		Verfügbarkeit	normal	Maximumprinzip
S2	Domänen-Controller	Vertraulichkeit	normal	Maximumprinzip
		Integrität	hoch	Maximumprinzip
		Verfügbarkeit	normal	Gemäß der Schutzbedarfsfeststellung für Anwendung A4 ist von einem hohen Schutzbedarf für diesen Grundwert auszugehen. Zu berücksichtigen ist aber, dass diese Anwendung auf zwei Rechnersysteme verteilt ist. Eine Authentisierung über den zweiten Domänen-Controller S6 in Berlin ist für die Mitarbeiter des Bonner Standortes ebenfalls möglich. Ein Ausfall des Domänen-Controllers S2 kann bis zu 72 Stunden hingenommen werden. Der Schutzbedarf ist aufgrund dieses Verteilungseffekts daher "normal".

Hinweis: Besitzen die meisten Anwendungen auf einem IT-System nur einen normalen Schutzbedarf und sind nur eine oder wenige hochschutzbedürftig, so sollte in Erwägung gezogen werden, die hochschutzbedürftigen Anwendungen auf ein isoliertes IT-System auszulagern, da dies wesentlich gezielter abgesichert werden kann und somit häufig kostengünstiger ist. Eine solche Alternative kann dem Management zur Entscheidung vorgelegt werden.

4   Erstellung einer Sicherheitskonzeption nach IT-Grundschutz

---

Aktionspunkte zu 4.3.3 Schutzbedarfsfeststellung für IT-Systeme

- Schutzbedarf der IT-Systeme anhand des Schutzbedarfs der Anwendungen ermitteln

- Abhängigkeiten, das Maximumprinzip und gegebenenfalls den Kumulations- beziehungsweise Verteilungseffekt berücksichtigen

- Pro IT-System(-Gruppe) die Ergebnisse für Vertraulichkeit, Integrität und Verfügbarkeit sowie die Begründungen dokumentieren

---

4.3.4 Schutzbedarfsfeststellung für Räume

Aus den Ergebnissen der Schutzbedarfsfeststellung der Anwendungen und der IT-Systeme sollte abgeleitet werden, welcher Schutzbedarf für die jeweiligen Liegenschaften bzw. Räume resultiert. Dieser Schutzbedarf leitet sich aus dem Schutzbedarf der im jeweiligen Raum installierten IT-Systeme, verarbeiteten Informationen oder der Datenträger, die in diesem Raum gelagert und benutzt werden, nach dem Maximum-Prinzip ab. Dabei sollten eventuelle Abhängigkeiten und ein möglicher Kumulationseffekt berücksichtigt werden, wenn sich in einem Raum eine größere Anzahl von IT-Systemen, Datenträgern usw. befindet, wie typischerweise bei Serverräumen, Rechenzentren oder Datenträgerarchiven. Für jede Schutzbedarfseinschätzung sollte eine Begründung dokumentiert werden.

Hilfreich ist auch hier eine tabellarische Erfassung der notwendigen Informationen, aufbauend auf der bereits vorher erstellten Übersicht über die erfassten Räume.

Beispiel: Bundesamt für Organisation und Verwaltung (BOV) - Teil 7

Die folgende Tabelle zeigt einen Auszug aus den Ergebnissen der Schutzbedarfsfeststellung für die Räume des fiktiven Beispiels BOV:

Raum			IT / Informationen	Schutzbedarf		
Bezeich-nung	**Art**	**Lokation**	**IT-Systeme / Datenträger**	**Vertrau-lichkeit**	**Integri-tät**	**Verfüg-barkeit**
R U.02	Datenträger-archiv	Gebäude Bonn	Backup-Datenträger (Wochensicherung der Server S1 bis S5)	hoch	hoch	normal
R B.02	Technikraum	Gebäude Bonn	TK-Anlage	normal	normal	hoch
R 1.01	Serverraum	Gebäude Bonn	S1, N4	hoch	hoch	normal
R 1.02 - R 1.06	Büroräume	Gebäude Bonn	C1	hoch	normal	normal
R 3.11	Schutzschrank im Raum R 3.11	Gebäude Bonn	Backup-Datenträger (Tagessicherung der Server S1 bis S5)	hoch	hoch	normal
R E.03	Serverraum	Gebäude Berlin	S6, N6, N7	normal	hoch	hoch
R 2.01 - R 2.40	Büroräume	Gebäude Berlin	C4, einige mit Faxgeräten	normal	normal	normal

---

Aktionspunkte zu 4.3.4 Schutzbedarfsfeststellung für Räume

- Schutzbedarf der Räume aus dem Schutzbedarf der IT-Systeme und Anwendungen ableiten

- Abhängigkeiten, das Maximumprinzip und gegebenenfalls den Kumulationseffekt berücksichtigen

- Ergebnisse und Begründungen nachvollziehbar dokumentieren

4.3.5 Schutzbedarfsfeststellung für Kommunikationsverbindungen

Nachdem die Schutzbedarfsfeststellung für die betrachteten Anwendungen, IT-Systeme und Räume abgeschlossen wurde, wird nun der Schutzbedarf bezüglich der Vernetzungsstruktur erarbeitet. Grundlage für die weiteren Überlegungen ist der in Kapitel 4.2.3 erarbeitete Netzplan des zu untersuchenden Informationsverbunds.

Um die Entscheidungen vorzubereiten, auf welchen Kommunikationsstrecken kryptographische Sicherheitsmaßnahmen eingesetzt werden sollten, welche Strecken redundant ausgelegt sein sollten und über welche Verbindungen Angriffe durch Innen- und Außentäter zu erwarten sind, müssen die Kommunikationsverbindungen analysiert werden. Hierbei werden folgende Kommunikationsverbindungen als kritisch gewertet:

- Kommunikationsverbindungen, die Außenverbindungen darstellen, d. h. die in oder über unkontrollierte Bereiche führen (z. B. ins Internet oder über öffentliches Gelände). Dazu können auch drahtlose Kommunikationsverbindungen gehören, da es hierbei schwierig ist, zu verhindern, dass auf diese von öffentlichem Gelände aus zugegriffen wird. Bei Außenverbindungen besteht die Gefahr, dass durch externe Angreifer Penetrationsversuche auf das zu schützende System vorgenommen oder Computer-Viren bzw. trojanische Pferde eingespielt werden können. Darüber hinaus können unter Umständen Innentäter über eine solche Verbindung vertrauliche Informationen nach außen übertragen. Auch in Bezug auf den Grundwert Verfügbarkeit sind Außenverbindungen oft besonders gefährdet.

- Kommunikationsverbindungen, über die hochschutzbedürftige Informationen übertragen werden, wobei dies sowohl Informationen mit einem hohen Anspruch an Vertraulichkeit wie auch Integrität oder Verfügbarkeit sein können. Diese Verbindungen können das Angriffsziel vorsätzlichen Abhörens oder vorsätzlicher Manipulation sein. Darüber hinaus kann der Ausfall einer solchen Verbindung die Funktionsfähigkeit wesentlicher Teile des Informationsverbundes beeinträchtigen.

- Kommunikationsverbindungen, über die bestimmte hochschutzbedürftige Informationen nicht übertragen werden dürfen. Hierbei kommen insbesondere vertrauliche Informationen in Betracht. Wenn beispielsweise Netzkoppelelemente ungeeignet oder falsch konfiguriert sind, kann der Fall eintreten, dass über eine solche Verbindung die Informationen, die gerade nicht übertragen werden sollen, trotzdem übertragen und damit angreifbar werden.

Bei der Erfassung der kritischen Kommunikationsverbindungen kann wie folgt vorgegangen werden. Zunächst werden sämtliche "Außenverbindungen" als kritische Verbindungen identifiziert und erfasst. Anschließend werden sämtliche Verbindungen untersucht, die von einem IT-System mit hohem oder sehr hohem Schutzbedarf ausgehen. Dabei werden diejenigen Verbindungen identifiziert, über die hochschutzbedürftige Informationen übertragen werden. Danach werden die Verbindungen untersucht, über die diese hochschutzbedürftigen Daten weiter übertragen werden. Abschließend sind die Kommunikationsverbindungen zu identifizieren, über die derlei Informationen nicht übertragen werden dürfen. Zu erfassen sind dabei:

- die Verbindungsstrecke,

- ob es sich um eine Außenverbindung handelt,

- ob hochschutzbedürftige Informationen übertragen werden und ob der Schutzbedarf aus der Vertraulichkeit, Integrität oder Verfügbarkeit resultiert und

- ob hochschutzbedürftige Informationen nicht übertragen werden dürfen.

Die Entscheidungen, welche Kommunikationsverbindungen als kritisch zu betrachten sind, sollten tabellarisch dokumentiert oder graphisch im Netzplan hervorgehoben werden.

Beispiel: Bundesamt für Organisation und Verwaltung (BOV) - Teil 8

Für das fiktive Beispiel BOV ergeben sich folgende kritischen Verbindungen:

4   Erstellung einer Sicherheitskonzeption nach IT-Grundschutz

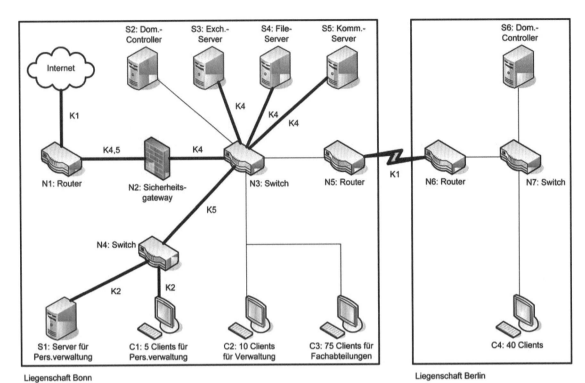

Abbildung 7: Beispiel eines Netzplans mit kritischen Verbindungen

In der graphischen Darstellung sind die kritischen Verbindungen durch "fette" Linien markiert. Die Zahlen nach dem Buchstaben "K" neben den Linien kennzeichnen den Grund (bzw. die Gründe), warum die jeweilige Verbindung kritisch ist, und sind in den Spaltenköpfen der nachfolgenden Tabelle erläutert.

| Verbindung | Kritisch aufgrund | | | | |
	K 1 Außenverbindung	K 2 hohe Vertraulichkeit	K 3 hohe Integrität	K 4 hohe Verfügbarkeit	K 5 keine Übertragung
N1 - Internet	X				
N5 - N6	X				
S1 - N4		X			
S3 - N3				X	
S4 - N3				X	
S5 - N3				X	
C1 - N4		X			
N1 - N2				X	X
N2 - N3				X	
N4 - N3					X

Bei dieser Erhebung sollte besonders darauf geachtet werden, dass die erstellte Übersicht vollständig ist. Nur **eine** übersehene kritische Verbindung kann die Gesamtsicherheit unterlaufen. Außenverbindungen können beispielsweise über Festverbindungen, DSL-Zugänge, Fax-Anschlüsse, drahtlose Netze und ISDN-Schnittstellen aufgebaut werden. Viele moderne Laptops haben integrierte Schnittstellen für Modem- und Funk-Verbindungen. Multifunktionsgeräte, die zum Scannen, Kopieren und Drucken eingesetzt werden können, haben häufig ein eingebautes Modem, um Fax-Funktionen bereitstellen zu können. Wenn solche oder ähnliche Kommunikationswege genutzt werden, müssen sie systematisch in den Sicherheitsprozess integriert werden.

Aktionspunkte zu 4.3.5 Schutzbedarfsfeststellung für Kommunikationsverbindungen

- Außenverbindungen erfassen

- Verbindungen, über die kritische Informationen übertragen werden, identifizieren

- Verbindungen, über die bestimmte Informationen nicht übertragen werden dürfen, ermitteln

- Alle kritischen Kommunikationsverbindungen in tabellarischer oder graphischer Form dokumentieren

---

4.3.6 Schlussfolgerungen aus den Ergebnissen der Schutzbedarfsfeststellung

Die bei der Schutzbedarfsfeststellung erzielten Ergebnisse bieten einen Anhaltspunkt für die weitere Vorgehensweise der Sicherheitskonzeption. Für den Schutz, der von den im IT-Grundschutz empfohlenen Standard-Sicherheitsmaßnahmen ausgeht, wird bezüglich der Schutzbedarfskategorien Folgendes angenommen:

Schutzwirkung von Standard-Sicherheitsmaßnahmen nach IT-Grundschutz	
Schutzbedarfskategorie "normal"	Standard-Sicherheitsmaßnahmen nach IT-Grundschutz sind im Allgemeinen ausreichend und angemessen.
Schutzbedarfskategorie "hoch"	Standard-Sicherheitsmaßnahmen nach IT-Grundschutz bilden einen Basisschutz, sind aber unter Umständen alleine nicht ausreichend. Weitergehende Maßnahmen können auf Basis einer ergänzenden Sicherheitsanalyse ermittelt werden.
Schutzbedarfskategorie "sehr hoch"	Standard-Sicherheitsmaßnahmen nach IT-Grundschutz bilden einen Basisschutz, reichen aber alleine im Allgemeinen nicht aus. Die erforderlichen zusätzlichen Sicherheitsmaßnahmen müssen individuell auf der Grundlage einer ergänzenden Sicherheitsanalyse ermittelt werden.

Außer bei hohem oder sehr hohem Schutzbedarf muss eine ergänzende Sicherheitsanalyse auch dann durchgeführt werden, wenn die Objekte des betrachteten Informationsverbundes

- mit den existierenden Bausteinen des IT-Grundschutzes nicht hinreichend abgebildet (modelliert) werden können oder

- in Einsatzszenarien (Umgebung, Anwendung) betrieben werden, die im Rahmen des IT-Grundschutzes nicht vorgesehen sind.

Ausführliche Informationen zur ergänzenden Sicherheitsanalyse finden sich in Kapitel 4.6.

Bereiche mit unterschiedlichem Schutzbedarf

Bei der Schutzbedarfsfeststellung zeigt sich häufig, dass es Bereiche innerhalb des betrachteten Informationsverbunds gibt, in denen Informationen verarbeitet werden, die einen hohen oder sehr hohen Schutzbedarf haben. Auch wenn nur wenige, herausgehobene Daten besonders schutzbedürftig sind, führt die starke Vernetzung und Kopplung von IT-Systemen und Anwendungen schnell dazu, dass sich der höhere Schutzbedarf nach dem Maximumprinzip auf andere Bereiche überträgt.

Um Risiken und Kosten einzudämmen, sollten daher Sicherheitszonen zur Trennung von Bereichen mit unterschiedlichem Schutzbedarf eingerichtet werden. Solche Sicherheitszonen können sowohl räumlich, als auch technisch oder personell ausgeprägt sein.

Beispiele:

- Räumliche Sicherheitszonen: Um nicht jeden einzelnen Büroraum permanent abschließen oder überwachen zu müssen, sollten Zonen mit starkem Besucherverkehr von hoch-schutzbedürftigen Bereichen getrennt werden. So sollten sich Besprechungs-, Schulungs- oder Veranstaltungsräume ebenso wie eine Kantine, die externes Publikum anzieht, in der Nähe des Gebäudeeingangs befinden. Der Zugang zu Gebäudeteilen mit Büros kann dann von einem Pförtner einfach überwacht werden. Besonders sensitive Bereiche wie eine Entwicklungsabteilung sollten mit einer zusätzlichen Zugangskontrolle z. B. über Chipkarten abgesichert werden.

- Technische Sicherheitszonen: Um vertrauliche Daten auf bestimmte Bereiche innerhalb eines LANs zu begrenzen und um zu verhindern, dass Störungen in bestimmten Komponenten oder Angriffe die Funktionsfähigkeit beeinträchtigen, ist es hilfreich, das LAN in mehrere Teilnetze aufzuteilen (siehe auch M 5.77 Bildung von Teilnetzen in den IT-Grundschutz-Katalogen).

- Personelle Sicherheitszonen: Grundsätzlich sollten an jede Person immer nur so viele Rechte vergeben werden, wie es für die Aufgabenwahrnehmung erforderlich ist. Darüber hinaus gibt es auch verschiedene Rollen, die eine Person nicht gleichzeitig wahrnehmen sollte. So sollte ein Revisor weder gleichzeitig in der Buchhaltung noch in der IT-Administration arbeiten, da er sich nicht selber kontrollieren kann und darf. Um die Vergabe von Zugangs- und Zutrittsrechte zu vereinfachen, sollten Personengruppen, die nicht miteinander vereinbare Funktionen wahrnehmen, in getrennten Gruppen oder Abteilungen arbeiten.

Bei der Planung neuer Geschäftsprozesse, Fachaufgaben oder Anwendungen sollte frühzeitig geprüft werden, ob es zweckmäßig ist, Sicherheitszonen einzurichten. Häufig kann dadurch in allen folgenden Phasen bis hin zur Revision viel Arbeit gespart werden.

Aktionspunkte zu 4.3.6 Schlussfolgerungen aus den Ergebnissen der Schutzbedarfsfeststellung

- Prüfen, ob Objekte mit erhöhten Sicherheitsanforderungen in Sicherheitszonen konzentriert werden können

- Objekte mit erhöhten Sicherheitsanforderungen für eine ergänzende Sicherheitsanalyse vormerken

---

4.4 Auswahl und Anpassung von Maßnahmen

Nachdem die notwendigen Informationen aus der Strukturanalyse und der Schutzbedarfsfeststellung vorliegen, besteht die nächste zentrale Aufgabe darin, den betrachteten Informationsverbund mit Hilfe der vorhandenen Bausteine aus den IT-Grundschutz-Katalogen nachzubilden. Als Ergebnis wird ein IT-Grundschutz-Modell des Informationsverbunds erstellt, das aus verschiedenen, gegebenenfalls auch mehrfach verwendeten Bausteinen besteht und eine Abbildung zwischen den Bausteinen und den sicherheitsrelevanten Aspekten des Informationsverbunds beinhaltet.

4.4.1 Die IT-Grundschutz-Kataloge

Die IT-Grundschutz-Kataloge [GSK] können in der jeweils aktuellen Fassung vom BSI-Webserver heruntergeladen werden.

Bausteine

Die IT-Grundschutz-Kataloge enthalten die Gefährdungslage und die Maßnahmenempfehlungen für verschiedene Komponenten, Vorgehensweisen und IT-Systeme, die jeweils in einem Baustein zusammengefasst werden.

In jedem Baustein wird zunächst die zu erwartende Gefährdungslage beschrieben, wobei sowohl die typischen Gefährdungen als auch die pauschalisierten Eintrittswahrscheinlichkeiten berücksichtigt wurden. Diese Gefährdungslage ist Teil einer vereinfachten Risikoanalyse für typische Umgebungen der Informationsverarbeitung und bildet die Grundlage, auf der das BSI ein spezifisches Maßnahmenbündel aus den Bereichen Infrastruktur, Personal, Organisation, Hard- und Software, Kommunikation und Notfallvorsorge erarbeitet hat. Der Vorteil dabei ist, dass die Anwender bei typischen Anwendungsfällen keine aufwendigen Analysen benötigen, um das für einen durchschnittlichen Schutzbedarf notwendige Sicherheitsniveau zu erreichen. Vielmehr ist es in diesem Fall ausreichend, die für die

---

betrachteten Anwendungen, IT-Systeme oder Geschäftsprozesse relevanten Bausteine zu identifizieren und die darin empfohlenen Maßnahmen konsequent und vollständig umzusetzen. Auch wenn besondere Komponenten oder Einsatzumgebungen vorliegen, die im IT-Grundschutz nicht hinreichend behandelt werden, bieten die IT-Grundschutz-Kataloge dennoch eine wertvolle Arbeitshilfe. Die dann notwendige, ergänzende Sicherheitsanalyse kann sich auf die spezifischen Gefährdungen dieser Komponenten oder Rahmenbedingungen konzentrieren.

Um den Innovationsschüben und Versionswechseln im IT-Bereich Rechnung zu tragen, sind die IT-Grundschutz-Kataloge mit Hilfe der Baustein-Struktur modular aufgebaut und damit leicht erweiterbar und aktualisierbar.

Die Bausteine sind in die folgenden Schichten gruppiert:

> B 1: Übergreifende Aspekte
>
> B 2: Infrastruktur
>
> B 3: IT-Systeme
>
> B 4: Netze
>
> B 5: Anwendungen

Gefährdungskataloge

Dieser Bereich enthält die ausführlichen Beschreibungen der Gefährdungen, die in den einzelnen Bausteinen als Gefährdungslage genannt wurden. Die Gefährdungen sind in fünf Kataloge gruppiert:

> G 1: Höhere Gewalt
>
> G 2: Organisatorische Mängel
>
> G 3: Menschliche Fehlhandlungen
>
> G 4: Technisches Versagen
>
> G 5: Vorsätzliche Handlungen

Maßnahmenkataloge

Dieser Teil beschreibt die in den Bausteinen der IT-Grundschutz-Kataloge zitierten Sicherheitsmaßnahmen ausführlich. Die Maßnahmen sind in sechs Kataloge gruppiert:

> M 1: Infrastruktur
>
> M 2: Organisation
>
> M 3: Personal
>
> M 4: Hard- und Software
>
> M 5: Kommunikation
>
> M 6: Notfallvorsorge

4.4.2 Modellierung eines Informationsverbunds

Das erstellte IT-Grundschutz-Modell ist unabhängig davon, ob der Informationsverbund aus bereits im Einsatz befindlichen IT-Systemen besteht oder ob es sich um einen Informationsverbund handelt, der sich erst im Planungsstadium befindet. Jedoch kann das Modell unterschiedlich verwendet werden:

- Das IT-Grundschutz-Modell eines bereits realisierten Informationsverbundes identifiziert über die verwendeten Bausteine die relevanten Standard-Sicherheitsmaßnahmen. Es kann in Form eines **Prüfplans** benutzt werden, um einen Soll-Ist-Vergleich durchzuführen.

4   Erstellung einer Sicherheitskonzeption nach IT-Grundschutz

- Das IT-Grundschutz-Modell eines geplanten Informationsverbundes stellt hingegen ein **Entwicklungskonzept** dar. Es beschreibt über die ausgewählten Bausteine, welche Standard-Sicherheitsmaßnahmen bei der Realisierung des Informationsverbunds umgesetzt werden müssen.

Die Einordnung der Modellierung und die möglichen Ergebnisse verdeutlicht das folgende Bild:

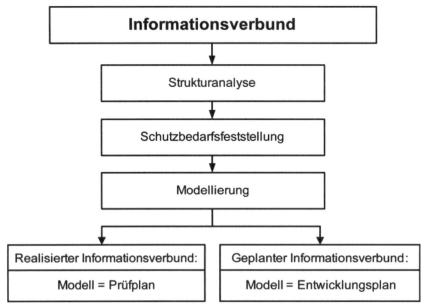

Abbildung 8: Ergebnis der Modellierung nach IT-Grundschutz

Typischerweise wird ein im Einsatz befindlicher Informationsverbund sowohl realisierte als auch in Planung befindliche Anteile besitzen. Das resultierende IT-Grundschutz-Modell beinhaltet dann sowohl einen Prüfplan wie auch Anteile eines Entwicklungskonzepts. Alle im Prüfplan bzw. im Entwicklungskonzept vorgesehenen Sicherheitsmaßnahmen bilden dann gemeinsam die Basis für die Erstellung des Sicherheitskonzepts. Dazu gehören neben den bereits umgesetzten Sicherheitsmaßnahmen die bei Durchführung des Soll-Ist-Vergleichs als unzureichend oder fehlend identifizierte Maßnahmen, sowie diejenigen, die sich für die in Planung befindlichen Anteile des Informationsverbunds ergeben.

Für die Abbildung eines im Allgemeinen komplexen Informationsverbundes auf die Bausteine der IT-Grundschutz-Kataloge bietet es sich an, die Sicherheitsaspekte gruppiert nach bestimmten Themen zu betrachten.

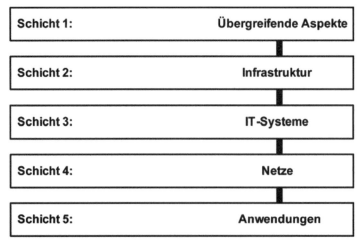

Abbildung 9: Schichten des IT-Grundschutz-Modells

Die Sicherheitsaspekte eines Informationsverbunds werden wie folgt den einzelnen Schichten zugeordnet:

- Schicht 1 umfasst die übergreifenden Sicherheitsaspekte, die für sämtliche oder große Teile des Informationsverbunds gleichermaßen gelten. Dies betrifft insbesondere übergreifende Konzepte und die daraus abgeleiteten Regelungen. Typische Bausteine der Schicht 1 sind unter anderem *Sicherheitsmanagement, Organisation, Datensicherungskonzept* und *Computer-Viren-Schutzkonzept*.

- Schicht 2 befasst sich mit den baulich-technischen Gegebenheiten, in der Aspekte der infrastrukturellen Sicherheit zusammengeführt werden. Dies betrifft insbesondere die Bausteine *Gebäude, Serverraum, Schutzschränke* und *Häuslicher Arbeitsplatz*.

- Schicht 3 betrifft die einzelnen IT-Systeme des Informationsverbunds, die ggf. in Gruppen zusammengefasst wurden. Hier werden die Sicherheitsaspekte sowohl von Clients als auch von Servern, aber auch von Einzelplatz-Systemen behandelt. In diese Schicht fallen beispielsweise die Bausteine *TK-Anlage, Laptop,* sowie *Client unter Windows XP*.

- Schicht 4 betrachtet die Vernetzungsaspekte, die sich nicht auf bestimmte IT-Systeme, sondern auf die Netzverbindungen und die Kommunikation beziehen. Dazu gehören zum Beispiel die Bausteine *Heterogene Netze, WLAN,* sowie *Remote Access*.

- Schicht 5 schließlich beschäftigt sich mit den eigentlichen Anwendungen, die im Informationsverbund genutzt werden. In dieser Schicht können unter anderem die Bausteine *E-Mail, Webserver, Faxserver* und *Datenbanken* zur Modellierung verwendet werden.

Die Einteilung in diese Schichten hat folgende Vorteile:

- Die Komplexität der Informationssicherheit wird reduziert, indem eine sinnvolle Aufteilung der Einzelaspekte vorgenommen wird.

- Da übergeordnete Aspekte und gemeinsame infrastrukturelle Fragestellungen getrennt von den IT-Systemen betrachtet werden, werden Redundanzen vermieden, weil diese Aspekte nur einmal bearbeitet werden müssen und nicht wiederholt für jedes IT-System.

- Die einzelnen Schichten sind so gewählt, dass auch die Zuständigkeiten für die betrachteten Aspekte gebündelt sind. Hauptsächlich betrifft Schicht 1 Grundsatzfragen des sicheren Umgangs mit Informationen, Schicht 2 den Bereich Haustechnik, Schicht 3 die Ebene der Administratoren und IT-Benutzer, Schicht 4 die Netz- und Systemadministratoren und Schicht 5 schließlich die Anwendungsverantwortlichen und -betreiber.

- Aufgrund der Aufteilung der Sicherheitsaspekte in Schichten können Einzelaspekte in resultierenden Sicherheitskonzepten leichter aktualisiert und erweitert werden, ohne dass andere Schichten umfangreich tangiert werden.

Die Modellierung nach IT-Grundschutz besteht nun darin, für die Bausteine einer jeden Schicht zu entscheiden, ob und wie sie zur Abbildung des Informationsverbunds herangezogen werden können. Je nach betrachtetem Baustein können die Zielobjekte dieser Abbildung von unterschiedlicher Art sein: einzelne Geschäftsprozesse oder Komponenten, Gruppen von Komponenten, Gebäude, Liegenschaften, Organisationseinheiten usw.

Das IT-Grundschutz-Modell, also die Zuordnung von Bausteinen zu Zielobjekten sollte in Form einer Tabelle mit folgenden Spalten dokumentiert werden:

- Nummer und Titel des Bausteins

- Zielobjekt oder Zielgruppe: Dies kann z. B. die Identifikationsnummer einer Komponente oder einer Gruppe bzw. der Name eines Gebäudes oder einer Organisationseinheit sein.

- Ansprechpartner: Diese Spalte dient zunächst nur als Platzhalter. Der Ansprechpartner wird nicht im Rahmen der Modellierung, sondern erst bei der Planung des eigentlichen Soll-Ist-Vergleichs im Basis-Sicherheitscheck ermittelt.

- Hinweise: In dieser Spalte können Randinformationen und Begründungen für die Modellierung dokumentiert werden.

Beispiel: Bundesamt für Organisation und Verwaltung (BOV) - Teil 9

Die folgende Tabelle ist ein Auszug aus der Modellierung für das fiktive Bundesamt BOV:

Nr.	Titel des Bausteins	Zielobjekt/ Zielgruppe	Ansprech-partner	Hinweise
B 1.1	Organisation	Standort Bonn		Der Baustein Organisation muss für die Standorte Bonn und Berlin separat bearbeitet werden, da in Berlin eigene organisatorische Regelungen gelten.
B 1.1	Organisation	Standort Berlin		
B 1.2	Personal	gesamtes BOV		Die Personalverwaltung des BOV erfolgt zentral in Bonn.
B 2.5	Datenträger-archiv	R U.02 (Bonn)		In diesem Raum werden die Backup-Datenträger aufbewahrt.
B 3.203	Laptop	C5		Die Laptops in Bonn bzw. Berlin werden jeweils in einer Gruppe zusammengefasst.
B 3.203	Laptop	C6		
B 5.4	Webserver	S5		S5 dient als Server für das Intranet.
B 5.7	Datenbanken	S5		Auf dem Server S5 kommt eine Datenbank zum Einsatz.

Eine detaillierte Beschreibung der Vorgehensweise zur Modellierung eines Informationsverbunds findet sich in den IT-Grundschutz-Katalogen im Kapitel "Schichtenmodell und Modellierung". Dabei wird besonderer Wert auf die Randbedingungen gelegt, wann ein einzelner Baustein sinnvollerweise eingesetzt werden soll und auf welche Zielobjekte er anzuwenden ist.

4.4.3 Anpassung von Maßnahmen

Über die Modellierung wurden die Bausteine der IT-Grundschutz-Kataloge ausgewählt, die für die einzelnen Zielobjekte des betrachteten Informationsverbunds umzusetzen sind. In den Bausteinen werden Sicherheitsmaßnahmen vorgeschlagen, die typischerweise für diese Komponenten geeignet und angemessen sind.

Für die Erstellung eines Sicherheitskonzeptes oder für ein Audit müssen jetzt die einzelnen Maßnahmen durchgearbeitet werden. IT-Grundschutz-Maßnahmen sind einerseits so formuliert, dass sie in möglichst vielen Umgebungen anwendbar sind, und andererseits, dass die Maßnahmenbeschreibungen ausführlich genug sind, um als Umsetzungshilfe dienen zu können.

Dies bedeutet aber auch, dass die vorgeschlagenen Maßnahmen noch an die jeweiligen Rahmenbedingungen einer Institution angepasst werden müssen. Es kann beispielsweise sinnvoll sein,

- Maßnahmen weiter zu konkretisieren, also z. B. um technische Details zu ergänzen,

- Maßnahmen dem Sprachgebrauch der Institution anzupassen, also z. B. andere Rollenbezeichnungen zu verwenden,

- aus Maßnahmen die im betrachteten Bereich nicht relevanten Empfehlungen zu streichen.

Generell sollten die Maßnahmentexte immer sinngemäß umgesetzt werden. Alle Änderungen gegenüber den IT-Grundschutz-Katalogen sollten dokumentiert werden, damit die Gründe auch später noch nachvollziehbar sind.

Um den Anwendern die zielgruppengerechte Anpassung der IT-Grundschutz-Texte zu erleichtern, werden sämtliche Texte, Bausteine, Gefährdungen, Maßnahmen, Tabellen und Hilfsmittel auch in elektronischer Form zur Verfügung gestellt. Damit können diese Texte bei der Erstellung eines Sicherheitskonzeptes und bei der Realisierung von Maßnahmen weiterverwendet werden.

Bei der Sichtung der Maßnahmen kann sich auch ergeben, dass einzelne vorgeschlagene IT-Grundschutz-Maßnahmen unter den konkreten Rahmenbedingungen entbehrlich sind. Dies kann beispielsweise der Fall sein, wenn den entsprechenden Gefährdungen mit anderen adäquaten Maßnahmen entgegengewirkt wird, oder die Maßnahmenempfehlungen nicht relevant sind (z. B. weil Dienste nicht aktiviert wurden). Zusätzliche oder gestrichene Sicherheitsmaßnahmen sollten im Sicherheitskonzept dokumentiert werden. Dies erleichtert auch die Durchführung des Basis-Sicherheitschecks.

Bei der Auswahl und Anpassung der Maßnahmen ist zu beachten, dass diese immer angemessen sein müssen. Angemessen bedeutet:

- Wirksamkeit (Effektivität): Sie müssen vor den möglichen Gefährdungen wirksam schützen, also den identifizierten Schutzbedarf abdecken.

- Eignung: Sie müssen in der Praxis tatsächlich umsetzbar sein, dürfen also z. B. nicht die Organisationsabläufe behindern oder andere Sicherheitsmaßnahmen aushebeln.

- Praktikabilität: Sie sollen leicht verständlich, einfach anzuwenden und wenig fehleranfällig sein.

- Akzeptanz: Sie müssen für alle Benutzer anwendbar (barrierefrei) sein und dürfen niemanden diskriminieren oder beeinträchtigen.

- Wirtschaftlichkeit: Mit den eingesetzten Mitteln sollte ein möglichst gutes Ergebnis erreicht werden. Die Maßnahmen sollten also einerseits das Risiko bestmöglich minimieren und andererseits in geeignetem Verhältnis zu den zu schützenden Werten stehen.

Aktionspunkte zu 4.4 Auswahl und Anpassung von Maßnahmen
- Kapitel "Schichtenmodell und Modellierung" aus den IT-Grundschutz-Katalogen systematisch durcharbeiten   - Für jeden Baustein der IT-Grundschutz-Kataloge ermitteln, auf welche Zielobjekte er im betrachteten Informationsverbund anzuwenden ist   - Zuordnung von Bausteinen zu Zielobjekten ("IT-Grundschutz-Modell") sowie die entsprechenden Ansprechpartner dokumentieren   - Zielobjekte, die nicht geeignet modelliert werden können, für eine ergänzende Sicherheitsanalyse vormerken   - Maßnahmentexte aus den identifizierten Bausteinen sorgfältig lesen und gegebenenfalls anpassen

4.5 Basis-Sicherheitscheck

Für die nachfolgenden Betrachtungen wird vorausgesetzt, dass für einen ausgewählten Informationsverbund folgende Teile des Sicherheitskonzepts nach IT-Grundschutz erstellt wurden:

Anhand der Strukturanalyse des Informationsverbundes wurde eine Übersicht über die vorhandene IT, deren Einsatzorte und die unterstützten Anwendungen erstellt. Darauf aufbauend wurde anschließend die Schutzbedarfsfeststellung durchgeführt, deren Ergebnis eine Übersicht über den Schutzbedarf der Anwendungen, der IT-Systeme, der genutzten Räume und der Kommunikationsverbindungen ist. Mit Hilfe dieser Informationen wurde die Modellierung des Informationsverbundes nach IT-Grundschutz durchgeführt. Das Ergebnis war eine Abbildung des betrachteten Informationsverbundes auf Bausteine des IT-Grundschutzes.

Die Modellierung nach IT-Grundschutz wird nun als Prüfplan benutzt, um anhand eines Soll-Ist-Vergleichs herauszufinden, welche Standard-Sicherheitsmaßnahmen ausreichend oder nur unzureichend umgesetzt sind.

Dieses Kapitel beschreibt, wie bei der Durchführung des Basis-Sicherheitschecks vorgegangen werden sollte. Der Basis-Sicherheitscheck besteht aus drei unterschiedlichen Schritten. Im ersten Schritt werden die organisatorischen Vorbereitungen getroffen, insbesondere die relevanten Ansprechpartner für den Soll-Ist-Vergleich ausgewählt. Im zweiten Schritt wird der eigentliche Soll-Ist-Vergleich mittels Interviews und stichprobenartiger Kontrolle durchgeführt. Im letzten Schritt werden die erzielten Ergebnisse des Soll-Ist-Vergleichs einschließlich der erhobenen Begründungen dokumentiert.

Nachfolgend werden die Schritte des Basis-Sicherheitschecks detailliert beschrieben.

4.5.1 Organisatorische Vorarbeiten für den Basis-Sicherheitscheck

Für die reibungslose Durchführung des Soll-Ist-Vergleichs sind einige Vorarbeiten erforderlich. Zunächst sollten alle hausinternen Papiere, z. B. Organisationsverfügungen, Arbeitshinweise, Sicherheitsanweisungen, Handbücher und "informelle" Vorgehensweisen, die die sicherheitsrelevanten Abläufe regeln, gesichtet werden. Diese Dokumente können bei der Ermittlung des Umsetzungsgrades hilfreich sein, insbesondere bei Fragen nach bestehenden organisatorischen Regelungen. Weiterhin ist zu klären, wer gegenwärtig für deren Inhalt zuständig ist, um später die richtigen Ansprechpartner bestimmen zu können.

Als Nächstes sollte festgestellt werden, ob und in welchem Umfang externe Stellen bei der Ermittlung des Umsetzungsstatus beteiligt werden müssen. Dies kann beispielsweise bei externen Rechenzentren, vorgesetzten Behörden, Firmen, die Teile von Geschäftsprozessen oder des IT-Betriebes als Outsourcing-Dienstleistung übernehmen, oder Baubehörden, die für infrastrukturelle Maßnahmen zuständig sind, erforderlich sein.

Ein wichtiger Schritt vor der Durchführung des eigentlichen Soll-Ist-Vergleichs ist die Ermittlung geeigneter Interviewpartner. Hierzu sollte zunächst für jeden einzelnen Baustein, der für die Modellierung des vorliegenden Informationsverbunds herangezogen wurde, ein Hauptansprechpartner festgelegt werden.

- Bei den Bausteinen der Schicht 1 "Übergreifende Aspekte" ergibt sich ein geeigneter Ansprechpartner in der Regel direkt aus der im Baustein behandelten Thematik. Beispielsweise sollte für den Baustein B 1.2 *Personal* ein Mitarbeiter der zuständigen Personalabteilung als Ansprechpartner ausgewählt werden. Bei den konzeptionellen Bausteinen, z. B. Baustein B 1.4 *Datensicherungskonzept*, steht im Idealfall der Mitarbeiter zur Verfügung, der für die Fortschreibung des entsprechenden Dokuments zuständig ist. Anderenfalls sollte derjenige Mitarbeiter befragt werden, zu dessen Aufgabengebiet die Fortschreibung von Regelungen in dem betrachteten Bereich gehören.

- Im Bereich der Schicht 2 "Infrastruktur" sollte die Auswahl geeigneter Ansprechpartner in Abstimmung mit der Abteilung Innerer Dienst/Haustechnik vorgenommen werden. Je nach Größe der betrachteten Institution können beispielsweise unterschiedliche Ansprechpartner für die Infrastrukturbereiche Gebäude und Schutzschränke zuständig sein. In kleinen Institutionen kann in vielen Fällen der Hausmeister Auskunft geben. Zu beachten ist im Bereich Infrastruktur, dass hier unter Umständen externe Stellen zu beteiligen sind. Dies betrifft insbesondere größere Institutionen.

- In Bausteinen der Schicht 3 "IT-Systeme" und Schicht 4 "Netze" werden in den zu prüfenden Sicherheitsmaßnahmen verstärkt technische Aspekte behandelt. In der Regel kommt daher der Administrator derjenigen Komponente bzw. Gruppe von Komponenten, der der jeweilige Baustein bei der Modellierung zugeordnet wurde, als Hauptansprechpartner in Frage.

- Für die Bausteine der Schicht 5 "Anwendungen" sollten die Betreuer bzw. die Verantwortlichen der einzelnen Anwendungen als Hauptansprechpartner ausgewählt werden.

In vielen Fällen kann der Hauptansprechpartner nicht zu allen Fragen des jeweiligen Bausteins umfassend Auskunft geben. Dann ist es vorteilhaft, eine oder auch mehrere zusätzliche Personen in das Interview einzubeziehen. Hinweise dazu, welche Mitarbeiter hinzugezogen werden sollten, lassen sich den Einträgen "Verantwortlich für Initiierung" und "Verantwortlich für Umsetzung", die sich am Anfang jeder Maßnahmenbeschreibung befinden, entnehmen.

Für die anstehenden Interviews mit den Systemverantwortlichen, Administratoren und sonstigen Ansprechpartnern sollte ein Terminplan erstellt werden. Besonderes Augenmerk gilt hier der Termin-koordination mit Personen aus anderen Organisationseinheiten oder anderen Institutionen. Außerdem ist es sinnvoll, Ausweichtermine mit abzustimmen.

Je nach Größe der Projektgruppe sollten für die Durchführung der Interviews Teams mit verteilten Aufgaben gebildet werden. Es hat sich bewährt, in Gruppen mit je zwei Personen zu arbeiten. Dabei notiert eine Person die Ergebnisse und Anmerkungen zu den Antworten, die andere stellt die notwendigen Fragen.

Aktionspunkte zu 4.5.1 Organisatorische Vorarbeiten des Basis-Sicherheitschecks
• Hausinterne Dokumente mit Verfügungen und Regelungen sichten und Zuständigkeiten für diese Unterlagen klären
• Feststellen, in welchem Umfang externe Stellen beteiligt werden müssen
• Hauptansprechpartner für jeden in der Modellierung angewandten Baustein festlegen
• Terminplan für Interviews abstimmen
• Team für Interviews zusammenstellen

4.5.2 Durchführung des Soll-Ist-Vergleichs

Sind alle erforderlichen Vorarbeiten erledigt, kann die eigentliche Erhebung an den zuvor festgesetzten Terminen beginnen. Hierzu werden die Maßnahmen des jeweiligen Bausteins, für den die Interviewpartner zuständig sind, der Reihe nach durchgearbeitet.

Als Antworten bezüglich des Umsetzungsstatus der einzelnen Maßnahmen kommen folgende Aussagen in Betracht:

"entbehrlich"	-	Die Umsetzung der Maßnahmenempfehlungen ist in der vorgeschlagenen Art nicht notwendig, weil andere adäquate Maßnahmen gegen die entsprechenden Gefährdungen wirken (z. B. Maßnahmen, die nicht im IT-Grundschutz aufgeführt sind, aber dieselbe Wirkung erzielen), oder weil die Maßnahmenempfehlungen nicht relevant sind (z. B. weil Dienste nicht aktiviert wurden).
"ja"	-	Alle Empfehlungen in der Maßnahme sind vollständig, wirksam und angemessen umgesetzt.
"teilweise"	-	Einige der Empfehlungen sind umgesetzt, andere noch nicht oder nur teilweise.
"nein"	-	Die Empfehlungen der Maßnahme sind größtenteils noch nicht umgesetzt.

Es ist nicht zu empfehlen, bei den Interviews den Text der Maßnahmenempfehlung vorzulesen, da er nicht für ein Zwiegespräch konzipiert wurde. Deshalb ist die inhaltliche Kenntnis des Bausteins für den Interviewer notwendig, ergänzend sollten vorher griffige Checklisten mit Stichworten erstellt werden. Um im Zweifelsfall Unstimmigkeiten klären zu können, ist es jedoch sinnvoll, den Volltext der Maßnahmen griffbereit zu haben. Es ist aber nicht empfehlenswert, während des Interviews die Antworten direkt in einen PC einzugeben, da es alle Beteiligten ablenkt und für ungewollte Unterbrechungen der Kommunikation sorgt.

Es schafft eine entspannte, aufgelockerte und produktive Arbeitsatmosphäre, das Interview mit einleitenden Worten zu beginnen und den Zweck des Basis-Sicherheitschecks kurz vorzustellen. Es bietet sich an, mit der Maßnahmenüberschrift fortzufahren und die Maßnahme kurz zu erläutern. Besser als einen Monolog zu führen ist es, dem Gegenüber die Möglichkeit zu geben, auf die bereits umgesetzten Maßnahmenteile einzugehen, und danach noch offene Punkte zu besprechen.

Die Befragungstiefe richtet sich zunächst nach dem Niveau von Standard-Sicherheitsmaßnahmen, darüber hinausgehende Aspekte hochschutzbedürftiger Anwendungen sollten erst nach Abschluss des Basis-Sicherheitschecks betrachtet werden. Falls der Bedarf besteht, die in den Interviews gemachten Aussagen zu verifizieren, bietet es sich an, stichprobenartig die entsprechenden Regelungen und Konzepte zu sichten, im Bereich Infrastruktur gemeinsam mit dem Ansprechpartner die zu untersuchenden Objekte vor Ort zu besichtigen sowie Client- bzw. Servereinstellungen an ausgewählten IT-Systemen zu überprüfen.

Zum Abschluss jeder Maßnahme sollte den Befragten das Ergebnis (Umsetzungsstatus der Maßnahme: entbehrlich/ja/teilweise/nein) mitgeteilt und diese Entscheidung erläutert werden.

Aktionspunkte zu 4.5.2 Durchführung des Soll-Ist-Vergleichs

- Je nach Fachgebiet vorab Checklisten erstellen

- Zielsetzung des Basis-Sicherheitschecks den Interviewpartnern erläutern

- Umsetzungsstatus der einzelnen Maßnahmen erfragen

- Antworten anhand von Stichproben am Objekt verifizieren

- Ergebnisse den Befragten mitteilen

4.5.3 Dokumentation der Ergebnisse

Die Ergebnisse des Basis-Sicherheitschecks sollten so dokumentiert werden, dass sie für alle Beteiligten nachvollziehbar sind und als Grundlage für die Umsetzungsplanung der defizitären Maßnahmen genutzt werden können. Um die Dokumentation der Ergebnisse des Basis-Sicherheitschecks zu erleichtern, bietet das BSI zwei Hilfsmittel an.

Dies ist zum einen das GSTOOL des BSI. Diese Software unterstützt die gesamte Vorgehensweise nach IT-Grundschutz, beginnend bei der Stammdatenerfassung, über die Schutzbedarfsfeststellung, die ergänzende Sicherheits- und Risikoanalyse sowie den Soll-Ist-Vergleich (Basis-Sicherheitscheck) bis hin zur Umsetzung der Maßnahmen. Hierdurch ergeben sich komfortable Möglichkeiten zur Auswertung und Revision der Ergebnisse, z. B. die Suche nach bestimmten Einträgen, Generierung von Reports, Kostenauswertungen sowie Statistikfunktionen.

Außerdem stehen als Hilfsmittel zum IT-Grundschutz Formulare zur Verfügung. Zu jedem Baustein der IT-Grundschutz-Kataloge gibt es eine Datei im Word-Format, in der tabellarisch für jede Maßnahme des Bausteins die Ergebnisse des Soll-Ist-Vergleichs erfasst werden können.

Zunächst sollten in die dafür vorgesehenen Felder im GSTOOL oder in den Formularen

- die Nummer und die Bezeichnung der Komponente oder Gruppe von Komponenten, der der Baustein bei der Modellierung zugeordnet wurde,

- der Standort der zugeordneten Komponente bzw. Gruppe von Komponenten,

- das Erfassungsdatum und der Name des Erfassers und

- die befragten Ansprechpartner

eingetragen werden. Die eigentlichen Ergebnisse des Soll-Ist-Vergleichs werden in der auf dem Formular vorbereiteten Tabelle erfasst. Dabei sollten zu jeder Maßnahme des jeweiligen Bausteins die Felder wie folgt ausgefüllt werden:

- Umsetzungsgrad (entbehrlich/ja/teilweise/nein)
  Hier wird der im Interview ermittelte Umsetzungsstatus der jeweiligen Maßnahme erfasst.

- Umsetzung bis
  Dieses Feld wird während des Basis-Sicherheitschecks im Allgemeinen nicht ausgefüllt. Es dient als Platzhalter, um in der Realisierungsplanung an dieser Stelle zu dokumentieren, bis zu welchem Termin die Maßnahme vollständig umgesetzt sein soll.

- verantwortlich
  Falls es bei der Durchführung des Soll-Ist-Vergleichs eindeutig ist, welcher Mitarbeiter für die vollständige Umsetzung einer defizitären Maßnahme verantwortlich sein wird, so kann dies in diesem Feld dokumentiert werden. Falls die Verantwortung nicht eindeutig erkennbar ist, sollte das Feld freigelassen werden. Im Zuge der späteren Realisierungsplanung wird dann ein Verantwortlicher bestimmt, dessen Name hier eingetragen werden kann.

- Bemerkungen / Begründung für Nicht-Umsetzung
  Bei Maßnahmen, deren Umsetzung entbehrlich erscheint, ist hier die Begründung bzw. die Ersatzmaßnahme zu nennen. Bei Maßnahmen, die noch nicht oder nur teilweise umgesetzt sind, sollte in diesem Feld dokumentiert werden, welche Empfehlungen der Maßnahme noch umgesetzt werden müssen. In dieses Feld sollten auch alle anderen Bemerkungen eingetragen werden, die bei der Beseitigung von Defiziten hilfreich oder im Zusammenhang mit der Maßnahme zu berücksichtigen sind.

- Kostenschätzung
  Bei Maßnahmen, die noch nicht oder nur teilweise umgesetzt sind, kann in dieses Feld eine Schätzung eingetragen werden, welchen finanziellen und personellen Aufwand die Beseitigung der Defizite erfordert.

Aktionspunkte zu 4.5.3 Dokumentation der Ergebnisse
• Stamminformationen über jedes Zielobjekt in Tool, Datenbank oder Formular eintragen
• Informationen zum Basis-Sicherheitscheck und zum Umsetzungsstatus eintragen
• Felder beziehungsweise Platzhalter für die Realisierungsplanung vorsehen

4.6 Ergänzende Sicherheitsanalyse

Die Standard-Sicherheitsmaßnahmen des IT-Grundschutzes sind in der Regel für typische Geschäftsprozesse, Anwendungen und IT-Systeme mit normalem Schutzbedarf angemessen und ausreichend. In bestimmten Fällen müssen die IT-Grundschutz-Maßnahmen jedoch mit Hilfe einer Risikoanalyse um spezielle Sicherheitsmaßnahmen ergänzt werden.

4.6.1 Zweistufiger Ansatz der IT-Grundschutz-Vorgehensweise

Aus Effizienzgründen verfolgt der IT-Grundschutz eine zweistufige Vorgehensweise. Während der ersten Stufe wird der Schutzbedarf der Objekte des Informationsverbundes ermittelt. Mit Hilfe der Modellierung werden den Zielobjekten typische Gefährdungen und entsprechende Standard-Sicherheitsmaßnahmen zugeordnet. Dabei wird pauschal von einem üblichen Einsatzszenario und von einem normalen Schutzbedarf ausgegangen. Anhand der Bausteine der IT-Grundschutz-Kataloge kann auf diese Weise das Sicherheitsniveau des Informationsverbundes schnell und effizient erhöht werden. Zusammenfassend dient die erste Stufe dazu, Sicherheitsmaßnahmen aufzuzeigen, die den elementaren Risiken entgegenwirken, die in der Praxis nahezu immer auftreten. In der ersten Stufe der IT-Grundschutz-Vorgehensweise wird also bereits eine grundlegende Risikobehandlung durchgeführt.

Darüber hinaus wird in einer zweiten Stufe untersucht, ob weitere relevante Risiken für den Informationsverbund zu berücksichtigen sind.

4.6.2 Vorgehensweise zur ergänzenden Sicherheitsanalyse

Die ergänzende Sicherheitsanalyse ist für alle Zielobjekte des Informationsverbundes durchzuführen, die

- einen hohen oder sehr hohen Schutzbedarf in mindestens einem der drei Grundwerte Vertraulichkeit, Integrität oder Verfügbarkeit haben oder

- mit den existierenden Bausteinen der IT-Grundschutz-Kataloge nicht hinreichend abgebildet (modelliert) werden können oder

- in Einsatzszenarien (z. B. in Umgebungen oder mit Anwendungen) betrieben werden, die im Rahmen des IT-Grundschutzes nicht vorgesehen sind.

Das Ziel ist dabei, für die einzelnen Zielobjekte jeweils zu entscheiden, ob weitere Risikobetrachtungen erforderlich sind. Beispiele für Anwendungen oder IT-Systeme, für die eine ergänzende Sicherheitsanalyse empfehlenswert ist, sind das Online-Banking-Angebot eines Finanzdienstleisters und IT-Systeme mit speziellen Echtzeitbetriebssystemen.

Um den Aufwand zu verringern, sollte bei der ergänzenden Sicherheitsanalyse eine geeignete Gruppenbildung der Zielobjekte vorgenommen werden. Dies gilt beispielsweise auch für kritische Kommunikationsverbindungen. Solche Verbindungen können häufig zu kritischen Netzbereichen, Teilnetzen, Kommunikationssträngen etc. zusammengefasst werden.

In einem **Management-Report** ist für jedes Zielobjekt beziehungsweise für jede Gruppe von Zielobjekten, die eine oder mehrere der obigen Eigenschaften hat, stichhaltig zu begründen, ob eine weitere Risikobetrachtung erforderlich ist oder nicht. Die Zielobjekte, die eine weitere Risikobetrachtung erforderlich machen, werden zu Risikobereichen zusammengefasst. Es soll dabei deutlich werden, für welche Bereiche eine zusätzliche Risikobetrachtung erforderlich ist.

Grundlage für die im Rahmen der ergänzenden Sicherheitsanalyse zu treffenden Entscheidungen sind die übergeordneten Geschäftsziele der Institution, die Risikogrundsätze sowie gegebenenfalls auch die Ressourcenpriorisierung. Der Management-Report wird der Institutionsleitung kommuniziert und muss von ihr verabschiedet werden. Die Verantwortung liegt somit bei dem Management.

Beispiel: Bundesamt für Organisation und Verwaltung (BOV) – Teil 10

Aufgrund der Schutzbedarfsfeststellung und der besonderen Einsatzbedingungen müssen im BOV eine Reihe von ergänzenden Sicherheitsanalysen durchgeführt werden. Die folgende Tabelle zeigt einen Ausschnitt aus den Ergebnissen:

Zielobjekt	Ergänzende Sicherheitsanalyse, Auszüge aus dem Management-Report
Domänen-Controller S2	Aufgrund seiner zentralen administrativen Funktion bestehen an den Domänen-Controller S2 hohe Anforderungen in Bezug auf Integrität. Das System verfügt bereits über einige interne Mechanismen zum Schutz vor absichtlichen oder unabsichtlichen Manipulationen. Einige technische Zusatzmaßnahmen wurden geprüft, wegen mangelnder Kompatibilität mit anderen eingesetzten Produkten jedoch wieder verworfen. Die IT-Leitung schlägt deshalb vor, den erhöhten Sicherheitsanforderungen des Systems S2 auf organisatorischer Ebene durch häufige und regelmäßige Audits der IT-Revision Rechnung zu tragen. Auf eine weiterführende Risikoanalyse für S2 kann in diesem Fall verzichtet werden.
Kritische Kommunikationsverbindungen N1-N2/Internet	Die Gefährdungslage, die sich durch die Anbindung des BOV an das Internet ergibt, hat sich im Berichtszeitraum stetig erhöht. Hervorzuheben sind hier insbesondere die Problemfelder Spam und Schadsoftware. Die IT-Leitung empfiehlt deshalb, für die Internet-Anbindung eine Risikoanalyse durchzuführen.
Kritische Kommunikationsverbindungen N3-S3/S4/S5/N2	An die genannten Kommunikationsverbindungen bestehen erhöhte Anforderungen in Bezug auf Verfügbarkeit. Im Zuge der technischen Neustrukturierung, die für das nächste Quartal geplant und genehmigt ist, wird der zentrale Switch N3 abgelöst. Die neue Struktur wird redundant ausgelegt sein, um Single-Points-of-Failure konsequent zu vermeiden. Da es sich bei den genannten kritischen Kommunikationsverbindungen deshalb nur noch um Übergangslösungen handelt, empfiehlt die IT-Leitung, auf eine Risikoanalyse für diese Verbindungen vorerst zu verzichten.
Serverraum R E.03 in Berlin	Die Anforderungen an die Verfügbarkeit der in R E.03 in Berlin betriebenen Informationstechnik sind erheblich. Eine Risikoanalyse für diesen Serverraum liegt zwar vor, ist jedoch veraltet. Die IT-Leitung empfiehlt deshalb, für R E.03 in Berlin eine neue Risikoanalyse durchzuführen.

Der vollständige Management-Report wird der Leitungsebene zur Verabschiedung vorgelegt.

Hinweis: Die in obiger Tabelle aufgeführten Vorschläge der IT-Leitung des BOV sind Beispiele und keine Empfehlungen des BSI für diesen fiktiven Anwendungsfall.

4.6.3 Risikoanalyse auf der Basis von IT-Grundschutz

Eine Risikoanalyse im Kontext der Informationssicherheit hat die Aufgabe, relevante Gefährdungen für den Informationsverbund zu identifizieren und die daraus möglicherweise resultierenden Risiken abzuschätzen. Das Ziel ist es, die Risiken durch angemessene Gegenmaßnahmen auf ein akzeptables Maß zu reduzieren, die Restrisiken transparent zu machen und dadurch das Gesamtrisiko systematisch zu steuern.

Im Rahmen der IT-Grundschutz-Vorgehensweise entscheidet die Leitungsebene auf der Basis des Management-Reports der ergänzenden Sicherheitsanalyse, für welche Zielobjekte eine Risikoanalyse durchgeführt wird. Der mit der Durchführung von Risikoanalysen verbundene Aufwand konzentriert sich somit auf die Bereiche, bei denen die Institution eine solche Risikoanalyse für zweckdienlich und gewinnbringend einschätzt.

Für die Umsetzung der Entscheidungen, die in der ergänzenden Sicherheitsanalyse getroffen wurden, empfiehlt das BSI die Anwendung einer *Risikoanalyse auf der Basis von IT-Grundschutz*, wie sie im BSI-Standard 100-3 beschrieben ist.

Die dort beschriebene Methodik lässt sich wie folgt in den IT-Grundschutz-Prozess integrieren:

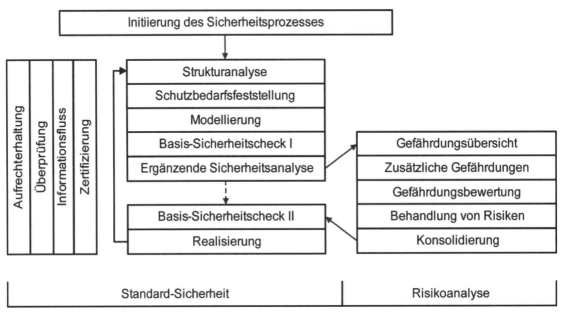

Abbildung 10: Integration der Risikoanalyse in den IT-Grundschutz-Prozess

Im Vordergrund steht die Frage: Welchen Gefährdungen für den Informationsverbund ist durch die Standard-Sicherheitsmaßnahmen des IT-Grundschutzes noch nicht ausreichend oder sogar noch gar nicht Rechnung getragen?

Zur Beantwortung dieser Frage empfiehlt die *Risikoanalyse auf der Basis von IT-Grundschutz* folgende zusätzliche Arbeitsschritte, die hier kurz im Überblick aufgeführt sind:

- Erstellung der Gefährdungsübersicht
  In diesem ersten Arbeitsschritt wird für jedes zu analysierende Zielobjekt eine Liste der jeweils relevanten IT-Grundschutz-Gefährdungen zusammengestellt.

- Ermittlung zusätzlicher Gefährdungen
  Die aus den IT-Grundschutz-Katalogen entnommenen Gefährdungen werden in diesem Schritt durch zusätzliche Gefährdungen ergänzt, die sich aus dem spezifischen Einsatzszenario ergeben. Dies erfolgt im Rahmen eines gemeinsamen Brainstormings.

- Gefährdungsbewertung
  Für jedes Zielobjekt und für jede Gefährdung wird geprüft, ob die bislang vorgesehenen Sicherheitsmaßnahmen einen ausreichenden Schutz bieten. Die Prüfkriterien sind dabei Vollständigkeit, Mechanismenstärke und Zuverlässigkeit.

- Maßnahmenauswahl zur Behandlung von Risiken
  Die Leitungsebene muss vorgeben, wie die erkannten Risiken behandelt werden sollen. In der Regel werden dazu Vorschläge und Optionen vom IS-Management ausgearbeitet. Es gibt folgende Optionen zur Behandlung von Risiken:

  - Risiken können durch entsprechende Sicherheitsmaßnahmen reduziert werden.

- Risiken können vermieden werden (z. B. durch Umstrukturierung von Geschäftsprozessen oder des Informationsverbundes).

- Risiken können verlagert werden (z. B. durch Outsourcing oder Versicherungen).

- Risiken können akzeptiert werden.

  Die Entscheidungen, wie die verschiedenen Sicherheitsrisiken zu behandeln sind, sind im Sicherheitskonzept zu dokumentieren. Dabei muss auch das Restrisiko bewertet und nachvollziehbar dokumentiert werden.

- Konsolidierung des Sicherheitskonzepts
  Bevor der originäre IT-Grundschutz-Prozess fortgesetzt werden kann, muss das erweiterte Sicherheitskonzept konsolidiert werden. Dabei werden die Eignung, das Zusammenwirken, die Benutzerfreundlichkeit und die Angemessenheit der Sicherheitsmaßnahmen insgesamt überprüft.

Außerdem wird in der *Risikoanalyse auf der Basis von IT-Grundschutz* erläutert, wie die Methodik anzuwenden ist, wenn der Informationsverbund Zielobjekte umfasst, für die in den IT-Grundschutz-Katalogen bislang kein geeigneter Baustein enthalten ist.

Eine ausführliche Darstellung der Methodik findet sich im BSI-Standard 100-3.

Wichtig: Die *Risikoanalyse auf der Basis von IT-Grundschutz* ist eine Vorgehensweise, um bei Bedarf Sicherheitsvorkehrungen zu ermitteln, die über die in den IT-Grundschutz-Katalogen genannten Maßnahmen hinausgehen. Obwohl diese Methodik gegenüber vielen anderen ähnlichen Verfahren vereinfacht wurde, ist sie oft mit erheblichem Aufwand verbunden. Um schnellstmöglich die wichtigsten Sicherheitsprobleme zu beseitigen, ist es manchmal zweckmäßig, *zuerst* die IT-Grundschutz-Maßnahmen vollständig umzusetzen und erst *danach* eine Risikoanalyse durchzuführen (abweichend von obigem Schema). Dadurch müssen zwar insgesamt einige Schritte öfter durchlaufen werden, die IT-Grundschutz-Maßnahmen werden jedoch früher umgesetzt. Diese alternative Reihenfolge bietet sich besonders dann an, wenn

1. der betrachtete Informationsverbund bereits realisiert und in Betrieb ist und

2. die vorliegenden Zielobjekte mit den existierenden Bausteinen der IT-Grundschutz-Kataloge hinreichend modelliert werden können.

Für geplante Informationsverbünde oder für solche mit untypischen Techniken bzw. Einsatzszenarien wird dagegen die oben abgebildete, originäre Reihenfolge empfohlen. Die folgende Tabelle fasst die jeweiligen Vor- und Nachteile der beiden alternativen Reihenfolgen zusammen:

Risikoanalyse direkt nach dem Basis-Sicherheitscheck	Risikoanalyse erst nach vollständiger Umsetzung der IT-Grundschutz-Maßnahmen
Mögliche Vorteile:	Mögliche Vorteile:
• Es wird Mehraufwand vermieden, da keine Maßnahmen umgesetzt werden, die im Rahmen der Risikoanalyse eventuell durch stärkere Maßnahmen ersetzt werden. • Eventuell erforderliche Hochsicherheitsmaßnahmen werden früher identifiziert und umgesetzt.	• IT-Grundschutz-Maßnahmen werden früher umgesetzt, da die Risikoanalyse häufig aufwendig ist. • Elementare Sicherheitslücken werden vorrangig behandelt, bevor fortgeschrittene Gefährdungen analysiert werden.

4   Erstellung einer Sicherheitskonzeption nach IT-Grundschutz

Risikoanalyse direkt nach dem Basis-Sicherheitscheck	Risikoanalyse erst nach vollständiger Umsetzung der IT-Grundschutz-Maßnahmen
Mögliche Nachteile:	Mögliche Nachteile:
• IT-Grundschutz-Maßnahmen werden später umgesetzt, da die Risikoanalyse häufig aufwendig ist. • Eventuell werden elementare Sicherheitslücken vernachlässigt, während fortgeschrittene Gefährdungen analysiert werden.	• Es kann Mehraufwand entstehen, da eventuell einige IT-Grundschutz-Maßnahmen umgesetzt werden, die später im Rahmen der Risikoanalyse durch stärkere Maßnahmen ersetzt werden. • Eventuell erforderliche Hochsicherheitsmaßnahmen werden erst später identifiziert und umgesetzt.

Wichtig ist außerdem, dass eine *Risikoanalyse auf der Basis von IT-Grundschutz* häufig leichter durchzuführen ist, wenn sie nacheinander auf kleine Teilaspekte des Informationsverbunds angewandt wird. Als ersten Schritt kann die Analyse beispielsweise auf die baulich-physische Infrastruktur beschränkt werden, das heißt auf den Schutz vor Brand, Wasser und unbefugtem Zutritt sowie auf die ordnungsgemäße Strom- und Klimaversorgung.

In vielen Behörden und Unternehmen existieren bereits Verfahren zur Risikoanalyse beziehungsweise zur Risikobehandlung. Um eine einheitliche Methodik zu erreichen, kann es in solchen Fällen zweckmäßig sein, die vorhandenen Verfahren auf die Informationssicherheit auszudehnen und gegebenenfalls nur Teilaspekte des BSI-Standards 100-3 anzuwenden. International haben sich eine Reihe von unterschiedlichen Ansätzen zur Durchführung von Risikoanalysen im Bereich der Informationssicherheit etabliert. Diese Verfahren unterscheiden sich beispielsweise in Bezug auf den Detaillierungsgrad, die Formalisierung und die thematischen Schwerpunkte. Abhängig von den Rahmenbedingungen einer Institution und der Art des Informationsverbunds kann es zweckmäßig sein, alternativ zum BSI-Standard 100-3 ein anderes etabliertes Verfahren oder eine angepasste Methodik für die Analyse von Informationsrisiken zu verwenden.

Die grundsätzliche Vorgehensweise der Institution zur Durchführung von Risikoanalysen sollte in einer Richtlinie dokumentiert und durch die Leitungsebene verabschiedet werden. Die **Richtlinie für die Durchführung von Risikoanalysen** sollte unter anderem folgende Aspekte umfassen:

• Unter welchen Voraussetzungen kann im Rahmen der ergänzenden Sicherheitsanalyse entschieden werden, auf eine Risikoanalyse zu verzichten?

• Unter welchen Voraussetzungen muss in jedem Fall eine Risikoanalyse durchgeführt werden?

• Welche Methodik beziehungsweise welcher Standard wird für die Durchführung von Risikoanalysen herangezogen?

• Wie wird die gewählte Methodik auf die speziellen Belange der Institution angepasst?

• Welche Organisationseinheiten sind für welche Teilaufgaben der Risikoanalyse verantwortlich?

• Auf welche Weise werden Risikoanalysen in den Sicherheitsprozess integriert, beispielsweise vor oder nach Umsetzung der IT-Grundschutz-Maßnahmen?

• Welche Berichtspflichten bestehen im Rahmen von Risikoanalysen?

Aktionspunkte zu 4.6 Ergänzende Sicherheitsanalyse

• Grundsätzliche Vorgehensweise der Institution zur Durchführung von Risikoanalysen in einer Richtlinie dokumentieren und der Leitungsebene zur Verabschiedung vorlegen

• Ermitteln, für welche Zielobjekte oder Gruppen von Zielobjekten eine Risikoanalyse durchgeführt werden soll

---

4   Erstellung einer Sicherheitskonzeption nach IT-Grundschutz

- Management-Report für die ergänzende Sicherheitsanalyse erstellen
- Management-Report der Leitungsebene zur Verabschiedung vorlegen
- Falls erforderlich, BSI-Standard 100-3 "Risikoanalyse auf der Basis von IT-Grundschutz" systematisch durcharbeiten
- Ergebnisse der Risikoanalysen in das Sicherheitskonzept integrieren

5   Umsetzung der Sicherheitskonzeption

In diesem Kapitel werden verschiedene Aspekte vorgestellt, die bei der Planung und Realisierung von Sicherheitsmaßnahmen beachtet werden müssen. Dabei wird beschrieben, wie die Umsetzung von Sicherheitsmaßnahmen geplant, durchgeführt, begleitet und überwacht werden kann.

Bei der Erstellung der Sicherheitskonzeption sind für den untersuchten Informationsverbund die Strukturanalyse, die Schutzbedarfsfeststellung und die Modellierung erfolgt. Ebenso liegen zu diesem Zeitpunkt die Ergebnisse des Basis-Sicherheitschecks, also des daran anschließenden Soll-Ist-Vergleichs, vor. Sollte für ausgewählte Bereiche eine Risikoanalyse durchgeführt worden sein, so sollten die dabei erarbeiteten Maßnahmenvorschläge ebenfalls vorliegen und nachfolgend berücksichtigt werden.

Für die Realisierung der Maßnahmen stehen in der Regel nur beschränkte Ressourcen an Geld und Personal zur Verfügung. Ziel der nachfolgend beschriebenen Schritte ist daher, eine möglichst effiziente Umsetzung der vorgesehenen Sicherheitsmaßnahmen zu erreichen. Ein Beispiel zur Erläuterung der Vorgehensweise findet sich am Ende dieses Kapitels.

5.1   Sichtung der Untersuchungsergebnisse

In einer Gesamtsicht sollten zuerst die fehlenden oder nur teilweise umgesetzten IT-Grundschutz-Maßnahmen ausgewertet werden. Dazu bietet es sich an, aus den Ergebnissen des Basis-Sicherheitschecks alle nicht umgesetzten bzw. nur teilweise umgesetzten Maßnahmen zu extrahieren und in einer Tabelle zusammenzufassen.

Durch Risikoanalysen können eventuell weitere zu realisierende Maßnahmen identifiziert worden sein. Diese sollten ebenfalls tabellarisch erfasst werden. Diese zusätzlichen Maßnahmen sollten den vorher betrachteten Zielobjekten der Modellierung und den entsprechenden IT-Grundschutz-Bausteinen thematisch zugeordnet werden.

5.2   Konsolidierung der Maßnahmen

In diesem Schritt werden zunächst die noch umzusetzenden Sicherheitsmaßnahmen konsolidiert. Falls zusätzliche Risikoanalysen durchgeführt wurden, können hierdurch Sicherheitsmaßnahmen hinzugekommen sein, die Maßnahmen aus den IT-Grundschutz-Katalogen ergänzen oder auch ersetzen. Hierbei wird geprüft, für welche IT-Grundschutz-Maßnahmen die Umsetzung entfallen kann, da zu realisierende höherwertige Sicherheitsmaßnahmen sie ersetzen.

Da im IT-Grundschutz für eine Vielzahl von verschiedenen Organisationsformen und technischen Ausgestaltungen Empfehlungen gegeben werden, müssen die ausgewählten Maßnahmen eventuell noch konkretisiert bzw. an die organisatorischen und technischen Gegebenheiten der Institution angepasst werden. Außerdem sollten alle Sicherheitsmaßnahmen noch einmal daraufhin überprüft werden, ob sie auch geeignet sind: Sie müssen vor den möglichen Gefährdungen wirksam schützen, aber auch in der Praxis tatsächlich umsetzbar sein, dürfen also z. B. nicht die Organisationsabläufe behindern oder andere Sicherheitsmaßnahmen aushebeln. In solchen Fällen kann es notwendig werden, bestimmte IT-Grundschutz-Maßnahmen durch adäquate andere Sicherheitsmaßnahmen zu ersetzen.

Um auch später noch nachvollziehen zu können, wie die konkrete Maßnahmenliste erstellt und verfeinert wurde, sollte dies geeignet dokumentiert werden.

Weiterführende Hinweise zur Konsolidierung der Sicherheitsmaßnahmen finden sich außerdem im BSI-Standard 100-3.

Beispiele:

- In einer Risikoanalyse wurde festgestellt, dass zusätzlich zu den IT-Grundschutz-Maßnahmen auch eine chipkartengestützte Authentisierung und lokale Verschlüsselung der Festplatten an

---

Clients der Personaldatenverarbeitung notwendig sind. Diese zusätzliche Maßnahme würde die Maßnahme M 4.48 *Passwortschutz unter NT-basierten Windows-Systemen* für die Clients der Personaldatenverarbeitung ersetzen.

- Im Basis-Sicherheitscheck wurde festgestellt, dass die Maßnahme M 1.24 *Vermeidung von wasserführenden Leitungen* nicht realisiert und aufgrund der baulichen Gegebenheiten nicht wirtschaftlich umsetzbar ist. Stattdessen sollten als Ersatzmaßnahme unter den wasserführenden Leitungen Wasser ableitende Bleche installiert werden, die gleichzeitig von einem Wassermelder überwacht werden. Die Meldung wird beim Pförtner aufgeschaltet, so dass im Schadensfall der entstehende Wasserschaden zügig entdeckt und eingegrenzt werden kann.

5.3   Kosten- und Aufwandsschätzung

Da das Budget zur Umsetzung von Sicherheitsmaßnahmen praktisch immer begrenzt ist, sollte für jede zu realisierende Maßnahme festgehalten werden, welche Investitionskosten und welcher Personalaufwand dafür benötigt werden. Hierbei sollte zwischen einmaligen und wiederkehrenden Investitionskosten bzw. Personalaufwand unterschieden werden. An dieser Stelle zeigt sich häufig, dass Einsparungen bei der Technik einen hohen fortlaufenden Personaleinsatz verursachen.

In diesem Zusammenhang ist zu ermitteln, ob alle identifizierten Maßnahmen wirtschaftlich umsetzbar sind. Falls es Maßnahmen gibt, die nicht finanzierbar sind, sollten Überlegungen angestellt werden, durch welche Ersatzmaßnahmen sie ersetzt werden können oder ob das Restrisiko, das durch die fehlende Maßnahme entsteht, tragbar ist. Diese Entscheidung ist ebenfalls zu dokumentieren.

Stehen die geschätzten Ressourcen für Kosten und Personaleinsatz zur Verfügung, so kann zum nächsten Schritt übergegangen werden. In vielen Fällen muss jedoch noch eine Entscheidung herbeigeführt werden, wie viel Ressourcen für die Umsetzung der Sicherheitsmaßnahmen eingesetzt werden sollen. Hierfür bietet es sich an, für die Entscheidungsebene (Management, IT-Leiter, IT-Sicherheitsbeauftragter, ...) eine Präsentation vorzubereiten, in der die Ergebnisse der Sicherheitsuntersuchung dargestellt werden. Geordnet nach Schutzbedarf sollten die festgestellten Schwachstellen (fehlende oder unzureichend umgesetzte Sicherheitsmaßnahmen) zur Sensibilisierung vorgestellt werden. Darüber hinaus bietet es sich an, die für die Realisierung der fehlenden Maßnahmen anfallenden Kosten und den zu erwartenden Aufwand aufzubereiten. Im Anschluss an diese Präsentation sollte eine Entscheidung über das Budget erfolgen.

Kann kein ausreichendes Budget für die Realisierung aller fehlenden Maßnahmen bereitgestellt werden, so sollte aufgezeigt werden, welches Restrisiko dadurch entsteht, dass einige Maßnahmen nicht oder verzögert umgesetzt werden. Zu diesem Zweck können die sogenannten Kreuzreferenztabellen aus den Hilfsmitteln zum IT-Grundschutz hinzugezogen werden. Die Kreuzreferenztabellen geben für jeden Baustein eine Übersicht darüber, welche Maßnahmen gegen welche Gefährdungen wirken. Analog lässt sich anhand dieser Tabellen ebenfalls ermitteln, welche Gefährdungen aus den IT-Grundschutz-Katalogen nicht ausreichend abgedeckt werden. Das entstehende Restrisiko sollte für zufällig eintretende oder absichtlich herbeigeführte Gefährdungen transparent beschrieben und der Leitungsebene zur Entscheidung vorgelegt werden. Die weiteren Schritte können erst nach der Entscheidung der Leitungsebene, dass das Restrisiko tragbar ist, erfolgen, da die Leitungsebene die Verantwortung für die Konsequenzen tragen muss.

5.4   Festlegung der Umsetzungsreihenfolge der Maßnahmen

Wenn das vorhandene Budget oder die personellen Ressourcen nicht ausreichen, um sämtliche fehlenden Maßnahmen sofort umsetzen zu können, muss eine Umsetzungsreihenfolge festgelegt werden. Bei der Festlegung der Reihenfolge sollten folgende Aspekte berücksichtigt werden:

- Die Umsetzungsreihenfolge sollte sich zunächst an der Lebenszyklus-Einordnung der Maßnahmen orientieren. In jedem Baustein gibt es eine Übersicht, welche Maßnahmen in welcher Lebenszyklus-Phase, also in welcher zeitlichen Reihenfolge umgesetzt werden sollten. Natürlich sollte mit den Maßnahmen der Phase "Planung und Konzeption" begonnen werden, bevor diejenigen aus den Phasen "Umsetzung" und "Betrieb" bearbeitet werden.

- Zu jeder Maßnahme wird außerdem eine Einstufung angegeben, inwieweit sie für die IT-Grundschutz-Qualifizierung erforderlich ist. Die Qualifizierungsstufe (A-Einstieg, B-Aufbau, C-Zertifikat, Z-Zusätzlich, W-Wissen) einer Maßnahme gibt häufig Hinweise auf den Stellenwert, den die jeweilige Maßnahme im Sicherheitskonzept hat. A-Maßnahmen sind in vielen Fällen besonders wichtig und sollten deshalb vorrangig umgesetzt werden.

- Bei einigen Maßnahmen ergibt sich durch logische Zusammenhänge eine zwingende zeitliche Reihenfolge. So sind zwar die Maßnahmen M 2.25 *Dokumentation der Systemkonfiguration* und M 2.26 *Ernennung eines Administrators und eines Vertreters* beide sehr wichtig, aber ohne Administrator kann M 2.25 kaum umgesetzt werden.

- Manche Maßnahmen erzielen eine große Breitenwirkung, manche jedoch nur eine eingeschränkte lokale Wirkung. Oft ist es sinnvoll, zuerst auf die Breitenwirkung zu achten.

- Es gibt Bausteine, die auf das angestrebte Sicherheitsniveau eine größeren Einfluss haben als andere. Maßnahmen eines solchen Bausteins sollten bevorzugt behandelt werden, insbesondere wenn hierdurch Schwachstellen in hochschutzbedürftigen Bereichen beseitigt werden. So sollten immer zunächst die Server abgesichert werden (unter anderem durch Umsetzung des Bausteins B 3.101 *Allgemeiner Server*) und dann erst die angeschlossenen Clients.

- Bausteine mit auffallend vielen nicht umgesetzten Maßnahmen repräsentieren Bereiche mit vielen Schwachstellen. Sie sollten ebenfalls bevorzugt behandelt werden.

Die Entscheidung, welche Sicherheitsmaßnahmen ergriffen oder verschoben werden und wo Restrisiken akzeptiert werden, sollte auch aus juristischen Gründen sorgfältig dokumentiert werden. In Zweifelsfällen sollten hierfür weitere Meinungen eingeholt und diese ebenfalls dokumentiert werden, um in späteren Streitfällen die Beachtung der erforderlichen Sorgfaltspflicht belegen zu können.

5.5   Festlegung der Aufgaben und der Verantwortung

Nach der Bestimmung der Reihenfolge für die Umsetzung der Maßnahmen muss anschließend festgelegt werden, wer bis wann welche Maßnahmen realisieren muss. Ohne eine solche Festlegung verzögert sich die Realisierung erfahrungsgemäß erheblich bzw. unterbleibt ganz. Dabei ist darauf zu achten, dass der als verantwortlich Benannte ausreichende Fähigkeiten und Kompetenzen zur Umsetzung der Maßnahmen besitzt und dass ihm die erforderlichen Ressourcen zur Verfügung gestellt werden.

Ebenso ist festzulegen, wer für die Überwachung der Realisierung verantwortlich ist bzw. an wen der Abschluss der Realisierung der einzelnen Maßnahmen zu melden ist. Typischerweise wird die Meldung an den IT-Sicherheitsbeauftragten erfolgen. Der Fortschritt der Realisierung sollte regelmäßig nachgeprüft werden, damit die Realisierungsaufträge nicht verschleppt werden.

Der nun fertig gestellte Realisierungsplan sollte mindestens folgende Informationen umfassen:

- Beschreibung des Zielobjektes als Einsatzumfeld,

- Nummer des betrachteten Bausteins,

- Maßnahmentitel bzw. Maßnahmenbeschreibung,

- Terminplanung für die Umsetzung,

- Budget-Rahmen,

- Verantwortliche für die Umsetzung und

- Verantwortliche für die Überwachung der Realisierung.

5.6   Realisierungsbegleitende Maßnahmen

Überaus wichtig ist es, notwendige realisierungsbegleitende Maßnahmen rechtzeitig zu konzipieren und für die Realisierung mit einzuplanen. Zu diesen Maßnahmen gehören insbesondere Sensibilisierungsmaßnahmen, die darauf zielen, die Belange der Informationssicherheit zu verdeutlichen und die von neuen Sicherheitsmaßnahmen betroffenen Mitarbeiter über die Notwendigkeit und die Konsequenzen der Maßnahmen zu unterrichten.

Darüber hinaus müssen die betroffenen Mitarbeiter geschult werden, die neuen Sicherheitsmaßnahmen korrekt um- und einzusetzen. Wird diese Schulung unterlassen, können die Maßnahmen oft nicht umgesetzt werden und verlieren ihre Wirkung, wenn sich die Mitarbeiter unzureichend informiert fühlen, was oft zu einer ablehnenden Haltung gegenüber der Informationssicherheit führt.

Beispiel: Bundesamt für Organisation und Verwaltung (BOV) – Teil 11

Die obigen Schritte werden nachfolgend anhand des fiktiven Beispiels BOV auszugsweise beschrieben. In folgender Tabelle werden einige zu realisierende Maßnahmen einschließlich der Kostenschätzungen dargestellt.

Zielobjekt	Baustein	Maßnahme	Status	Kosten	Bemerkung
Gesamte Organisation	B 1.9	M 2.11 Regelung des Passwortgebrauchs	T	a) 0,- Euro b) 2 PT c) 0,- Euro/Jahr d) 0,5 PT/Jahr	
Serverraum R 3.10	B 2.4	Z 1 Installation von Wasser ableitenden Blechen mit Überwachung mittels eines Wassermelders und Aufschaltung auf den Pförtner	N	a) 4000,- Euro b) 3 PT c) 0,- Euro/Jahr d) 1 PT/Jahr	Ersetzt Maßnahme M 1.24
Server S4	B 3.101	M 1.28 Lokale unterbrechungsfreie Stromversorgung	N	a) 1000,- Euro b) 1 PT c) 0,- Euro/Jahr d) 0,5 PT/Jahr	
Gruppe Clients C1	B 3.207	Z 2 chipkartengestützte Authentisierung und lokale Verschlüsselung der Festplatten	N	a) 1400,- Euro b) 2 PT c) 0,- Euro/Jahr d) 2 PT/Jahr	Diese zusätzliche Maßnahme ersetzt die Maßnahme M 4.1 in Baustein B 1.9.
...					

Legende:

- Maßnahme
  Z 1 = Zusatzmaßnahme 1 (zusätzlich zu IT-Grundschutz-Maßnahmen)

- Status (= Umsetzungsstatus)
  T = Teilweise erfüllt, N = Nicht realisiert

- Kosten:
  a) = einmalige Investitionskosten
  b) = einmaliger Personalaufwand (PT = Personentage)
  c) = wiederkehrende Investitionskosten
  d) = wiederkehrender Personalaufwand (PT = Personentage)

Als nächstes wird der tabellarische Realisierungsplan (Auszug) dargestellt, der sich nach der Managemententscheidung aus obiger Tabelle ergeben würde.

Realisierungsplan (Stand 01.09.20xy)						
Zielobjekt	Baust	Maßnahme	Umset-	Verant-	Budget-	Bemer-

5   Umsetzung der Sicherheitskonzeption

Realisierungsplan (Stand 01.09.20xy)						
	ein		zung bis	wortlich	Rahmen	kung
Gesamte Organisation	B 1.9	M 2.11 Regelung des Passwortgebrauchs	31.12. 20xy	a) Herr Müller b) Frau Meier	a) 0,- Euro b) 2 PT c) 0,- Euro/Jahr d) 0,5 PT/Jahr	
Serverraum R 3.10	B 2.4	Z 1 Installation von Wasser ableitenden Blechen mit Überwachung mittels eines Wassermelders und Aufschaltung auf den Pförtner	30.04. 20xy	a) Herr Schmitz b) Herr Hofmann	a) 1000,- Euro b) 2 PT c) 0,- Euro/Jahr d) 1 PT/Jahr	Installation der Bleche lediglich unter frisch- und abwasserführenden Leitungen
Server S4	B 3.101	M 1.28 Lokale unterbrechungsfreie Stromversorgung	31.10. 20xy	a) Herr Schulz b) Frau Meier	a) 500,- Euro b) 1 PT c) 0,- Euro/Jahr d) 0,5 PT/Jahr	
Gruppe Clients C1	B 3.207	Z 2 chipkartengestützte Authentisierung und lokale Verschlüsselung der Festplatten	31.12. 20xy	a) Herr Schulz b) Frau Meier	a) 1400,- Euro b) 2 PT c) 0,- Euro/Jahr d) 2 PT/Jahr	
...						

Legende:

- Verantwortlich:
  a) = Verantwortlich für die Umsetzung der Maßnahme
  b) = Verantwortlich für die Kontrolle der Umsetzung

- Budget-Rahmen: Für die Realisierung der Maßnahme stehen zur Verfügung
  a) = einmalige Investitionskosten
  b) = einmaliger Personalaufwand (PT = Personentage)
  c) = wiederkehrende Investitionskosten
  d) = wiederkehrender Personalaufwand (PT = Personentage)

Anhand dieser Informationen kann die Umsetzung der Maßnahmen überwacht und gesteuert werden.

Aktionspunkte zu 5 Umsetzung der Sicherheitskonzeption

- Fehlende oder nur teilweise umgesetzte IT-Grundschutz-Maßnahmen sowie ergänzende Sicherheitsmaßnahmen in einer Tabelle zusammenfassen

- Sicherheitsmaßnahmen konsolidieren, das heißt, überflüssige Maßnahmen streichen, allgemeine Maßnahmen an die Gegebenheiten anpassen und alle Maßnahmen auf Eignung prüfen

- Einmalige und wiederkehrende Kosten und Aufwand für die umzusetzenden Maßnahmen ermitteln

- Ersatzmaßnahmen für nicht finanzierbare oder nicht leistbare Maßnahmen ermitteln

- Entscheidung herbeiführen, welche Ressourcen für die Umsetzung der Maßnahmen eingesetzt werden sollen

- Gegebenenfalls Restrisiko aufzeigen und Entscheidung der Leitungsebene darüber einholen

- Umsetzungsreihenfolge für die Maßnahmen festlegen, begründen und dokumentieren

- Termine für die Umsetzung festlegen und Verantwortung zuweisen

---

5   Umsetzung der Sicherheitskonzeption

- Verlauf der Umsetzung und Einhaltung der Termine überwachen

- Betroffene Mitarbeiter schulen und sensibilisieren

6   Aufrechterhaltung und kontinuierliche Verbesserung der Informationssicherheit

Um den Informationssicherheitsprozess aufrecht zu erhalten und kontinuierlich verbessern zu können, müssen nicht nur angemessene Sicherheitsmaßnahmen implementiert und Dokumente fortlaufend aktualisiert werden, sondern auch der IS-Prozess selbst muss regelmäßig auf seine Wirksamkeit und Effizienz hin überprüft werden. Dabei sollte regelmäßig eine Erfolgskontrolle und Bewertung des IS-Prozesses durch die Leitungsebene stattfinden (Managementbewertung). Bei Bedarf (z. B. bei der Häufung von Sicherheitsvorfällen oder gravierenden Änderung der Rahmenbedingungen) muss auch zwischen den Routineterminen getagt werden. Alle Ergebnisse und Beschlüsse müssen nachvollziehbar dokumentiert werden.

6.1   Überprüfung des Informationssicherheitsprozesses in allen Ebenen

Die Überprüfung des Informationssicherheitsprozesses ist unabdingbar, damit einerseits Fehler und Schwachstellen erkannt und abgestellt werden können und andererseits der IS-Prozess in Bezug auf seine Effizienz optimiert werden kann. Ziel dabei ist unter anderem die Verbesserung der Praxistauglichkeit von Strategie, Maßnahmen und organisatorischen Abläufen.

Die wesentlichen Aspekte, die dabei betrachtet werden müssen, werden im Folgenden dargestellt.

6.1.1   Methoden zur Überprüfung des Informationssicherheitsprozesses

Zur Effizienzprüfung und Verbesserung des Informationssicherheitsprozesses sollten Verfahren und Mechanismen eingerichtet werden, die einerseits die Realisierung der beschlossenen Maßnahmen und andererseits ihre Wirksamkeit und Effizienz überprüfen. Die Informationssicherheitsstrategie sollte daher auch Leitaussagen zur Messung der Zielerreichung machen. Grundlagen für solche Messungen können beispielsweise sein:

* Detektion, Dokumentation und Auswertung von Sicherheitsvorfällen

* Durchführung von Übungen und Tests zur Simulation von Sicherheitsvorfällen und Dokumentation der Ergebnisse

* interne und externe Audits, Datenschutzkontrollen

* Zertifizierung nach festgelegten Sicherheitskriterien

Die Erfolgskontrolle der umgesetzten Maßnahmen sollte im Rahmen von internen Audits erfolgen. Dabei ist es wichtig, dass solche Audits nicht von denjenigen durchgeführt werden, die die Sicherheitskonzeption entwickelt haben. Hierfür kann es sinnvoll sein, externe Experten mit der Durchführung solcher Prüfungsaktivitäten zu beauftragen.

Da der Aufwand bei Audits von der Komplexität und Größe des Informationsverbunds abhängt, sind die Anforderungen auch für kleine Institutionen sehr gut umzusetzen. Ein jährlicher technischer Check von IT-Systemen, eine Durchsicht vorhandener Dokumentationen, um die Aktualität zu prüfen, und ein Workshop, bei dem Probleme und Erfahrungen mit dem Sicherheitskonzept besprochen werden, kann unter Umständen in kleinen Institutionen schon ausreichend sein.

6.1.2   Überprüfung der Umsetzung der Sicherheitsmaßnahmen

Anhand der Aufgabenliste und der zeitlichen Planung, die im Realisierungsplan enthalten sein müssen, kann überprüft werden, ob und inwieweit dieser eingehalten wurde. Wichtige Voraussetzung für die Einhaltung der geplanten Sicherheitsmaßnahmen ist die angemessene Ressourcenplanung. Daher ist es sinnvoll, bei der Überprüfung darauf zu achten, ob ausreichende finanzielle und personelle Ressourcen zur Verfügung gestellt wurden. Die Überprüfung des Informationssicherheitsprozesses dient nicht nur zur Kontrolle der Aktivitäten im Rahmen des Sicherheitskonzeptes, sondern auch zur rechtzeitigen

Wahrnehmung von Planungsfehlern und zur Anpassung der Sicherheitsstrategie, wenn sich diese als unrealistisch erweist.

Nach der Realisierung und Einführung von neuen Sicherheitsmaßnahmen sollte durch den IT-Sicherheitsbeauftragten insbesondere geprüft werden, ob die notwendige Akzeptanz seitens der Mitarbeiter vorhanden ist. Stellt sich heraus, dass die neuen Maßnahmen nicht akzeptiert werden, ist ein Misserfolg vorprogrammiert. Die Ursachen sind herauszuarbeiten und abzustellen. Hierzu reicht meist schon eine zusätzliche Aufklärung der Betroffenen.

Sicherheitsrevision

Die im IT-Grundschutz enthaltenen Sicherheitsmaßnahmen können auch für die Revision der Informationssicherheit genutzt werden. Hierzu wird die gleiche Vorgehensweise wie beim Basis-Sicherheitscheck empfohlen. Hilfreich und arbeitsökonomisch ist es, für jeden Baustein der IT-Grundschutz-Kataloge anhand der Maßnahmentexte eine speziell auf die eigene Institution angepasste Checkliste zu erstellen. Dies erleichtert die Revision und verbessert die Reproduzierbarkeit der Ergebnisse.

Zertifizierung nach ISO 27001 auf Basis von IT-Grundschutz

Eine Zertifizierung ist eine weitere Methode, um die Erreichung der Sicherheitsziele und die Umsetzung der Sicherheitsmaßnahmen zu überprüfen. Hierbei begutachten qualifizierte unabhängige Stellen das Management und die Umsetzung von Informationssicherheit. Durch eine Zertifizierung nach ISO 27001 auf Basis von IT-Grundschutz erhält eine Institution nachvollziehbare, wiederholbare und vergleichbare Auditergebnisse. Hierüber kann außerdem dokumentiert werden, dass die Institution sowohl ISO 27001 als auch IT-Grundschutz in der erforderlichen Tiefe umgesetzt hat.

6.1.3 Eignung der Informationssicherheitsstrategie

Um den Informationssicherheitsprozess erfolgreich steuern und lenken zu können, muss die Leitungsebene einen Überblick darüber haben, inwieweit die Sicherheitsziele mit Hilfe der eingesetzten Sicherheitsstrategie tatsächlich erreicht werden konnten.

Aktualität von Sicherheitszielen, Rahmenbedingungen und Sicherheitskonzeption

In einer längeren Perspektive ist es auch notwendig, die gesetzten Sicherheitsziele und Rahmenbedingungen zu überprüfen. Gerade in schnelllebigen Branchen ist eine entsprechende Anpassung der Sicherheitsleitlinie und der Sicherheitsstrategie von elementarer Bedeutung.

Auch betriebliche Änderungen (z. B. Einsatz neuer IT-Systeme, Umzug), organisatorische Änderungen (z. B. Outsourcing) und Änderungen gesetzlicher Anforderungen müssen schon bei ihrer Planungsphase mit in die Sicherheitskonzeption einbezogen werden. Die Sicherheitskonzeption und die dazugehörigen Dokumentation muss nach jeder relevanten Änderung aktualisiert werden. Dies muss auch im Änderungsprozess der Institution berücksichtigt werden. Dafür muss der Informationssicherheitsprozess in das Änderungsmanagement der Institution integriert werden.

Wirtschaftlichkeitsbetrachtung

Ein anderer Punkt, der unter konstanter Beobachtung bleiben sollte, ist die Wirtschaftlichkeit der Sicherheitsstrategie und von spezifischen Sicherheitsmaßnahmen. Die Kosten für die Informationssicherheit sind zwar sehr schwer zu ermitteln, es ist aber oft hilfreich, für die weitere Planung zu überprüfen, ob die tatsächlich angefallenen Kosten den ursprünglich geplanten Kosten entsprechen oder ob alternativ andere, ressourcenschonendere Sicherheitsmaßnahmen eingesetzt werden können. Ebenso ist es wichtig, regelmäßig den Nutzen der vorhandenen Sicherheitsmaßnahmen herauszuarbeiten.

Rückmeldungen von Internen und Externen

Rückmeldungen über Fehler und Schwachstellen in den Prozessen kommen im Allgemeinen nicht nur von der Informationssicherheitsorganisation oder der Revision, sondern auch von Mitarbeitern, Geschäftspartnern, Kunden oder Partnern. Die Institution muss daher eine wirksame Vorgehensweise festlegen, um mit Beschwerden und anderen Rückmeldungen von Internen und Externen umzugehen.

6   Aufrechterhaltung und kontinuierliche Verbesserung der Informationssicherheit

Beschwerden von Kunden oder Mitarbeitern können dabei auch ein Indikator für Unzufriedenheit sein. Es sollte möglichst bereits entstehender Unzufriedenheit entgegengewirkt werden, da bei zufriedenen Mitarbeitern die Gefahr von fahrlässigen oder vorsätzlichen Handlungen, die den Betrieb stören können, geringer ist.

Es muss daher ein klar definiertes Verfahren und eindeutig festgelegte Kompetenzen für den Umgang mit Beschwerden und für die Rückmeldung von Problemen an die zuständige Instanz geben. So sollte auf Beschwerden schnellstmöglich geantwortet werden, damit die Hinweisgeber sich auch ernst genommen fühlen. Die gemeldeten Probleme müssen bewertet und der Handlungsbedarf eingeschätzt werden. Die Institution muss daraufhin angemessene Korrekturmaßnahmen zur Beseitigung der Ursachen von Fehlern ergreifen, um deren erneutes Auftreten zu verhindern.

6.1.4 Übernahme der Ergebnisse in den Informationssicherheitsprozess

Die Ergebnisse der Erfolgskontrolle sind für die Verbesserung des IS-Prozesses notwendig. Es kann sich dabei herausstellen, dass die Sicherheitsziele, die Sicherheitsstrategie oder das Sicherheitskonzept geändert und die Informationssicherheitsorganisation den Erfordernissen angepasst werden sollten. Unter Umständen ist es sinnvoll, grundlegende Änderungen an der IT-Umgebung vorzunehmen oder Geschäftsprozesse zu verändern, z. B. wenn Sicherheitsziele unter den bisherigen Rahmenbedingungen nicht oder nur umständlich (also mit hohem finanziellen oder personellen Aufwand) erreicht werden können. Wenn größere Veränderungen vorgenommen und umfangreiche Verbesserungen umgesetzt werden, schließt sich der Management-Kreislauf wieder und es wird erneut mit der Planungsphase begonnen.

Die Überprüfungen zu den einzelnen Themen müssen von geeigneten Personen durchgeführt werden, die die notwendige Kompetenz und Unabhängigkeit gewährleisten können. Vollständigkeits- und Plausibilitätskontrollen sollten nicht durch die Ersteller der Konzepte durchgeführt werden.

Die grundsätzliche Vorgehensweise der Institution zur Überprüfung und Verbesserung des Informationssicherheitsprozesses sollte in einer entsprechenden Richtlinie dokumentiert und von der Leitungsebene verabschiedet werden. In der **Richtlinie zur Überprüfung und Verbesserung des Informationssicherheitsprozesses** sollte insbesondere geregelt werden, wie interne Audits im Bereich der Informationssicherheit durchzuführen sind und wie die Ergebnisse in den Änderungsprozess einfließen. Prüfergebnisse und -berichte sind im Allgemeinen als hochvertraulich zu betrachten und müssen daher besonders gut geschützt werden.

Aktionspunkte zu 6.1 Überprüfung des Informationssicherheitsprozesses in allen Ebenen

- Grundsätzliche Vorgehensweise der Institution zur Überprüfung und Verbesserung des Informationssicherheitsprozesses in einer entsprechenden Richtlinie dokumentieren und der Leitungsebene zur Verabschiedung vorlegen

- Messung der Zielerreichung in die Sicherheitsstrategie integrieren

- Einhaltung des Realisierungsplans prüfen

- Realisierung der beschlossenen Maßnahmen überprüfen

- Wirksamkeit und Effizienz der beschlossenen Maßnahmen überprüfen

- Prüfen, ob die Sicherheitsmaßnahmen akzeptiert werden und gegebenenfalls nachbessern

- Rollenkonflikt zwischen Ersteller und Prüfer beachten

- Vertraulichkeit der Untersuchungsergebnisse sicherstellen

- Eignung und Aktualität von Sicherheitszielen, -strategien und -konzeption prüfen

- Angemessenheit der bereitgestellten Ressourcen und die Wirtschaftlichkeit der Sicherheitsstrategie und -maßnahmen überprüfen

- Ergebnisse der Überprüfungen in Form von Verbesserungen in den Informationssicherheitspro-

---

zess einfließen lassen

6.2 Informationsfluss im Informationssicherheitsprozess

Im Rahmen der Überprüfung und Verbesserung des Informationssicherheitsprozesses entstehen in der Regel verschiedene Berichte, Audit-Reports, Ergebnisse von Sicherheitstests, Meldungen über sicherheitsrelevante Ereignisse und weitere Dokumente zur Informationssicherheit der Institution. Die Dokumente müssen aussagekräftig und für die jeweilige Zielgruppe verständlich sein. Da nicht alle diese Informationen für die Leitungsebene geeignet sind, ist es eine Aufgabe des IT-Sicherheitsbeauftragten und des IS-Management-Teams, diese Informationen zu sammeln, zu verarbeiten und entsprechend kurz und übersichtlich aufzubereiten.

6.2.1 Berichte an die Leitungsebene

Damit die Unternehmens- bzw. Behördenleitung die richtigen Entscheidungen bei der Steuerung und Lenkung des Informationssicherheitsprozesses treffen kann, benötigt sie Eckpunkte über den Stand der Informationssicherheit. Diese Eckpunkte sollten in Management-Berichten aufbereitet werden, die unter anderem folgende Punkte abdecken:

- Ergebnisse von Audits und Datenschutzkontrollen
- Berichte über Sicherheitsvorfälle
- Berichte über bisherige Erfolge und Probleme beim Informationssicherheitsprozess

Die Leitungsebene muss von der IS-Organisation regelmäßig in angemessener Form über die Ergebnisse der Überprüfungen und den Status des IS-Prozesses informiert werden. Dabei sollten Probleme, Erfolge und Verbesserungsmöglichkeiten aufgezeigt werden. Die Leitungsebene nimmt die Management-Berichte zur Kenntnis und veranlasst eventuell notwendige Maßnahmen.

6.2.2 Dokumentation im Informationssicherheitsprozess

Aus zahlreichen Gründen ist die Dokumentation des IS-Prozesses auf allen Ebenen entscheidend für dessen Erfolg. Nur durch ausreichende Dokumentation

- werden getroffene Entscheidungen nachvollziehbar,
- sind Prozesse wiederholbar und standardisierbar,
- können Schwächen und Fehler erkannt und zukünftig vermieden werden.

Abhängig vom Gegenstand und vom Verwendungszweck einer Dokumentation können folgende Arten von Dokumentationen unterschieden werden:

- Technische Dokumentation und Dokumentation von Arbeitsabläufen (Zielgruppe: Experten)

    Hier wird der aktuelle Stand von Geschäftsprozessen und der damit verbundenen IT-Systeme und Anwendungen beschrieben. Oft ist der Detaillierungsgrad technischer Dokumentationen ein Streitthema. Ein pragmatischer Ansatz ist, dass andere Personen mit vergleichbarer Expertise in diesem Bereich die Dokumentation nachvollziehen können müssen und dass der Administrator zwar auf sein Wissen, aber nicht auf sein Gedächtnis angewiesen sein muss, um die Systeme und Anwendungen wiederherzustellen. Bei Sicherheitsübungen und bei der Behandlung von Sicherheitsvorfällen sollte die Qualität der vorhandenen Dokumentationen bewertet und die gewonnenen Erkenntnisse zur Verbesserung genutzt werden. Zu solcher Art von Dokumentationen gehören unter anderem:

    - Installations- und Konfigurationsanleitungen
    - Anleitungen für den Wiederanlauf nach einem Sicherheitsvorfall
    - Dokumentation von Test- und Freigabeverfahren

- Anweisungen für das Verhalten bei Störungen und Sicherheitsvorfällen

- Anleitungen für Mitarbeiter (Zielgruppe: Mitarbeiter)

  Sicherheitsmaßnahmen müssen für die Mitarbeiter verständlich in Form von Richtlinien dokumentiert werden. Darüber hinaus müssen die Mitarbeiter über die Existenz und Bedeutung dieser Richtlinien informiert und entsprechend geschult sein. Diese Gruppe von Dokumentationen umfasst beispielsweise:

  - Arbeitsabläufe und organisatorische Vorgaben

  - Richtlinien zur Nutzung des Internets

  - Verhalten bei Sicherheitsvorfällen

- Aufzeichnung von Management-Entscheidungen (Zielgruppe: Leitungsebene)

  Grundlegende Entscheidungen zum Informationssicherheitsprozess und zur Sicherheitsstrategie müssen aufgezeichnet werden, damit diese jederzeit nachvollziehbar und wiederholbar sind.

- Gesetze und Regelungen (Zielgruppe: Leitungsebene)

  Für die Informationsverarbeitung können eine Vielzahl unterschiedlicher Gesetze, Regelungen und Anweisungen relevant sein. Es sollte dokumentiert werden, welche Gesetze, Regelungen und Anweisungen im vorliegenden Fall besondere Anforderungen an Geschäftsprozesse, den IT-Betrieb oder an die Informationssicherheit stellen und welche konkreten Konsequenzen sich daraus ergeben.

Es muss sichergestellt werden, dass alle Dokumentationen auf dem aktuellen Stand gehalten werden. Dafür muss die Dokumentation in den Änderungsprozess einbezogen werden.

6.2.3 Informationsfluss und Meldewege

Für die Aufrechterhaltung des Informationssicherheitsprozesses ist die zeitnahe Aktualisierung der Meldewege und der Festlegungen für den Informationsfluss von elementarer Bedeutung. Darüber hinaus bieten die Ergebnisse aus durchgeführten Übungen, Tests und Audits auch eine nützliche Grundlage für die Verbesserung des Informationsflusses.

Grundsätzliche Festlegungen zum Informationsfluss und zu den Meldewegen in Bezug auf den Informationssicherheitsprozess sollten in einer entsprechenden Richtlinie dokumentiert und von der Leitungsebene verabschiedet werden. In der **Richtlinie zum Informationsfluss und zu den Meldewegen** sollten insbesondere die für den Informationssicherheitsprozess kritischen Informationsflüsse geregelt werden. Dabei ist zwischen Hol- und Bringschuld zu unterscheiden.

Nutzung von Synergieeffekten für den Informationsfluss

Viele Institutionen haben bereits Prozesse für die Bereitstellung von Dienstleistungen oder den IT-Support definiert. Häufig gelingt es, Synergieeffekte zu nutzen und Aspekte der Informationssicherheit in bereits bestehende Prozesse einzugliedern. Beispielsweise könnten Meldewege für IT-Sicherheitsvorfälle in den IT-Support integriert werden oder die Kapazitätsplanung um Aspekte der Notfallvorsorge erweitert werden.

Viele Informationen, die aus Sicherheitsgründen erhoben werden, können auch zu anderen Zwecken genutzt werden. Ebenso haben Sicherheitsmaßnahmen auch andere positive Nebeneffekte, besonders die Optimierung von Prozessen zahlt sich aus. Beispielsweise ist die Bestimmung von Informationseigentümern oder die Einstufung von Informationen nach einheitlichen Bewertungskriterien für viele Bereiche einer Institution relevant. Ein Überblick über die Abhängigkeit von Geschäftsprozessen von IT-Systemen und Anwendungen ist ebenfalls nicht nur für das Sicherheitsmanagement sinnvoll. Zum Beispiel kann dadurch häufig auch eine exakte Zuordnung von IT-Kosten, die oftmals als Gemeinkosten umgelegt werden, auf einzelne Geschäftsprozesse oder Produkte erfolgen.

6   Aufrechterhaltung und kontinuierliche Verbesserung der Informationssicherheit

---

Aktionspunkte zu 6.2 Informationsfluss im Informationssicherheitsprozess

- Grundsätzliche Festlegungen zum Informationsfluss und zu den Meldewegen in Bezug auf den Informationssicherheitsprozess in einer entsprechenden Richtlinie dokumentieren und der Leitungsebene zur Verabschiedung vorlegen

- Leitungsebene über die Ergebnisse von Überprüfungen und den Status des Informationssicherheitsprozesses informieren

- Gegebenenfalls Entscheidungen über erforderliche Korrekturmaßnahmen einholen

- Alle Teilaspekte des gesamten Informationssicherheitsprozesses nachvollziehbar dokumentieren und die Dokumentation auf dem aktuellen Stand halten

- Bei Bedarf die Qualität der Dokumentation bewerten und gegebenenfalls nachbessern oder aktualisieren

- Meldewege, die den Informationssicherheitsprozess betreffen, auf dem aktuellen Stand halten

- Synergien zwischen dem Informationssicherheitsprozess und anderen Managementprozessen ausfindig machen

---

7   Zertifizierung nach ISO 27001 auf der Basis von IT-Grundschutz

Um die erfolgreiche Umsetzung von IT-Grundschutz nach außen transparent machen zu können, hat das BSI ein Zertifizierungsschema für Informationssicherheit entwickelt. Dieses Schema berücksichtigt die Anforderungen an Managementsysteme für die Informationssicherheit aus ISO/IEC 27001. Das ISO 27001-Zertifikat auf der Basis von IT-Grundschutz oder auch ein Auditor-Testat bietet Unternehmen und Behörden die Möglichkeit, ihre Bemühungen um Informationssicherheit transparent zu machen. Dies kann sowohl gegenüber Kunden als auch gegenüber Geschäftspartnern als Qualitätsmerkmal dienen und somit zu einem Wettbewerbsvorteil führen.

Dabei sind die Interessen an einer ISO 27001-Zertifizierung auf der Basis von IT-Grundschutz vielfältig:

- Dienstleister möchten mit Hilfe dieses Zertifikats einen vertrauenswürdigen Nachweis führen, dass sie die Maßnahmen gemäß IT-Grundschutz realisiert haben.

- Kooperierende Unternehmen möchten sich darüber informieren, welchen Grad von Informationssicherheit ihre Geschäftspartner zusichern können.

- Von Institutionen, die neu an ein Netz angeschlossen werden, wird der Nachweis darüber verlangt, dass sie eine ausreichende Informationssicherheit besitzen, damit durch den Anschluss ans Netz keine untragbaren Risiken entstehen.

- Institutionen möchten dem Kunden bzw. Bürger gegenüber ihre Bemühungen um eine ausreichende Informationssicherheit deutlich machen.

Da der IT-Grundschutz mit der in diesem Dokument beschriebenen Vorgehensweise zum Sicherheitsmanagement und den in den IT-Grundschutz-Katalogen enthaltenen Empfehlungen von Standard-Sicherheitsmaßnahmen inzwischen einen Quasi-Standard für Informationssicherheit darstellt, bietet es sich an, dies als allgemein anerkanntes Kriterienwerk für Informationssicherheit zu verwenden.

Grundlage für die Vergabe eines ISO 27001-Zertifikats auf der Basis von IT-Grundschutz ist die Durchführung eines Audits durch einen externen, beim BSI zertifizierten Auditor. Das Ergebnis des Audits ist ein Auditbericht, der der Zertifizierungsstelle vorgelegt wird, die über die Vergabe des ISO 27001-Zertifikats auf der Basis von IT-Grundschutz entscheidet. Kriterienwerke des Verfahrens sind neben der Norm ISO 27001 die in diesem Dokument beschriebene IT-Grundschutz-Vorgehensweise und die IT-Grundschutz-Kataloge des BSI.

Über ein ISO 27001-Zertifikat auf der Basis von IT-Grundschutz wird zunächst nachgewiesen, dass IT-Grundschutz im betrachteten Informationsverbund erfolgreich umgesetzt worden ist. Darüber hinaus zeigt ein solches Zertifikat auch, dass in der jeweiligen Institution

- Informationssicherheit ein anerkannter Wert ist,

- ein funktionierendes IS-Management vorhanden ist und außerdem

- zu einem bestimmten Zeitpunkt ein definiertes Sicherheitsniveau erreicht wurde.

Weitere Informationen zur Zertifizierung nach ISO 27001 und zur Zertifizierung als ISO 27001-Auditor auf der Basis von IT-Grundschutz finden sich auf dem Web-Angebot des BSI (siehe [ZERT]).

Aktionspunkte zu 7 Zertifizierung nach ISO 27001 auf der Basis von IT-Grundschutz
• Informationen des BSI zum Qualifizierungsschema und zum Schema für die ISO 27001-Zertifizierung auf der Basis von IT-Grundschutz lesen
• Prüfen, ob die Bemühungen um Informationssicherheit anhand eines Auditor-Testats oder anhand eines ISO 27001-Zertifikats auf der Basis von IT-Grundschutz transparent gemacht werden sollen
• Gegebenenfalls prüfen, ob das Informationssicherheitsmanagement und der Sicherheitszustand

die entsprechenden Voraussetzungen erfüllen

- Gegebenenfalls den Qualifizierungs- beziehungsweise Zertifizierungsprozess initiieren

Anhang

Erläuterungen zu den Schadensszenarien

Im Folgenden sind für die in Kapitel 4.3.1 definierten Schadensszenarien beispielhafte Fragestellungen aufgeführt. Diese Fragen sollen als Hilfsmittel für die Schutzbedarfsfeststellung dienen, vor allem im Bereich der Anwendungen. Anhand der individuellen Anforderungen sollten die Fragen angepasst und ergänzt werden.

Schadensszenario "Verstoß gegen Gesetze/Vorschriften/Verträge"

Sowohl aus dem Verlust der Vertraulichkeit als auch der Integrität und ebenso der Verfügbarkeit können derlei Verstöße resultieren. Die Schwere des Schadens ist dabei oftmals abhängig davon, welche rechtlichen Konsequenzen daraus für die Institution entstehen können.

Beispiele für relevante Gesetze sind (in Deutschland):

Grundgesetz, Bürgerliches Gesetzbuch, Strafgesetzbuch, Bundesdatenschutzgesetz und Datenschutzgesetze der Länder, Sozialgesetzbuch, Handelsgesetzbuch, Personalvertretungsgesetz, Betriebsverfassungsgesetz, Urheberrechtsgesetz, Patentgesetz, Informations- und Kommunikationsdienstegesetz (IuKDG), Gesetz zur Kontrolle und Transparenz im Unternehmen (KonTraG).

Beispiele für relevante Vorschriften sind:

Verwaltungsvorschriften, Verordnungen und Dienstvorschriften.

Beispiele für Verträge:

Dienstleistungsverträge im Bereich Datenverarbeitung, Verträge zur Wahrung von Betriebsgeheimnissen.

Fragen:

Verlust der Vertraulichkeit

- Erfordern gesetzliche Auflagen die Vertraulichkeit der Daten?

- Ist im Falle einer Veröffentlichung von Informationen mit Strafverfolgung oder Regressforderungen zu rechnen?

- Sind Verträge einzuhalten, die die Wahrung der Vertraulichkeit bestimmter Informationen beinhalten?

Verlust der Integrität

- Erfordern gesetzliche Auflagen die Integrität der Daten?

- In welchem Maße wird durch einen Verlust der Integrität gegen Gesetze bzw. Vorschriften verstoßen?

Verlust der Verfügbarkeit

- Sind bei Ausfall der Anwendung Verstöße gegen Vorschriften oder sogar Gesetze die Folge?

- Schreiben Gesetze die dauernde Verfügbarkeit bestimmter Informationen vor?

- Gibt es Termine, die bei Einsatz der Anwendung zwingend einzuhalten sind?

- Gibt es vertragliche Bindungen für bestimmte einzuhaltende Termine?

Schadensszenario "Beeinträchtigung des informationellen Selbstbestimmungsrechts"

Bei der Implementation und dem Betrieb von IT-Systemen und Anwendungen besteht die Gefahr einer Verletzung des informationellen Selbstbestimmungsrechts bis hin zu einem Missbrauch personenbezogener Daten.

Beispiele für die Beeinträchtigung des informationellen Selbstbestimmungsrechts sind:

- Unzulässige Erhebung personenbezogener Daten ohne Rechtsgrundlage oder Einwilligung,

- unbefugte Kenntnisnahme bei der Datenverarbeitung bzw. der Übermittlung von personenbezogenen Daten,

- unbefugte Weitergabe personenbezogener Daten,

- Nutzung von personenbezogenen Daten zu einem anderen als dem bei der Erhebung zulässigen Zweck und

- Verfälschung von personenbezogenen Daten in IT-Systemen oder bei der Übertragung.

Die folgenden Fragen können zur Abschätzung möglicher Folgen und Schäden herangezogen werden:

Fragen:

Verlust der Vertraulichkeit

- Welche Schäden können für den Betroffenen entstehen, wenn seine personenbezogenen Daten nicht vertraulich behandelt werden?

- Werden personenbezogene Daten für unzulässige Zwecke verarbeitet?

- Ist es im Zuge einer zulässigen Verarbeitung personenbezogener Daten möglich, aus diesen Daten z. B. auf den Gesundheitszustand oder die wirtschaftliche Situation einer Person zu schließen?

- Welche Schäden können durch den Missbrauch der gespeicherten personenbezogenen Daten entstehen?

Verlust der Integrität

- Welche Schäden würden für den Betroffenen entstehen, wenn seine personenbezogenen Daten unabsichtlich verfälscht oder absichtlich manipuliert würden?

- Wann würde der Verlust der Integrität personenbezogener Daten frühestens auffallen?

Verlust der Verfügbarkeit

- Können bei Ausfall der Anwendung oder bei einer Störung einer Datenübertragung personenbezogene Daten verloren gehen oder verfälscht werden, so dass der Betroffene in seiner gesellschaftlichen Stellung beeinträchtigt wird oder gar persönliche oder wirtschaftliche Nachteile zu befürchten hat?

Schadensszenario "Beeinträchtigung der persönlichen Unversehrtheit"

Die Fehlfunktion von IT-Systemen oder Anwendungen kann unmittelbar die Verletzung, die Invalidität oder den Tod von Personen nach sich ziehen. Die Höhe des Schadens ist am direkten persönlichen Schaden zu messen.

Beispiele für solche Anwendungen und IT-Systeme sind:

- medizinische Überwachungsrechner,

- medizinische Diagnosesysteme,

- Flugkontrollrechner und

- Verkehrsleitsysteme.

Anhang

Fragen:

Verlust der Vertraulichkeit

- Kann durch das Bekanntwerden von Daten eine Person physisch oder psychisch geschädigt werden?

Verlust der Integrität

- Können Menschen durch manipulierte Programmabläufe oder Daten gesundheitlich gefährdet werden?

Verlust der Verfügbarkeit

- Bedroht der Ausfall der Anwendung oder des IT-Systems unmittelbar die persönliche Unversehrtheit von Personen?

Schadensszenario "Beeinträchtigung der Aufgabenerfüllung"

Gerade der Verlust der Verfügbarkeit einer Anwendung oder der Integrität der Daten kann die Aufgabenerfüllung in einer Institution erheblich beeinträchtigen. Die Schwere des Schadens richtet sich hierbei nach der zeitlichen Dauer der Beeinträchtigung und nach dem Umfang der Einschränkungen der angebotenen Dienstleistungen.

Beispiele hierfür sind:

- Fristversäumnisse durch verzögerte Bearbeitung von Verwaltungsvorgängen,

- verspätete Lieferung aufgrund verzögerter Bearbeitung von Bestellungen,

- fehlerhafte Produktion aufgrund falscher Steuerungsdaten und

- unzureichende Qualitätssicherung durch Ausfall eines Testsystems.

Fragen:

Verlust der Vertraulichkeit

- Gibt es Daten, deren Vertraulichkeit die Grundlage für die Aufgabenerfüllung ist (z. B. Strafverfolgungsinformationen, Ermittlungsergebnisse)?

Verlust der Integrität

- Können Datenveränderungen die Aufgabenerfüllung in der Art einschränken, dass die Institution handlungsunfähig wird?

- Entstehen erhebliche Schäden, wenn die Aufgaben trotz verfälschter Daten wahrgenommen werden? Wann werden unerlaubte Datenveränderungen frühestens erkannt?

- Können verfälschte Daten in der betrachteten Anwendung zu Fehlern in anderen Anwendungen führen?

- Welche Folgen entstehen, wenn Daten fälschlicherweise einer Person zugeordnet werden, die in Wirklichkeit diese Daten nicht erzeugt hat?

Verlust der Verfügbarkeit

- Kann durch den Ausfall der Anwendung die Aufgabenerfüllung der Institution so stark beeinträchtigt werden, dass die Wartezeiten für die Betroffenen nicht mehr tolerabel sind?

- Sind von dem Ausfall dieser Anwendung andere Anwendungen betroffen?

- Ist es für die Institution bedeutsam, dass der Zugriff auf Anwendungen nebst Programmen und Daten ständig gewährleistet ist?

Schadensszenario "Negative Innen- oder Außenwirkung"

Durch den Verlust einer der Grundwerte Vertraulichkeit, Integrität oder Verfügbarkeit in einer Anwendung können verschiedenartige negative Innen- oder Außenwirkungen entstehen, zum Beispiel:

- Ansehensverlust einer Institution,
- Vertrauensverlust gegenüber einer Institution,
- Demoralisierung der Mitarbeiter,
- Beeinträchtigung der wirtschaftlichen Beziehungen zusammenarbeitender Institutionen,
- verlorenes Vertrauen in die Arbeitsqualität einer Institution und
- Einbuße der Konkurrenzfähigkeit.

Die Höhe des Schadens orientiert sich an der Schwere des Vertrauensverlustes oder des Verbreitungsgrades der Innen- oder Außenwirkung.

Die Ursachen für solche Schäden können vielfältiger Natur sein:

- Handlungsunfähigkeit einer Institution durch IT-Ausfall,
- fehlerhafte Veröffentlichungen durch manipulierte Daten,
- Fehlbestellungen durch mangelhafte Lagerhaltungsprogramme,
- Nichteinhaltung von Verschwiegenheitserklärungen,
- Schuldzuweisungen an die falschen Personen,
- Verhinderung der Aufgabenerfüllung einer Abteilung durch Fehler in anderen Bereichen,
- Weitergabe von Fahndungsdaten an interessierte Dritte und
- Zuspielen vertraulicher Informationen an die Presse.

Fragen:

Verlust der Vertraulichkeit

- Welche Konsequenzen ergeben sich für die Institution durch die unerlaubte Veröffentlichung der für die Anwendung gespeicherten schutzbedürftigen Daten?
- Kann der Vertraulichkeitsverlust der gespeicherten Daten zu einer Schwächung der Wettbewerbsposition führen?
- Entstehen bei Veröffentlichung von vertraulichen gespeicherten Daten Zweifel an der amtlichen Verschwiegenheit?
- Können Veröffentlichungen von Daten zur politischen oder gesellschaftlichen Verunsicherung führen?
- Können Mitarbeiter durch die unzulässige Veröffentlichungen von Daten das Vertrauen in ihre Institution verlieren?

Verlust der Integrität

- Welche Schäden können sich durch die Verarbeitung, Verbreitung oder Übermittlung falscher oder unvollständiger Daten ergeben?
- Wird die Verfälschung von Daten öffentlich bekannt?
- Entstehen bei einer Veröffentlichung von verfälschten Daten Ansehensverluste?
- Können Veröffentlichungen von verfälschten Daten zur politischen oder gesellschaftlichen Verunsicherung führen?

- Können verfälschte Daten zu einer verminderten Produktqualität und damit zu einem Ansehensverlust führen?

Verlust der Verfügbarkeit

- Schränkt der Ausfall der Anwendung die Informationsdienstleistungen für Externe ein?

- Verhindert der Ausfall von Anwendungen die Erreichung von Geschäftszielen?

- Ab wann wird der Ausfall der Anwendung extern bemerkt?

Schadensszenario "Finanzielle Auswirkungen"

Unmittelbare oder mittelbare finanzielle Schäden können durch den Verlust der Vertraulichkeit schutzbedürftiger Daten, die Veränderung von Daten oder den Ausfall von Anwendungen entstehen. Beispiele dafür sind:

- unerlaubte Weitergabe von Forschungs- und Entwicklungsergebnissen,

- Manipulation von finanzwirksamen Daten in einem Abrechnungssystem,

- Ausfall eines IT-gesteuerten Produktionssystems und dadurch bedingte Umsatzverluste,

- unerlaubte Einsichtnahme in Marketingstrategiepapiere oder Umsatzzahlen,

- Ausfall eines Buchungssystems einer Reisegesellschaft,

- Ausfall eines E-Commerce-Servers,

- Zusammenbruch des Zahlungsverkehrs einer Bank,

- Diebstahl oder Zerstörung von Hardware.

Die Höhe des Gesamtschadens setzt sich zusammen aus den direkt und indirekt entstehenden Kosten, etwa durch Sachschäden, Schadenersatzleistungen und Kosten für zusätzlichen Aufwand (z. B. Wiederherstellung).

Fragen:

Verlust der Vertraulichkeit

- Kann die Veröffentlichung vertraulicher Informationen Regressforderungen nach sich ziehen?

- Gibt es in der Anwendung Daten, aus deren Kenntnis ein Dritter (z. B. Konkurrenzunternehmen) finanzielle Vorteile ziehen kann?

- Werden mit der Anwendung Forschungsdaten gespeichert, die einen erheblichen Wert darstellen? Was passiert, wenn sie unerlaubt kopiert und weitergegeben werden?

- Können durch vorzeitige Veröffentlichung von schutzbedürftigen Daten finanzielle Schäden entstehen?

Verlust der Integrität

- Können durch Datenmanipulationen finanzwirksame Daten so verändert werden, dass finanzielle Schäden entstehen?

- Kann die Veröffentlichung falscher Informationen Regressforderungen nach sich ziehen?

- Können durch verfälschte Bestelldaten finanzielle Schäden entstehen (z. B. bei Just-in-Time Produktion)?

- Können verfälschte Daten zu falschen Geschäftsentscheidungen führen?

Verlust der Verfügbarkeit

- Wird durch den Ausfall der Anwendung die Produktion, die Lagerhaltung oder der Vertrieb beeinträchtigt?

- Ergeben sich durch den Ausfall der Anwendung finanzielle Verluste aufgrund von verzögerten Zahlungen bzw. Zinsverlusten?

- Wie hoch sind die Reparatur- oder Wiederherstellungskosten bei Ausfall, Defekt, Zerstörung oder Diebstahl des IT-Systems?

- Kann es durch Ausfall der Anwendung zu mangelnder Zahlungsfähigkeit oder zu Konventionalstrafen kommen?

- Wie viele wichtige Kunden wären durch den Ausfall der Anwendung betroffen?

BSI-Standard 100-3

Risikoanalyse auf der Basis von IT-Grundschutz

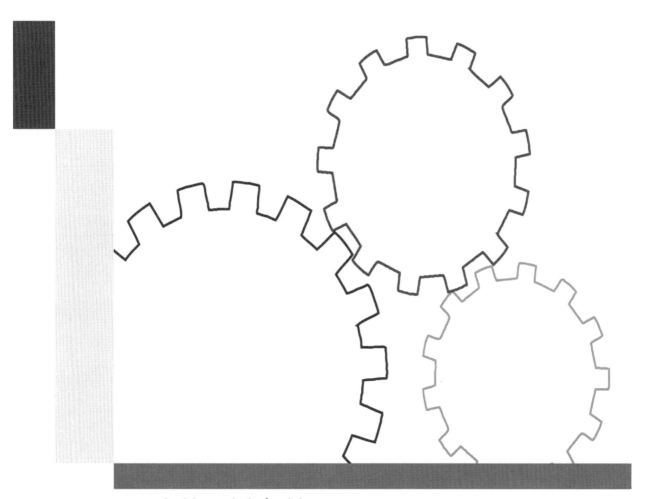

www.bsi.bund.de/gshb

Version 2.5

Bundesanzeiger Verlag

Inhaltsverzeichnis

1   Einleitung

1.1   Versionshistorie

Stand	Version	Änderungen
Februar 2004	1.0	
Dezember 2005	2.0	• Anpassung an den BSI-Standard 100-2
Mai 2008	2.5	• Stärkere Betonung der Informationssicherheit statt IT-Sicherheit, daher auch verschiedene Begriffe angepasst
		• Anpassung an die neue Struktur und Gliederung des BSI-Standards 100-2
		• Um Verwechslungen mit den Z-Maßnahmen der IT-Grundschutz-Kataloge zu vermeiden, wurde statt "zusätzliche Maßnahmen" einheitlich die Bezeichnung "ergänzende Maßnahmen/Sicherheitsmaßnahmen" gewählt.
		• Explizite Darstellung von Gefahren durch externe Objekte in Kapitel 4
		• Einheitliche Behandlung des OK-Status von Gefährdungen
		• Unterkapitel 6.2 zum Thema "Risiken unter Beobachtung" eingefügt

1.2   Zielsetzung

Nachfolgend wird eine Methodik erläutert, wie mit Hilfe der in den IT-Grundschutz-Katalogen [GSK] aufgeführten Gefährdungen eine vereinfachte Analyse von Risiken für die Informationsverarbeitung durchgeführt werden kann. Potentielle Anwendungsgebiete einer solchen Analyse in Behörden und Unternehmen sind beispielsweise Zielobjekte, die

- einen hohen oder sehr hohen Schutzbedarf in mindestens einem der drei Grundwerte Vertraulichkeit, Integrität oder Verfügbarkeit haben oder

- mit den existierenden Bausteinen des IT-Grundschutzes nicht hinreichend abgebildet (modelliert) werden können oder

- in Einsatzszenarien (Umgebung, Anwendung) betrieben werden, die im Rahmen des IT-Grundschutzes nicht vorgesehen sind.

In diesen Fällen stellen sich folgende Fragen:

- Welchen Gefährdungen für die Informationsverarbeitung ist durch die Umsetzung der relevanten IT-Grundschutz-Bausteine noch nicht ausreichend oder sogar noch gar nicht Rechnung getragen?

- Müssen eventuell ergänzende Sicherheitsmaßnahmen, die über das IT-Grundschutz-Modell hinausgehen, eingeplant und umgesetzt werden?

Das vorliegende Dokument beschreibt eine Methodik, wie mit möglichst geringem Aufwand für bestimmte Zielobjekte festgestellt werden kann, ob und in welcher Hinsicht über den IT-Grundschutz hinaus Handlungsbedarf zur Begrenzung von Risiken für die Informationsverarbeitung besteht.

1   Einleitung

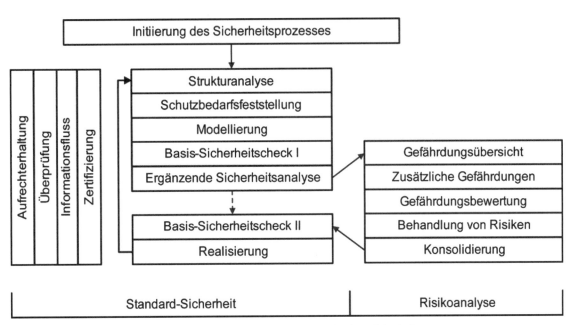

Abbildung 1: Integration der Risikoanalyse in den Sicherheitsprozess

Im IT-Sicherheitshandbuch [SHB] und in einigen anderen Vorgehensweisen zur Risiko- und Sicherheitsanalyse werden unter anderem auch *Eintrittswahrscheinlichkeiten* von Schadensereignissen betrachtet, um Entscheidungen zum Umgang mit Risiken zu treffen. Es hat sich jedoch gezeigt, dass die Abschätzung dieser Wahrscheinlichkeiten in der Praxis oft schwierig ist, da keine Grundlagen für verlässliche Schätzungen vorhanden sind. Auch die Interpretation der Wahrscheinlichkeiten ist in vielen Fällen fraglich. In der hier beschriebenen Methodik werden deshalb Eintrittswahrscheinlichkeiten nicht explizit, sondern lediglich implizit im Rahmen der Ermittlung und Bewertung von Gefährdungen betrachtet.

1.3   Adressatenkreis

Dieses Dokument richtet sich an Sicherheitsverantwortliche, -beauftragte, -experten, -berater und alle Interessierte, die mit dem Management von Informationssicherheit oder mit der Durchführung von Risikoanalysen für die Informationsverarbeitung betraut sind.

Anwender der in diesem Dokument beschriebenen Methodik sollten mit der IT-Grundschutz-Vorgehensweise gemäß BSI-Standard 100-2 [BSI2] vertraut sein.

1.4   Anwendungsweise

Dieses Dokument beschreibt eine Methodik zur Durchführung von Risikoanalysen, die ein bestehendes IT-Grundschutz-Sicherheitskonzept ergänzen. Dabei werden die in den IT-Grundschutz-Katalogen beschriebenen Gefährdungen als Hilfsmittel verwendet.

Es wird empfohlen, die in den Kapiteln 2 bis 8 dargestellte Methodik Schritt für Schritt durchzuarbeiten.

1.5   Literaturverzeichnis

[BSI1]   Managementsysteme für Informationssicherheit (ISMS), BSI-Standard 100-1, Version 1.5, Mai 2008, www.bsi.bund.de

[BSI2]   IT-Grundschutz-Vorgehensweise, BSI-Standard 100-2, Version 2.0, Mai 2008, www.bsi.bund.de

[BSI3]   Risikoanalyse auf der Basis von IT-Grundschutz, BSI-Standard 100-3, Version 2.5, Mai 2008, www.bsi.bund.de

1   Einleitung

[GSK]   IT-Grundschutz-Kataloge – Standard-Sicherheitsmaßnahmen, BSI, jährlich neu,
             www.bsi.bund.de/gshb

[SHB]   IT-Sicherheitshandbuch – Handbuch für die sichere Anwendung der
             Informationstechnik, BSI, Version 1.0 – März 1992, Bundesdruckerei

2   Vorarbeiten

Bevor die eigentliche Risikoanalyse beginnt, sollten folgende Vorarbeiten abgeschlossen sein, die in der IT-Grundschutz-Vorgehensweise gemäß BSI-Standard 100-2 [BSI2] beschrieben sind:

- Es muss ein systematischer *Informationssicherheitsprozess initiiert* worden sein. Dieser dient dazu, die Aktivitäten im Bereich der Informationssicherheit in geordnete Bahnen zu lenken. Beispielsweise müssen geeignete Rollen und Aufgaben definiert werden. Weitere Informationen zur Initiierung des Informationssicherheitsprozesses finden sich in Kapitel 3 der IT-Grundschutz-Vorgehensweise.

- Gemäß Kapitel 4.1 der IT-Grundschutz-Vorgehensweise muss ein *Geltungsbereich* für die Sicherheitskonzeption *definiert* worden sein. Dieser Geltungsbereich wird im Folgenden als *Informationsverbund* bezeichnet.

- Für den Informationsverbund muss eine *Strukturanalyse* gemäß Kapitel 4.2 der IT-Grundschutz-Vorgehensweise durchgeführt worden sein. Dadurch werden die wichtigsten Informationen über den Informationsverbund ermittelt, zum Beispiel der Netzplan sowie eine Liste der wichtigsten Anwendungen mit Abhängigkeit von den IT-Systemen.

- Anschließend muss eine *Schutzbedarfsfeststellung* gemäß Kapitel 4.3 der IT-Grundschutz-Vorgehensweise durchgeführt worden sein. Als Ergebnis liegt der Schutzbedarf der Anwendungen, der IT-Systeme, der genutzten Räume sowie eine Liste der kritischen Kommunikationsverbindungen vor. Der Schutzbedarf bezieht sich jeweils auf die Grundwerte *Vertraulichkeit*, *Integrität* und *Verfügbarkeit* und wird in den drei Stufen *normal*, *hoch* und *sehr hoch* festgelegt.

- Es muss eine *Modellierung* gemäß Kapitel 4.4 der IT-Grundschutz-Vorgehensweise und Kapitel 2 der IT-Grundschutz-Kataloge durchgeführt worden sein. Dabei wird für jeden Baustein der IT-Grundschutz-Kataloge festgestellt, auf welche Zielobjekte im realen Informationsverbund er anzuwenden ist. Die in den einzelnen Bausteinen genannten Standard-Sicherheitsmaßnahmen bilden die Basis für das IT-Grundschutz-Sicherheitskonzept des betrachteten Informationsverbunds.

- Es muss vor der Risikoanalyse ein *Basis-Sicherheitscheck* gemäß Kapitel 4.5 der IT-Grundschutz-Vorgehensweise durchgeführt werden. Dadurch wird festgestellt, welche Standard-Sicherheitsmaßnahmen für den vorliegenden Informationsverbund bereits umgesetzt sind und wo noch Defizite bestehen.

- Es muss eine *ergänzende Sicherheitsanalyse* gemäß Kapitel 4.6 der IT-Grundschutz-Vorgehensweise durchgeführt worden sein. Bei der ergänzenden Sicherheitsanalyse wird entschieden, für welche Zielobjekte eine Risikoanalyse durchgeführt werden soll und für welche Zielobjekte dies dagegen entbehrlich ist.

> Die Zielobjekte, für die im Rahmen der ergänzenden Sicherheitsanalyse entschieden wurde, dass für sie eine Risikoanalyse durchzuführen ist, werden im Folgenden als *betrachtete Zielobjekte* oder als *betrachtete Komponenten* bezeichnet.

2   Vorarbeiten

Beispiel:

Ein Zulieferunternehmen unterhält eine Kommunikationsverbindung zum Hauptauftraggeber. Über diese Verbindung meldet der Auftraggeber ständig den aktuellen Bedarf an Zulieferprodukten in den jeweiligen Farben, Größen und Sorten. Um das Datenvolumen zu minimieren, werden jeweils nur die Änderungen gegenüber dem zuvor gemeldeten Bedarf übertragen. Diese Bedarfsmeldungen verwendet das Zulieferunternehmen als Grundlage für den Einsatz der Produktionskapazitäten. Auf diese Weise ist gewährleistet, dass das Zulieferunternehmen möglichst genau die jeweils benötigten Stückzahlen in den einzelnen Farben, Größen und Sorten produziert und liefert.

Technisch ist die Kommunikationsverbindung durch eine gemietete Standleitung zum Hauptauftraggeber realisiert. Bereits ein Ausfall von zwei Stunden kann zu erheblichen Überproduktionen oder Lieferengpässen und somit zu hohen Kosten für das Unternehmen führen. Folgender Teilbereich des gesamten Informationsverbunds weist somit einen hohen Schutzbedarf in Bezug auf Verfügbarkeit auf:

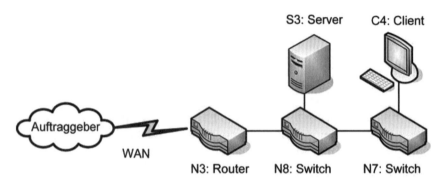

Abbildung 2: Ausschnitt aus einem Netzplan als Beispiel für einen Teilbereich mit hohem Schutzbedarf

Die betroffenen Komponenten befinden sich in den Räumen M.723 (Serverraum), M.811 (Technikraum) und E.5 (Leitstand im Fertigungsbereich). Im Rahmen der ergänzenden Sicherheitsanalyse wurde entschieden, dass für alle anderen Komponenten mit hohem Schutzbedarf keine Risikoanalyse erforderlich ist.

3   Erstellung der Gefährdungsübersicht

Als Ausgangspunkt für die Risikoanalyse bieten sich die in den IT-Grundschutz-Katalogen aufgeführten, für die betrachteten Zielobjekte relevanten Gefährdungen an. Anders als im IT-Sicherheitshandbuch werden Bedrohungen, Schwachstellen und Risiken hierbei nicht separat untersucht.

Ziel der folgenden Arbeitsschritte ist es, eine Übersicht über die Gefährdungen zu erstellen, die auf die betrachteten Zielobjekte des Informationsverbunds wirken. Hierfür ist es zweckmäßig, den Informationsverbund zunächst auf die betrachteten Komponenten zu reduzieren.

1. Aus der Modellierung des Informationsverbunds werden als erstes alle Zielobjekte oder Gruppen von Zielobjekten gestrichen, für die laut ergänzender Sicherheitsanalyse kein Bedarf für eine Risikoanalyse besteht. Das heißt, es werden alle nicht betrachteten Zielobjekte aus der Modellierung gestrichen.

    Beispiel: (Auszug)

Nr.	Titel des Bausteins	Zielobjekt	
B 2.3	Büroraum	~~Raum M.501~~	streichen
B 2.4	Serverraum	Raum M.723	
B 2.6	Raum für technische Infrastruktur	Raum M.811	
B 3.101	Allgemeiner Server	~~S2~~	streichen
B 3.101	Allgemeiner Server	S3	
B 3.102	Server unter Unix	~~S2~~	streichen
B 3.102	Server unter Unix	S3	
B 3.201	Allgemeiner Client	~~C2~~	streichen
B 3.201	Allgemeiner Client	C4	
B 3.301	Sicherheitsgateway (Firewall)	N3	

2. Anschließend werden aus der verbleibenden Tabelle alle Bausteine gestrichen, für die kein Zielobjekt und keine Gruppe von Zielobjekten mehr übrig ist. Diese Bausteine sind offenbar für die betrachteten Zielobjekte nicht relevant.

    Hierbei können in der Regel nur in den Schichten 2 bis 5 Streichungen vorgenommen werden, da die Bausteine in Schicht 1 in der Regel alle oder zumindest viele Zielobjekte betreffen. In einigen Fällen können auch aus Schicht 1 Bausteine gestrichen werden, wenn offensichtlich ist, dass das im Baustein behandelte Thema für die jeweilige Risikoanalyse irrelevant ist.

    Beispiele:

    - Auf die Bausteine B 1.3 *Notfallvorsorge-Konzept* und B 1.8 *Behandlung von Sicherheitsvorfällen* kann meist verzichtet werden, wenn in der Risikoanalyse nur Teilbereiche behandelt werden, die einen normalen Schutzbedarf in Bezug auf Verfügbarkeit haben.

    - Auf den Baustein B 1.7 *Kryptokonzept* kann meist verzichtet werden, wenn in der Risikoanalyse nur Teilbereiche behandelt werden, die einen normalen Schutzbedarf in Bezug auf Vertraulichkeit und Integrität haben.

Als Ergebnis dieser Schritte liegt eine Tabelle vor, in der die Bausteine aufgeführt sind, die für die betrachteten Zielobjekte relevant sind. Die Bausteine der Schicht 1 sind dabei für alle oder für viele Zielobjekte wichtig, die Bausteine in den übrigen vier Schichten beziehen sich dagegen auf spezielle Zielobjekte oder Gruppen von Zielobjekten.

3   Erstellung der Gefährdungsübersicht

Beispiel: (Auszug)

Nr.	Titel des Bausteins	Zielobjekt
B 2.4	Serverraum	Raum M.723
B 2.6	Raum für technische Infrastruktur	Raum M.811
B 3.101	Allgemeiner Server	S3
B 3.102	Server unter Unix	S3
B 3.201	Allgemeiner Client	C4
B 3.301	Sicherheitsgateway (Firewall)	N3

3. Jeder Baustein aus den IT-Grundschutz-Katalogen verweist auf eine Liste von Gefährdungen. Für jedes Zielobjekt in der Tabelle werden Nummer und Titel dieser Gefährdungen aus den Bausteinen zusammengetragen und dem jeweiligen Zielobjekt zugeordnet. Dabei ist es meist zweckmäßig, die Gefährdungen aus den Bausteinen der Schicht 1 separat zu behandeln, beispielsweise indem sie dem speziellen Zielobjekt *gesamter Informationsverbund* zugeordnet werden.

4. Als Ergebnis liegt eine Tabelle vor, die jedem Zielobjekt eine Liste mit relevanten Gefährdungen zuordnet. Aus dieser Tabelle sollten pro Zielobjekt alle doppelten oder mehrfach genannten Gefährdungen entfernt werden.

5. Anschließend sollten die Gefährdungen in der Tabelle pro Zielobjekt thematisch sortiert werden. Einige Gefährdungen in den IT-Grundschutz-Katalogen behandeln ähnliche Sicherheitsprobleme oder unterschiedliche Ausprägungen der gleichen Bedrohung (z. B. G 1.2 *Ausfall des IT-Systems* und G 4.31 *Ausfall oder Störung von Netzkomponenten*).

6. Um die nachfolgende Analyse zu erleichtern, sollte in der Tabelle für jedes Zielobjekt der Schutzbedarf vermerkt werden, der im Rahmen der Schutzbedarfsfeststellung in den drei Grundwerten Vertraulichkeit, Integrität und Verfügbarkeit ermittelt wurde. Für das übergeordnete Zielobjekt *gesamter Informationsverbund* kann diese Zuordnung entfallen.

Diese Tabelle stellt eine *Gefährdungsübersicht* für die betrachteten Zielobjekte dar. Sie dient als Ausgangspunkt für die nachfolgende *Ermittlung zusätzlicher Gefährdungen*.

Beispiel: (Auszug)

Kommunikationsserver S3	
Vertraulichkeit:	normal
Integrität:	hoch
Verfügbarkeit:	hoch
G 1.2	*Ausfall des IT-Systems*
G 3.2	*Fahrlässige Zerstörung von Gerät oder Daten*
G 4.1	*Ausfall der Stromversorgung*
G 5.57	*Netzanalyse-Tools*
G 5.85	*Integritätsverlust schützenswerter Informationen*
usw.	

Raum M.811	
Vertraulichkeit:	normal
Integrität:	normal
Verfügbarkeit:	hoch
G 1.4	*Feuer*
G 1.5	*Wasser*
G 2.6	*Unbefugter Zutritt zu schutzbedürftigen Räumen*
G 5.3	*Unbefugtes Eindringen in ein Gebäude*

3   Erstellung der Gefährdungsübersicht

Raum M.811
G 5.5   *Vandalismus*
usw.

4   Ermittlung zusätzlicher Gefährdungen

Für die betrachteten Zielobjekte gibt es unter Umständen einzelne zusätzliche Gefährdungen, die über die im IT-Grundschutz-Modell vorgesehenen Gefährdungen hinausgehen. Diese müssen ebenfalls berücksichtigt werden. In den IT-Grundschutz-Katalogen sind in der Regel nur solche Gefährdungen *nicht* aufgeführt, die

- durch eine besondere Technologie, ein spezielles Produkt oder einen besonderen Anwendungsfall bedingt sind oder

- in üblichen Einsatzszenarien nur unter sehr speziellen Voraussetzungen zu einem Schaden führen oder

- sehr gute Fachkenntnisse, Gelegenheiten und Mittel eines Angreifers voraussetzen.

Beispiele hierfür sind die vorsätzliche Ausschaltung eines gesamten Standortes mit Waffengewalt oder ein technisch komplizierter Angriff unter aktiver Mithilfe eines internen Administrators.

Für die Informationssicherheit *relevante Gefährdungen* sind solche,

- die zu einem nennenswerten Schaden führen können und

- die im vorliegenden Anwendungsfall und Einsatzumfeld realistisch sind.

Bei der Ermittlung zusätzlicher relevanter Gefährdungen sollte der Schutzbedarf des jeweiligen Zielobjekts in Bezug auf die drei *Grundwerte* der Informationssicherheit - *Vertraulichkeit*, *Integrität* und *Verfügbarkeit* - berücksichtigt werden:

1. Hat das Zielobjekt in einem bestimmten Grundwert den Schutzbedarf *sehr hoch*, sollten vorrangig solche Gefährdungen gesucht werden, die diesen Grundwert beeinträchtigen. Bei dieser Schutzbedarfskategorie ist davon auszugehen, dass es relevante Gefährdungen gibt, die nicht in den IT-Grundschutz-Katalogen enthalten sind.

2. Auch wenn das Zielobjekt in einem bestimmten Grundwert den Schutzbedarf *hoch* hat, sollten solche Gefährdungen gesucht werden, die diesen Grundwert beeinträchtigen. Bei dieser Schutzbedarfskategorie gibt es unter Umständen relevante Gefährdungen, die nicht in den IT-Grundschutz-Katalogen enthalten sind.

3. Hat das Zielobjekt in einem bestimmten Grundwert den Schutzbedarf *normal*, sind die in den IT-Grundschutz-Katalogen aufgeführten Gefährdungen - und somit auch die empfohlenen Sicherheitsmaßnahmen - für diesen Grundwert in der Regel ausreichend.

Unabhängig vom Schutzbedarf des betrachteten Zielobjekts ist die Ermittlung zusätzlicher relevanter Gefährdungen besonders wichtig, wenn es in den IT-Grundschutz-Katalogen keinen geeigneten Baustein für das Zielobjekt gibt oder wenn das Zielobjekt in einem Einsatzszenario (Umgebung, Anwendung) betrieben wird, das in den IT-Grundschutz-Katalogen nicht vorgesehen ist.

Die folgenden Fragestellungen sind bei der Ermittlung zusätzlicher Gefährdungen zu berücksichtigen:

- Von welchen möglichen Ereignissen aus dem Bereich *höhere Gewalt* droht besondere Gefahr für den Informationsverbund?

- Welche *organisatorischen Mängel* müssen auf jeden Fall vermieden werden, um die Informationssicherheit zu gewährleisten?

- Welche *menschlichen Fehlhandlungen* können die Sicherheit der Informationen und Anwendungen besonders beeinträchtigen?

- Welche speziellen Sicherheitsprobleme können beim jeweils betrachteten Zielobjekt durch *technisches Versagen* entstehen?

Risikoanalyse auf der Basis von IT-Grundschutz

Bundesanzeiger Verlag

- Welche besondere Gefahr droht durch vorsätzliche Angriffe von *Außentätern*? Damit sind Personen gemeint, die nicht der eigenen Institution angehören und auch nicht durch besondere Vereinbarungen Zugang zu oder Zugriff auf interne Ressourcen haben.

- Auf welche Weise können *Innentäter* durch vorsätzliche Handlungen den ordnungsgemäßen und sicheren Betrieb des jeweiligen Zielobjekts beeinträchtigen? Durch vorhandene Zugangs- und Zugriffsberechtigungen sowie durch Insider-Wissen droht hier oft besondere Gefahr.

- Drohen besondere Gefahren durch Objekte, die nicht dem betrachteten Informationsverbund zuzurechnen sind? Solche *externen Objekte* können beispielsweise fremde Anwendungen, IT-Systeme oder bauliche Gegebenheiten sein. Die Definition des betrachteten Informationsverbunds dient dazu, den Untersuchungsgegenstand für die Sicherheitskonzeption festzulegen. Dies darf jedoch nicht dazu führen, dass Gefahren, die von außerhalb des betrachteten Informations-verbunds ausgehen, bei der Risikoanalyse vernachlässigt werden.

Für jedes betrachtete Zielobjekt wird als erstes geprüft, ob weitere Gefährdungen berücksichtigt werden müssen. Quellen für diese speziellen Gefährdungen sind beispielsweise

- die Dokumentation des Herstellers,

- Publikationen über Schwachstellen im Internet und

- eigene Bedrohungsanalysen.

Außerdem kann es durchaus zielführend sein, bei der Ermittlung zusätzlicher Gefährdungen erneut die IT-Grundschutz-Gefährdungskataloge G 1 bis G 5 als Quellen heranzuziehen. Möglicherweise sind dort weitere relevante Gefährdungen aufgeführt, die jedoch bislang nicht berücksichtigt wurden, weil beispielsweise die entsprechenden Bausteine nicht in der Modellierung enthalten sind.

In der Praxis ist es oft so, dass zusätzliche Gefährdungen gleich mehrere Zielobjekte betreffen. Die identifizierten zusätzlichen Gefährdungen werden in der Gefährdungsübersicht ergänzt.

> **Wichtig:** Wenn relevante Gefährdungen nicht berücksichtigt werden, kann dies zu Lücken im resul-tierenden Sicherheitskonzept führen. Im Zweifelsfall sollte daher sorgfältig analysiert werden, ob und - wenn ja - welche Gefährdungen noch fehlen. Hierbei ist es oft ratsam, auf externe Beratungsdienst-leistungen zurückzugreifen.

In der Praxis hat es sich bewährt, zur Ermittlung zusätzlicher Gefährdungen ein gemeinsames Brain-storming mit allen beteiligten Mitarbeitern durchzuführen. Es sollten IT-Sicherheitsbeauftragte, Projektleiter, Administratoren und Benutzer des jeweils betrachteten Zielobjekts und gegebenenfalls auch externe Sachverständige beteiligt werden. Der Arbeitsauftrag an die Teilnehmer sollte klar formuliert sein und die Zeit für das Brainstorming begrenzt werden. Die Erfahrung zeigt, dass ein Zeitraum von zwei Stunden eine sinnvolle Obergrenze ist. Ein Experte für Informationssicherheit sollte das Brainstorming moderieren.

Beispiel: (Auszug)

Im Rahmen eines Brainstormings identifiziert das Unternehmen unter anderem folgende zusätzliche Gefährdungen:

gesamter Informationsverbund	
G 2.B1	*Unzureichende Synchronisierung von Wirk- und Backup-System*
	Aufgrund der hohen Verfügbarkeitsanforderungen werden Komponenten des Kommunikationssystems zum Auftraggeber doppelt vorgehalten. Wenn die Backup-Komponenten nicht auf dem aktuellen Stand sind, besteht die Gefahr, dass keine funktionierende Verbindung zum Auftraggeber aufgebaut werden kann.
G 5.70	*Manipulation durch Familienangehörige und Besucher*
	Diese Gefährdung ist in den IT-Grundschutz-Katalogen enthalten und wird von Baustein B 2.8 *Häuslicher Arbeitsplatz* referenziert. Dieser Baustein ist jedoch nicht in der Modellierung des vorliegenden Informationsverbunds enthalten. Dennoch muss die

4   Ermittlung zusätzlicher Gefährdungen

gesamter Informationsverbund
Gefährdung G 5.70 berücksichtigt werden, weil regelmäßig Besucher durch die Räumlichkeiten der Firma geführt werden. G 5.70 wird deshalb zusätzlich in die Risikobetrachtung einbezogen.
usw.

Switch N7	
Vertraulichkeit:	normal
Integrität:	normal
Verfügbarkeit:	hoch
G 2.B2	*Beschädigung von Informationstechnik im Fertigungsbereich*
Der Client C4 und der Switch N7 werden im Fertigungsbereich des Unternehmens betrieben und sind deshalb besonderen physischen Gefahren ausgesetzt. Die Geräte können beschädigt, zerstört oder deren Lebensdauer reduziert werden.	
usw.	

Client C4	
Vertraulichkeit:	normal
Integrität:	hoch
Verfügbarkeit:	hoch
G 2.B2	*Beschädigung von Informationstechnik im Fertigungsbereich*
	siehe Switch N7
G 4.B1	*Inkompatibilitäten zwischen Fertigungs- und Kommunikations-Software*
Der Client C4 wird nicht nur zur Kommunikation mit dem Auftraggeber benutzt, sondern es werden weitere Programme zur Unterstützung der Fertigung darauf betrieben. Durch Inkompatibilitäten zwischen diesen Programmen kann es zu Abstürzen und somit zum Verlust der Verfügbarkeit kommen.	
usw.	

5   Gefährdungsbewertung

Im nächsten Schritt wird die Gefährdungsübersicht systematisch abgearbeitet und für jedes Zielobjekt und jede Gefährdung geprüft, ob die bereits umgesetzten oder zumindest im Sicherheitskonzept vorgesehenen Sicherheitsmaßnahmen einen ausreichenden Schutz bieten. In der Regel wird es sich hierbei um Standard-Sicherheitsmaßnahmen aus den IT-Grundschutz-Katalogen handeln. Die Prüfung erfolgt anhand des Sicherheitskonzepts und anhand folgender Prüfkriterien:

- Vollständigkeit
  Bieten die Standard-Sicherheitsmaßnahmen Schutz gegen alle Aspekte der jeweiligen Gefährdung? (Beispiel: Wurde auch an die Hintertür zum Gebäude und an die Notausgänge gedacht?)

- Mechanismenstärke
  Wirken die in den Standard-Sicherheitsmaßnahmen empfohlenen Schutzmechanismen der jeweiligen Gefährdung ausreichend stark entgegen? (Beispiel: Sind die Vorgaben zur Mindest-Schlüssellänge ausreichend?)

- Zuverlässigkeit
  Können die vorgesehenen Sicherheitsmechanismen nicht zu leicht umgangen werden? (Beispiel: Wie leicht können sich Benutzer Zutritt zum Serverraum verschaffen und dadurch die Zugriffskontrolle auf Dateien umgehen?)

Das Ergebnis der Prüfung wird in der Gefährdungsübersicht für jede Gefährdung einzeln in der Spalte *OK* vermerkt (*J/N*).

OK=J bedeutet, dass die bereits umgesetzten oder zumindest im Sicherheitskonzept vorgesehenen Sicherheitsmaßnahmen einen *ausreichenden Schutz* vor der jeweiligen Gefährdung bieten oder die jeweilige Gefährdung für die vorliegende Risikoanalyse ohnehin *nicht relevant* ist (beispielsweise weil ein anderer Grundwert betroffen ist).

OK=N bedeutet, dass die bereits umgesetzten oder zumindest im Sicherheitskonzept vorgesehenen Sicherheitsmaßnahmen *keinen ausreichenden Schutz* vor der jeweiligen Gefährdung bieten.

> **Hinweis:** Im Rahmen der Gefährdungsbewertung kommen oftmals erste Ideen zur Sprache, mit welchen Sicherheitsmaßnahmen den Gefährdungen begegnet werden kann. Diese Vorschläge sind für die nachfolgenden Arbeitsschritte nützlich und sollten deshalb notiert werden.

Die Gefährdungsbewertung liefert eine Übersicht, welchen Gefährdungen für die betrachteten Zielobjekte durch die Maßnahmen der IT-Grundschutz-Kataloge ausreichend Rechnung getragen ist (*OK=J*), und wo gegebenenfalls noch Risiken bestehen (*OK=N*). Die Behandlung dieser Risiken ist Gegenstand des nächsten Abschnitts.

Beispiel: (Auszug)

Im Zulieferunternehmen wurde anhand der ergänzten Gefährdungsübersicht eine Gefährdungsbewertung durchgeführt. Das Ergebnis ist, dass unter anderem für folgende Gefährdungen die IT-Grundschutz-Maßnahmen nicht ausreichen (*OK=N*):

5   Gefährdungsbewertung

Kommunikationsserver S3		
Vertraulichkeit: normal		
Integrität: hoch		
Verfügbarkeit: hoch		
G 1.2	*Ausfall des IT-Systems*	*OK=N*
	Dem Ausfall des Servers S3 muss zuverlässig vorgebeugt werden. Die Maßnahmen der IT-Grundschutz-Kataloge reichen nicht aus.	
G 5.85	*Integritätsverlust schützenswerter Informationen*	*OK=N*
	Die vom Auftraggeber gesendeten Bedarfsinformationen dürfen nicht verfälscht werden. Anderenfalls können erhebliche Überproduktionen oder Lieferengpässe und somit hohe Kosten für das Unternehmen entstehen.	
usw.		

Client C4		
Vertraulichkeit: normal		
Integrität: hoch		
Verfügbarkeit: hoch		
G 1.2	*Ausfall des IT-Systems*	*OK=N*
	Zur Kommunikation mit dem Auftraggeber wird auf dem Client C4 spezielle Software verwendet, deren Installation aufwendig und zeitraubend ist.	
G 2.B2	*Beschädigung von Informationstechnik im Fertigungsbereich*	*OK=N*
	Die Informationsverarbeitung in maschinellen Fertigungsbereichen wird in den IT-Grundschutz-Katalogen nur am Rande behandelt.	
usw.		

Seite 16   Risikoanalyse auf der Basis von IT-Grundschutz

6   Behandlung von Risiken

6.1   Handlungsalternativen zum Umgang mit Risiken

In der Praxis ergeben sich im Rahmen der Gefährdungsbewertung meist mehrere Gefährdungen, denen die Maßnahmen aus den IT-Grundschutz-Katalogen nicht ausreichend entgegenwirken. Aus diesen *verbleibenden Gefährdungen* können sich *Risiken* für den Betrieb des Informationsverbundes ergeben.

Es muss deshalb entschieden werden, wie mit den verbleibenden Gefährdungen umgegangen wird. Bei dieser Entscheidung muss auf jeden Fall die Leitungsebene beteiligt werden, da sich daraus unter Umständen erhebliche Risiken ergeben oder zusätzliche Kosten entstehen können. Für jede Gefährdung in der vervollständigten Gefährdungsübersicht mit *OK=N* gibt es folgende Alternativen:

A.   *Risiko-Reduktion durch weitere Sicherheitsmaßnahmen:* Die verbleibende Gefährdung wird beseitigt, indem eine oder mehrere ergänzende Sicherheitsmaßnahmen erarbeitet und umgesetzt werden, die der Gefährdung hinreichend entgegenwirken. Als Informationsquellen über ergänzende Sicherheitsmaßnahmen kommen beispielsweise in Frage:

- die Dokumentation und der Service des Herstellers, wenn es sich bei dem betroffenen Zielobjekt um ein Produkt handelt,

- Standards und "Best Practices", wie sie beispielsweise von Gremien im Bereich Informations-sicherheit erarbeitet werden,

- andere Veröffentlichungen und Dienstleistungen, die beispielsweise im Internet oder von spezialisierten Unternehmen angeboten werden,

- Erfahrungen, die innerhalb der eigenen Institution oder bei Kooperationspartnern gewonnen wurden.

B.   *Risiko-Vermeidung durch Umstrukturierung:* Die verbleibende Gefährdung wird beseitigt, indem der Geschäftsprozess oder der Informationsverbund umstrukturiert wird. Gründe für diese Entscheidung können beispielsweise sein:

- Alle wirksamen Gegenmaßnahmen sind sehr teuer, die verbleibende Gefährdung kann aber trotzdem nicht hingenommen werden.

- Die Umstrukturierung bietet sich ohnehin aus anderen Gründen an, zum Beispiel zur Kostensenkung.

- Alle wirksamen Gegenmaßnahmen würden erhebliche Einschränkungen für die Funktion oder den Komfort des Systems mit sich bringen.

C.   *Risiko-Übernahme:* Die verbleibende Gefährdung und damit auch das daraus resultierende Risiko wird akzeptiert. Gründe für diese Entscheidung können beispielsweise sein:

- Die Gefährdung führt nur unter ganz speziellen Voraussetzungen zu einem Schaden.

- Gegen die jeweilige Gefährdung sind derzeit keine wirksamen Gegenmaßnahmen bekannt und sie lässt sich in der Praxis auch kaum vermeiden.

- Aufwand und Kosten für wirksame Gegenmaßnahmen überschreiten den zu schützenden Wert.

D.   *Risiko-Transfer:* Das Risiko, das sich durch die verbleibende Gefährdung ergibt, wird an eine andere Institution übertragen, zum Beispiel durch Abschluss eines Versicherungsvertrags oder durch Outsourcing. Gründe für diese Entscheidung können beispielsweise sein:

- Die möglichen Schäden sind rein finanzieller Art.

- Es ist ohnehin aus anderen Gründen geplant, Teile des Geschäftsprozesses auszulagern.

6   Behandlung von Risiken

- Der Vertragspartner ist aus wirtschaftlichen oder technischen Gründen besser in der Lage, mit dem Risiko umzugehen.

Zur Vorbereitung einer fundierten Entscheidung, welche der vier Alternativen zur Behandlung des jeweiligen Risikos gewählt wird, sollte ein Brainstorming darüber durchgeführt werden, welche ergänzenden Sicherheitsmaßnahmen (Alternative A) grundsätzlich in Frage kommen. Dabei sollten die o. g. Informationsquellen herangezogen werden.

Hinweise:

Auch IT-Grundschutz-Maßnahmen, die in den Katalogen als *zusätzlich* (Z) markiert sind, können als Anhaltspunkte für weiterführende Sicherheitsmaßnahmen im Rahmen einer Risikoanalyse herangezogen werden. Dabei handelt es sich um Beispiele, die über den IT-Grundschutz hinausgehen und in der Praxis häufig angewandt werden. Zu beachten ist jedoch, dass als *zusätzlich* (Z) markierte IT-Grundschutz-Maßnahmen auch bei hohen Sicherheitsanforderungen nicht automatisch verbindlich werden. Sie müssen auch nicht zwingend in eine Risikoanalyse einbezogen werden.

In einigen Fällen lassen sich nur gegen bestimmte - aber nicht alle - Teilaspekte einer Gefährdung Sicherheitsmaßnahmen identifizieren. Hier stellt sich dann die Frage, wie mit der Gefährdung umgegangen wird (Alternative A oder C/D). Die jeweilige Gefährdung sollte in diesem Fall in zwei Gefährdungen aufgeteilt werden, die dann getrennt mit Alternative A bzw. C/D behandelt werden.

Es sollte auch berücksichtigt werden, welche Sicherheitsmechanismen für das jeweilige Zielobjekt bereits vorhanden sind. Hierbei kann auf die Ergebnisse des Basis-Sicherheitschecks (siehe Kapitel 4.5 der IT-Grundschutz-Vorgehensweise) zurückgegriffen werden.

Der hypothetische Aufwand und Kosten für gegebenenfalls erforderliche Sicherheitsmaßnahmen und Informationen über bereits vorhandene Sicherheitsmechanismen sind wichtige Entscheidungshilfen.

- Bei Alternative A werden die ergänzenden Sicherheitsmaßnahmen im Sicherheitskonzept hinzugefügt. Es genügt ein eindeutiger Verweis auf die entsprechende detaillierte Beschreibung der Maßnahmen.

- Alternative B führt in der Regel dazu, dass für die betroffenen Teile des Informationsverbunds auch der Sicherheitsprozess neu gestartet werden muss. Dies beginnt meist bei der Strukturanalyse. Selbstverständlich kann dabei aber auf die bisher erarbeiteten Informationen und Dokumente zurückgegriffen werden.

- Bei Alternative C muss auf jeden Fall das sich daraus ergebende Risiko transparent gemacht werden. Die Entscheidung wird von der Leitungsebene getroffen und nachvollziehbar dokumentiert.

- Bei Alternative D ist die sachgerechte Vertragsgestaltung einer der wichtigsten Aspekte. Besonders bei Outsourcing-Vorhaben sollte hierzu auf fundierten juristischen Sachverstand zurückgegriffen werden. Die Entscheidung wird von der Leitungsebene getroffen und nachvollziehbar dokumentiert.

Wichtig: Der Umgang mit Gefährdungen, gegen die in den IT-Grundschutz-Katalogen keine ausreichend wirksamen Gegenmaßnahmen beschrieben werden, kann entscheidend für das Gesamtrisiko des betrachteten Informationsverbunds sein. Es sollte überlegt werden, hierzu auf externe Beratungsdienstleistungen zurückzugreifen.

6.2 Risiken unter Beobachtung

Bei der Risikoanalyse können unter Umständen Gefährdungen identifiziert werden, aus denen Risiken resultieren, die zwar derzeit akzeptabel sind, in Zukunft jedoch voraussichtlich steigen werden. Dies bedeutet, dass sich in der weiteren Entwicklung ein Handlungsbedarf ergeben könnte. In solchen Fällen ist es sinnvoll und üblich, bereits im Vorfeld ergänzende Sicherheitsmaßnahmen zu erarbeiten und vorzubereiten, die in Betrieb genommen werden können, sobald die Risiken inakzeptabel werden. Diese ergänzenden Sicherheitsmaßnahmen sind separat zu dokumentieren und vorzumerken. In der

---

Dokumentation der Risikoanalyse werden die entsprechenden Gefährdungen zunächst mit "C" markiert und die daraus resultierenden Risiken beobachtet. Sobald die Risiken nicht mehr akzeptabel sind, werden die vorgemerkten ergänzenden Sicherheitsmaßnahmen überprüft, gegebenenfalls aktualisiert und in das Sicherheitskonzept übernommen. Die Behandlung der entsprechenden Gefährdungen wird in der Risikoanalyse-Dokumentation auf "A" geändert. Die Alternativen "B" und "D" sind hier jedoch ebenfalls möglich.

Nachdem für jede verbleibende Gefährdung in der Gefährdungsübersicht eine Entscheidung getroffen wurde, welche der beschriebenen Handlungsoptionen gewählt wird, kann das Sicherheitskonzept für den betrachteten Informationsverbund fertig gestellt werden.

Beispiel: (Auszug)

Für die in Kapitel 5 mit *OK=N* identifizierten Gefährdungen wurden folgende Entscheidungen getroffen:

Kommunikationsserver S3	
Vertraulichkeit:	normal
Integrität:	hoch
Verfügbarkeit:	hoch
G 1.2	*Ausfall des IT-Systems*
"A"	Ergänzende Sicherheitsmaßnahme:
M 6.B1	*Bereithalten eines vollständigen Ersatzsystems zur Kommunikation mit dem Auftraggeber*
	Es wird ein vollständiges Ersatzsystem zur Kommunikation mit dem Auftraggeber bereit gehalten. Dies umfasst alle technischen Komponenten einschließlich Kommunikationsverbindungen. Das Ersatzsystem wird in Raum E.3 gelagert. Es wird sichergestellt, dass das Ersatzsystem jederzeit die gleiche Konfiguration wie das Produktionssystem aufweist und innerhalb von 30 Minuten einsatzbereit ist. Die Kommunikation mit dem Auftraggeber erfolgt über eine Wählverbindung. Das gesamte Ersatzsystem einschließlich Wählverbindung wird mindestens einmal pro Quartal und bei jeder Konfigurationsänderung getestet.
G 5.85	*Integritätsverlust schützenswerter Informationen*
"C"	Risiko-Übernahme:
	Das Risiko wird durch die in den Übertragungs- und IT-Systemen eingebauten Sicherheitsmechanismen zwar etwas reduziert, jedoch sind weiterhin Sicherheitsvorfälle denkbar, die zu verfälschten Bedarfsinformationen und somit zu hohen Kosten für das Unternehmen führen können. Dieses Restrisiko wird von der Geschäftsführung akzeptiert und verantwortet, da alle wirksamen Gegenmaßnahmen unwirtschaftlich sind.
usw.	

6   Behandlung von Risiken

Client C4
Vertraulichkeit: normal
Integrität: hoch
Verfügbarkeit: hoch
G 1.2   *Ausfall des IT-Systems*
"A"   Ergänzende Sicherheitsmaßnahme:
M 6.B1   *Bereithalten eines vollständigen Ersatzsystems zur Kommunikation mit dem Auftraggeber* Hinweis: siehe Kommunikationsserver S3
G 2.B2   *Beschädigung von Informationstechnik im Fertigungsbereich*
"A"   Ergänzende Sicherheitsmaßnahme:
M 1.B1   *Einsatz eines besonders geschützten Industrie-PCs im Fertigungsbereich* Die größten Gefahren für den Client C4 im Fertigungsbereich gehen von Luftverunreinigungen, Spritzwasser und Vibrationen aus. Anstelle eines handelsüblichen PCs wird deshalb ein Industrie-PC eingesetzt, der besonders gegen physische Gefahren geschützt ist. Der Industrie-PC muss folgende Anforderungen erfüllen: - geeignet für den Einbau in Standard-19-Zoll-Schränke - integriertes oder ausklappbares Display - leicht auswechselbarer Luftfilter - Schutz gegen Spritzwasser gemäß Schutzart IP 54 - Schutz gegen Vibration – mindestens 0,2 g bei 0-500 Hz
usw.

7   Konsolidierung des Sicherheitskonzepts

Falls bei der Behandlung von verbleibenden Gefährdungen ergänzende Maßnahmen zu den Standard-Sicherheitsmaßnahmen hinzugefügt wurden, muss das Sicherheitskonzept anschließend konsolidiert werden. Konkret bedeutet dies, dass die Sicherheitsmaßnahmen für jedes Zielobjekt anhand folgender Kriterien überprüft werden:

Eignung der Sicherheitsmaßnahmen zur Abwehr der Gefährdungen

- Werden alle Aspekte der relevanten Gefährdungen vollständig abgedeckt?
- Sind die getroffenen Gegenmaßnahmen im Einklang mit den Sicherheitszielen?

Zusammenwirken der Sicherheitsmaßnahmen

- Unterstützen sich die Maßnahmen bei der Abwehr der relevanten Gefährdungen?
- Ergibt sich durch das Zusammenwirken der Maßnahmen ein wirksames Ganzes?
- Stehen die Maßnahmen nicht im Widerspruch zueinander?

Benutzerfreundlichkeit der Sicherheitsmaßnahmen

- Sind die getroffenen Maßnahmen tolerant gegenüber Bedienungs- und Betriebsfehlern?
- Sind die getroffenen Maßnahmen für die Benutzer transparent?
- Ist für die Benutzer ersichtlich, wenn eine Maßnahme ausfällt?
- Können die Benutzer die Maßnahme nicht zu leicht umgehen?

Angemessenheit der Sicherheitsmaßnahmen

- Sind die getroffenen Maßnahmen für die jeweiligen Gefährdungen angemessen?
- Stehen die Kosten und der Aufwand für die Umsetzung in einem sachgerechten Verhältnis zum Schutzbedarf der betroffenen Zielobjekte?

Auf dieser Grundlage sollte das Sicherheitskonzept bereinigt und konsolidiert werden:

1. Ungeeignete Sicherheitsmaßnahmen sollten verworfen und nach eingehender Analyse durch wirksame Maßnahmen ersetzt werden.

2. Widersprüche oder Inkonsistenzen bei den Sicherheitsmaßnahmen sollten aufgelöst und durch einheitliche und aufeinander abgestimmte Mechanismen ersetzt werden.

3. Sicherheitsmaßnahmen, die von den Benutzern nicht akzeptiert werden, sind wirkungslos. Es sollten praktikable Lösungen erarbeitet werden, die die Benutzer möglichst wenig einschränken oder behindern.

4. Zu aufwendige oder zu teure Sicherheitsmaßnahmen sollten entweder überarbeitet oder verworfen und durch angemessene Schutzmaßnahmen ersetzt werden. Auf der anderen Seite gefährden zu schwache Maßnahmen die Informationssicherheit. Auch sie sollten überarbeitet oder ersetzt werden.

Es kann durchaus zweckmäßig sein, neben der Risikoanalyse weitere Verfahren zur Verbesserung der Informationssicherheit heranzuziehen, zum Beispiel Penetrationstests. Dabei wird versucht, das Angriffsverhalten eines vorsätzlichen Innen- oder Außentäters zu simulieren. Die Ergebnisse können wiederum Änderungen im vorhandenen Sicherheitskonzept nach sich ziehen.

7   Konsolidierung des Sicherheitskonzepts

Beispiel: (Auszug)

Bei der Konsolidierung des Sicherheitskonzepts für das Zulieferunternehmen wurde unter anderem Folgendes festgestellt:

- Auch für das in Maßnahme M 6.B1 geforderte Ersatzsystem müssen die relevanten Maßnahmen der IT-Grundschutz-Kataloge umgesetzt werden. Unterschiede zum Produktivsystem bestehen nur hinsichtlich des Aufstellungsortes und der WAN-Verbindung. Das Ersatzsystem ist somit in die IT-Grundschutz-Modellierung zu integrieren.

- Die aufgrund des IT-Grundschutzes vorgesehene Maßnahme M 6.53 *Redundante Auslegung der Netzkomponenten* wird für den Switch N7 durch die Maßnahme M 6.B1 konkretisiert. Nach Umsetzung von M 6.B1 ist auch M 6.53 für das Zielobjekt N7 umgesetzt. Maßnahme M 6.53 kann deshalb für den Switch N7 aus dem Sicherheitskonzept gestrichen werden.

- Vor zwei Jahren wurde entschieden, dass die Maßnahme M 5.68 *Einsatz von Verschlüsselungsverfahren zur Netzkommunikation* entbehrlich ist. Eine gemeinsame Projektgruppe mit dem Auftraggeber ist zu dem Ergebnis gekommen, dass diese Entscheidung nicht mehr dem Stand der Technik entspricht. Die Vorgaben zur Konfiguration der Router werden deshalb kurzfristig überarbeitet und an die aktuellen Bedürfnisse angepasst.

- Die ergänzende Sicherheitsmaßnahme M 1.B1 trägt den besonderen infrastrukturellen Rahmenbedingungen des Clients C4 Rechnung. Im Fertigungsbereich wird außer diesem Client weitere Informationstechnik betrieben, die zwar nicht Gegenstand der Risikoanalyse ist, die aber dennoch angemessen geschützt werden muss. Das Unternehmen nimmt die Umsetzung der Maßnahme M 1.B1 zum Anlass, eine Richtlinie für den sicheren Betrieb von Informationstechnik im Fertigungsbereich zu erarbeiten.

- usw.

8   Rückführung in den Sicherheitsprozess

Nach der Konsolidierung des Sicherheitskonzepts kann der Sicherheitsprozess, wie er in der IT-Grundschutz-Vorgehensweise beschrieben ist, fortgesetzt werden. Das ergänzte Sicherheitskonzept dient somit als Basis für folgende Arbeitsschritte:

- *Basis-Sicherheitscheck* (Kapitel 4.5 der IT-Grundschutz-Vorgehensweise). Im Rahmen der Vorarbeiten wurde bereits ein Basis-Sicherheitscheck für die laut IT-Grundschutz-Modell vorgesehenen Maßnahmen durchgeführt. Da sich bei der Risikoanalyse in der Regel Änderungen am Sicherheitskonzept ergeben, ist anschließend noch der Umsetzungsstatus der neu hinzugekommenen oder geänderten Maßnahmen zu prüfen. Gegebenenfalls veraltete Ergebnisse sollten auf den neuesten Stand gebracht werden.

- *Umsetzung der Sicherheitskonzeption* (Kapitel 5 der IT-Grundschutz-Vorgehensweise). Die im Sicherheitskonzept für die einzelnen Zielobjekte vorgesehenen Sicherheitsmaßnahmen müssen in die Praxis umgesetzt werden, damit sie wirksam werden können. Dies umfasst unter anderem eine Kosten- und Aufwandsschätzung sowie die Festlegung der Umsetzungsreihenfolge.

- *Überprüfung des Informationssicherheitsprozesses in allen Ebenen* (Kapitel 6.1 der IT-Grundschutz-Vorgehensweise). Zur Aufrechterhaltung und kontinuierlichen Verbesserung der Informationssicherheit müssen unter anderem regelmäßig die Umsetzung der Sicherheitsmaßnahmen und die Eignung der Sicherheitsstrategie überprüft werden. Die Ergebnisse der Überprüfungen fließen in die Fortschreibung des Sicherheitsprozesses ein.

- *Informationsfluss im Informationssicherheitsprozess* (Kapitel 6.2 der IT-Grundschutz-Vorgehensweise). Um Nachvollziehbarkeit zu erreichen, muss der Sicherheitsprozess auf allen Ebenen dokumentiert sein. Dazu gehören insbesondere auch klare Regelungen für Meldewege und Informationsflüsse. Die Leitungsebene muss von der Sicherheitsorganisation regelmäßig und in angemessener Form über den Stand der Informationssicherheit informiert werden.

- *ISO 27001-Zertifizierung auf der Basis von IT-Grundschutz* (Kapitel 7 der IT-Grundschutz-Vorgehensweise). In vielen Fällen ist es wünschenswert, den Stellenwert der Informationssicherheit und die erfolgreiche Umsetzung des IT-Grundschutzes in einer Behörde bzw. einem Unternehmen transparent zu machen. Hierfür hat das BSI mit den *Auditor-Testaten* und der *ISO 27001-Zertifizierung auf der Basis von IT-Grundschutz* geeignete Mechanismen geschaffen.

- *Übernahme in das GSTOOL* (siehe *http://www.bsi.bund.de/gstool*). Falls das Sicherheitsmanagement durch das GSTOOL oder eine andere Software unterstützt wird, sollten die Arbeitsergebnisse der Risikoanalyse - soweit möglich - dort eingearbeitet werden. Beim GSTOOL gilt dies insbesondere für neue oder geänderte Sicherheitsmaßnahmen, die in dieser Form nicht in den IT-Grundschutz-Katalogen enthalten sind.

**Bundesamt
für Sicherheit in der
Informationstechnik**

Ergänzung zum BSI-Standard 100-3, Version 2.5

Verwendung der elementaren Gefährdungen aus den IT-Grundschutz-Katalogen
zur Durchführung von Risikoanalysen

Stand: 03. August 2011

Bundesamt für Sicherheit in der Informationstechnik
Postfach 20 03 63
53133 Bonn
Tel.: +49 22899 9582-5369
E-Mail: grundschutz@bsi.bund.de
Internet: http://www.bsi.bund.de
© Bundesamt für Sicherheit in der Informationstechnik 2011

Inhaltsverzeichnis

Tabellenverzeichnis

1   Einleitung

Der BSI-Standard 100-3 [BSI3] beschreibt eine Methodik, wie mit Hilfe der in den IT-Grundschutz-Katalogen [GSK] aufgeführten Gefährdungen eine vereinfachte Analyse von Risiken für die Informationsverarbeitung durchgeführt werden kann. Dabei stehen folgende Fragen im Vordergrund:

- Welchen Gefährdungen für die Informationsverarbeitung ist durch die Umsetzung der relevanten IT-Grundschutz-Bausteine noch nicht ausreichend oder sogar noch gar nicht Rechnung getragen?

- Müssen eventuell ergänzende Sicherheitsmaßnahmen, die über das IT-Grundschutz-Modell hinausgehen, eingeplant und umgesetzt werden?

Als Ausgangspunkt für die in [BSI3] beschriebene Methodik dienen die Gefährdungen in den Katalogen G 1 bis G 5 aus [GSK]. Mittlerweile umfassen diese fünf Gefährdungskataloge circa 450 Einzelgefährdungen. Dies erschwert die Betrachtung und Bewertung sämtlicher Gefährdungen bei Risikoanalysen. Daher hat das BSI aus den teilweise sehr spezifischen Einzelgefährdungen die generellen Aspekte herausgearbeitet und 46 generische Gefährdungen erarbeitet. Diese sogenannten *elementaren Gefährdungen* wurden im Zuge der 12. Ergänzungslieferung in den IT-Grundschutz-Katalogen im Gefährdungskatalog G 0 veröffentlicht.

Zielsetzung des vorliegenden Dokuments ist es, aufbauend auf dem BSI-Standard 100-3 aufzuzeigen, wie die elementaren Gefährdungen für die Durchführung von Risikoanalysen genutzt werden können. Die hierzu notwendigen Anpassungen der in [BSI3] dargestellten Vorgehensweise werden beschrieben.

Bei der praktischen Umsetzung der BSI-Standards haben Anwender somit die Wahl, ob sie Risikoanalysen gemäß BSI-Standard 100-3 mittels der Einzelgefährdungen aus den Gefährdungskatalogen G 1 bis G 5 oder anhand der neuen elementaren Gefährdungen aus Gefährdungskatalog G 0 durchführen. Für die Durchführung neuer Risikoanalysen empfiehlt das BSI die Verwendung der elementaren Gefährdungen, da dies im Vergleich zur Nutzung der Einzelgefährdungen meist einen geringeren Aufwand mit sich bringt, ohne dass Abstriche beim erreichbaren Sicherheitsniveau in Kauf genommen werden müssen.

2   Übersicht über die elementaren Gefährdungen

Bei der Erstellung der elementaren Gefährdungen wurden die im Folgenden aufgeführten Ziele verfolgt. Elementare Gefährdungen sind

- für die Verwendung bei der Risikoanalyse optimiert,
- produktneutral (immer),
- technikneutral (möglichst – bestimmte Technologien prägen so stark den Markt, dass sie auch die abstrahierten Gefährdungen beeinflussen),
- kompatibel mit vergleichbaren internationalen Katalogen,
- nahtlos in den IT-Grundschutz-Ansatz integriert.

Da die elementaren Gefährdungen hauptsächlich die effiziente Durchführung von Risikoanalysen ermöglichen sollen, wurde der Fokus darauf gelegt, tatsächliche Gefahren zu benennen. Gefährdungen, die überwiegend die fehlende oder unzureichende Umsetzung von Sicherheitsmaßnahmen thematisieren und somit auf indirekte Gefahren verweisen, wurden bewusst vermieden.

Bei der Erarbeitung der elementaren Gefährdungen wurde mitbetrachtet, welcher Grundwert der Informationssicherheit (Vertraulichkeit, Verfügbarkeit, Integrität) durch die jeweilige Gefährdung beschädigt würde. Da diese Information bei verschiedenen Schritten der Sicherheitskonzeption von Interesse sein kann, werden sie in der folgenden Tabelle mitgelistet. Nicht alle Gefährdungen lassen sich auf genau einen Grundwert abbilden, sondern verschiedene Gefährdungen betreffen mehrere Grundwerte. Dabei ist dies so zu interpretieren, dass durch die jeweilige Gefährdung die dazu aufgeführten Grundwerte direkt beeinträchtigt werden. Bei vielen Gefährdungen lässt sich nämlich diskutieren, in wie weit alle drei Grundwerte betroffen sein könnten, weil sich auch indirekte Auswirkungen ableiten lassen. So wird z. B. zu G 0.1 Feuer als einziger betroffener Grundwert Verfügbarkeit genannt. Natürlich könnte ein Feuer auch dazu führen, dass Datenträger nur geringfügig beschädigt würden, so dass Dateien auf den ersten Blick vorhanden wären, aber es zu Integritätsverlusten gekommen ist. Ein anderes Szenario könnte sein, dass bei einem Brand vertrauliche Unterlagen durch Rettungsmaßnahmen auf einmal für Unbefugte zugänglich wären – beides wären aber indirekte Auswirkungen auf die Grundwerte Vertraulichkeit und Integrität, nur Verfügbarkeit ist unmittelbar beeinträchtigt.

In der folgenden Tabelle findet sich eine Übersicht über die elementaren Gefährdungen. Dabei steht A für Availability (Verfügbarkeit), C für Confidentiality (Vertraulichkeit) und I für Integrity (Integrität).

	Gefährdung	Grundwert
G 0.01	Feuer	I,A
G 0.02	Ungünstige klimatische Bedingungen	I,A
G 0.03	Wasser	I,A
G 0.04	Verschmutzung, Staub, Korrosion	I,A
G 0.05	Naturkatastrophen	A
G 0.06	Katastrophen im Umfeld	A

G 0.07	Großereignisse im Umfeld	C,I,A
G 0.08	Ausfall oder Störung der Stromversorgung	I,A
G 0.09	Ausfall oder Störung von Kommunikationsnetzen	I,A
G 0.10	Ausfall oder Störung von Versorgungsnetzen	A
G 0.11	Ausfall oder Störung von Dienstleistern	C,I,A
G 0.12	Elektromagnetische Störstrahlung	I,A
G 0.13	Abfangen kompromittierender Strahlung	C
G 0.14	Ausspähen von Informationen / Spionage	C
G 0.15	Abhören	C
G 0.16	Diebstahl von Geräten, Datenträgern und Dokumenten	C,A
G 0.17	Verlust von Geräten, Datenträgern und Dokumenten	C,A
G 0.18	Fehlplanung oder fehlende Anpassung	C,I,A
G 0.19	Offenlegung schützenswerter Informationen	C
G 0.20	Informationen aus unzuverlässiger Quelle	C,I,A
G 0.21	Manipulation von Hard- und Software	C,I,A
G 0.22	Manipulation von Informationen	I
G 0.23	Unbefugtes Eindringen in IT-Systeme	C,I
G 0.24	Zerstörung von Geräten oder Datenträgern	A
G 0.25	Ausfall von Geräten oder Systemen	A
G 0.26	Fehlfunktion von Geräten oder Systemen	C,I,A
G 0.27	Ressourcenmangel	A
G 0.28	Software-Schwachstellen oder –Fehler	C,I,A
G 0.29	Verstoß gegen Gesetze oder Regelungen	C,I,A
G 0.30	Unberechtigte Nutzung oder Administration von Geräten und Systemen	C,I,A
G 0.31	Fehlerhafte Nutzung oder Administration von Geräten und Systemen	C,I,A
G 0.32	Missbrauch von Berechtigungen	C,I,A
G 0.33	Personalausfall	A
G 0.34	Anschlag	C,I,A
G 0.35	Nötigung, Erpressung oder Korruption	C,I,A
G 0.36	Identitätsdiebstahl	C,I,A
G 0.37	Abstreiten von Handlungen	C,I
G 0.38	Missbrauch personenbezogener Daten	C
G 0.39	Schadprogramme	C,I,A
G 0.40	Verhinderung von Diensten (Denial of Service)	A
G 0.41	Sabotage	A
G 0.42	Social Engineering	C,I

2 Übersicht über die elementaren Gefährdungen

G 0.43	Einspielen von Nachrichten	C,I
G 0.44	Unbefugtes Eindringen in Räumlichkeiten	C,I,A
G 0.45	Datenverlust	A
G 0.46	Integritätsverlust schützenswerter Informationen	I

3 Erstellung der Gefährdungsübersicht

Um die elementaren Gefährdungen bei der Durchführung von Risikoanalysen einzusetzen, kann die in [BSI3] beschriebene Methodik nahezu unverändert angewandt werden. Inhaltliche Anpassungen sind lediglich beim Arbeitsschritt *Erstellung der Gefährdungsübersicht* (siehe Kapitel 3 in [BSI3]) erforderlich. Im Folgenden wird beschrieben, wie mit Hilfe der elementaren Gefährdungen eine Gefährdungsübersicht für die betrachteten Zielobjekte erstellt werden kann.

Ausgangspunkt für die Erstellung der Gefährdungsübersicht ist die Liste der Zielobjekte und Zielobjektgruppen, die in der Risikoanalyse betrachtet werden sollen ("betrachtete Zielobjekte"). Diese Liste liegt als Ergebnis der ergänzenden Sicherheitsanalyse vor (siehe Kapitel 4.6 in [BSI2] und Kapitel 2 in [BSI3]). Ergänzt wird diese Liste um das übergeordnete Zielobjekt *gesamter Informationsverbund*, sofern dieses Zielobjekt nicht ohnehin bereits in der Liste enthalten ist.

Beispiel: (Auszug)

Nummer	*Kurzbeschreibung*
IV	gesamter Informationsverbund
M.723	Serverraum
M.811	Technikraum
S3	Kommunikationsserver
C4	Client
N3	Router
N7	Switch

Tabelle 1: Liste der betrachteten Zielobjekte (Auszug)

Im Gefährdungskatalog G 0 der IT-Grundschutz-Kataloge hat das BSI elementare Gefährdungen, die für die Verwendung im Rahmen einer Risikoanalyse optimiert sind, veröffentlicht. Anhand des Katalogs G 0 werden nun nacheinander jedem betrachteten Zielobjekt die elementaren Gefährdungen zugeordnet, die für das jeweilige Zielobjekt *prinzipiell* zu einem *nennenswerten Schaden* führen können. Dabei ist es unerheblich, wie hoch der mögliche Schaden genau ist. Dieser Aspekt wird in einem späteren Arbeitsschritt behandelt. Auch die für das jeweilige Zielobjekt geplanten oder bereits umgesetzten Sicherheitsmaßnahmen sollten bei der Zuordnung der elementaren Gefährdungen *nicht* berücksichtigt werden. Dieser Aspekt wird ebenfalls in einem späteren Arbeitsschritt behandelt.

Insgesamt wird die Zuordnung der elementaren Gefährdungen zu den betrachteten Zielobjekten also unter der Annahme getroffen, dass keine Sicherheitsmaßnahmen, beispielsweise aus den IT-Grundschutz-Katalogen oder aus anderen Quellen, in Kraft sind.

In der Praxis hat der Typ des jeweiligen Zielobjekts einen wesentlichen Einfluss darauf, welche elementaren Gefährdungen überhaupt darauf anwendbar sind. So wird die Gefährdung G 0.28 *Software-Schwachstellen oder -Fehler* nur selten für einen Büroraum relevant sein, sondern eher für die darin betriebenen Clients. Gefährdungen, die sich nicht auf konkrete technische Komponenten beziehen, beispielsweise G 0.29 *Verstoß gegen Gesetze oder Regelungen*, eignen sich meist für Zielobjekte vom Typ *Anwendung*, *Geschäftsprozess* oder *gesamter Informationsverbund*.

Als Ergebnis liegt eine Tabelle vor, die jedem Zielobjekt eine Liste mit relevanten elementaren Gefährdungen zuordnet.

Um die nachfolgende Analyse zu erleichtern, sollte in der Tabelle für jedes Zielobjekt der Schutzbedarf vermerkt werden, der im Rahmen der Schutzbedarfsfeststellung in den drei Grundwerten Vertraulichkeit, Integrität und Verfügbarkeit ermittelt wurde. Für das übergeordnete Zielobjekt *gesamter Informationsverbund* kann diese Zuordnung entfallen.

Diese Tabelle stellt eine *Gefährdungsübersicht* für die betrachteten Zielobjekte dar. Sie dient als Ausgangspunkt für die nachfolgende *Ermittlung zusätzlicher Gefährdungen*.

Beispiel: (Auszug)

Kommunikationsserver S3	
Vertraulichkeit:	normal
Integrität:	hoch
Verfügbarkeit:	hoch
G 0.8	*Ausfall oder Störung der Stromversorgung*
G 0.22	*Manipulation von Informationen*
G 0.23	*Unbefugtes Eindringen in IT-Systeme*
G 0.24	*Zerstörung von Geräten oder Datenträgern*
G 0.25	*Ausfall von Geräten oder Systemen*
usw.	

Tabelle 2: Gefährdungsübersicht für das Zielobjekt S3 (Auszug)

Raum M.811	
Vertraulichkeit:	normal
Integrität:	normal
Verfügbarkeit:	hoch
G 0.1	*Feuer*
G 0.3	*Wasser*
G 0.24	*Zerstörung von Geräten oder Datenträgern* (z. B. Klimaanlage)
G 0.41	*Sabotage*
G 0.44	*Unbefugtes Eindringen in Räumlichkeiten*
usw.	

Tabelle 3: Gefährdungsübersicht für das Zielobjekt M.811 (Auszug)

4 Erstellung benutzerdefinierter Bausteine

Häufig soll auf Basis der Risikoanalyse ein benutzerdefinierter Baustein erstellt werden, für einen Themenbereich, der bisher in den IT-Grundschutz-Katalogen noch nicht ausreichend abgedeckt war, um den betrachteten Informationsverbund modellieren zu können. Andererseits sind die IT-Grundschutz-Kataloge so umfassend, dass häufig zumindest für Teilbereiche vorhandene Bausteine der IT-Grundschutz-Kataloge als Grundlage für die Risikoanalyse mit herangezogen werden können. Hierbei sollte einerseits soweit wie möglich auf den vorhandenen Materialien aufgebaut werden, um unnötigen Aufwand zu vermeiden, aber andererseits möglichst offen potentielle neue oder erweiterte Gefährdungen diskutiert werden, um keine Risiken zu übersehen.

Für den betrachteten Bereich muss zunächst eine Gefährdungsanalyse durchgeführt werden.

Dafür sollten für den betrachteten Bereich die elementaren Gefährdungen aus Gefährdungskatalog G 0 unter die Lupe genommen werden und überlegt werden, ob diese für das jeweilige Zielobjekt relevant sind, also prinzipiell zu einem nennenswerten Schaden führen können. Dafür ist jede elementare Gefährdung daraufhin zu bewerten, ob diese direkt, indirekt oder gar nicht auf das Zielobjekt einwirken kann.

Wird beispielsweise ein spezifisches Server-Betriebssystem betrachtet, ist die elementare Gefährdung G 0.25 "Ausfall von Geräten und Systemen" eine relevante Gefährdung, gegen die spezifische Sicherheitsmaßnahmen zu ergreifen sind. Im ersten Moment könnte es außerdem naheliegend sein, die elementare Gefährdung G 0.1 Feuer als relevant für dieses Zielobjekt einzustufen, mit der Begründung "Ein Brand verursacht den Ausfall des Servers". Dabei ist aber der Server-Ausfall eine Folgeerscheinung des Feuers, also eine indirekte Einwirkung auf die Hardware. Wodurch der Ausfall verursacht wird, ist im Allgemeinen für die Auswahl der erforderlichen Sicherheitsmaßnahmen irrelevant. Ein Betriebssystem bietet keine spezifischen Schutzmaßnahmen gegen Feuer, es würden durch die Betrachtung von G 0.1 Feuer keine neuen Aspekte gegenüber G 0.25 "Ausfall von Geräten und Systemen" entstehen.

4 Erstellung benutzerdefinierter Bausteine

Gefährdung	Grundwerte	Wirkung & Relevanz	Kommentar
G 0.01 Feuer	Verfügbarkeit, Integrität	Indirekte Wirkung / Nicht relevant	Die Gefährdung für ein Betriebssystem durch *Feuer* ist indirekt, es würden durch die Betrachtung von G 0.1 Feuer keine neuen Aspekte gegenüber G 0.25 „Ausfall von Geräten und Systemen" abgedeckt. Die indirekte Gefährdung durch *G 0.01 Feuer* wird u.a. mit *G 0.25 Ausfall von Geräten und Systemen abgedeckt.*
G 0.09 Ausfall oder Störung von Kommunikationsnetzen	Verfügbarkeit, Integrität	Indirekte Wirkung / Nicht relevant	Die Gefährdung für ein Betriebssystem durch Ausfall oder Störung von Kommunikationsnetzen ist indirekt, es würden durch die Betrachtung von G 0.9 keine neuen Aspekte gegenüber G 0.26 Fehlfunktionen von Geräten und Systemen entstehen.Ein Betriebssystem bietet keine spezifischen Schutzmaßnahmen gegen G 0.09, die Gefährdung ist somit hier nicht relevant. Es sind keine spezifischen Maßnahmen erforderlich.
G 0.25 Ausfall von Geräten und Systemen	Verfügbarkeit	Direkte Wirkung / Relevant	Die Gefährdung durch G 0.26 Fehlfunktionen von Geräten und Systemen wirkt direkt auf ein Betriebssystem. Daher sind Maßnahmen gehen G 0.26 Fehlfunktionen von Geräten und Systemen zu prüfen.
G 0.26 Fehlfunktion von Geräten und Systemen	Verttaulichkeit, Verfügbarkeit, Integrität	Direkte Wirkung / Relevant	Die Gefährdung durch G 0.25 Ausfall von Geräten und Systemen wirkt direkt auf ein Betriebssystem. Daher sind Maßnahmen gehen G 0.25 Ausfall von Geräten und Systemen zu prüfen.

Tabelle: Beispiel zur Ermittlung zusätzlicher elementarer Gefährdungen

Anschließend sollte diskutiert werden, ob damit alle relevanten Gefährdungen identifiziert worden sind, also eine Vollständigkeitsprüfung durchgeführt werden, wie im BSI-Standard 100-3 in Kapitel 4 "Ermittlung zusätzlicher Gefährdungen" beschrieben. Dafür ist es hilfreich, einschlägige Informationen über den betrachteten Bereich zusammenzutragen, z. B. aus dem Internet. Lohnenswert ist es auch, in den IT-Grundschutz-Katalogen nachzuschlagen, welche existierenden Bausteine ähnliche Themen oder Vorgehensweisen abdecken, wie sie für den zu erstellenden Baustein benötigt werden. Außerdem sollten die Hilfsmittel auf den IT-Grundschutz-Webseiten gesichtet werden, ob ähnliche Aspekte durch Materialien dort behandelt werden. Darauf aufbauend sollten die in den relevanten vorhandenen Bausteinen beschriebenen Gefährdungen gesichtet werden.

Anschließend müssen die als relevant identifizierten elementaren Gefährdungen mit den Gefährdungen aus ähnlichen Bausteinen oder anderen Informationsquellen konsolidiert werden und zu einer möglichst passgenauen, übersichtlichen Gefährdungsliste zusammengefasst werden.

5 Weitere Arbeitsschritte

Gemäß [BSI3] schließen sich an den Arbeitsschritt *Erstellung der Gefährdungsübersicht* folgende weitere Arbeitsschritte an:

- *Ermittlung zusätzlicher Gefährdungen*

- *Gefährdungsbewertung*

- *Behandlung von Risiken*

- *Konsolidierung des Sicherheitskonzepts*

- *Rückführung in den Sicherheitsprozess*

Zur Nutzung der elementaren Gefährdungen sind an diesen Arbeitsschritten keine methodischen Änderungen erforderlich. Beim Abarbeiten dieser Arbeitsschritte treten die elementaren Gefährdungen an die Stelle der spezifischen Einzelgefährdungen. Die in [BSI3] bisher aufgeführten Beispiele sind auf die Nutzung der spezifischen Einzelgefährdungen zugeschnitten, diese können aber einfach durch elementare Gefährdungen ersetzt werden.

Literaturverzeichnis

[BSI1]   Managementsysteme für Informationssicherheit (ISMS), BSI-Standard 100-1, Version 1.5, Mai 2008, https://www.bsi.bund.de/grundschutz/standards

[BSI2]   IT-Grundschutz-Vorgehensweise, BSI-Standard 100-2, Version 2.0, Mai 2008, https://www.bsi.bund.de/grundschutz/standards

[BSI3]   Risikoanalyse auf der Basis von IT-Grundschutz, BSI-Standard 100-3, Version 2.5, Mai 2008, https://www.bsi.bund.de/grundschutz/standards

[GSK]   IT-Grundschutz-Kataloge – Standard-Sicherheitsmaßnahmen, BSI, jährlich neu, https://www.bsi.bund.de/grundschutz/kataloge